INIMICI ECCLESIAE

STUDIES
IN MEDIEVAL AND
REFORMATION THOUGHT

EDITED BY

HEIKO A. OBERMAN, Tucson, Arizona

IN COOPERATION WITH

THOMAS A. BRADY, Jr., Eugene, Oregon
A. JANE DEMPSEY DOUGLASS, Princeton, New Jersey
PIERRE FRAENKEL, Geneva
GUILLAUME H. M. POSTHUMUS MEYJES, Leiden
DAVID C. STEINMETZ, Durham, North Carolina
ANTON G. WEILER, Nijmegen

VOLUME XLIV

TARALD RASMUSSEN

INIMICI ECCLESIAE

INIMICI ECCLESIAE

DAS EKKLESIOLOGISCHE FEINDBILD IN LUTHERS »DICTATA SUPER PSALTERIUM« (1513-1515) IM HORIZONT DER THEOLOGISCHEN TRADITION

VON

TARALD RASMUSSEN

E.J. BRILL

LEIDEN · NEW YORK · KØBENHAVN · KÖLN

1989

»...semper magis ac magis
cognoscatur iniqua, quanto
clarius cognoscitur spiritus.
Quia qui proficit in amore
spiritus, etiam in odio
carnis proficit.«
(WA 3,439,15-17; zu Ps.68,29)

Library of Congress Cataloging-in-Publication Data

Rasmussen, Tarald.
  Inimici ecclesiae: das ekklesiologische Feinbild in
Luthers "Dictata super Psalterium" 61513-1515) im Hori-
zont der theologischen tradition/von Tarald Rasmussen.

      p.   cm. — (Studies in medieval and Reformation
thought, ISSN 0585-6914; v. 44)
  Originally presented as the author's thesis (Ph. D.)—
Universität Oslo. 1985.
  Includes bibliographical references.
  ISBN 9004088377
  1. Luther, Martin. 1483-1546. Dictata super Psalterium.
1513-1516. 2. Enemy in the Bible — History of doctrines
— 16th century. 3. Church — History of doctrines —
16th century. 4. Bible. O.T. Psalms — Criticism, interpretation, etc. — History — 16th century. 5. Antisemitism — History — 16th century. I. Title. II.
Series.
BS1429.L883R37   1989
239 — dc20   89-37288
                                                         CIP

ISSN 0585-6914
ISBN 90 04 08837 7

PRINTED IN THE NETHERLANDS

Für Anne

INHALT

VORWORT

Die vorliegende Arbeit wurde 1984 abgeschlossen und 1985 von der Universität Oslo als theologische Doktorabhandlung angenommen. Sie wird hier, von der Einleitung abgesehen, ohne grössere Änderungen vorgelegt. Die Einleitung ist aufgrund der Diskussion mit Professor Leif Grane (Kopenhagen) während der Doktordisputation im April 1985 neugeschrieben worden.

Der Universität Oslo und dem Norwegischen Allgemeinwissenschaftlichen Forschungsrat möchte ich vor allem für die gewährten Forschungsstipendien danken, die die Arbeit überhaupt ermöglicht haben. Wichtig waren auch Reisezuschüsse von den beiden Institutionen, die die notwendigen internationalen Kontakte sehr erleichtert haben. Dem Forschungsrat habe ich auch für grosszügige Druckkostenzuschüsse zu danken.

Die ersten sechs Monate des Jahres 1984 durfte ich als Forschungsstipendiat der Alexander von Humboldt-Stiftung (Bonn) am Institut für Spätmittelalter und Reformation der Universität Tübingen unter sehr stimulierenden Arbeitsbedingungen die Abhandlung zum Abschluss bringen. Dafür bin ich der Stiftung sehr dankbar.

Unter den einzelnen Personen, die die Arbeit während der Jahre, die sie in Anspruch genommen hat, unterstützt und inspiriert haben, sind fünf besonders hervorzuheben: Zuerst meine Frau, Anne, die die Schwierigkeiten unterwegs mitgetragen hat, die sich aber auch mit mir über die Fortschritte gefreut hat. Ihr ist das Buch gewidmet. – Dann die zwei wichtigsten Lehrer hier an der Universität Oslo: Professor Inge Lönning und Professor Ingun Montgomery. Inge Lönning hat mich in entscheidender Weise zur Beschäftigung mit Luther inspiriert und die Arbeit den ganzen Weg gefördert. Seit 1978 waren wir ausserdem zusammen Herausgeber einer 6-bändigen norwegischen Lutherausgabe, die 1983 abgeschlossen wurde. Mit Ingun Montgomery habe ich vor allem die letzten Jahre zusammen gearbeitet, und diese Zusammenarbeit war mir in der letzten Phase der Arbeit mit der Abhandlung theologisch wie auch menschlich sehr wichtig. Die wichtigsten Kontakte im Ausland waren Professor Kurt-Victor Selge in Berlin und Professor Heiko A. Oberman, damals noch in Tübingen. Sie sind beide kirchenhistorische Spezialisten auf dem Gebiet, das ich hier betrete, aber zugleich breit orientierte Historiker; und beide haben mich in entscheidender Weise – nicht nur durch ihre gedruckten Arbeiten – inspiriert und mir geholfen. Bei Professor Selge war ich schon 1978 eine Zeitlang Assistent in Berlin, und seitdem hat er mich mehrmals in Berlin zu fachlichen Gesprächen empfangen. Professor Oberman hat mich 1984 in Tübingen in die Arbeitsgemeinschaft seines Instituts aufgenommen, Teile meines Manuskripts mit mir besprochen und das Buch für die »Studies in Medieval and Reformation Thought« angenommen.

Schliesslich ist auch ein Wort des Dankes an Herrn Arne Wold zu richten, der mir mit der elektronischen Datenverarbeitung des Textes geholfen hat.

Oslo, im Dezember 1987   TARALD RASMUSSEN

EINLEITUNG

Fragestellung und Methode

Ein bemerkenswertes Charakteristikum von Luthers Theologie ist die Schärfe und Unversöhnlichkeit in seiner Polemik, wenn er sich gegen die unterschiedlichen Feinde der wahren Kirche wendet. Bekannt ist hier nicht nur die Polemik gegen das Papsttum, die 1518 bis 1520 radikal zugespitzt wird und – ohne gemildert oder geschwächt zu werden – bis zum Ende als wichtiges Thema seiner Theologie stehenbleibt.[1] Auch in der Auseinandersetzung mit den »falschen Brüdern« im eigenen Lager, die ab 1521 ein zentrales Anliegen wird, zeigt sich Luther besonders hart und wenig bereit zum Gespräch oder Kompromiss.[2] Endlich sind auch die Angriffe gegen die Juden und die Türken beim späten Luther zu nennen.[3]

Die Auseinandersetzungen mit diesen verschiedenen »inimici« haben je ihren besonderen historischen Kontext und Hintergrund und können nicht ohne weiteres zusammengestellt werden. Die Papstpolemik lässt sich z. B. unabhängig von dem Streit mit den kirchlichen Vorgesetzten über Ablass und Busse nicht verstehen.[4] Der Streit mit den »falschen Brüdern« muss mit Bezugnahme sowohl auf das reformatorische Verständnis Luthers vom Wort Gottes als auch auf die soziale zusammensetzung der Reformationsbewegung interpretiert werden.[5] Und auch für das Verständnis von Luthers Absetzung von den Juden und den Türken in den dreissiger und vierziger Jahren ist zweifellos die konkrete kirchlich-politische Lage wichtig: Die Türken bedrohten als politische und religiöse Gefahr die europäische Christenheit, und die Zunahme an Bekehrungen von Anhängern der reformatorischen Bewegung zum Judentum konnte auch als eine entscheidende Herausforderung an die wahre Kirche gesehen werden.[6]

Deutlich ist jedoch zugleich die gemeinsame theologische Verwurzelung der Feindpolemik in Luthers grundlegender Unterscheidung zwi-

---

[1] Vgl. Hendrix (1981) und Edwards (1983).

[2] Vgl. Edwards (1975).

[3] Vgl. zur Judenpolemik z. B. Lewin (1911), Stöhr (1961), Rogge (1967), Sucher (1977), Biener (1982) und Oberman (1981) und (1983). Zur Polemik gegen die Türken, vgl. Mau (1983).

[4] Vgl. dazu ausser Hendrix (1981) auch Bäumer (1970).

[5] Vgl. Steck (1955) und Edwards (1975).

[6] Vgl. dazu Wallmann (1986) und Edwards (1983).

schen Geist und Buchstabe, zwischen Evangelium und Gesetz. Die
Feinde vertretren allesamt die »litera« oder das Gesetz, im Gegensatz zur
Wahrheit des Evangeliums.

Das Verhältnis zwischen diesen grundlegenden gemeinsamen Voraussetzungen einerseits und der spezifischen ekklesiologischen Auswertung
auf die Feinde der Kirche in bestimmten Situatuionen andererseits sollte
allerdings theologisch nicht bloss als eine situationsbedingte *Anwendung*
gewisser Grundsätze oder als eine Folgerung aus fundamentalen theologischen Einsichten beschrieben werden. Es geht hier zugleich um eine
tiefere *theologische* Vermittlung, vor allem an Hand von prophetischer
Schriftauslegung und von theologischer Geschichtsdeutung, und zwar in
Kategorien und Schemata, die sich nicht von selbst aus der
Geist/Buchstabe-Dichotomie ergeben. U.a. spielt hier die apokalyptische
Perspektive gerade für das Verständnis der Feinde der Kirche eine wichtige Rolle, wie es in der letzten Zeit z. B. von M. Edwards hervorgehoben
worden ist.[7]

Die vorliegende Arbeit beschäftigt sich mit solchen theologischen
Aspekten von Luthers Erörterung der Frage der »inimici ecclesiae«, und
zwar vorwiegend an Hand der frühsten grossen Quelle zu Luthers Theologie: der »Dictata super Psalterium« (1513-1515). Die »Dictata« sind
nicht im gleichen Sinn wie die späteren Streitschriften gegen Papsttum,
»Schwärmer«, Türken und Juden auf eine spezifische kirchlich-politische Situation bezogen und in der Argumentation davon bestimmt. Es
geht in dem Psalmenkolleg eher um eine grundsätzliche Besinnung auf
das wahre Christentum an Hand der Psalmentexte. Dabei spielt aber die
ekklesiologische Perspektive – wie es übrigens auch in der Tradition der
Psalmenauslegung üblich war[8] – eine zentrale Rolle. Und wenn im Psalmentext, wie es oft der Fall ist, von den »inimici« der Betenden die Rede
ist (und auch sonst oft), bezieht Luther das Textwort vorwiegend auf die
Feinde der Kirche.

Wer diese Feinde sind, ist auch klar: In erster Linie und am häufigsten
nennt er die Juden, ferner die Ketzer, die Türken und die bösen Christen: also weithin dieselben, die in der späteren Polemik in Frage kommen. Theologisch sind all diese Feinde für Luther ähnlich zu beurteilen:
Die späteren Feinde folgen den grundlegenden Feinden und Christusver-
weigern, den Juden zur Zeit Christi, nach und vertreten wie sie die »litera« in ihrem Nein zu der Wahrheit Christi. Dies alles sind

---

[7] Vgl. Edwards (1983), S.97-142.

[8] In der Schriftauslegung des Mittelalters wurde eine ekklesiologische Auslegungsperspektive bei der Exegese des Alten Testaments stärker hervorgehoben als bei der Exegese
des Neuen Testaments. Vgl. die näheren Überlegungen zu diesem Punkt bei Leclercq
(1951), S.178ff.

Beobachtungen, die man bei einem kursorischen Durchlesen der »Dicta-ta« mit einem besonderen Blick für die Rolle der »inimici ecclesiae« im Kolleg ohne grosse Mühe machen kann. Deutlich ist dabei auf der einen Seite, dass die erwähnten Feinde der Kirche, jedenfalls an vielen Stellen, als *historisch konkrete Gegner* der wahren Kirche aus verschiedenen Epochen der Kirchengeschichte gemeint sind. Dies gilt grundsätzlich *auch* für die Juden, obwohl sie in der Rolle als Typus aller »inimici« manchmal zu-gleich mehr im Sinne von »Vertretern einer geistlichen Haltung« als im Sinne eines historischen Volkes erwähnt werden.[9] Auf der anderen Seite kommt man, gerade weil die Auseinandersetzung hier nicht im Kontext eines zugespitzten Streites mit einem spezifischen Gegner geschieht, auf die Spuren eines *grundlegenden Denkmusters*, das für Luther charakteristisch ist, und das für das Verständnis der *teologischen* Wurzeln auch seiner spä-teren Feindpolemik von Bedeutung sein dürfte.

So wird man an Hand einer näheren Aufarbeitung dieser Grundzüge von Luthers »inimici ecclesiae«-Denken in den »Dictata« z. B. Fragezei-chen anstellen können bei den verbreiteten Bemühungen, Luthers späte-re Judenpolemik einseitig durch den Hinweis auf theologisch eher »zufällige« Faktoren zu erklären.[10] Man müsste hier zugleich von tieferen theologischen Wurzeln reden, die weder auf den allgemeinen »Zeitgeist« noch auf besondere kirchenpolitische Herausforderungen der letzten Jahre von Luthers Leben reduziert werden dürfen, sondern erst im Rah-men bestimmter Grundzüge von Luthers Theologie angemessen inter-pretiert werden können.

Jedoch ist in diesem Zusammenhang gleichzeitig hervorzuheben, dass gerade in dieser Frage eine besonders grosse Vorsicht geboten ist. Es wird im folgenden, aufgrund der speziellen Hervorhebung der Juden als der grundlegenden »inimici ecclesiae«, vom »Antijudaismus« Luthers in

---

[9] Vgl. die zusammenfassende Bemerkung bei Vercruysse (1968), S. 39 über die dop-pelte Rolle der Synagoge und des jüdischen Volkes in den »Dictata«: »Die Synagoge meint entweder das Volk vor Christus oder die jüdischen Zeitgenossen Jesu oder gar die Luthers. Meistens stellen diese Juden gleichzeitig den Typ einer geistlichen Haltung dar, welche die Ketzer, Schismatiker und schlechte Christen nachahmen.«

[10] Ein neues Beispiel dafür findet man in dem sonst klugen und ausgewogenen Aufsatz von Johannes Wallmann (1986) über »Luthers Stellung zu Judentum und Islam«. Wall-mann bemerkt zu Recht, dass die früher oft hervorgehobene »Enttäuschung« Luthers aufgrund der ausgebliebenen Judenbekehrung durch das neue Licht des Evangeliums kein wichtiges Argument sein darf: An eine grosse Bekehrung von Juden hatte Luther nie geglaubt. Bei eigener Hervorhebung der jüdischen Missionsbemühungen den Chri-sten gegenüber in den späteren Jahren Luthers als der »causa efficiens« seiner scharfen Angriffe gegen sie, kommen jedoch die tieferen theologischen Wurzeln, die zu Angriffen dieser Art disponieren, zu kurz. – Ähnliches lässt sich zu Mark Edwards' Hervorhebung des spezifischen kirchenpolitischen Rahmens der scharfen Feindpolemik beim späten Luther sagen; vgl. Edwards (1983), S. 203ff.

den »Dictata« die Rede sein.[11] Es wäre aber sehr problematisch, ohne weiteres zu behaupten, es sei *diese* antijüdische Zuspitzung aus der Frühzeit, die beim späten Luther wieder zum Ausdruck komme und zu neuer Judenpolemik führe. Das Verhältnis zwischen der frühen und der späten antijüdischen Zuspitzung seiner Polemik ist komplizierter, und der Zusammenhang kann nur als ein indirekter festgehalten werden.

Wie in einem Ausblick am Ende dieser Untersuchung in aller Kürze angedeutet werden soll, erfolgt – wie ich meine – im Zuge des reformatorischen Durchbruchs in den Jahren 1518 bis 1521 eine Neuorientierung der prophetischen Exegese Luthers, wodurch die Rolle der eigenen kirchlich-politischen Wirklichkeit (d.h. der Erfahrungen mit der Papstkirche) als Ziel und Orientierungspunkt der prophetischen Schriftauslegung an Bedeutung zunimmt. Auch in den »Dictata« spielen natürlich die eigenen kirchlichen Erfahrungen eine bedeutende Rolle. Stärker im Vordergrund als Massstab und Orientierungspunkt der prophetisch-ekklesiologischen Exegese steht jedoch hier, wie ich im folgenden zeigen möchte, die kirchliche Situation zur Zeit Christi, auf die die meisten Psalmentexte dem Luther der »Dictata« zufolge nach ihrem prophetischen Buchstaben zielen. Bei dieser Orientierung der prophetischen Exegese wird die Rolle der Juden zur Zeit Christi (und die Juden sind sich nach Luther auch später immer gleich geblieben) als der zentralen »inimici ecclesiae« speziell hervorgehoben. Bei der späteren Orientierung der prophetischen Exegese seit dem Kampf mit dem Papsttum ist das nicht mehr der Fall.

Die prophetische Zuspitzung der (Psalmen-)Exegese auf die Juden als die fundamentalen »inimici ecclesiae« scheint also beim »reformatorischen« Luther nicht beibehalten zu werden. Im Vergleich zur exegetischen Tradition ist sie für Luthers Argumentation in den »Dictata« kennzeichnend, und somit an sich wichtig; im Blick auf das spätere ekklesiologische Feindbild Luthers ist aber nicht so sehr diese konkrete Verifikation der prophetischen »litera«, sondern eher die allgemeine ekklesiologische Auswertung der »litera occidens« – »spiritus vivificans«-Dichotomie, von Bedeutung. Am Beispiel der Juden zugespitzt findet man hier schon in der frühen Ekklesiologie Luthers Ansätze, die zur Eigenart des reformatorischen Denkens gerechnet werden müssen, und

---

[11] Der Begriff »Antijudaismus« ist in bezug auf Luther durchaus problematisch. Es ist aber auch schwer, ihn durch einen anderen Begriff zu ersetzen. Er wird hier – historisch – im Sinne der mediävistischen Forschung benutzt, als Charakteristik einer prinzipiell ablehnenden Haltung gegen die jüdische Religion und/oder gegen das jüdische Volk als Vertreter dieser Religion (nicht, wie seit dem 19. Jahrhundert, als Angehörige einer Rasse). – Zum Stellenwert dieses Begriffs in der Untersuchung, vgl. im Folgenden S. 11.

die wohl auch zum tieferen Verständnis der theologischen Voraussetzungen für die spätere Feindpolemik beitragen können.

Von dem Ausblick abgesehen, der sich mit den Strukturverschiebungen in Luthers »inimici ecclesiae«-Denken von den »Dictata« bis zu den »Operationes in Psalmos« (1519-1521) beschäftigt, ist die Zielsetzung der vorliegenden Untersuchung jedoch nicht, die Entwicklung von Luthers Bild der »inimici ecclesiae« und der Beziehung zwischen der frühen und der späten Polemik Luthers gegen die Feinde der Kirche näher nachzugehen. Im Zentrum der Untersuchung steht vielmehr die Bemühung um die Interpretation der »Dictata« im Horizont der vorausgehenden Tradition, vor allem der Tradition der Psalmenauslegung.

Es gehört nämlich zur Eigenart der »Dictata« als Quelle für die Lutherforschung, dass sie in einem ganz besonderen Sinn sowohl »vorwärts« als auch »rückwärts« offen sind, und der Text kann mit Recht interpretiert werden sowohl im Lichte der späteren reformatorischen Theologie, deren Frühstufe sie in mehrfacher Hinsicht bezeugt, als auch im Lichte von Tendenzen der vorausgehenden mittelalterlichen Theologie, die sie zum Teil weiterführt, zum Teil aber auch – gelegentlich sehr ausdrücklich – korrigiert, indem neue Akzente gesetzt und neue Wege gewiesen werden. In diesem differenzierten Geflecht von historisch naheliegenden und lohnenden Interpretationsperspektiven liegt eine wichtige Faszination der »Dictata« als Forschungsgegenstand; zugleich aber eine Gefahr, wenn die unterschiedlichen Interpretationsperspektiven nicht ausreichend auseinandergehalten werden.

Die Legitimität und Notwendigkeit der unterschiedlichen Blickwinkel gilt es demnach, wie ich meine, bei der Arbeit an dieser Lutherquelle speziell hervorzuheben. Unterschiedliche Zugänge sollten nebeneinander und einander gegenüber gestellt werden, und Spannungen zwischen den Zugängen sollten, weil sie der Eigenart der »Dictata« als Quelle entsprechen, weithin ertragen werden.

Angesichts der neueren methodologischen Diskussion, die in der Lutherforschung geführt worden ist, sind an dieser Stelle noch ein paar weiterführende Anmerkungen zu dem Vorhaben, Luther im Horizont der theologischen Tradition interpretieren zu wollen, am Platz. In seinem vielbeachteten Buch »Modus loquendi theologicus. Luthers Kampf um die Erneuerung der Theologie« (1515-1518) hat Leif Grane die Bemühungen in verschiedenen neueren Untersuchungen zum jungen Luther, wo sein theologischer Ansatz vor allem im Lichte mittelalterlicher Traditionen interpretiert worden ist, grundsätzlich in Frage gestellt.[12] Die Interpretationsbeziehungen zwischen Luther und der Tradition, die Grane

---

[12] Grane (1975).

hier kritisiert hat, hat er dabei durch das Stichwort »*genetisch*« charakteri-
sert:[13] also Arbeitsweisen, die zum Ziel haben, Elemente in der Theologie des frühen Luther als Ergebnis besonderer Vorgänge oder Tendenzen der mittelalterlichen Theologie abzuleiten. Nach Grane wird Luther
in dieser Weise nicht sachgemäss verstanden. Die Reslutate, an die man
durch diese genetische Methode gelangt, entsprechen zumeist nicht der
historischen Wirklichkeit: d.h. Luthers Verhältnis zur theologischen
Tradition, so wie er es selbst, von sich aus, gesehen hat.[14]

Man kommt nach Grane näher an die Eigenart von Luthers Denken
heran, wenn man seine Argumentation sozusagen von innen her, in ihrem eigenen Zusammenhang und Entwicklung zu verfolgen versucht,
und die Beziehung zur Tradition nur in dem Mass und dem Sinn hervorhebt, in dem sie im Spiegel von Luthers eigener Argumentation zum
Ausdruck kommt.[15]

In seiner Kritik an hermeneutisch zu wenig überlegten Versuchen, bestimmte Züge im Denken des frühen Luther von der theologischen Tradition her abzuleiten, hat Grane sicherlich recht. Und für die von ihm
hervorgehobene alternative Interpretationsperspektive sprechen zweifellos auch wichtige methodologische Gründe. Der Vorzug dieser Alternative liegt – generell gesagt – in der methodologischen Konsequenz, mit der
eine bestimmte und aufschlussreiche Erkenntnisperspektive durchgehalten wird.[16] Jedoch muss gerade für diese methodologische Konsequenz
und Konzentration auf »Luther selbst« auch ein Preis bezahlt werden. Je
stärker und einseitiger man sich um das Verständnis eines Werkes oder
eines Denkers »von innen her« bemüht, um so stärker werden meistens
die Beziehungen nach aussen, zu anderen Denkern und anderen Werken, in den Hintergrund treten.

Wichtig ist dabei hervorzuheben, dass diese Beziehungen »nach aussen« nicht als »genetische« Beziehungen gedacht werden müssen. Vielmehr müsste man im Sinne der allgemeinen historiographischen
Diskussion hervorheben, dass die Frage nach dem Ursprung eines historischen Phänomens – und ganz besonders eines Phänomens aus der
Kultur- und Geistesgeschichte – zu den denkbar schwierigsten Fragen

---

[13] Vgl. ebd. S.12f. und 195f.

[14] Grane hat sich in seinem Buch darum bemüht, »(Luthers) Weg unter dem Blickwinkel nachzuzeichnen, unter dem er ihn selbst sah, als er ihn ging.« (Ebd. S.14)

[15] Vgl. ebd. S.31f., über Luthers Verhältnis zu Augustin: »...wir müssen mit Luthers
konkreter Beschäftigung mit Augustin beginnen, wie sie in der Vorlesung (d.h. der Römerbriefvorlesung) in Form von Zitaten und Kommentaren zum Ausdruck kommt.
Nur auf dieser Grundlage haben wir eine gewisse Sicherheit dafür, dass wir zu Ergebnissen kommen können, die nicht reine Konstruktionen ideengeschichtlicher Natur sind.«

[16] Vgl. die nähere methodologische Charakteristik von Granes Argumentation bei
Rasmussen (1982), S.262ff.

der Geschichtswissenschaft gehören, die in sehr vielen Fällen, sei es auf
Grund der Quellenlage oder, fundamentaler, auf Grund der komplexen
historischen Verwurzelung des zu untersuchenden Phänomens, wissen-
schaftlich überhaupt nicht in Angriff genommen und schon gar nicht beantwortet werden können.[17]
Eine alternative Arbeitsweise, die angesichts der neueren historiographischen Diskussion verheissungsvoller wäre, wenn man eine Erweiterung der Perspektive einer »methodischen Kontextimmanenz« [18] sucht,
ist der *historische Vergleich*.[19] Im Verhältnis zu einem genetischen Verfahren, das Ursprünge erschliessen will, und im Verhältnis auch zu einem
kontextimmanenten Verfahren, das den Kern des untersuchten Phänomens möglichst direkt und unmittelbar zu verstehen sucht,[20] stellt man
sich beim Verfahren des historischen Vergleichs grundsätzlich bescheide-
ne Ziele.[21]
Vorausgesetzt wird aber – im Unterschied zur kontextimmanenten
Arbeitsweise, wo sich die Interpretationsbeziehungen eines historischen
Objekts »von innen« her ergeben müssen –, dass historische Individualität eben schärfer erfasst und profiliert, und damit auch besser verstanden
werden kann, wenn dazu Interpretationsbeziehungen ernst genommen

---

[17] Siehe dazu z. B. Bloch (1985), S.27ff. (»Die Ursprünge als Idol«).
[18] Zum Begriff der »methodischen Kontextimmanenz«, vgl. Zingerle (1979), S.588.
Diese Charakteristik kann zur allgemeinen methodologischen Einordnung von Granes
Überlegungen zur Methode in »Modus loquendi theologicus« verhelfen.
[19] Auch Grane spricht in seinem Buch vom historischen Vergleich (S.13; 31f.); macht
aber keine deutliche Unterscheidung zwischen einer genetischen und einer vergleichenden Methode. – Zur Eigenart der vergleichenden Methode, siehe die klassischen, und
immer noch grundlegenden Überlegungen bei Max Weber (1904), bes. S.185ff. Aus der
neuern methodologischen Diskussion, siehe z.B. Tyrell (1986), S.260. – Eine Unterscheidung zwischen einer genetischen und einer vergleichende Methode und zugleich
eine Hervorhebung vom Wert der vergleichenden Methode für die »Dictata«-Forschung
findet man auch bei Ebeling (1971), S.197: »Die Aufhellung der Beziehung zur Tradition
darf sich nicht beschränken auf den Nachweis von Abhängigkeiten zur Erklärung der Ge-
nesis oder auch verschiedener Schichtungen von Luthers Theologie, sondern dient vor
allem dazu, deren Besonderheit möglichst scharf zu profilieren. Die von daher erwach-
senden historsischen Interpretationsaufgaben hat die Lutherforschung bisher nicht annä-
hernd ausgeschpft.«
[20] Bei aller Anerkennung der Vorzüge einer »kontextimmanenten« Arbeitsweise kann
man trotzdem ihre optimistischen hermeneutischen Ansprüche, die einen »direkten« Zugang zum historischen Objekt selbst voraussetzen, grundsätzlich in Frage stellen. Diese
Infragestellung kann mit einem Hinweis auf die Bedeutung der hermeneutischen Kategorien des »Vorverständnisses« und der »Wirkungsgeschichte« bei der historischen Arbeit
begründet werden. Vgl. dazu Rasmussen (1982), S.273 und auch Zingerle (1979),
S.588f.
[21] Die Hervorhebung einer vergleichenden Methode der historischen Arbeit hängt oft
mit der Bevorziehung einer pluralistischen Erkenntnistheorie nominalistischer Färbung
zusammen, wo die Relativität und Beschränkung der Fragestellungen und Perspektiven
betont wird.

werden, die auch »von aussen« her etabliert werden. Die näheren Kriterien dafür, welche Vergleiche relevant und angemessen sind, sind je nach
der Fragestellung unterschiedlich. *Eine* bestimmte Vergleichsrelation ist
selten *die* richtige. Unterschiedliche Vergleichsrelationen können in un-
terschiedlicher Hinsicht die historische Erkenntnis fördern.

Der Vergleich kann in der Geschichtswissenschaft ganz allgemein gesagt zu zwei unterschiedlichen Zwecken eingesetzt werden, die in klassischer Weise von Otto Hinze zusammengefasst worden sind: entweder
um »ein allgemeines zu finden«, also um gemeinsame Strukturen und
Muster der Geschichte zu entdecken, oder um »Individualität schärfer zu
erfassen«.[22] Meistens bietet die erste dieser Möglichkeiten für den Historiker die grössten Probleme. *Wenn* der historische Vergleich zu diesem
verallgemeinernden Zweck Verwendung findet, muss es auf jeden Fall
nicht allzu generell, sondern innerhalb eines bestimmten historischen
Kontexts und im Blick auf bestimmte Ziele geschehen.[23] Im Rahmen dieser Untersuchung geht es jedoch nicht um diese Richtung des Vergleichs, sondern um den *Vergleich zum Zweck der schärferen Erfassung von
Individualität*: Wo man also, bei Beachtung des historischen Kontexts, an
Hand einer bestimmten Fragestellung des Historikers (die nicht immer
eine Fragestellung oder Perspektive des untersuchten Verfassers selbst
sein wird) eine Vergleichsgrösse einführt, die den historischen Blick für
die Eigenart des Gegenstandes, den man untersucht, schärfen kann.

Bei der Analyse der »Dictata super Psalterium« ist ein besonders nahe-
liegender Weg »nach aussen« die Beziehung zur Tradition der Psalmenexegese. Luther stützt sich ganz offenbar auf diese Tradition und beruft
sich in vielen Fällen sehr ausdrücklich auf ihre Vertreter, vor allem auf
Augustin und Lyra. Wie soll man bei der Interpretation des »Dictata«-
Textes auf diesen Traditionsstoff Rücksicht nehmen?

Eine *genetische* Orientierung würde hier bedeuten, *Wurzeln* der Argumente und Gedankengänge der »Dictata« in dieser Tradition zu suchen.
In dieser Interpretationsperspektive liegt aber die Gefahr implizit, die
Bedeutung des Traditionsstoffes für Luthers Denken zu überschätzen.
Gerade diejenigen Zusammenhänge und Verwandtschaften, die man
sucht, wird man hier weithin auch finden können, und man glaubt dabei
zugleich leicht – zu Unrecht –, den Text verstanden und erklärt zu
haben.

---

[22] Zitiert nach Wehler (1973), S.33. Die »Logik« der komparativen Forschung gehört
nach Wehler »...fraglos zu den unterentwickelten Sektoren« der Methodologie der Geschichtswissenschaft.
[23] Ein Beispiel solcher verallgemeinernden komparativen Arbeit aus dem Gebiet der
Reformationsgeschichte wären Rainer Wohlfeils Überlegungen zum Begriff der »Reformatorischen Bewegungen« (Wohlfeil (1982), S.96ff.).

Demgegenüber verhält man sich bei einer *kontextimmanenten* Orientierung »redaktionsgeschichtlich« zur Tradition: Wichtig sind nicht so sehr Ursprung und Eigenart des Traditionsstoffes, sondern seine Verwendung im weiteren Zusammenhang von Luthers Argumentation. Hier liegt die Gefahr nahe, mit der Ablehnung einer genetischen Bezugnahme auf die Tradition, den Traditionsstoff überhaupt als Mittel zum besseren Verständnis das Textes zu wenig zur Geltung kommen zu lassen. Bei einer *komparativen* Orientierung wird im Unterschied zur kontextimmanenten Orientierung nicht so sehr nach Individualität im Sinne der Intention des Urhebers gefragt, sondern im Sinne von *historischer Eigenart*. Dies ist der strategische Punkt, wo der individualisierende Vergleich die kontextimmanente Arbeitsweise weiterführen kann. Das Hauptargument für die Angemessenheit dieser Ergänzung ist ganz einfach, dass sie das historische Verstehen fördern kann. Ein Beispiel dafür:

Die Zuspitzung der Bibelauslegung auf die »spiritualitas«, d.h. auf den geistlich-christologischen Sinn der Psalmentexte, ist nicht nur – wie im folgenden zu zeigen sein wird – für Luthers Exegese in den »Dictata«, sondern auch für die Psalmenexegese etwa des Faber Stapulensis kennzeichnend. Historisch liegt es hier nahe, die Frage nach dem Verhältnis dieser zwei scheinbar so ähnlichen Positionen zueinander zu stellen. Beschränkt man sich bei der Untersuchung dieser Frage – im Sinne der kontextimmanenten Arbeitsweise – auf Luthers ausdrückliche Hinweise auf sein Verhältnis zur Tradition, wird man nicht sehr weit kommen. Denn nach Luther besteht die Eigenart seiner Exegese gerade in der Hervorhebung der »spiritualitas« der Texte, – einer Hervorhebung allerdings, die den zwei Exegeten gemeinsam ist. Für das Verständnis von Luthers Eigenart im Verhältnis zu Augustin und Lyra ist dieser Hinweis aufschlussreich; im Blick auf das Verständnis seiner Eigenart im Verhältnis zu Faber aber besagt er wenig. Näheres über die Beziehung zwischen Luther und Faber wird man, von einer kontextimmanenten Perspektive her, auch durch eine genauere Untersuchung von Luthers Rezeption von Fabers »Quincuplex Psalterium« nur schwer erfahren können. Klar ist zwar, dass Luther dieses Werk zur Vorbereitung seines Kollegs benutzt hat, aber eindeutige Hinweise auf Faber oder seine Psalmenauslegung sind selten, – viel seltener als z. B. die Hinweise auf Augustin oder Lyra.[24] So liegt es auch nicht nahe, die Frage nach dem Verhältnis zwischen den zwei weiter zu verfolgen. – Von einem historisch-genetischen Gesichtspunkt her wäre die Frage nach der Abhängigkeit Luthers von Faber wohl interessanter; auch diese Frage wäre aber, auf Grund der Quellenlage, sehr schwer zu beantworten.

---

[24] Zu Luthers Verwendung von Fabers Psalmenauslegung, vgl. Ebeling (1971), S.14.

Löst man sich aber von den methodologischen Voraussetzungen der kontextimmanenten wie auch der genetischen Perspektive und stellt die einfache komparative Frage nach der näheren Beziehung zwischen den zwei – thematisch wie auch sachlich – einander nahestehenden Exegeten, z. B. an Hand der Schlüsselkategorie der »geistlich-prophetischen Schriftauslegung« als »tertium comparationis«, eröffnet sich der Weg zu neuen Einsichten in die historische Eigenart von Luthers Psalmenauslegung, die dazu beitragen können, seine Position schärfer zu profilieren, – wobei auch charakteristische Unterschiede zwischen den beiden ins Blickfeld kommen werden.

Wie gesagt: Je besser man das sachliche Anliegen und die Kohärenz eines Werkes von innen her zu verstehen meint, um so unwichtiger werden einem die Linien nach aussen vorkommen, wenn es um eine Verbesserung *dieses* Verstehens geht. Eine historische Ableitung dieser inneren Ordnung wäre meistens wenig sinnvoll, und auch der Vergleich mit anderen Werken und anderen Verfassern wird hier keine entscheidende Rolle spielen können. Denn die gefundene innere Ordnung ist eben individuell und speziell, und sie wird nicht dadurch besser verstanden, dass man sie neben eine andere (kontextimmanente) Interpretation eines anderen Werkes oder eines anderen Verfassers stellt. Soll man den individuellen Vergleich sinnvoll verwenden können, muss neben der Differenz auch in einer wesentlichen Hinsicht Gleichheit und Gemeinsamkeit der Texte vorliegen. Und gerade diese Gleichheit kommt in der kontextimmanenten Perspektive schwer zur Sprache. Denn es geht dort um eine methodologische Orientierung, die tendenziell zur Hervorhebung der Einzigartigkeit eines Textes neigt.

Eine komparative Arbeitsweise setzt voraus, dass man ein Stück weit auf die Perspektive »von innen her« verzichtet. Erforderlich ist auch, dass man die Fragestellung auf bestimmte Aspekte beschränkt und zuspitzt. Die gezielte Abgrenzung der Fragestellung ist notwendig, um die gemeinsame Basis bei der Vergleichsarbeit festzuhalten; wobei die hier hervorgehobenen Kategorien sowohl sachlich wie auch methodisch in einer gewissen Spannung zur kontextimmanenten Perspektive stehen mögen, – die dazu neigt, dem Verstehen des Ganzen nachzustreben, und Teilaspekte als Funktionen dieses Ganzen, und nicht als Medium des Vergleichs nach aussen, zu interpretieren.

Vermittlungskategorien dieser Art sind in der folgenden Untersuchung vor allem der Begriff »*Antijudaismus*« und zum Teil auch die hermeneutische Kategorie des »*litera spiritualis*«.

Der Begriff des »Antijudaismus«

Von der Perspektive einer kontextimmanenten Deutung der »Dictata« her wird man mit dem Begriff des »*Antijudaismus*« als einem Schlüsselbegriff zur Analyse des Textes Schwierigkeiten haben können, und insbesondere dann, wenn die kontextimmanente Perspektive mehr auf die tropologischen als auf die ekklesiologischen Aspekte des Kollegs ausgerichtet ist. Verzichtet man aber ein Stück weit auf die konsequente »von innen her«-Perspektive und fragt von einem komparativen Gesichtspunkt her nach der *Eigenart* von Luthers Bild von den Feinden der Kirche im Vergleich zu entsprechenden Feindbildern aus der theologischen Tradition, die er in den »Dictata« verarbeitet (also vor allem die Psalmenauslegungstradition von Augustin bis Faber Stapulensis), stellt sich die Sache anders. Es geht dann um Luthers Stellungnahme zu einer bestimmten, gemeinsamen Frage der Tradition, die auch bei ihm wichtig ist: nämlich der Frage, welche Feinde der vergangenen oder der gegenwärtigen Kirche gemeint sind, wenn im Psalmentext von den »inimici« des Volkes Gottes die Rede ist, – und präziser noch: welcher Platz hier den Juden, die in den Auslegungen der Tradition durchgehend im Vordergrund stehen, von Luther zugewiesen wird. Dass in der Psalmenauslegungstradition in diesem Zusammenhang – z. B. bei Jakob Perez von Valencia oder bei Nikolaus von Lyra – theologisch begründete Aussagen gegen die Juden und das Judentum zur Sprache kommen, die im Sinne der neueren Forschung auf diesem Gebiet als »antijüdisch« eingestuft werden können,[25] steht ausser Frage. Deutlich ist aber zugleich, dass sich Luther in seinen Erörterungen zum Thema der »inimici eccelesiae« in den »Dictata« auch – und gar nicht nur am Rande – an diese Spuren der Psalmenauslegung anschliesst und von seiner theologischen Perspektive her ein Bild der Juden als der Feinde der Kirche zeichnet, das im Licht einer kontextimmanenten Deutung des Kollegs vom »reformatorischen« Zentrum der tropologischen Exegese her als nebensächlich erscheinen mag, das aber im Licht einer traditionshistorisch-komparativen Fragestellung wichtig wird. Die Tatsache, dass Luthers Antijudaismus hier vor allem *theologisch*, in der theologischen Tradition und in den eigenen theologischen Überlegungen – und nicht praktisch-politisch in konkreten Erfahrungen mit Juden – verwurzelt ist, ändert dabei nicht viel: Der Begriff »Antijudaismus«, so wie er in der Mediävistik benutzt wird, umfasst durchaus auch einen »theoretischen« Antijudaismus dieser Art.[26]

---

[25] Vgl. z. B. die Benutzung des Begriffs bei Funkenstein (1971).
[26] Vgl. Cohen (1982), S.21f.

Die hermeneutische Kategorie der »litera spiritualis«

Es wurde vorher darauf hingewiesen, dass Luthers Antijudaismus in den »Dictata« vor allem in den Grundsätzen seiner Schriftauslegung verwurzelt ist. Um das Bild des jungen Luther von den Feinden der Kirche besser zu verstehen, muss man deshalb in erster Linie bestimmten Aspekten seiner Hermeneutik näher nachgehen.[27] Die Kategorie der »litera spiritualis« bzw. des »sensus literalis propheticus«, die in dieser Untersuchung als ein zentraler analytischer Begriff hervorgehoben wird, spielt dabei für den Aufbau der Untersuchung eine doppelte Rolle.

Zum einen kommt man an Hand dieser Kategorie besonders gut an die Überlegungen und Entscheidungen heran, die Luthers Bild der »inimici ecclesiae« bestimmt haben. Die wahre »litera« des Bibeltextes ist nach Luther prophetisch zu verstehen, und sie zielt auf Christus und auf die Zeit des Neuen Testaments. Durch diese Zeitangabe wird die prophetische »litera« *historisch* und *konkret*; durch ihren christologischen Inhalt wird sie *geistlich*. So reden viele Psalmentexte nach ihren wahren, geistlichen »litera« vom Leben Christi im Rahmen des Neuen Testaments, und die »inimici« im Text sind seine Feinde, d.h. vor allen anderen die Juden, die ihn als Christus abgewiesen haben.

Zum anderen weist aber auch dieser Begriff der »litera spiritualis« wie der des »Antijudaismus«, auf ein allgemeines Problem der Tradition, in der Luther steht, hin und ist deshalb auch für die komparative Arbeit eine geeignete Vermittlungskategorie, die eine Perspektive der vergleichenden Analyse näher angibt. Die Frage nach der Beziehung zwischen der »literalitas« und der »spiritualitas« des Bibeltextes spielte in der Auslegungstradition eine zentrale Rolle; sie war im Laufe des Mittelalters schärfer gestellt worden,[28] wurde aber noch im späten Mittelalter sehr unterschiedlich beantwortet. Die grundlegende Forderung wahrer theologischer Exegese stand fest: Die Schriftauslegung musste einerseits im Buchstaben, in der »litera« des Textes ihr Fundament haben, andererseits aber zugleich vom Geist Christi bestimmt sein. Bei der »literalitas« ging es vorerst um die historische Verwurzelung der Texte in der Geschichte Israels zur Zeit während oder vor der Entstehung der jeweiligen Texte. Zum Teil für Augustin, und besonders für Nikolaus von Lyra, war diese historische Basis der Exegese wichtig. Andere, wie Faber Sta-

---

[27] Diese Behauptung impliziert nicht eine Unterschätzung anderer Erklärungsperspektiven – wie z. B. derjenigen der allgemeinen antijüdischen Einstellung oder Mentalität in der spätmittelalterlichen Gesellschaft – für das Verständnis von Luthers Sicht der »inimici ecclesiae«. In der Verwurzelung dieser Sicht in der Hermeneutik scheint aber eine entscheidende Besonderheit der Argumentation Luthers zu liegen. Deshalb ist diese Perspektive von speziellem Interesse.

[28] Vgl. zu diesem Thema Smalley (1964), S.83ff. und Preus (1969), S.46-149.

pulensis, kümmerten sich weniger darum. – Für alle, aber, lag das Ziel der Exegese im Bereich des Geistlichen: Die Texte der Psalmen sind nicht auf die Welt des Alten Testaments beschränkt. Sie beziehen sich auf die Kirche und die Christen, und das vor allem muss in der Schriftauslegung zum Ausdruck kommen.

Diese geistliche Interpretation ist – das gilt durchweg – primär eine christologische Interpretation: Die Texte beziehen sich ihrem eigentlichen Sinn nach auf Christus, auf sein Leben, seine Geschichte und den Sinn dieser Geschichte für die Kirche und die einzelnen Christen. Dies ist der prophetische Sinn des Textes, der jedoch im einzelnen bei den verschiedenen Exegeten sehr unterschiedlich zum Ausdruck kommt. U.a. unterscheiden sich die verschiedenen Ausleger in dem Gewicht, das sie auf die historische Verifikation der prophetischen Bedeutung des Textes legen, und auch in dem Ausmass und der Weise der Benutzung des Neuen Testaments als Quelle dieser Verifikation. Für Faber Stapulensis, z. B. ist eine historisch-ekklesiologische Verifikation der prophetisch-christologischen Exegese oft von geringer Bedeutung und scheint ihm manchmal weithin entbehrlich zu sein. Das Entscheidende ist die aktuell, vor allem individuell ausgerichtete Zuspitzung der Exegese. Ganz anders ist dies z. B. bei Augustin, der auf die Verifikation der prophetischen Exegese am neutestamentlichen Text grosses Gewicht legt.

Eine vergleichende Einordnung Luthers wird auch hier dazu verhelfen können, die Eigenart seiner prophetischen Exegese, und damit also eine entscheidende Grundlage seines Feinddenkens, präziser und besser zu erfassen.

Der »sensus propheticus literalis« und die Hermeneutik der »Dictata«

Die klassische Arbeit zur Hermeneutik der »Dictata« ist immer noch Gerhard Ebelings Studie von 1951: »Die Anfänge von Luthers Hermeneutik«,[29] und es liegt hier nahe, die hermeneutische Fragestellung der folgenden Arbeit im Verhältnis zu Ebelings Ausführungen in diesem klassischen Aufsatz etwas näher einzuordnen. Ebeling geht es in »Die Anfänge…« zunächst darum, zu zeigen, wie in der Auslegungstradition zwei unterschiedliche Vorstellungen der »spiritualitas« zum Ausdruck gekommen sind: Eine – vorherrschende – »origenistische«, wo das Geistliche »allegorisch« verstanden wurde im Sinne der tieferen, verborgenen Bedeutung des Buchstäblichen, und daneben eine »augustinische«, die viel seltener und meistens nur als Ansätze zur Geltung gebracht wurde, – wo das Verständnis der »spiritualitas« von 2. Kor.3,6 und vom Gegen-

---

[29] Vgl. Ebeling (1971), S.1-68.

satz zwischen der »litera occidens« und dem »spiritus vivificans« bestimmt war – ; also von einem theologischen Gegensatz-Denken ganz
anderer Art als dem origenistischen.[30]

Faber und Luther bringen nach Ebeling in ihrer prophetisch-
geistlichen Psalmenexegese beide wieder etwas vom »augustinischen«
Anliegen zur Sprache.[31] Und in der näheren Ausführung der christologischen Exegese zeigt sich nach Ebeling, dass dieses Anliegen bei Luther
noch deutlicher und konsequenter als bei Faber zum Ausdruck kommt.
Das hängt vor allem damit zusammen, dass Luther – anders als Faber
– das hermeneutische Schema des vierfachen Schriftsinnes, die Quadriga, in Dienst nimmt, um den theologischen Sinn der prophetisch-
christologischen Exegese zur Geltung zu bringen. Dadurch, und ganz
besonders durch die Hervorhebung der Tropologie, der Anrede der Texte an den Glauben des einzelnen, verhindert Luther, dass die
prophetisch-christologische Exegese wieder zum »tötenden Buchstaben«
und zum »Gesetz« wird.[32]

Die Rolle der Kirche in der Hermeneutik der »Dictata« wird in Ebelings Aufsatz nicht näher analysiert.[33] Offenbar ist, dass Luthers Hervorhebung der Tropologie als des theologischen Ziels der Auslegung auch
für das Bild der Kirche in den »Dictata« Folgen hat: Die Kirche ist das
Volk der »fideles«, und Ansätze einer »reformatorischen« Ekklesiologie,
die vom Glaubensbegriff her konstituiert ist, sind im Kolleg nicht schwer
zu entdecken.[34]

Beobachtungen dieser Art reichen aber für eine hermeneutische Einordnung der Kirche in den »Dictata« nicht aus. Wichtig ist hier vor allem, dass die geschichtstheologische Perspektive von Luthers
Ekklesiologie wie auch von seiner Hermeneutik zu wenig zum Tragen
kommt. Luthers Denken von der Kirche und von den Feinden der Kirche hat eine historische Dimension, die bei den Versuchen, seine Ekklesiologie einseitig von dem Schlüssel der tropologischen Konzentration
seiner Exegese her zu erklären leicht zu kurz kommt. Bei der Frage nach
den »inimici ecclesiae« ist dies deutlich: Beschränkt man sich bei dieser
Frage auf die Feststellung, die Feinde der Kirche seien die Vertreter der
»literalitas« bzw. der »litera occidens«, hat man sicher eine wichtige Seite
von Luthers Denken hervorgehoben, und vielleicht auch vom Standpunkt einer existential-philosophisch beeinflussten Lutherforschung *die*

---

[30] Ebd. S.12ff.
[31] Ebd. S.15.
[32] Ebd. S.54ff.
[33] Vgl. Ebelings Bemerkungen zu den Beschränkungen seines Aufsatzes ebd. S.66.
[34] Vgl. dazu z.B. Holl (1932), S.289-299; Mauser (1968), S.61 und Vercruysse
(1968), S.30f. und 207.

richtige Interpretation des Themas gegeben, aber dabei gleichzeitig wichtige Perspektiven der Luthertexte an den Rand gedrängt.

In der »Dictata«-Forschung ist u.a. in den Arbeiten von Karl Holl und Ulrich Mauser die Ekklesiologie der »Dictata« im Licht der zentralen Stellung der tropologischen Exegese näher analysiert worden – und besonders bei Mauser auch mit grossem Gewicht auf die Feinde der Kirche (die Häresie).[35] Eine nähere Beachtung der geschichtstheologischen Dimension ist in dem Buch von Scott Hendrix (»Ecclesia in via«), vor allem aber in Joseph Vercruysses »Fidelis populus« festzustellen.[36] In diesen beiden Büchern stehen jedoch nicht die »inimici ecclesiae«, sondern die Kirche selbst, der »fidelis populus« im Zentrum des geschichtstheologischen Interesses. Auch das Thema der »Feinde der Kirche« hat aber im Kolleg eine eigenständige geschichtstheologische und hermeneutische Bedeutung, die eine eigene eingehende Analyse interessant macht.

Im Sinne der oben angeführten methodologischen Bemerkungen sollte hier hinzugefügt werden, dass die zwei Grundperspektiven, die hier hervorgehoben worden sind (d.h. die tropologische und die geschichtstheologische), in erster Linie als einander ergänzende Perspektiven angesehen werden sollten. Die eine darf als Gesamtperspektive für die Interpretation des Kollegs auf keinen Fall die andere überflüssig machen, wohl aber im Sinne eines Korrektivs bereichern und ausfüllen.

Der Hervorhebung der geschichtstheologischen Perspektive der Ekklesiologie entspricht die Konzentration auf die prophetische Exegese in der Hermeneutik. Nicht erst die Frage nach der aktuellen *Vergegenwärtigung* der prophetisch-christologischen Schriftauslegung, sondern zunächst diese Exegese an sich und ihre nähere Durchführung bei der Interpretation der einzelnen Texte gewinnt dabei an Interesse. Denn die prophetische Schriftauslegung ist ein Schlüssel zur Geschichtstheologie.

Die Frage nach den »inimici ecclesiae« im Spiegel der prophetischen Exegese steht im ersten Hauptteil der Arbeit im Zentrum. Im zweiten Hauptteil wird die Hauptsache wieder die Frage nach der Vergegenwärtigung dieser prophetischen Exegese sein. Sie stellt sich allerdings beim Thema der »inimici ecclesiae« nicht so sehr – wie es in Ebelings Analyse der Fall war – als eine Frage nach der Rolle der Quadriga auf dieser Stufe der Textauslegung. Vielmehr scheint man hier durch die Hervorhebung eines alternativen Schemas zur theologischen Vergegenwärtigung der Texte besser an die Eigenart von Luthers theologischer Argumentation

---

[35] Vgl. die vorige Anmerkung.
[36] Vercruysse, der grundsätzlich die Qualifikation der Ekklesiologie der »Dictata« durch die Tropologie hervorhebt, (vgl. Anm.34 oben), führt trotzdem seine inhaltliche Analyse der Ekklesiologie des Kollegs als eine heilsgeschichtliche Darstellung durch. Vgl. Vercruysse (1968), S.39ff. – Bei Hendrix (1974), vgl. vor allem S.243ff.

heranzukommen. Auf jeden Fall geht es dabei – um es im Anschluss an
Ebelings Exposition der hermeneutischen Grundprobleme des Kollegs zu
sagen – um die nähere Charakterisierung von einem Aspekt des »augustinischen« Anliegens in Luthers Exegese: d.h. von der theologischen Signifikanz der prophetischen Diagnose der Juden als der grundlegenden
Feinde der Kirche und damit als der prototypischen Vertreter der »literalitas«. Wenn auf der einen Seite die Rolle der Juden als »inimici ecclesiae« in den »Dictata« nicht auf eine geschichtslose »literalitas« reduziert
werden darf, so ist es auf der anderen Seite ebenso wichtig zu sehen, dass
die prophetische Rolle der Juden zur Zeit Christi im Kolleg nicht den
theologischen Stellenwert einer toten historischen »litera« hat, sondern
vielmehr für die ganze Geschichte der Kirche bis zu Luthers eigener Zeit
ihre Aktualität behält.

Die »Dictata super Psalterium«: Text, Kontext, Tradition

Die frühen exegetischen Vorlesungen Luthers nehmen mindestens in
einer Hinsicht eine Sonderstellung als Quelle zu seiner Theologie ein.
Enger, konsequenter und umfassender als alle andere Quellen beziehen
sie sich auf *einen bestimmten* und relativ übersichtlichen Teil der theologischen Tradition: Die wissenschaftliche Bibelexegese erfolgte als Weiterführung von und Auseinandersetzung mit den Klassikern der
altkirchlichen und mittelalterlichen Exegese.

Bei Luther ist dies gerade in den »Dictata« besonders deutlich der Fall.
In keinem anderen Werk setzt er sich – explizit und implizit – so eng und
intensiv, und gleichzeitig so ausführlich und umfassend mit einem deutlich identifizierbaren Bereich der Tradition auseinander wie hier. Er bezieht sich auf die früheren Exegeten durch Übernahme ihrer
Argumentation – manchmal zu geänderten Zwecken – ; oder durch neue
Akzente und Hervorhebungen: sowohl die Kontinuität als auch die neu-
en Ansätze werden beim Studium der Texte deutlich. Die bewusste Anknüpfung an die Tradition, die in dieser Weise zum Ausdruck kommt,
ist somit ein entscheidender Faktor für die historische Interpretation der
ersten Psalmenvorlesung.[37]

---

[37] In einer anderen Richtung äussert sich Grane (1983) (S. 56f., 59f.) über die »Dictata« als Quelle der Lutherforschung. Nach Grane ist es in den »Dictata« im allgemeinen
sehr schwer zu entscheiden, inwiefern Luthers Hinweise auf die Auslegungstradition als
reflektierte Traditionsrezeption beurteilt werden kann: man kann nicht wissen, ob es sich
nicht bloss um eine Zusammenstellung von unbearbeiteten Exzerpten aus der Auslegungstradition zum »Diktat« für die Vorlesung drehe, – wo zu den Exzerpten dann
mündlich näher Stellung genommen wurde. Wo Luther im Manuskript der »Dictata«
spricht, weiss man deshalb nach Grane nie so recht. Diesem Umstand sei es auch weithin
zu verdanken, dass die Interpretation der »Dictata« so umstritten ist. – In ausführlicher
Form sind entsprechende quellenkritische Hinweise vorher besonders bei Vogelsang

Darüber hinaus kann auch der kirchlich-politische Kontext des Werkes – soweit er sich feststellen lässt – wichtige Hinweise geben zum Verständnis der Vorlesung. So ist zum Beispiel in der Forschung gezeigt worden, wie der sogenannte »Observantenstreit« für die Interpretation einzelner Parteien der »Dictata« eine bedeutsame historische Voraussetzung bietet.[38] Aber zumindest wenn man die »Dictata« mehr als eine Einheit zu betrachten versucht, so wie ich es hier versuchen will, sind es nicht die aktuellen Zeitumstände dieser Art, die im Blick auf den weiteren kirchlich-sozialen Kontext die Priorität haben: Luther war kein Gelehrter, der sich »abstrakt« zu den verschiedenen exegetischen Werken der Auslegungstradition verhielt, – sei es zu Augustin oder zu Cassiodor, zu Bernhard von Clairvaux oder zu Nikolaus von Lyra. Vielmehr sollte man in Erinnerung halten, dass er zur Zeit der »Dictata« – und auch noch später – in kirchlich-sozialer Hinsicht vor allem als Mönch zu betrachten ist. Und es ist für die Erforschung des frühen Luther wichtig, nicht nur auf die Ansätze zu einer Kritik dieser Tradition, sondern in erster Linie auch positiv auf die tiefe Verwurzelung Luthers in dieser Tradition zu achten.

So identifizierte sich Luther in seiner ersten Psalmenvorlesung weitgehend mit einer *monastischen* Tradition der Schriftauslegung.[39] Das mona-

---

(1929), S.4-9, diskutiert worden; dort aber sind sie im Sinne einer Aufforderung zu sorgfältiger traditionsgeschichtlicher Arbeit mit den »Dictata«-Texten, und nicht im Sinne einer generellen quellenkritischen »Resignation« ausgewertet worden. Meiner Meinung nach ist die Quellenskepsis, die bei Grane zum Ausdruck kommt, spätestens seit G. Ebelings eingehenden Analysen von »Dictata«-Texten im Horizont der Auslegungstradition (in »Lutherstudien«; Bd.1 (1971) gesammelt) als übertrieben erwiesen. Luthers sehr bewusste Umgang mit der Auslegungstradition wird hier wieder und wieder deutlich gemacht. Auch die Textanalysen, die in der folgenden Untersuchung vorgelegt werden, bestätigen diese Sicht: Luther geht – oft nur sehr knapp – auf die Auslegungstradition ein, aber meistens, um seinen eigenen Weg einzuschlagen. Manchmal markiert er diese Eigenständigkeit auch sehr explizit. – In den Fällen, wo die Tradition nur zur Kenntnis genommen wird, ohne dass eine selbständige Argumentation hinzugefügt wird, ist dies meistens gut erkennbar (vgl. z.B. WA 4,73,37ff.) So scheint mir auch die Vielfalt der Interpretationsansätze in der »Dictata«-Forschung (die wohl nicht grösser ist als z.B. die Vielfalt der Ansätze in der Diskussion um die »reformatorische Wende«) weniger durch ein besonders vages Profil Luthers in diesem Text erklärbar zu sein, als durch die verschiedenen Deutungsperspektiven der Interpreten. Wichtig ist dabei, dass die Position Luthers in den »Dictata« in einer eigenartigen Weise sowohl »rückwärts« als »vorwärts« offen ist, und der Text kann deshalb auch – mit Recht – heuristisch sowohl als konsequentes Produkt von spätmittelalterlichen Traditionen wie als Frühphase einer neuen, reformatorischen Theologie betrachtet werden.

[38] Vgl. Lohse (1963), S.270ff. Die erhellendste allgemeine Darstellung des Observantenstreits findet man jetzt bei Oberman (1982), S.138ff.

[39] Vgl. Leclercq (1957), S.79ff. und 179ff., wo zwischen einer scholastischen und einer monastischen Tradition der mittelalterlichen Exegese zu unterscheiden versucht wird. Zum Thema der monastischen Züge in der Schriftauslegung der »Dictata«, vgl. neuerdings auch Nicol (1984), S.44ff., wo die Frage nach dem Stellenwert der Meditatio im Zentrum steht.

stische Leben und die monastische »humilitas«-Spiritualität, die durch Jahrhunderte eine im Wesentlichen konstante und stabile »Lebenswelt« ausgemacht hatten, war für ihn der prägende Erfahrungshintergrund bei der Aneignung der Werke der altkirchlichen und mittelalterlichen Exegeten.

Diese monastische Atmosphäre des Psalmenkollegs kommt schon im allgemeinen Stil der Vorlesung zum Ausdruck: Kaum einmal bricht der typisch scholastische Diskurs – die von der syllogistichen Logik geprägte »disputatio« – im Laufe der »expositio« der ersten Psalmenvorlesung durch; obwohl die Gattung der »expositio« schon offen genug gehalten war, um dies zuzulassen.[40] Und nur ganz selten wird die Scholastik ausdrücklich erwähnt. Wenn es geschieht, dann meistens in kritischer Absicht, gegen die Grundhaltung und Form dieser Theologie, der es nach Luther am rechten geistlichen Ernst fehlt.[41]

Diese fast instinktive Abneigung gegen die Scholastik – schon ehe die intensive thematische Auseinandersetzung mit ihr in Gang gekommen war – ist in der monastischen Grundeinstellung oder Mentalität Luthers verwurzelt. Denn obwohl die »Dictata« sich haüfig und zum Teil auch in scharfer Form *gegen* die Misstände im Mönchtum wenden, dreht es sich hier in wesentlicher Hinsicht um eine Kritik, die von einer gemeinsamen Basis aus geübt wird: Eben das monastische Demutsideal ist es, das von Luther – in geschärfter Form – den Brüdern als ein Spiegel entgegengehalten wird.[42]

War das scholastische Denken durch die »disputatio« und die klare und eindeutige Argumentation gekennzeichnet, die der akademischen Problemlösung dienen sollte, so könnte man vom monastischen Denkstil sagen, er sei durch die »meditatio« charakterisiert, die die Frömmigkeit der Mönche an Hand der biblischen Texte – und hier nicht zuletzt des Psal-

---

[40] Ein gutes Beispiel für einen »Durchbruch« dieser Art ist in der Auslegung von Ps.17,26 (WA 55,II,1,141,16-143,17) zu finden, wo die Disposition nach der Quadriga von einer scholastischen Aufteilung der Auslegung in »primo effective« und »secundo objective vel occasionaliter« ergänzt und überboten wird. Solche Stellen – und es sind nicht sehr viele, die entsprechend deutlich sind – können kaum als ein Indiz dafür genommen werden, dass Luther sich in den »Dictata« – im Gegensatz zur Römerbriefvorlesung – »eines scharfen und unzweideutigen Gegensatzes zur Scholastik noch nicht bewusst war« (Grane (1975), S.17). Luther bedient sich ja auch später des scholastischen Diskurses zum Zwecke seiner eigenen Argumentation: vgl. z.B. WA 7,712,8-713,33.

[41] Z.B. im allegorischen Kommentar zu Ps.68,4b: »Defecerunt oculi mei, dum spero in deum meum«, WA 3,422f., Z.35ff. Ferner WA 3,517,33ff. (zu Ps.74,9). Vgl. auch Brecht (1981), S.163.

[42] Dazu auch Brecht (1981), S.149: »Dabei ist bei aller Kritik mit dem Mönchsideal noch keineswegs gebrochen, sondern aus dem Geist der Demut aufs neue Ernst mit ihm gemacht«.

ters – bereichern sollte.[43] Das Ziel des theologischen Denkens ist es dabei nicht, zu einer möglichst präzisen Antwort auf eine gestellte Frage zu gelangen; sondern der unerschöpflichen Wahrheit der Heiligen Schrift in möglichst vielen Dimensionen nachzugehen. Distinktionen und Aufteilungen dienen dieser Entfaltung des Reichtums des Glaubens, und nicht – wie in der Scholastik – der Abgrenzung im Blick auf Präzision.[44]

Von dieser Denkform ist die Auslegung der »Dictata« geprägt. Auch Luther kann die Unerschöpflichkeit des Schriftwortes betonen, dem gegenüber er sich demütig und offen verhalten muss.[45] Gleichzeitig gehört – in einer ganz anderen Weise als im problembezogenen Diskurs der Scholastik – die persönliche Erfahrung des Wortes bei der »expositio« notwendig dazu.[46] Durch diese Erfahrung können sich die Texte dem Ausleger erschliessen, und ihm in seiner Deutung eine eigentümliche Sicherheit verleihen.

Zusammenfassend kann also festgehalten werden: Ein entscheidender Kontext für die historische Interpretation der »Dictata« ist durch den intensiven Bezug auf eine mindestens bis auf Augustin zurückgreifende und in den Grundzügen stabile und einheitliche Auslegungstradition angegeben. Diese Auslegungstradition wird ihrerseits vor allem im Sinne des ebenso stabilen und über Jahrhunderte zurückgreifenden sozialen und geistlichen Hintergrundes der monastischen Mentalität rezipiert.

Diese Feststellungen zeigen für die Textarbeit verschiedene Möglichkeiten auf.

Erstens liegt eine mühevolle, aber sehr wichtige Aufgabe darin, Luthers

---

[43] Die Bedeutung des Demutsideals, und damit auch der monastischen Prägung der »Dictata« unter Berufung auf die vorwiegend »negative« Ausrichtung der »humilitas« (als Vorbereitung des Gerichts) einschränken zu wollen (Grane (1983), S.59f.), ist kaum berechtigt. Vgl. nur als Gegenbeispiel unten S.227 mit Anm. 16.

[44] Der Typus einer monastischen Theologie und eines monastischen Wirklichkeitsverständnisses des Mittelalters ist in massgeblicher Weise durch die Forschungen J. Leclercq's herausgearbeitet worden. Er hat sich dabei vor allem auf Bernhard von Clairvaux als die zentrale monastische Figur konzentriert. Siehe zusammenfassend Leclercq (1957). Ferner auch Schwarz (1968), S.168ff.; Köpf (1980), S.8f. und Brecht (1981), vor allem S.131f.

[45] Vgl. etwa die folgende Empfehlung aus der Scholienauslegung zu Ps.74 (WA 3,517,35-518,1): »Quare ubicunque et a quocunque profertur aliquis sensus, qui non repugnat fidei regulis, nullus eum debet reprobare aut suum preferre, etiam si suus sit multo evidentior et magis proprie litere consonat. Nam in talibus illud verbum Salomonis utilissimum locum debet habere prover. 1.(V.5) 'Audiens sapiens sapientior erit'. Et ibidem 3 (V.5) 'Ne innitaris prudentie tue'. 'Mirabilis enim est deus in sanctis suis'.(Ps.67,36)«

[46] Vgl. z.B. WA 3,517,33-35 (zu Ps.74): »Igitur in Scripturis sanctis non sicut in Aristotele faciendum est: Ubi sapienti licet contradicere sapienti. Quia ibi qualis Magister, talis est eius et doctrina, prophanus et prophana: hic autem sanctus et sancta.« Oder WA 4,67,3-5 (zu Ps.90,3): »Illustres et sancti patres istum psalmum varie exponunt. Sed non preiudicant, quin et nos in nostro sensu liceat abundare.«

besonders intensiver Verarbeitung der exegetischen Tradition in den
»Dictata« – unter Berücksichtigung des monastischen Kontextes seiner
Bibelarbeit – im Blick auf das Feinddenken nachzugehen. Mühevoll ist
diese Arbeit vor allem deshalb, weil das Interessante und Wichtige
manchmal erst im Detail entdeckt werden kann. Methodisch kann diese
Arbeit sachgemäss nur so geschehen, dass man einzelne – thematisch
wichtige – Psalmentexte zum Ausgangspunkt wählt, und die Verschiebungen in der Auslegung analysiert. Eine kursorische Lektüre der Texte
nützt hier nichts. Man muss es versuchen, sich in die Sprache der Bibeltexte und der Exegeten zu vertiefen, um die Nuancen zwischen den Exegeten aufspüren zu können.[47]

Vergleichende Textanalysen dieser Art ermöglichen nicht nur ein besseres Verständnis der Exegese Luthers in bestimmten Einzelfragen, sondern auch und vor allem eine Hervorhebung der *charakteristischen* Züge
seiner Exegese gegen den Hintergrund der Auslegungstradition. Wie nä-
hert sich Luther bestimmten gemeinsamen Fragen dieser Tradition?
Welche Fragen stehen für ihn im Mittelpunkt; um welche Fragen küm-
mert er sich nicht? ... u.s.w.

Im folgenden werde ich im ersten Teil der Arbeit eingehende Analysen
der Auslegungen von acht ausgewählten Psalmen durchführen. Für die
Auswahl der näher zu analysierenden Luther-Texte standen inhaltliche
Kriterien im Vordergrund. Ich habe mich auf »Dictata«-Texte konzentriert, die sich besonders intensiv und umfassend mit dem Thema »inimici ecclesiae« befassen. Zugleich habe ich mich aber darum bemüht, Texte
aus den verschiedenen Phasen des Kollegs einzubringen, und auch insgesamt so viele verschiedene Texte einzubringen, dass gleichzeitig eine
gewisse Repräsentativität sichergestellt ist.

Die »Auslegungstradition«, die in den Analysen in Teil I berücksichtigt werden soll, ist vorwiegend durch die folgenden einflussreichen Exegeten vertreten: Augustin, Cassiodor, Nikolaus von Lyra, Paulus von
Burgos, Jacob Perez von Valencia und Jacob Faber Stapulensis. Zu ein
paar Texten ist auch Bernhard von Clairvaux's Auslegung von Psalm 90
(»Qui habitat«) ein wichtiger Vergleichs-Text. Es geht hier – obwohl das
methodisch nicht entscheidend ist – meistens um Texte, von denen mit
ziemlich grosser Sicherheit gesagt werden kann, dass Luther sie bei seinen Vorbereitungen zu den »Dictata« benutzt hat.[48]

---

[47] Es ist in der Lutherforschung vor allem G. Ebeling, der sowohl programmatisch
(vgl. Ebeling (1971), S.195 und 196) als auch in seinen Textanalysen die Wichtigkeit
einer solchen Kleinarbeit zur Geltung gebracht hat. In Skandinavien ist es vor allem
L. Grane, der – auch er sowohl programmatisch als in seiner Forschungs-Praxis – ein entsprechendes Anliegen hervorgehoben hat (Grane (1975)).

[48] Vgl. dazu WA 55,I,1,27* (Einleitung).

Ein besonderes Gewicht wird auf den Vergleich mit den Auslegungen von *Augustin* und *Perez* gelegt werden. Augustins »Enarrationes in Psalmos« war wahrscheinlich der wichtigste Vorbereitungstext Luthers für das Kolleg, und Luther kommt in seiner Auslegung der »inimici ecclesiae«-Texte manchmal, sowohl in hermeneutischer als auch in thematischer Hinsicht, Augustins Argumentation nahe. Gleichzeitig sind aber die Unterschiede zwischen den beiden signifikant genug, um den näheren Vergleich interessant zu machen.

Neben Augustin kommt aber auch Perez eine Sonderstellung im Blick auf den näheren Vergleich mit Luther zu. Obwohl Luther in den »Dictata« nie ausdrücklich auf ihn hinweist,[49] sind die Ähnlichkeiten sowohl im grossen wie im kleinen oft auffallend, während die Differenzen zwischen den beiden auch hier in vielen Fällen aufschlussreich sind.

Zweitens. Intensiver Traditionsvergleich dieser Art, der sich auf die Traditionseinordnung von Einzeltexten beschränkt, ist aber keine ausreichende Analysemethode, wenn es darum geht, die weitere Entfaltung von Luthers »inimici ecclesiae«-Denken zu erfassen. Hier liegt es vielmehr nahe, Textanalysen unter relativ stärkerer Berücksichtigung der inneren Zusammenhänge in Luthers Denken durchzuführen. Im zweiten Hauptteil der Arbeit wird diesen immanenten Strukturen mehr Aufmerksamkeit gewidmet. Der Traditionsbezug wird dabei selektiver, und z. T. auch hypothetischer. Und er bleibt nicht einseitig auf die Psalmenexegese der Vorgänger beschränkt, sondern umfasst auch andere Texte. Auch die Auswahl der näher zu analysierenden Luther-Texte wird hier über den im ersten Hauptteil gezogenen Rahmen hinaus etwas erweitert.

---

[49] Die Möglichkeit, dass Luther den Psalmenkommentar des Perez als Quelle für die »Dictata« benutzt haben kann, diskutiert Ebeling (1971), S.83f. Vgl. dazu auch Schulze (1981), S.94.

TEIL I

DIE JUDEN ALS DIE GRUNDLEGENDEN INIMICI ECCLESIAE

I

PSALM 9B

Der zweite Teil von Psalm 9 nach Vulgata (Ps.9,22-39) entspricht im hebräischen Psalter Psalm 10. Er wird in den »Dictata« unter demselben Summarium als Psalm 9A ausgelegt: als ein Loblied der Kirche »...pro deiectione persecutorum et tyrannorum et adiutorio sibi a deo per Christum exhibito«.[1]

Trotzdem ist es deutlich, dass Luther die Verse 22-39 weithin als einen eigenständigen Psalm betrachtet. Er unterbricht seine Glossenauslegung nach V.21 mit dem Kommentar »Psal. X. secundum hebreum«, und spricht auch in einer Randglosse zu V.22 von dem Text, der mit diesem Vers anfängt, als einem Psalm für sich.[2]

Ein besonders plastisches Bild des »inimicus« bzw. »persecutor« findet man auch gerade in diesem zweiten Teil des Psalmentextes. Der Feind tritt hier als ein »superbus« ohnegleichen hervor (V.23), von dem gesagt wird, «...non est Deus in conspectu eius«, und »...omnium inimicorum suorum dominabitur« (V.26). Seine Angriffe führen dazu, dass die Glaubenden – die im Text das Wort führen – fast zu Grunde gehen.

So hat man in der Auslegungsgeschichte diesen Text meistens als eine Beschreibung des Antichrist: des letzten und schwersten Feindes der Kirche, interpretiert. Und zur Vertiefung der Interpretation hat man zu der klassischen Antichriststelle 2. Thess. 2,3f. als Paralleltext gegriffen.

Sogar *Lyra* hat in diesem Fall die historisch-buchstäbliche Exegese im Horizont der alttestamentlichen Geschichte beiseite gelassen, und sich der Antichristdeutung angeschlossen. Nach ihm handelt Psalm 9 von V.22 bis V.32 von »Antichristi persecutio«, während die letzten Verse, ab V.33 (»Exsurge Domine«) von »eius (i.e. Antichristi) deiectio« reden[3] Dabei wird wiederholt auf 2. Thess.2,3f. hingewiesen.[4]

Nach *Augustin* handelt der Text schon ab V.20 vom Antichrist. Der

---

[1] WA 55,I,1,64,8f. – (Bei den Hinweisen auf Psalmentexte verwende ich stets die Vulgatazählung.)

[2] Ebd. 76,5.17f.

[3] Lyra z. St. Die Beschreibung des letzten Gerichts fängt nach Lyra mit V.18 an; handelt aber erst ab V.22 vom Antichrist.

[4] Vgl. Lyras Kommentar zu V.23, 26 und 39, wo explizit auf 2. Thess.2,3f. hingewiesen wird. Die Antichrist-Interpretation Lyras ist allerdings ziemlich frei von weiteren historischen Aktualisierungen, so dass es für ihn hier mehr um einen übernommenen exegetischen Topos als um eigentliche eschatologische »Naherwartung« zu handeln scheint.

»homo« in V.20: »Exsurge Domine, non praevaleat homo« muss derselbe »homo peccati« sein wie in 2.Thess.2,3.[5] Und in seiner Auslegung von Ps.9,26[d] (»omnium inimicorum suorum dominabitur«) greift er zu V.4[b] von 2.Thess.2: »In templo Dei sedebit, extollens se super omne quod colitur et quod dicitur Deus«.[6]

In ähnlicher Weise hat auch *Perez* den Text ab V.20 auf den Antichrist bezogen: David, der Prophet, hat alle Verfolgungen der Kirche im Geist vorausgesehen, und im Laufe des Textes von Ps.9 erwähnt. In V.1-16 werden die vergangenen Verfolgungen dargestellt, bis zu der Verfolgung durch die Ketzer, die noch dauert; obwohl sie zur Zeit des Perez – wie er sagt – von der Kirche immer effektiver zurückgewiesen wird.[7] Im letzten Teil, ab V.20, wird dann die noch ausstehende Verfolgung durch den Antichrist, und auch die Strafe des Antichrist, ausführlich beschrieben.[8]

Vor diesen Hintergrund ist *Luthers* Auslegung des Textes – obwohl kurz und unvollständig[9] – ganz auffallend. Auch er erwähnt am Anfang des Glossenteils die traditionelle Antichristdeutung, geht aber nicht näher darauf ein.[10] Und auf 2.Thess.2,3f. weist er weder explizit noch implizit, durch Aufnahme der Ausdrucksweise, hin. Nach Luther handelt dieser Text vielmehr von den Juden. So ist in der Randglosse zu V.22 die folgende Formulierung zu finden, die fast wie ein neues Summarium gesehen werden kann, die die »persecutores« aus dem ersten Summarium näher im Blick auf Ps.9B zusammenfasst: »Contra Iudeos, qui apostolos et discipulos Christi persequebantur, hic Psalmus proprie loquitur et respicit in tempus apostolorum et discipulorum Christi«.[11] Demgemäss deutet er – wohl als der erste in der Auslegungstradition – den »impius« in V.23 als »populus Iudeorum«.[12] Weiterhin ist der »iniquus« in V.24

---

[5] CChSL XXXVIII,67,19,Z.1ff.

[6] Ebd. 69,23,Z.13-17.

[7] »In tercio puniuit hereticos et videmus quotidie prauos et malos puniri post longam prosperitatem«, Fol. XL[r]. Auch die Juden werden nach Perez in diesem ersten Teil des Textes als die ersten »persecutores« erwähnt; es geht aber um eine abgeschlossene Verfolgung, der weder hermeneutisch noch inhaltlich irgendeine Sonderstellung zukommt.

[8] Fol. XLI[r] zu V.20: »In hac tertia parte predicit persecutionem ecclesie futuram tempore antichristi. Et duo facit. Nam primo predicit predictam persecutionem. Secundo petit vltionem de antichristo et sequacibus suis ibi, Exurge« (V.33). Vlg. auch Fol. XL[r] zu V.6.

[9] Insbesondere die Scholienauslegung ist sehr kurz: nur V.26[d] und 28-30 werden dort kommentiert (WA 55,II,1,111,4-112,16).

[10] WA 55,I,1,76,18. Vgl. als die einzige Ausnahme ebd.82,13-83,1 (Zeilenglosse zu V.36f.)

[11] Ebd. 76,16-18.

[12] Ebd. Z.9f.; vgl. dazu auch 77,17f.

der »phariseus auarus«, und die Hochmütigen in V.26 sind in erster Reihe die »Iudei«.[13]

In seiner weiteren Auslegung des Textes bezieht Luther dann auch die scharfen und dramatischen Züge des Feindbildes im Text auf die Juden. Die Formulierung in V.26[d]: »omnium inimicorum suorum dominabitur«, bringt das masslose Selbstbewusstsein der Juden zum Ausdruck, das darin begründet ist, dass sie zum Volk Gottes erwählt worden sind: »Sensus est, quod pre nimia securitate et presumptione etiam inimicos non formidant, Sed se facile illis dominaturos et superiores futuros presumunt, eo quod filii Israel esse videntur et populus Dei viui.[14] Im Gegenteil dazu sind die Gerechten durch »infirmitas« und »patientia« («...usque ad mortem«) geprägt, und überlassen die Zurechtweisung der Feinde Gott.[15]

Die Formulierung »sub lingua (eius) labor et dolor« in V.28[b] wird von Luther relativ ausführlich kommentiert. Von Augustin wurde dies als eine zutreffende Charakteristik des Antichrist gesehen. »Nihil est laboriosius iniquitate et impietate«, stellt er fest; und der »labor«, der hier beschrieben wird, muss als die »artes mali« des Vollenders aller falschen Propheten gesehen werden, die er dazu benutzt, die Leute für sich zu gewinnen.[16] Dies geschieht »sub lingua eius«, d.h. unter dem Schein des Guten, »...ut bonus et iustus et Dei filius uideatur.«[17]

Mit ausdrücklichem Hinweis auf Augustin wird die Charakteristik »nihil laboriosius impietate« auch von Luther übernommen;[18] bei ihm aber vor allem auf die Juden bezogen. Durch ihren »labor« versuchen die Juden, ihre »pestiferas doctrinas« zu verteidigen und zu verbreiten.[19] Und dies geschieht unter dem Schein der Frömmigkeit (»specie pietatis«[20]): »...super linguam enim est mel, sub lingua autem venenum.«[21]

Weiter vertieft und konkretisiert wird die jüdische Falschheit in Luthers Scholien-Auslegung zu zwei Formulierungen der zwei folgenden Verse: V.29[a]: »Sedet in insidiis cum divitibus, in occultis« (iuxta LXX) und V.30[b]: »Insidiatur in abscondito«. – Auch hier ist der Vergleich mit Augustin besonders aufschlussreich: Augustin bezieht seinen Kommen-

---

[13] Ebd. 78,3f.; WA 55,II,1,111,5.
[14] WA 55,II,1,111,5-8.
[15] WA 55,I,1,78,18-29 (Gl. zu V.26).
[16] CChSL XXXVIII,70,25,Z.1ff.
[17] Ebd. Z.13-16
[18] WA 55,II,1,111, 18f.
[19] Ebd. Z.12f. 16
[20] Ebd. Z.13 und 24, wo dieser Ausdruck benutzt wird.
[21] Ebd. Z.11f. Hier unterstützt Luther seine Argumentation mit einem Hieronymus-Zitat: »Falsitas autem semper multis egit, vt veritas videatur« (MPL 22,450; im WA-Apparat Z.35f. zitiert).

tar auf den vollständigen Text von V.30^b: »Insidiatur in occulto, velut
leo in cubili suo«, und deutet dies als eine zusammenfassende Beschreibung der »persecutio« des Antichrist: sowohl Gewalt und Kraft (»vis«) als
List und Schlauheit (»dolus«) sind in ihm vereinigt. Eben durch diese
doppelte Erscheinungsform überbietet er die früheren Verfolger der Kirche, die je nur durch die eine dieser Eigenschaften charakterisiert waren:
die Tyrannen durch die »violentia«; die Ketzer und die »falsi fratres«
durch die »fraudulentia«.[22]

Luther konzentriert sich in seiner Auslegung von V.30^b auf das erste
Glied und auf den Falschheitsaspekt. Man muss bei den Juden auf den
Gegensatz zwischen ihrem verborgenen, inneren Willen und ihren offenen äusseren Taten achten. In V.30^b wird ihr verborgener Wille beschrieben, und die Beschreibung bezieht sich auf die historischen
Ereignisse der Kreuzigung Christi und der Christenverfolgungen in der
frühen Kirchengeschichte: Die Juden haben sich hier nicht auf offene
Angriffe gegen Christus und die Kirche eingelassen. Stattdessen griffen
sie im Verborgenen – »in corde et intus« – an. Zuerst wurde dabei Christus getroffen: »Sicut Iudei Christum non opere (manu), sed voluntate
occiderunt«. Dies muss als ein Hinweis auf die Rolle der Juden bei der
Kreuzigung verstanden werden, wo die offene Tat von den Römern ausgeführt wurde; wo die Juden aber durch ihren Willen und ihre Zustimmung mitgewirkt hatten.

Und auch später, als die »gentes« die Christen bei den grossen Verfolgungen getötet haben, haben die Juden in ihren Herzen dazu ja gesagt,
obwohl sie die äussere Tat nicht selber ausführen konnten: »Sic et illi (i.e.
iudei), cum gentes occiderent Christianos, in corde consentiebant et op-
tabant.« – In demselben Licht ist das Wort von V29^a (»Sedet in insidiis
cum divitibus«) zu sehen: Die »divites« sind die »gentes et Romani«, deren Verfolgungspolitik sich die Juden ihrem Willen nach angeschlossen
haben.[23]

Als antijüdisches Argument im Horizont der Theologie des Mittelalters betrachtet, ist dieser letzte Hinweis auffallend. Die Juden konnten
zwar auch hier als Christenverfolger betrachtet werden: Der »locus classi-
cus« der Tradition für diesen Vorwurf war die Stephanusgeschichte in
Act.7.[24] Die späteren Christenverfolgungen durch die heidnischen Kaiser dagegen wurden gern als wohlverdiente Strafe für die Juden – die ja
hier auch verfolgt wurden – betrachtet; und nicht als Gewalttaten, für die

---

[22] CChSL XXXVIII,70f.,27,Z.3-13
[23] WA 55,II,1,112,3-16.
[24] Vgl. dazu im Folgenden S.61.

sie mitverantwortlich waren.[25] – Luther scheint vor allem durch die innere Logik seiner Schriftauslegung zu dem Vorwurf der jüdischen Mitverantwortung an diesen Verfolgungen geführt worden zu sein. Im
Psalmentext werden eigentlich – »proprie« – die Juden zur Zeit Christi
beschrieben,[26] und es lag dann nahe, die Aussage in V.29ᵃ über die Ko-
alition zwischen diesen im Text gemeinten Feinden und den »Reichen«
in diese Richtung zu deuten; besonders weil vorher, in Ps.9A, ausdrücklich von der Verfolgung durch die »gentes« (V.16) gesprochen worden
war: nach Luther sind diese »gentes« und die »divites« dieselben.

Luthers Auslegung von Ps.9B ist hier besonders auf Grund des deutlichen Bruchs mit der Auslegungstradition in der Beziehung der schärfsten
Feindaussagen des Textes auf die Juden, und nicht – wie üblich – auf den
Antichrist, wichtig. Die Juden werden schon am Anfang von Luthers
Auslegung als die im Text gemeinten Feinde hervorgehoben, und als solche auch im weiteren Verlauf der Exegese überwiegend festgehalten.
Weitere Aufschlüsse über die theologischen Grundlagen dieser eigenartigen Hervorhebung der Juden können jedoch in der Auslegung von Ps.9B
wegen ihrer sehr bruchhaften Überlieferung kaum gefunden werden.

---

[25] Vgl. Cohen (1982), S.143f. (über den im Spätmittelalter sehr einflussreichen Raymond Martini).
[26] Vgl. oben bei Anm.11.

II

PSALM 31

Psalm 31 gehört zu den sieben sogenannten »Busspsalmen«, und wird in der Auslegungstradition meistens als eine paradigmatische Beschreibung der Situation des wahren Büssers gedeutet. Sogar *Faber Stapulensis* hat in diesem Fall eine allgemeine anthropologisch-tropologische Exegese der christologischen »litera spiritualis«-Deutung vorgezogen.[1]

Das Gegenbild des wahren Büssers spielt bei den massgeblichen Vertretern der exegetischen Tradition eine untergeordnete Rolle. Doch findet man im Anschluss an Formulierungen wie »Nec est in spiritu eius (d.h. des Büssers) dolus« (V.2[b]) oder »Quoniam tacui inveteraverunt ossa mea« (V.3[a]) sowohl bei *Augustin*[2] als bei *Paulus von Burgos*[3] Hinweise auf die selbstgerechten Pharisäer, die als das Gegenbild des wahren Büssers beschrieben werden.

Auch für *Luther* ist Ps.31 ein Psalm »De modo vere poenitendi«,[4] aber im Vergleich zur Tradition fällt es auf, wie bei ihm auch die Unbussfertigen *zentral* im Blickfeld stehen. Der Psalm redet nicht nur vom wahren Büsser, sondern zugleich *gegen* die Heuchler und die »superbi«,[5] und diese werden auch konkreter beschrieben; zum Teil als »haeretici«,[6] – vor allem aber als »pharisei« und »Iudei«.[7]

---

[1] In Fabers Kommentar zum »titulus« heisst es: «...eruditio Dauid: instructio pro poenitentibus, in spiritu monstrata Dauid. propheta loquitur in persona poenitentis« (Faber z. St., Bl.48[r]).–Das Paradigmatische wird nicht so stark bei *Lyra* hervorgehoben: Lyra bemüht sich, möglichst nahe an die historische »litera« zu kommen, und folgt dabei dem Rabbi Shalomon, der meinte, »...quod Dauid fecerit hunc psalmum quasi sibi fuit revelatum a domino dimissum sibi peccatum adulterii cum bersabee et homicidii vire« (Lyra z.St.). – Dem *Paulus von Burgos* wieder scheint diese buchstäbliche Konzentration Lyras auf die historische Situation Davids nicht »rationabilis«: er tritt für eine »universale« paradigmatische Interpretation ein, denn «...materia psalmi est dignior quam si particulariter de dauid loqueretur« (Additio zu Ps.XXXI). Auch bei Augustin steht die allgemeine Busssituation im Zentrum der Auslegung (Enarr.I und II in Ps.XXXI: CChSL XXXVIII, 222-224 und 224ff.). Bei Perez sind diese beiden Auslegungsrichtungen verbunden: Auf Grund seiner eigenen Erfahrungen »exhortatur (i.e. David) ad penitentiam exemplo sui« (Fol. LXXVIII[r]). Das Interesse des Perez gilt aber ganz eindeutig dem paradigmatischen Gehalt des Textes im Blick auf die Busssituation. Die Angreifer des Büssers sind dabei »diabolus et mundus et caro et septem vitia capitala« (Fol. LXXX [r], vgl. auch Fol. LXXIX [v], zu V.9).

[2] CChSL XXXVIII,233f. (11 und 12).

[3] Paulus von Burgos zu V.3[a]

[4] WA 3,171,26.

[5] Vgl. z.B. ebd. 172,33ff.; 174,2ff.

[6] Ebd. 174,21ff.; 177,37.

[7] Z.B.ebd. 174,21ff.; 175,14; 176,27.

Im deutlichen Unterschied zu dem, was in der Auslegungstradition dieses Textes vorgegeben war, erklärt nämlich Luther: »Unde totos istos versus ad literam intelligo de Iudeis.«[8] Dabei redet er zunächst – in unmittelbarer Fortsetzung der traditionellen Auslegung – von den Pharisäern. Sie sind aber nicht nur, wie z. B. bei Augustin, allgemein auf Grund ihrer Scheinheiligkeit [9] wichtig; sondern in erster Linie weil sie in ihrer »superbia« Christus – »qui tollit peccata mundi« – von sich gewiesen haben.[10] Nur als die Feinde Christi sind sie das Gegenbild des wahren Büssers »ad literam«. So begnügt sich Luther in diesem Zusammenhang auch nicht damit, auf das Gleichnis vom Zöllner und Pharisäer in Lk.18 hinzuweisen, so wie es Augustin getan hatte. Wichtiger ist für Luther Joh.9,40f., wo die »superbia« der Pharisäer in direkter Konfrontation mit Christus erscheint.[11]

Aber die Interpretation des Textes »ad literam« zielt für Luther nicht nur auf die Pharisäer als das Gegenbild des wahren Büssers; sie zielt auf die Juden überhaupt. Besonders deutlich kommt dies in seiner Auslegung von V.9 zum Ausdruck. V.9 lautet nach der LXX: »nolite fieri sicut equus et mulus quibus non est intellectus, in camo et freno maxillas eorum constringe qui non adproximant ad te«.

Dieser Vers wurde von den früheren Auslegern oft nur ganz knapp kommentiert; so z. B. von Augustin, der hier nur wenige Worte zu sagen hat, und die Aussage des Textes ganz allgemein auf die »superbia« bezieht. Diejenigen, die sich ihrer Verdienste rühmen, müssen daran gehindert werden: «…ipsum os tuum constringetur, quo iactas merita tua, et taces peccata tua«. Weder die Pharisäer noch die Juden oder andere konkrete »superbi« werden dabei explizit genannt.[12]

In der Exegese Luthers ist V.9 eine Schlüsselaussage des Textes, und wird deshalb auch ausführlich interpretiert. Der Vers ist vor allem deshalb wichtig, weil das Wort »intellectus«, das im Titel des Psalms als Thema angegeben wird, hier näher expliziert wird.[13]

»Intellectus« ist nach Luther in der Heiligen Schrift nicht – wie in der Philosophie – eine »potentia«: eine Erkenntniskraft des Menschen. Vielmehr muss dieser Begriff von der Sache her, die verstanden wird, gedeu-

---

[8] Ebd. 176,39f.;vgl. auch 177,28.30f.
[9] CChSL XXXVIII,234,12,Z.16ff.
[10] WA 3,174,6.
[11] Auf den Lukas-Text war Augustin CChSL XXXVIII,233ff. ausführlich eingegangen. Luther greift auch einmal in seiner Auslegung zur Ausdrucksweise dieses Textes (WA 3,174,4f.), geht aber vor allem explizit auf den Johannes-Text ein (Z.5-9).
[12] CChSL XXXVIII,241,22,1-14.
[13] Der Titel des Psalms lautet »Huic Dauid intellectus« (iuxta LXX), oder wie es bei Luther heisst: »*Dauid eruditio* intellectificatum« (WA 3,171,28. Vgl. auch Luthers Randglosse zum Titel: 171,31ff. und 172,19ff.)

tet werden. Und diese Sache ist im Blick auf die Psalmen klar: »...est breviter nihil aliud nisi sapientia crucis Christi, que gentibus stultitia et Iudeis scandalum est...« Im Anschluss an diese Unterscheidung beschreibt Luther den tiefen Gegensatz, der zwischen den Menschen mit einem solchen »intellectus« und jenen anderen besteht. Die ersteren sind die »mystici« und »spirituales«, und können demnach auch die »invisibilia« und die »mysteria, que sunt eterna« erkennen. Die anderen dagegen sind »sicut equus et mulus«, wie es im Text steht. Sie sind von ihrer »stultitia« gekennzeichnet, ohne Sinn für die höheren Dinge.[14] Und diese »equi et muli« sind dem Buchstaben nach gerade die Juden: nicht nur die Pharisäer, sondern das Judenvolk im weiteren Sinn. Dadurch, dass sie Christus von sich gewiesen haben, haben sie in eminenter Weise gezeigt, dass sie ganz und gar ohne »intellectus« sind.[15]

Als solche dürfen sie an Gott nicht herankommen (V.9: «...non adproximant ad te«). Ja, mehr noch: sie hindern nach Luther auch andere daran, zu Gott zu kommen. Deshalb wird im Psalmentext darum gebetet, dass die Juden gebunden werden müssen (»constringantur in freno et chamo«): »...id est sub iugo et potestate seculi humana sicut bruta, ut patet hodie in Iudeis, qui ubique subiecti sunt hominibus sicut bruta et canes.«[16] Diese Interpretation wird von Luther durch einen Hinweis auf Amos 5 unterstützt: Durch das Leiden, das ihnen zugefügt wird, lassen sich die Juden nicht verbessern.[17]

Luther unterscheidet sich hier von den früheren Auslegern nicht nur durch die Beziehung des Textes auf die Juden. Es kann zugleich eine Verschärfung der Aussage des Textes in inhaltlicher Hinsicht beobachtet werden. Augustin, Cassiodor und Faber hatten alle V.9[cd] dahin gedeutet, dass die »superbi«, die jetzt nicht »adproximant ad te«, mit Zaum und Zügel geleitet und gezwungen werden müssten, um trotzdem zu Gott zu kommen (und »humiles« zu werden.)[18] Auch Luther erwähnt diese Deutung,[19] verlässt sie aber, und konzentriert sich auf die buchstäbliche Beziehung des Textes auf die Juden. Und hier ist – wie gezeigt – von einer Anleitung und einem Zwang in einer solchen »positiven« Hinsicht keine Rede. Die Juden, »qui non adproximant ad te«, sollen

---

[14] Ebd. 176,3ff. (zunächst zu V.8; ab Z.16 zu V.9).
[15] Ebd. Z.27.39ff.
[16] Ebd. 177,1-4.
[17] Ebd. Z.5. Vermutlich ist der Hinweis des WA-Textes auf Amos 5,10 (oder präziser 9f.) zutreffend; obwohl diese Text-Stelle die Begriffe, die für Luther hier die Assoziationsbasis ausmachen (»multa flagella peccatoris«,Ps.31,10), nicht direkt aufnimmt.
[18] Besonders ausführlich und deutlich bei Cassiodor, CChSL XCVII,280f.,9,Z.251ff. Vgl. Augustin CChSL XXXVIII,241,22,Z.10-14 und Faber z.St. (Unter »12« in der »expositio continua«.) Ähnlich auch bei Perez, Fol.LXXX[r].
[19] WA 3,176,28ff.

nicht gebunden werden, um zu Gott geleitet zu werden. Dass sie an ihn nicht herankommen, wird als definitiv betrachtet; und sie werden gebunden, damit sie nicht auch die Glaubenden verführen sollen. Um den schlechten Einfluss dieser »stulti« auf die Christen zu vermeiden, war es notwendig, sie als Hunde zu unterdrücken, so wie es in der Geschichte nach Christus geschehen ist. Darum hat der Prophet im Psalm gebetet, und sein Gebet ist erfüllt worden.

Von dem entscheidenden V.9 geht Luther in seiner Scholienauslegung unmittelbar zu der verwandten Aussage in V.6^{cd} über: »verumtamen in diluvio aquarum multarum ad eum non adproximabunt« (iuxta LXX).

Augustin deutet die »aquae multae«, die hier genannt werden, als die »variae doctrinae« der verschiedenen Ketzer und Philosophen, die von der christlichen Wahrheit wegführen.[20] *Faber* deutet das »diluvium aquarum multarum« im Kontext der allgemeinen Buss-Situation als die Flut der vielen Sünden, die den Büsser überschwemmt und sein Sündenbekenntnis völlig unterdrücken kann.[21] Das »eum« des Textes ist dabei sowohl für Augustin als für Faber »Gott«. Und die Aussage insgesamt hat für beide vor allem eine paränetische Funktion für die Busssituation: sie soll die Bekennenden vor Irrwegen warnen und sie zur rechten Lehre bzw. zur rechten »humilitas« ermahnen.

Mit seiner Beziehung des Textes auf die Juden bricht *Luther* noch einmal radikal mit diesen Deutungsperspektiven der Tradition. Wie in der Auslegung von V.9 wird die traditionelle Deutung auch hier ganz knapp erwähnt; ohne abgewiesen zu werden, aber auch ohne eine weitere Explikation. Das wichtigste ist für Luther die konkrete Anwendung auf die Juden.

Der Redende des Textes ist dabei nicht so sehr als paradigmatischer Vorsprecher im Blick auf die allgemeine Busssituation anzusehen. Vielmehr muss der Vers als genuin *prophetische* Rede betrachtet werden. Es geht um eine gezielte Voraussage des Gerichts, nicht um generelle Paränese. Die »aquae multae« stehen für dieselben »flagella« (V.10) – die Unterdrückungen und Verfolgungen – die in V.9 durch die Worte »camo et freno« bezeichnet wurden, und »...que venerunt in ira magna super populum Iudeorum usque hodie«.[22]

Nicht nur David, sondern »omnes prophete« haben dieses Gericht vorausgesagt. Luther geht dabei nur auf einen Text ausführlich ein, nämlich auf das Gerichtswort Jes.28,14-19, das nach ihm gleichfalls auf die Strafe

---

[20] CChSL XXXVIII,238f.,18,Z.13ff. Ähnlich bei Cassiodor, CChSL XCVII, 278f.,6,Z.164ff.

[21] Faber z.St. (unter »8« in der »expositio continua«).

[22] WA 3,177,14ff.

der Juden für ihre Ablehnung der Wahrheit Christi bezogen werden muss. Mit einer Formulierung von V.14 dieses Textes bezeichnet Luther die Juden als »viri illusores«: Sie haben einen Bund mit dem Tod und der Hölle geschlossen, und haben geglaubt, sie seien dadurch sicher. Dieser Bund wird ihnen aber nicht helfen. »Idcirco hec dicit dominus: Aque inundabunt, et delebitur fedus vestrum cum morte, et pactum vestrum cum inferno non stabit. Flagellum inundans cum transierit, eritis vos in conculcationem« (Jes.28,17f.).[23]

Trotz aller Strafe und Unterdrückung verstehen die Juden selber aber nichts. Auch dies haben die Propheten gesehen: Die Juden werden sagen »'pax,pax', et non est pax« (Jer.6,14). Kommentierend fügt Luther hier hinzu: »Iudei enim semper sibi impunitatem presumebant«.[24] Im Gegensatz zu ihnen stehen die Gläubigen, die ihre Sünde nicht verbergen, sondern sie bekennen (wie der wahre Büsser in Ps.31). Ihnen wird das »diluvium aquarum multarum«, das die Juden getroffen hat, nicht schaden: »...non appropinquabit ad eum«.[25]

Auffallend an Luthers Auslegung von Ps.31 sind also im Vergleich zur Auslegungstradition vor allem zwei Punkte: Zunächst seine gezielte prophetische Deutung des Textes, die nicht – wie es früher z.B. bei Perez der Fall war – auf die tropologisch-anthropologische, sondern auf die christologisch-ekklesiologische Dimension zugespitzt ist. Und dann die Hervorhebung der Juden als der Feinde Christi in diesem Kontext. Bemerkenswert sind darüber hinaus auch die schroffen Züge in der näheren Beschreibung der Juden; obwohl dieser Aspekt hier im Horizont der Auslegungstradition nicht näher beurteilt werden konnte, weil die Möglichkeit eines weitergehenden Vergleichs nicht da war.

---

[23] Ebd. Z.21-23.
[24] Z.25f.
[25] Ebd. Z.32f. Das »ad eum non adproximabunt« (iuxta LXX) wird primär in diesem Sinn gedeutet; klingt aber auch – anders interprätiert – mit in Luthers Hervorhebung der »impunitas« der Juden (Z.25-27).

III

PSALM 58

Im Blick auf das »Profil« von Luthers Judenbild zeichnet sich seine Auslegung von Psalm 58 als besonders interessant aus. Für die mittelalterliche Auslegung dieses Textes war die Interpretation *Augustins* massgeblich geworden. Und nach Augustin waren eben in diesem Text sehr wichtige Aussagen über die Juden und das Verhältnis der Juden zu der Kirche zu finden.

Ihre wirkungsgeschichtliche Bedeutung hat die augustinische Interpretation nicht nur durch die »Enarratio« zu Ps. 58 erlangt. Ebenso wichtig dürfte es gewesen sein, dass Augustin auch in »De civitate dei« zu Ps. 58,11f. als einem Schlüsseltext gegriffen hat, um die heilsgeschichtliche Stellung der Juden nach dem Kommen Christi näher zu erläutern.

Auf diese Benutzung von Ps. 58 in »De civitate dei« soll zunächst ein Blick geworfen werden. Der Text von V. 11f. lautet, so wie er von Augustin in »De civitate dei« zitiert wird: »Deus meus, misericordia eius praeueniet me; Deus meus demonstrauit mihi in inimicis meis, ne occideris eos, ne quando obliuiscantur legem tuam; disperge eos in uirtute tua.«[1]

Nach Augustin sind dies prophetische Worte, die David im Blick auf die Zeit der Kirche gesprochen hat. Und der Text redet von der Zeugenfunktion der Juden gegenüber der Kirche: er gibt eine nähere Illustration von dem Wort des Paulus in Röm. 11,11: »delictum eorum salus gentibus«.[2] Das »delictum« der Juden besteht darin, dass sie Christus von sich gewiesen haben und ihn gekreuzigt haben: dafür sind sie auch – vor allem durch die Zerstörung Jerusalems und durch die Zerstreuung des jüdischen Volkes – bestraft worden, wie es David in anderen Texten des Psalters vorhergesagt hat.[3]

Das Anliegen von Ps. 58,11 ist nun zu sagen, dass eben weil die Juden durch ihr Unheil der Kirche gegenüber Zeugen des Heils sind (»demonstravit«, V. 11), sie in dieser Eigenschaft – als Zeugen für die Kirche – durch die Geschichte hindurch bewahrt werden müssen. Deshalb wird im Text darum gebetet, dass man sie nicht töten soll (»ne occideris eos«, V. 12). Vielmehr sollen sie in ihrer jüdischen Eigenart, vor allem mit ihrem Gesetz, bewahrt werden (»ne quando obliviscantur legem tuam«,

---

[1] CChSL XLVIII,644,Z.36-39 (Lib. XVIII, cap.46).
[2] Ebd. Z.39ff.
[3] Ebd. Z.13ff. Augustin weist in diesem Zusammenhang vor allem auf Ps.68,23f. hin.

V.12); denn nur so kann ihre Zeugenfunktion wahrgenommen werden. In dieser Perspektive ist auch das »disperge eos« (V.12) zu verstehen: Ihr Zeugnis der Kirche gegenüber hätten die Juden nicht ablegen können, wenn sie nur an einem Ort in ihrem eigenen Land lebten. Wie die Kirche selbst, müssten auch die Juden »ubique« sein, um diese Aufgabe erfüllen zu können.[4]

Verdeutlicht wird diese Auslegung Augustins, sowohl im Blick auf die Auslegungsmethode als im Blick auf das Bild der Juden, das hier zum Ausdruck kommt, wenn man sich zu seiner »Enarratio« zu Ps.58 wendet.

Augustin sagt hier, dass Ps. 58, wie auch Ps. 56 und 57, prophetische Voraussagen über das Leiden Christi sind.[5] Dies wird vor allem in den »tituli« der Psalmen angezeigt; denn es ist im Buch der Psalmen üblich, dass das »mysterium« oder »sacramentum« des Textes im »titulus« vorgestellt wird.[6] Und diese drei Psalmen haben einen »titulus de titulo«: d.h. einen Titel, der auf den Titel oder die Inschrift des Pilatus auf dem Kreuz Christi zielt.[7]

Über diese Inschrift des Kreuzes Christi heisst es in sämtlichen drei Psalmen-»tituli« als eine Kernaussage: »ne corrumpas« (bzw. »ne disperdas«). Nach Augustin muss dies als ein Wort gegen die Juden verstanden werden, die die Inschrift des Pilatus ändern wollten, weil sie den Ausdruck »Rex Iudaeorum« nicht annehmen wollten. Durch die Antwort des Pilatus: »Quod scripsi, scripsi« (Joh.19,22), die ihren Änderungsvorschlag abgewiesen hat, ist das prophetische »ne corrumpas« im Psalmentitel in Erfüllung gegangen.[8]

Einen entscheidenden Anlass für die Hervorhebung der Juden als der »inimici« des Textes scheint Augustin aber auch hier in der »Enarratio« zu Ps.58 in der weiteren Ausdrucksweise des Psalmentextes gefunden zu haben; und vor allem in den Formulierungen in V.11f., die oben zitiert wurden. Es kommt nach Augustin in diesen Versen eine sehr tiefe Einsicht in das Schicksal der Juden zum Ausdruck.

So wird auch hier, wie in »De civitate dei«, V.12 sehr konkret und buchstäblich von den Juden ausgelegt: »Quid de Iudeis: 'Ne occideris

---

[4] Ebd. Zur näheren Einordnung dieser Gedanken im Rahmen der Theologie Augustins, vgl. Blumenkranz (1946), S.175-181. Blumenkranz hebt die Originalität der augustinischen Konzeption von der Zeugenfunktion der jüdischen Zerstreuung hervor, wenn man diesen Gedanken im Kontext der patristischen Theologie betrachtet. In der patristischen Tradition vor Augustin war die Zerstreuung einseitig als Strafe für die Kreuzigung Christi aufgefasst worden (S.180; vgl. S.211).

[5] CChSL XXXIX,730,2,Z.1ff.

[6] Ebd. 729,1,Z.1f.

[7] Ebd. Z.7ff. Augustin führt dies als eine Interpretation des Ausdrucks »in tituli inscriptione« vor, der im Titel der drei genannten Psalmen identisch ist.

[8] Ebd. S.730,1,Z.27-33.

eos, nequando obliuiscantur legis tuae'? Istos inimicos meos, ipsos qui me occiderunt, noli tu occidere. Maneat gens Iudeorum: certe uicta est a Romanis, certe deleta ciuitas eorum; non admittuntur ad ciuitatem suam Iudei, et tamen Iudei sunt.«[9] Die Juden werden als Juden durch das Merkmal des Gesetzes erhalten: sie zeichnen sich durch ihre Beschneidung, ihren Sabbat u.s.w. aus,[10] und sind in die ganze Welt zerstreut worden, damit sie – mit ihrem Gesetz – den Heiden ein Zeugnis der »misericordia« Gottes sein könnten.[11]

Es ist in der »Enarr.« zu Ps.58 bemerkenswert, wie Augustin einen engen Zusammenhang zwischen V.12 und V.13^a etabliert, so dass V.13^a als eine Bestätigung seiner Interpretation von V.11f. dient. V.13^a ist in der Vulgata ein sehr abruptes Textstück, und es ist ganz schwierig, es syntaktisch einzuordnen. Es lautet nach der LXX: »delictum oris eorum sermonem labiorum ipsorum«. Augustin argumentiert dafür, dass es syntaktisch mit dem »ne occidas« in V.12^a zu verbinden ist; und zwar so, dass das »delictum oris eorum sermonem labiorum ipsorum« eine positive Angabe dessen ist, was Christus tatsächlich »occidere« will, – nachdem in V.12^{bcd} genannt worden ist, was beschützt werden muss: nämlich die Juden selbst. Das »delictum oris eorum«, das dann getötet werden kann, ist das, was die Juden gesagt haben: d.h. bei der Kreuzigung Christi, mit ihrem »crucifige, crucifige«. Zur Unterstützung seiner Interpretation macht Augustin eine Unterscheidung zwischen dem »quod« und dem »qui«, im Blick auf die Formulierung in V.13^a: Nicht das »qui«, die Juden selbst, soll getötet werden: nur das »quod«, das was sie bei der Kreuzigung sagten. Durch Christi Auferstehung hat Gott diese Worte getötet; d.h. zunichte gemacht.[12]

Aber nicht nur die Strafe und der Schutz der Juden; auch ihre Schuld wird nach Augustin im Psalmentext näher beschrieben. Die Juden werden im V.3 »viri sanguinum« genannt, weil sie Christus gekreuzigt haben.[13] Und sie haben dies getan, weil sie »fortes« sind (V.4: »inruerunt in me fortes«): zwar nicht durch Reichtum und körperliche Kraft, sondern durch Selbstgerechtigkeit.[14] Sie waren, als Christus zu ihnen kam,

---

[9] Ebd. S.744,21,Z.19-24.
[10] Ebd. Z.27ff. Augustin weist hier auch auf Gen.4,15 als einen Parallel-Text zu Ps.58,12 hin. Das Schutzzeichen Kains in diesem Text entspricht dem Schutzzeichen des Gesetzes in Ps.58,11: »Iudei tamen manent cum signo; nec sic uicti sunt, ut a uictoribus absorberentur. Non sine causa Cain ille est, qui cum fratrem occidisset, posuit in eo Deus signum, ne quis eum occideret. Hoc est signum quod habent Iudei: tenent omnino reliquias legis suae ...«
[11] Ebd. 21,Z.34ff., 22,Z.1ff.,S.746,2,Z.48ff.
[12] Ebd. S.747,3,Z.1ff.
[13] Ebd. S.732,5,Z.1ff. Vgl. S.738,10,Z.85ff.
[14] Ebd. S.733,7,Z.1ff. Augustins Formulierung ist »praesumentes de iustitia sua« (Z.3.7f.).

mit ihrer Lage zufrieden; sie bedurften keines »medicus«, und haben so
den »medicus omnium« getötet.[15] Deshalb haben sie – die »superbi« – ihre Strafe bekommen, und sind jetzt die »humiliati«, während die Gläubigen – die »humiles« – erhöht werden.[16]

Wirft man einen Blick auf die mittelalterliche Auslegungstradition dieses Psalms, wird die wirkungsgeschichtliche Bedeutung der augustinischen Exegese zunächst durch die *Glossa Ordinaria* unterstrichen: fast zu
jedem Vers des Psalms wird Augustins »Enarratio« als die massgebliche
Auslegung angegeben.[17]

Lyra legt in diesem Fall das Hauptgewicht auf die historische »litera«
im alttestamentlichen Sinn, in der Nachfolge der jüdischen Exegese des
Textes. Danach bezieht sich der Psalm – den Angaben der Zweiten Hälfte des Titelverses gemäss[18] – auf die Geschichte von Saul und David in
1. Sam. 19, wo Saul seine Leute zu Davids Wohnung gesandt hatten, um
ihn morgens, als er aufwachte, umzubringen. Auf diese Situation, wo
David von Sauls Männern umringt ist, bezieht sich der Text seinem ursprünglichen Sinn nach.

Ganz am Ende seiner »postilla« zu Ps. 58 kommt aber auch Lyra kurz
auf einige Hauptzüge der augustinischen Deutung zu sprechen, – die
aber als eine zusätzliche allegorische, und nicht als eine grundsätzliche
buchstäbliche Auslegung eingestuft werden.[19] Sein Ausgangspunkt ist
dabei nicht – wie bei Augustin – das Stichwort »ne disperdas« des Titels,
sondern vielmehr die historische Beziehung von V. 1[b] auf die Geschichte
in 1. Sam. 19. David ist hier eine »figura Christi«: So wie Sauls Leute David an der Flucht hindern wollten, haben die Juden auch das Grab Christi überwacht, damit es von seiner Auferstehung keine Rede sein sollte.
Trotzdem wurde Christus auferweckt, und die Juden wurden gestraft:
die Römer nahmen ihre Stadt und die Juden wurden in die ganze Welt
zerstreut (»disperge illos«, V. 12), – bis sie zuletzt (»ad vesperam«, V. 7,
bzw. 15) zu Christus bekehrt werden sollen.[20] – Für die weitere Entfaltung dieser allegorischen Exegese weist Lyra auf die Glossa Ordinaria

---

[15] Ebd. S. 734,7, Z. 17f. 44.
[16] Ebd. S. 732,5, Z. 14f.; 749,5, Z. 39ff.; 752,10, Z. 2f.
[17] Vgl. die Gl. O. zur Stelle.
[18] V. 1[b]: »David in tituli inscriptione quando misit Saul et custodivit domum eius ut
interficeret eum«.
[19] Lyra z. St.; am Ende.
[20] Ebd.: »Allegorice vero exponitur de christo per dauid figurato qui custoditus fuit in
sepulcro tanquam alter dauid in domo; sed hoc non obstante per diuinam potentiam re-
surrexit; et iudei qui illum in sepulcro fecerant custodiri in penam huius fuerant per romanos captiuati et per orbem dispersi; tamen ad vesperam huius mundi convertentur ad
christum…«

hin: sämtliche Hauptpunkte können aber darüber hinaus auch auf die Auslegung Augustins zurückgeführt werden.[21]

Schon *Paulus von Burgos* hat in seiner ausführlichen »Additio« zu Ps.58 die Bedeutung der historischen »litera« in der Auslegung Lyras bestritten: Der Psalm lässt sich nicht, so wie Lyra es meint, an der Geschichte von David und Saul in 1.Sam. buchstäblich verifizieren: an mehreren Punkten des Textes versucht Burgensis, dies zu zeigen. Auch auf die Titelformulierung in V.1[b], wo von Saul und David gesprochen wird, geht er ein: Dies ist nicht, wie es bei Lyra geschieht, als eine Angabe der »materia« des Psalms zu verstehen; es geht nur um eine Angabe der Situation, aus der der Text stammt.[22]

Nach Burgensis muss man sagen, dass der Text im buchstäblichen – nicht nur im allegorischen – Sinn von Christus redet. In der Akzentuierung der christologischen Exegese folgt er dabei den in dem Anhang Lyras angedeuteten Hauptzügen. Der Psalm wird auf Christus in seinem Grab bezogen. Hier wird er von den Juden überwacht: natürlich in diesem Fall nicht um ihn – wie im Fall Davids – zu töten; wohl aber um die Rede von seiner Auferstehung zu verhindern: »...ut occidere eius famam occultando resurrectionem eius«.[23] Nach der Auferstehung bekommen sie dann ihre Strafe mit der Zerstreuung.

Bemerkenswert ist darüber hinaus besonders der Kommentar zu V.7: »convertentur ad vesperam«. Diese Formulierung wird auch bei Burgensis auf die endzeitliche Bekehrung der Juden bezogen. Es geht aber nicht nur um eine Zukunftsaussage von der Umkehr der Juden »in fine mundi«, das heisst »post interfectionem Domini nostri Iesu Christi«, – wie es Augustin formuliert hatte.[24] Paulus von Burgos – der um 1430 seinen Kommentar herausgab – sieht die Verifikation dieser Aussage schon in seiner eigenen Gegenwart, die er für die »sexta aetas saeculi« hält. Hier werden die Juden zum christlichen Glauben bekehrt: Burgensis erwähnt drei konkrete und prominente Beispiele dafür.[25] – Er ordnet ferner diese

---

[21] Vgl. über das schon oben behandelte hinaus CChSL XXXIX,731,3,Z.1ff. (zu David als »Figura Christi«) und 740 – 742, 15,Z.1ff. (zu »ad vesperam«).

[22] »...non enim dicit titulus quod illud canticum est de missione saul ad custodiam dauid in domo etc., sed quod fuit factus quando misit etc.« (Burgensis, 'Additio' zu Ps.58, Sp. I)

[23] Burgensis, Additio, Sp.I-II.

[24] CChSL XXXIX,751,8,Z.2f.

[25] Burgensis, Additio,Sp.II: »Potest etiam intelligi: 'Convertentur ad vesperam' de iudeis, qui per intervalla temporum post diuulgationem euangelii conuertuntur quotidie, qui dicuntur ad vesperam conuerti, i.e. in sexta etate seculi.« »Precipue in hispania« kann man Beispiele dafür sehen: Burgensis erwähnt »iulianus pomerii de stirpe hebraica (qui) fuit toletanus archiepiscopus tertius successor beati Alfonsi et eius maxime imitator«, und dazu »petrus alfonsi huius nationis qui edidit quendam dialogum solemnem ad fidei catholice confirmationem«, und »magister Alfonsus burgensis, magnus philosophus et bibli-

Perspektive der Judenbekehrung als den »tertius status iudeorum« ein,
nachdem die Juden im »secundus status« die Strafe Gottes erleiden
müssten.[26]

Auch der um eine Generation später lebende Landsmann von Burgensis: *Jacobus Perez von Valencia*, weist in seiner »expositio« des Psalms zunächst ausdrücklich die jüdische alttestamentliche Deutung des Textes,
die er mit dem Namen Rashis verbindet, zurück: »...talis expositio non
est utilis nec fructuosa; immo tollit dignitatem propheticam et sacramen-
talem huius psalmi«.[27]

In entsprechender Weise kommt er auch in seiner eigenen christologischen Exegese des Psalms ganz nahe an die Auslegung von Burgensis.
Ps. 58 spricht prophetisch von Christus in seinem Grab, von den Juden
umgeben, und der Text ist in drei Teile gegliedert: »Introducitur ergo
Christus ad loquendum in hoc psalmo in quo tria facit. Primo petit liberari et resurgere a mortuis. Secundo predicit punitionem temporalem et
spiritualem iudeorum. Tertio agit gratias de sua resurrectione.«[28] Die
Anknüpfung an die augustinische Auslegungstradition hebt der Augusti-
nereremit Perez dabei durch einen ausdrücklichen Hinweis auf den Or-
denslehrer hervor.[29] Und wie vor ihm Burgensis, spricht auch er nicht
nur von der »negativen« Zeugenfunktion der Juden, sondern sehr deutlich auch von dem damit verbundenen Verbot, sie zu töten (»ne occidas
eos«, V. 12), wie auch von der Perspektive ihrer endzeitlichen Beke-
rung. Obwohl sie »successores crucifixoribus (Christi)« sind, sollen »filii
eorum« »in fine« bekehrt werden.[30]

Die eigenen Disputationserfahrungen mit den Juden kommen bei Perez vor allem in der Auslegung von V. 16: »ipsi dispergentur ad manducandum, si vero non fuerint saturati, et murmurabunt« zum Ausdruck.
Perez kommt hier auf drei Gründe zu sprechen, weil die »iudei moderni«

---

cus qui in lx. etatis sue anno fere fidem christi et sacrum baptismum suscepit.« Als
Neubekehrten sind diese Juden besonders starke Zeugen Gottes, und auf diese positive
Zeugenfunktion ist V. 8 zu beziehen: »ecce loquentur in ore suo, et gladius in labiis eo-
rum, quoniam quis audivit?« (iuxta LXX).

[26] Ebd. Sp. III.

[27] Perez, Fol. CXXXVIII[v].

[28] Fol. CXXXVIII[v] – CXXXIX[r]. »Secundo« fängt mit V. 6[b] an; »tertio« mit V. 17.

[29] Ebd. Fol. CXXXIX[v] (zu V. 12).

[30] Ebd. (zu V. 12). Vgl. auch Fol. XC[r]: »Item ipsi conuersi sunt ad vesperam; i.e. in
fine mundi conuertentur (i.e. iudei). Et tunc in sero incipient cantare et confiteri...« (Allerdings erwähnt Perez in der Auslegung von V. 7 (»convertantur ad vesperam«,
Fol. CXXXIX[r]) auch eine »negative« Deutungsmöglichkeit von »ad vesperam«, wonach
der Vers von der Bekehrung der Juden zur Finsternis und zum Unglauben redet. Diese
Auslegung wird aber nicht als die wichtigste durchgehalten.) – Die Auffassung der Burgensis von der schon angefangenen endzeitlichen »conversio« der Juden ist bei Perez
nicht anzutreffen. Vielmehr wird nach ihm das Leiden und die Zerstreuung der Juden
»...usque ad antichristum« dauern; erst dann kommt die Bekehrung (vgl. zu V. 12).

immer noch gegen Gott murren: Zum einen tun sie es, weil sie zerstreut sind, und »civitatem terrenam hierusalem« nicht einnehmen können; zum anderen weil sie den »verum sensum spiritualem« des Gesetzes, nach dem sich auch Juden sehnen, nicht finden können. Und zum dritten, weil ihre »captivitas romana« jetzt mehr als 1400 Jahre gedauert hat; während die babylonische »captivitas« ihrer Väter nur 70 Jahre dauerte. Zu diesem letzten Punkt sagt Perez: »Sed cum dicitur eis quod hoc evenit eis propter necem Christi, licet negent ore, tamen norunt hoc esse verum in conscientia«.[31] [32]

Selbstverständlich ist auch *Luther* in seiner Exegese des Textes von dieser augustinischen Auslegungstradition entscheidend geprägt. Man könnte sogar sagen, dass er in seinem Ansatz näher an Augustin kommt als sowohl Burgensis wie Perez: Die an V.1[b] anknüpfende und besonders bei Lyra unterstrichene historisch-alttestamentliche Aulegungsperspektive – die ein Stück weit auch die Akzentuierung der christologischen Exegese bei Burgensis und Perez zu beeinflussen schien (durch die Betonung von Christus in seinem Grab) – ist für Luther wieder nicht so wichtig.

Er geht direkt in die christologische Exegese hinein, und bestimmt, in der Nachfolge Augustins, Ps.58 – wie die zwei vorhergehenden Psalmen – als prophetische Reden über die Feinde Christi, die Juden.[33] Nach dem Summarium Luthers ist Ps.58 eine »Oratio Christi prophetica describens futuram vindictam Iudaeorum in sensum reprobum et blasphemiam tradendorum et ubique dispergendorum«.[34]

Und die Schlüsselstellen des Bibeltextes, die eine solche Auslegung an die Hand legen, sind auch weithin dieselben wie bei Augustin: das »ne disperdas« des Titels;[35] das »ne occidas...« (V.12) und das »viri sanguinum« (V.3). Bei näherem Zusehen fällt aber auf, wie sämtliche dieser Stellen bei Luther ganz anders ausgelegt werden als bei Augustin (und seinen bisherigen Nachfolgern).

Augustin war in seiner Auslegung des Psalmtitels ganz konkret am neutestamentlichen Text von der Kreuzigung Christi orientiert: das »ne corrumpas« bezog sich auf die Kreuzesinschrift des Pilatus, die die

---

[31] Ebd. Fol. CX[r]; vgl. Fol. CXXXIX[r] zu V.6[b], wo eine ähnliche Aussage zu finden ist: *Eigentlich* wissen die Juden sehr gut, warum sie bestraft werden.

[32] Die Auslegung *Fabers* (Fol. 8[r-v]) folgt in diesem Fall hauptsächlich den Spuren von Burgensis und Perez; ist aber weniger signifikant in den Ausserungen über die Juden.

[33] WA 3,326,25-28; vgl. 330,4ff.

[34] Ebd. S.326,5f.

[35] Sowohl »iuxta LXX« als »iuxta Hebr.« heisst es im Titel »disperdas« statt – wie bei Augustin – »corrumpas«. So wird auch bei Luther die Form »disperdas« benutzt: 326,25f.; 330,4-6.

Wahrheit über Christus zum Ausdruck brachte. Auch Burgensis und Perez deuteten innerhalb ihrer Perspektive diese Wendung direkt im Anschluss an die Kreuzigungsgeschichte; vom Leib Christi, der ins Grab gelegt wurde.

Luther bemüht sich in diesem Fall nicht um eine direkte Verifikation am neutestamentlichen Bericht von Christum. Er geht hier seinen eigenen Weg, und ist sich dessen auch wohl bewusst: »...puto meo sensu, quod non debeat illud (i.e. »Ne disperdas«, V.1) accipi, ut non disperdat Christum (die Auslegung von Augustin/bzw. Perez) vel David (die Auslegung Lyras), sed de Iudeis in malum eorum.«[36] Das »Ne disperdas« bezieht sich also nach Luther auf die Juden als *Objekt*; und nicht – wie bei Augustin und Perez – als Subjekt, als die Vollstrecker der »dispersio«.

Die Aussage wird bei Luther näher im Sinne seiner »humilitas«-Theologie expliziert: Gott, bzw. Christus, will die Juden nicht »disperdere«, so wie er mit den Christen und den Heiligen tut, um ihnen die rechte »humilitas« beizubringen. Und darin kommt der schreckliche Zorn Gottes den Juden gegenüber zum Ausdruck: »...magis irascitur deus, quando nihil irascitur et dimittit in desyderiis suis ire impios, crescere et proficere, et non destruit eos. Et huius miserie signum titulus dicit: 'Ne disperdas', scilicet Iudeos.«[37] Gottes Wirken zum Heil vollzieht sich im Nacheinander von »disperdere« und »edificare«. Die Strafe der Juden besteht darin, dass sie in diesen Wirkungskreis überhaupt nicht einbezogen werden.

Genau dieses Anliegen – das weder bei Augustin noch bei den anderen Vertretern der Auslegungstradition zu spüren war – kommt nach Luther auch in V.12 zum Ausdruck. Es ist dabei besonders interessant zu beobachten, wie Luther den augustinischen Gedankengang von der Zeugenfunktion der Juden der Kirche gegenüber zwar aufnimmt; ihm aber einen neuen Inhalt gibt.

Ein Hauptanliegen in der Auslegung Augustins – wie in der Auslegung seiner Nachfolger Burgensis und Perez – war es, dass die Juden nicht getötet (»ne occidas«/»occideris«), sondern durch die Geschichte der Kirche hindurch in ihrer Eigenart bewahrt bleiben müssten, um ihre Zeugenfunktion wahrnehmen zu können. Gerade dieser Punkt bei Augustin hatte sich wirkungsgeschichtlich als ein entscheidender Vorbehalt gegen extreme antijüdische Stellungnahmen in der Theologie durchgesetzt: Man sollte die Juden, so wie sie waren, in Frieden lassen.[38] Und Ps.58,12 spielte also zur Begründung dieses Standpunktes eine wichtige Rolle.

---

[36] Ebd. 330,5f.
[37] Ebd. Z.10-13.
[38] Vgl. z.B. Cohen (1982), bes. S.19-22.

Dieses schützende Anliegen den Juden gegenüber wird bei Luther in den Hintergrund gedrängt. Zwar wiederholt auch er, dass die Juden als Volk erhalten werden müssen, damit sie »in exemplum et memoriale sint cunctis gentibus«.[39] Dies wird aber bei Luther nur am Rande der Argumentation erwähnt: es ist nicht, wie bei Augustin, Burgensis und Perez, der *Inhalt des Bibelwortes* »ne occidas«. Vielmehr besagt dieses Wort für Luther genau dasselbe wie das »Ne disperdas« des Titels: also, dass die Juden nicht im Sinne der heilsamen »humiliatio« vernichtet werden dürfen. Sie sind von Gottes Wirken nicht umfasst: Gott will sie nicht töten, um sie dann wieder zu erretten. Durch diese harte Strafe sind sie den Heiden ein Beispiel.

Die Bedeutung der exegetischen Verschiebung, die hier festzustellen ist, sollte nicht unterschätzt werden. Luther hat der augustinischen Argumentationstradition im Blick auf die Stellung der Juden in der christlichen Gesellschaft einen zentralen Stützpunkt entzogen; und zwar nicht dadurch, dass der Text von V.12[b] auf etwas ganz anderes bezogen wird (wie es in der buchstäblichen Auslegung Lyras geschehen war), sondern durch eine Neuinterpretation des Judenbilds, das aus dem Text zu gewinnen ist. Das »Ne occidas« bedeutet jetzt nicht mehr, dass man die Juden nicht töten soll: Dieser Stützpunkt ist gefallen. Vielmehr bedeutet es, dass die Juden von Gott in einer ganz besonders harten Weise bestraft werden sollen.

Bezeichnend für Luthers Neuinterpretation ist auch sein Kommentar zum letzten Teil von V.12[b] (den Luther nach der »antiqua translatio« wiedergibt, die auch dem Text Augustins entspricht): »...nequando obliviscantur legis tue«. Bei Augustin war dies eine Aussage über die Juden: sie sollten ihr Gesetz als ein »signum« ihrer Eigenart durch die Geschichte hindurch behalten, um in dieser Weise ihre Zeugenfunktion ausüben zu können.[40] – Luther, aber, bezieht die Aussage auf die Christen: »...Christiani territi exemplo eorum (i.e. Iudeorum) non obliviscantur legis tue, videntes quoniam et illi, cum essent populus eius, sic puniti sunt, eo quod obliti sint legis eius: ne similiter pereant.«[41] Von einem besonderen Kennzeichen, das als ein solches aufrechterhalten werden muss, ist nicht mehr die Rede. Vielmehr wird auch hier die lutherische Gesamtdeutung bestätigt: Die Juden sind an sich selbst und ihrem Elend überlassen; von Gottes Wirken sind sie nicht mehr umfasst.

Entsprechend wird auch V.13[a] in einer sehr prägnanten Weise uminterpretiert. Die schon auffallende Zuordnung der problematischen For-

---

[39] WA 3,330,15f.
[40] Vgl. oben S.37. Ähnlich auch bei Burgensis (Additio, Sp. IIf.) und Perez (Fol. CXXXIX[v]).
[41] WA 3,333,31-33.

mulierung »delictum oris eorum sermonem labiorum ipsorum« zu dem
»ne occidas« in V.12^b bei Augustin, hat sich in der Auslegungstradition
nicht durchgesetzt. Burgensis kommentiert diese Aussage nur sehr
knapp, und scheint sie syntaktisch am ehesten mit dem nachfolgenden
Satz zu verbinden.[42] Perez ist in seinem Kommentar deutlicher: Er ordnet das »delictum oris eorum...« dem unmittelbar voranstehenden »depone eos« als eine Apposition zu, indem das dazwischenstehende »protector
meus domine« als eine für sich stehende Anrede betrachtet wird. Wie bei
Augustin, wird aber auch bei Perez diese Strafaussage nur auf die falsche
Rede der Juden bezogen.[43]

Auch Luther löst das Problem der grammatischen Zuordnung in einer
ähnlichen Weise wie Perez: man soll es, sagt Luther, als »depone delictum eorum...« lesen. Wie bei Augustin und Perez, ist dies auch bei
Luther eine Aussage über die Juden. Aber sie ist bei Luther nicht, wie
bei den zwei anderen, auf das was die Juden sagen oder tun beschränkt;
sie umfasst auch die Juden selbst: »...ipsos in et cum delicto eorum: ut
simul perdas utrunque, non tantum delictum, et eos salvando sicut sanctos tuos.« Die augustinische Distinktion zwischen »qui« und »quod« im
Blick auf die Juden wird also, ohne dass Augustin bei Namen genannt
wird, explizit aufgehoben. Als Begründung für diese Interpretation führt
Luther – obwohl er sich sonst in der Auslegung des Psalms meistens auf
die LXX-Variante des Textes bezieht – die Textvariante »iuxta hebr.«
zu V.13^a an, wo es statt »delictum« »in peccato« steht: »...in peccato oris
sui«. Das Wort »in« zeigt nach Luther, dass es hier nicht nur um die Sünden, sondern zugleich um die Juden *in* ihren Sünden geht.[44]

Auch das dritte strategische Wort des Textes: den Ausdruck »viri sanguinum« in V.3, deutet Luther anders als Augustin. Zwar versteht auch
Luther dies als eine Charakteristik der Juden; aber das »sanguinum« verbindet er nicht – wie Augustin – mit der Schuld der Juden an der Kreuzigung Christi, sondern mit ihrer Identität als dem »Volk Gottes« nach
dem Fleisch. Sie sind »filii carnis«, im Gegensatz zu den »filii promissio-
nis«, und rühmen sich demgemäss ihres Namens und ihrer Abstammung.[45]

---

[42] 'Additio', Sp. III.

[43] Fol. CXXXIX^V. Zusammenfassend kann er so formulieren: »Et depone etiam et
confunde et annichila delictum oris eorum, scilicet sermonem falsum labiorum ipsorum,
quo dicunt me non resurrexisse.«

[44] WA 3,333,34ff. (Eine ähnliche »inkludierende« Verurteilung der Juden ist allerdings – an einer anderen Stelle seiner Auslegung (Fol. CXXXIX^V, zu V.9) – auch bei
Perez zu finden.

[45] WA 3,332,9-11.21. – Perez spricht in seiner Auslegung von V.3 sowohl von »iudeis«
als von »gentilibus« und erläutert den Ausdruck »viri sanguinis« allgemein durch die Hinzufügung »...homicidis et peccatoribus qui in meam necem conspirauе-
runt« (Fol. XXXIX^r).

Diese Interpretation der »superbia« der Juden wird auch sonst in der Auslegung Luthers stark hervorgehoben: Der entscheidende Gegensatz zwischen Christus und den Juden ist gerade auf Grund ihrer »superbia« als »sanguis et semen Israel secundum carnem« entstanden.[46]

Zwar wurde auch bei Augustin die »superbia« der Juden stark hervorgehoben, und mit ihrer besonderen Stellung den »gentes« gegenüber verbunden.[47] Luther unterscheidet sich aber durch eine besondere Akzentuierung von der Auslegung Augustins. Augustin erwähnt die »superbia« der Juden hauptsächlich als die Selbstgerechtigkeit, die die Juden blind gemacht hat, so dass sie Christus getötet haben.[48] Die starken und stolzen Juden haben auf Christus, der nur »infirmitas« und »humilitas« gezeigt hat, gewartet; wie ein »leo paratus ad praedam«.[49]

Für Luther ist es aber nicht so sehr dieser Aspekt der Stärke, sondern eher die Scheingestalt, die an der jüdischen »superbia« wichtig ist. In einem umfassenden Kommentar zu dem Wort »iniquitas« in V.3ᵃ geht er näher auf diesen Punkt ein. »Iniquitas« ist nach Luther etwas anderes und auch mehr als »iniustitia«. Die »iniusti« sind die »impii«, die ganz einfach nicht glauben. Im Verhältnis dazu ist »iniquitas« ein »additamentum«: »Iniquitas autem est Leviathan et additamentum ad iniustitiam: scilicet suam statuere iustitiam et deo etiam monenti nolle subiici.[50]

Seine weitere Bestimmung der »iniquitas« knüpft Luther an den »spiritus»-Begriff: »Iniquitas« ist eine Sünde, die sich auf die »res spirituales« bezieht. Sie ist das, was in Ps.90,6 »daemonium meridianum« genannt wird,[51] und kommt vor, wenn »…aliquis suam iustitiam statuit et aversus a spiritualibus rebus, quas deus statuit (sicut lex, verbum dei, gratia, salus), convertitur ad spirituales res, quas ipse statuit: sicut sue ceremonie, sue doctrine suus sensus.« Eben weil diese Sünde so subtil und verborgen ist, ist sie um so gefährlicher.[52] – Nach dieser Deutung hat die jüdische Selbstgerechtigkeit und »superbia« nur wenig mit der (augustinischen) Stärke des Löwen zu tun. Sie erscheint in der Gestalt der qua-si geistlichen Falschheit.

In dem »quoniam quis audivit« in V.8ᵇ ist eine weitere Beschreibung der jüdischen Falschheit zu finden. In extenso lautet der Text von V.8: »ecce loquentur in ore suo, et gladius in labiis eorum, quoniam quis audi-

---

[46] WA 3,326,33f.; vgl. 328,14f.
[47] Vgl. z.B. CChSL XXXIX,733,7,Z.1ff.; 735,8,Z.1ff.; 750,7,Z.12f.
[48] Z.B. ebd. 749,5,Z.33ff.
[49] Ebd. 747,4,Z.7.
[50] WA 3,331,5-7
[51] Zur näheren Interpretation dieser Stelle in Ps.90, vgl. im Folgenden S.109ff.
[52] WA 3,331,25ff. Eine entsprechende Betonung eines »duplex peccatum« im Blick auf die Juden kommt allerdings an anderer Stelle auch bei Augustin vor: vgl. dazu Oberman (1983), S.523 mit Anm.46.

vit«. Augustin hatte dies als eine Aussage über die Verkündigung des
Evangeliums gedeutet: der »gladius in labiis eorum« ist das Wort Gottes,
das verkündigt wird. Und das letzte »quoniam quis audivit« ist eine Frage, die vor allem diejenigen Juden gilt, die das Evangelium nicht angenommen haben.[53] – Luther, dagegen, deutet den ganzen Vers als eine
Beschreibung der Rede der Juden: »in ore« – offen – kommt da nur ihre
Scheinheiligkeit zum Ausdruck. Luther verifiziert dies durch einen Hinweis auf die offene Rede der Juden zur Zeit Christi in ihrer Begegnung
mit Christus: »Magister scimus, quia verax es« (Matt.22,16). In ihren
Herzen, und auch heimlich unter sich reden sie aber ganz anders, wie
es auch aus Matt.22,15 deutlich zu sehen ist. Dieser Beratung im Verborgenen gilt die Frage »quoniam quis audivit«, die vom Propheten in
den Mund der Feinde: d.h. der Juden, gelegt ist.[54]

Und vielleicht, fügt Luther hinzu, ist dies eine Beschreibung der Juden, die auch auf die Gegenwart zutrifft: »...an forte quod loquuntur hodie Iudei de, immo contra Christum et suos, horribilia, que nemo audit,
et eo audatius loquuntur et maledicunt nos, quo minus Christiani audiunt. Qui si audirent, eos omnino delerent.«[55]

Auch ganz am Ende seiner Auslegung, im Kommentar zu V.16: »Ipsi
dispergentur ad manducandum«, zieht Luther die Linie zu den gegenwärtigen Juden. Das Textwort ist eine Aussage über den Hunger der Juden nach den Gütern dieser Welt. Dies steht sehr im Gegensatz zum
Evangelium Christi, das an die Armen gerichtet wurde. Die Juden orien-
tieren sich aber nicht am Evangelium, sondern an den Verheissungen
des Gesetzes, wo ihnen einen Überfluss an weltlichen Gütern versprochen wird. In der Spannung zwischen diesen Verheissungen des Gesetzes und ihrer Erfüllung leben die Juden heute noch, sagt Luther. Es
empört sie, dass ihre Verheissungen noch nicht erfüllt worden sind. So
heisst es in der Fortsetzung von V.16: »ipsi dispergentur ad manducandum si vero non fuerint saturati, et murmurabunt« (iuxta LXX). Nur
im »Murren« kann diese Frustration der Juden zum Ausdruck kommen.
Wären sie in der Lage dazu, hätten sie gewiss die Güter dieser Welt
durch Gewalt zu sich gerissen. Diese Möglichkeit ist aber (auf Grund ih-

---

[53] CChSL XXXIX,742,16,Z.6-20.
[54] WA 3,333,14ff..
[55] Ebd. Z.23-26. – Auch Perez kommt in seiner Auslegung dieses Verses auf die verborgenen »maledictiones« der Juden zu sprechen: »...quia maledicunt in secreto et non
in publico; quasi nemo audiat pre timore christianorum sub quorum dominio degunt«.
Zur Unterstützung dieser Interpretation weist Perez auf die »littera hieronymi« hin, wo
es im Text von V.8 »...quasi nemo audiat« statt »...quoniam quis audiuit« heisst. (Perez,
Fol. CXXXIX^v) – Die von Luther hervorgehobene *Scheinheiligkeit* der jüdischen Haltung
(im Offenen:Frömmigkeit; im Verborgenen:«maledictiones«) kommt aber in der Auslegung von Perez nicht zum Ausdruck.

rer schwachen Stellung in politischer Hinsicht) nicht offen. Deshalb
bleibt ihre Frustration. – Im Gegensatz zur Frustration und inneren »furor« der Juden steht wieder die »patientia« der Glaubenden: sie verlassen
sich nicht, so wie die Juden, auf die Güter dieser Welt, sondern auf die
»spes futurorum«.[56]

Vergleicht man Luthers Deutung von V.16 mit der oben (S.40f.) skizzierten Deutung desselben Verses bei Perez, ist die einseitige Beziehung
des jüdischen »Hungers« auf die »carnalia« in Luthers Exegese auffallend. Sowohl Perez wie Burgensis hatten den Hunger und das Murren
der Juden sehr deutlich als eine Sehnsucht nach den geistlichen Gütern
aufgefasst;[57] eine Betonung, die mit dem Gewicht der Bekehrungsperspektive in der Auslegung dieser beiden Exegeten zu tun haben mag. In
Luthers Auslegung ist von solchen Tönen nichts zu hören. Die Juden
werden in massiver Weise durch die »carnalitas« – im eindeutigen Gegensatz zum Geist der Wahrheit – bestimmt.

In der Auslegungstradition der christlichen Theologie war man meistens
davon ausgegangen, dass Ps.58 als ein Text von Christus und seinen
Feinden, den Juden, zu deuten war. Die Exegese Augustins war dabei
richtungweisend gewesen. Luthers Verhältnis zu dieser augustinischen
Auslegungstradition muss differenziert dargestellt werden:

In der Auswahl der Formulierungen des Bibeltextes, die in der Exegese als Schlüsselstellen behandelt werden, schliesst sich Luther enger als
Burgensis und Perez an Augustin an.

Anders als alle diese drei bemüht sich Luther aber in diesem Fall nicht
darum, seine prophetische Auslegung direkt am Kreuzigungsbericht
Christi zu verifizieren. Die Anfeindung Christi durch die Juden, die im
Text zum Ausdruck kommt, wird nicht auf konkrete Ereignisse der
Kreuzigungsgeschichte bezogen: Der Psalm ist nicht mehr ein differen-
zierter prophetischer Bericht, der zuerst vom Leiden Christi unter den
Juden, und danach von der Strafe und der Zeugenfunktion und dem da-
zu gehörenden Schutz der Juden redet. Eher kann man sagen, dass der
Gegensatz zwischen Christus und den Juden – der auch Luthers Ausle-
gung bestimmt – in der prophetischen Exegese Luthers auf einer höheren
Abstraktionsebene zusammengefasst, und dadurch auch stereotypisiert
wird. Die Juden sind die Gegner Christi schlechthin. Sie sind (anders als

---

[56] WA 3,334,31 – 335,8.
[57] Zu Burgensis, 'Additio' Sp. III, wo das »saturati« auf die Bekehrung und den Glauben der Juden bezogen wird. Zu Perez, vgl. ausser den oben Anm 31 angegebenen Stellen auch die folgende Formulierung aus seinem Kommentar zu V.16: »...usque ad illud
tempus patientur famem bonorum spiritualium sicut canes patiuntur famem corporalem«
(Fol. CXXXIX^v).

bei Burgensis und Perez) vorbehaltlos durch die »carnalitas« charakterisiert; ihre falsche »spiritualitas« bringt nur ihre grundlegende Scheinheiligkeit zum Ausdruck.

Als ganz und gar »carnalis« sind sie von Gott definitiv verlassen. Er bemüht sich nicht mehr um sie. Und wenn sie in ihrem Elend auch bei Luther als »negative Zeugen« für die Christenheit betrachtet werden, so findet er – im Unterschied zu den früheren Vertretern der augustinischen Auslegungstradition – im Psalmentext nicht mehr das Verbot formuliert, sie zu töten. Auch nicht von ihrer endzeitlichen Bekehrung, die bei seinen Vorgängern im Anschluss an V.7 bzw. 15 erörtert wurde, ist hier bei Luther die Rede.

IV

PSALM 68

Psalm 68 gehört zur Gattung der individuellen Klagepsalmen, und es ist durch den ganzen Psalmentext hindurch von den Feinden des Betenden, die ihn hassen und verfolgen, die Rede. Von einer ziemlich eindeutigen Auslegungstradition ist dieser Text christologisch gedeutet worden. Denn noch deutlicher als im Ps. 58 der Fall war, hatte man hier im Bibeltext selbst einen Anknüpfungspunkt, der eine christologische Deutung des Psalms an die Hand legte: nämlich V. 22. So ist z. B. bei *Augustin* zu lesen: »Christus enim hic loquitur...Christus non solum caput, sed et corpus. Ex ipsis uerbis agnoscimus. Nam quia Christus hic loquitur, dubitare omnino non permittimur. Hic sunt enim expressa uerba quae in eius passione completa sunt: 'Dederunt in escam meam fel, et in siti mea potauerunt me aceto' (V. 22)«.[1] Dieser Feststellung entsprechend wird der Psalm bei Augustin als eine Rede Christi verstanden. Wenn die Aussagen nicht direkt und buchstäblich auf das Haupt bezogen werden können, wird zu einer Auslegung »ex ore corporis«[2] gegriffen. Aber Augustin bemüht sich in erster Linie – ähnlich wie in der Auslegung von Ps. 58 – um eine buchstäblich-prophetische Auslegung, die den Psalmentext auf den neutestamentlichen Bericht vom Haupt der Kirche, Christus, und seinem Leiden bezieht.[3]

Nicht nur Cassiodor und die Glossa Ordinaria,[4] sondern auch *Lyra* hält sich in diesem Fall an eine durchgeführte christologische Auslegung des Textes. Zwar erwähnt Lyra am Anfang seines Kommentars auch Vertreter einer buchstäblichen nicht-christologischen Interpretation, die entweder Israel während der babylonischen Gefangenschaft oder David und seine Gefolgschaft als die Redenden gesehen haben.[5] Er selber wählt aber den Weg Augustins: «...propter quod (d.h. auf Grund der Hinweise auf den Wortlaut dieses Psalms im Neuen Testament) dicit Augustinus

---

[1] CChSL XXXIX,901,1,Z.39-45.

[2] Vgl. z. B. ebd. 908,8,Z.9; 910,10,Z.1f.; 925,11,Z.31.

[3] Zwei deutliche Beispiele dafür: ebd. 903,3,Z.1ff.(zu V.2) und 907,7,1ff. (zu V.4.).

[4] Zu Cassiodor vgl. CChSL XCVII,604,1,Z.1ff. Cassiodor weist hier vor allem auf die Leidensgeschichte, Mt.27,48 hin, und sagt: »Quis dubitare possit hunc psalmum passioni dominicae conuenire, cui talis ac tanta in hunc intellectum suffragatur auctoritas?« (Z.11-13). Vgl. die Glossa Ordinaria z. St.

[5] Lyra z. St. Wie manchmal bei Lyra, werden nur die Auffassungen, die diskutiert werden, und nicht die Namen ihrer Vertreter, genannt.

de hoc Psalmo, quod Christus hic loquitur, omnino dubitare non permittimur«.[6]

Auch Lyra hebt dabei hervor, dass es sich um eine Interpretation »ad literam« handelt: »...hic psalmus ad literam loquitur de Christo cuius mysteria plenius ceteris prophetis david preuidit et expressius scripsit.« Und dieser »sensus literalis« des Textes wird konkret und differenziert ausgeführt, so dass er auch die Juden als die Feinde des leidenden Christus umfasst.[7]

So fasst Lyra in der Einleitung seiner »postilla« zu Ps.68 seine Deutung des Textes in der folgenden Weise zusammen: »Igitur secundum hunc sensum psalmus iste diuiditur in tres partes. Quia primo dauid loquens in persona christi et corporis eius mystici petit a penis liberationem. Secundo predicit iudeorum punitionem ibi: Fiat mensa eorum (d.h. ab V.23). Tertio conuertit se ad dei laudationem, ibi: Laudabo (d.h. ab V.31).«[8]

Man sieht hier wie Lyra auch in der Hervorhebung des »caput«-»corpus«-Schemas in hermeneutischer Hinsicht Augustin nahe kommt. Auch er kann einen Vers des Psalms auf den Leib beziehen, wenn er auf das Haupt nicht so gut passt;[9] obwohl es bei Lyra häufiger vorkommt, dass die Deutung »ad capitem« und die Deutung »ad corporem« nebeneinander gestellt werden.[10]

---

[6] Ebd., am Ende der Einleitung.

[7] Ebd., in der Einleitung. Vgl. ferner z. B. - auch in der Einleitung - (über V.23) : »...fiat mensa eorum...«: »...dictum ad literam de Iudeis excecatis, eo quod persecuti sunt Christum.« - Preus (1969), S.70f. erwähnt auch diesen Gebrauch einer »normativ-buchstäblichen« Exegese einzelner alttestamentlicher Texte bei Lyra. Dabei handelt es sich in diesem Fall nicht um die Anwendung eines »doppelten 'sensus literalis' «. (Dafür ist ja Lyra in der Forschungsliteratur bekannt). Es geht um die eine, buchstäblich-prophetische Auslegung des Textes.
Auch bei Cassiodor umfasst die »litera« des Textes ganz deutlich auch die Juden als die »inimici« Christi: Cassiodor weist auf Röm.11,9f. als einen neutestamentlichen Verifikationstext hin, wo Paulus in den Worten von Ps.68,23f. von der Strafe der Juden spricht.

[8] Lyra, in der Einleitung.

[9] Vgl. Lyra zu V.6: »Deus tu scis insapientiam meam, et delicta mea a te non sunt abscondita«. Wie Augustin, meint auch Lyra, dass »insapientia« und »delicta« nicht Eigenschaften Christi, sondern nur seines Leibes sein können. Im Gegensatz zu Augustin bezieht Lyra aber V.4b, »defecerunt oculi mei«, auf das Haupt selbst. Augustins Text lautete - anders als die Varianten iuxta LXX und iuxta hebr. - : »defecerunt oculi mei ab sperando in Deum meum«, und er musste seine Deutung auf den Leib beschränken, um die Behauptung einer äussersten Gottverlassenheit Christi zu vermeiden. Auch Augustin spricht aber hier in erster Linie von der Kirche zur Zeit Christi: er erläutert V.4b an Hand des Berichtes von den Emmaus-Wandrern Lk. 24,13ff., die ihre Hoffnung auf Gott/Christus aufgegeben hatten (CChSL XXXIX,908,8,Z. 14ff.).

[10] Vgl. z. B. Lyras Auslegung von V.2b: »Quoniam intrauerunt...«: »Et ideo haec litera potest intelligi de capite christo... et de corpore eius mystico...« Ähnlich zu V.3a: »infixus sum«: »Hoc etiam intelligi potest de christo capite... Similiter de fidelibus suis...«

Auch das Judenbild, das in der Auslegung der »inimici« des Textes zum Ausdruck kommt, ist bei Augustin und Lyra weithin parallel. Christus ist, wie im Text steht, von seinem Volk entfremdet worden (V.9ª: »extraneus factus sum fratribus meis«).[11] Die Juden haben ihn verhöhnt und ausgelacht,[12] und zuletzt an das Kreuz und in den Tod geführt: Insbesondere zu diesem letzten Punkt sind die Hinweise – oft mit Anknüpfungen an Formulierungen aus der Passionsgeschichte – sowohl bei Augustin als bei Lyra ziemlich zahlreich.[13]

Die Juden haben Christus getötet, weil sie ihn nicht als Gott erkannt haben. Daran hat sie ihre Blindheit, bzw. ihre »superbia«, »pertinacia«, »praesumptio«, verhindert.[14] Dafür haben sie aber auch ihre Strafe bekommen: Zuerst wird sowohl von Augustin wie von Lyra die Zerstörung Jerusalems als sichtbare und konkrete Strafe der Juden hervorgehoben. V.26: »Fiat habitatio eorum deserta...« ist eine Prophetie dieser Zerstörung.[15] Dazu müssen Aussagen wie »...non intrent in iustitia tua, deleantur de libro viventium et cum iustis non scribantur« (V.28ᵇ-29) als Verkündigungen einer ewigen Strafe über die Juden verstanden werden.[16]

Die Absage an die Juden ist jedoch, besonders bei Augustin, aber auch bei Lyra, nicht ganz eindeutig und definitiv. In seiner Auslegung von V.16 spricht Augustin den folgenden Wunsch für das Heil der Juden aus: »...utinam vel nunc agnoscant locum quietis suae!«[17] Und in der konkreten Textexegese kommt dieses Anliegen deutlich in der Auslegung von V.19 zum Ausdruck. Der Vers lautet: »Intende animae meae et redime eam. Propter inimicos meos erue me« (der Text Augustins). Der zweite Teil dieses Verses fordert nach Augustin einen ausführlichen Kommentar: »Haec plene miranda petitio est, nec breuiter perstringenda, nec cursim transilienda, prorsus miranda...«[18] Inhaltlich geht es hier um die Möglichkeit der Errettung der Juden: Christus betet nicht nur

---

[-] Wie Augustin (vgl. die vorige Anm.) hält sich auch Lyra hier primär an Exemplifizierungen aus der »ecclesia primitiva«: Vgl. zu V.34ᵇ »et vinctos suos« bei Lyra unter »q«.

[11] Das »meis« ist hier sowohl nach Lyra (z. St.) wie nach Augustin (CChSL XXXIX,913,13,Z.2ff.) von der Synagoge zu verstehen.

[12] Vgl. Lyra zu V.10ᵇ.

[13] Vgl. z. B. bei *Augustin*, CChSL XXXIX, 907,6,Z.1ff. (zu V.3ᵇ); ebd. 7,Z.1ff. (zu V.4ª); 909,9,Z.1ff. (zu V.5); 913,14,Z.4ff. (zu V.11), bei *Lyra*, zu V.4ª (»g«, »h«); zu V.5ᵇ (»m«); zu V.12ᵇ (»g«); 13 (»h«).

[14] Vgl. bei *Augustin*, ebd. 922,7,Z.5. 16f.; 924,10,Z.7ff.; *Lyra* zu V.10ᵇ (»c«). Lyra hebt auch die »invidia« und die »iniquitas« als Motive der Juden hervor: zu V.27 (»z«).

[15] *Augustin*, a.a.O.924,10,Z.14ff.; *Lyra* z. St. (»x«). Lyra versteht auch V.23-25 als Aussagen über dieses Ereignis.

[16] Lyra kommt nur in einer kurzen Aussage im Anschluss an V.29ª auf diesen Punkt ein. Vgl. Augustin, a.a.O.926,13,Z.1ff.

[17] Ebd. 924,10,Z.24f.

[18] Ebd. 918,3,Z.3f.

darum, dass seine Seele erlöst werde (»intende animae meae«), sondern
auch um die Befreiung seines Körpers (»erue me«). Diese letztere »manifesta liberatio« (d.h. die Auferstehung) ist auch für die Juden (»propter
inimicos meos«) offenbar – anders als bei Gottes Befreiung der Seele
Christi, die verborgen ist – , und kann deshalb die Juden zum Glauben
führen.[19]

Das »propter inimicos meos« wird auch bei Lyra als eine Aussage über
die Bedeutung der Auferstehung Christi für die Juden verstanden, so
dass sie zum Glauben geführt werden können.[20] Allerdings erwähnt Lyra
hier auch, dass für die Juden zugleich die Möglichkeit der »confusio« bei
der Begegnung mit der Auferstehung Christi besteht: diese Möglichkeit
wird bei ihm stärker als bei Augustin hervorgehoben.

Dieselben Hauptzüge können auch in den Auslegungen von Perez und
Faber gefunden werden, wobei die Auslegung von *Perez* bei weitem die
explizitere ist;[21] sowohl angesichts der neutestamentlichen Verifikation
der Exegese als angesichts der Darstellung der Juden. »...nullibi passio
christi est magis manifesta quam in hoc psalmo et ratio est, quod hic propheta magis videtur euangelista quam propheta et magis videtur texere
hystoriam passionis christi quam prophetiam«, sagt er in der Einleitung
seiner Deutung.[22] Zwar ist der Psalm auch für Perez – obwohl sehr stark
an der Geschichte Christi orientiert – zugleich »ex consequenti« ein Text
von den Gliedern und von der ganzen Kirche. In der Auslegung kommt
aber diese weitere ekklesiologische Perspektive nicht sehr stark zur Geltung: Im Zentrum stehen Christus und seine Feinde, die Juden.

In seiner Auslegung von V.3: »infixus sum in limo profundi et non est
substantia, veni in altitudinem maris, et tempestas demersit me« bringt
Perez eine ausführlichere und differenziertere Deutung der hier gemeinten jüdischen Verfolgungen als es sowohl bei Lyra als bei Augustin gefunden werden konnte: Die verschiedenen Begriffe, die in diesem Vers
für das »periculum aquarum« verwendet sind, enthalten nach Perez eine
nähere Beschreibung der dreifachen jüdischen »persecutio« Christi bei
der Kreuzigung: durch die Pharisäer, durch das Volk und durch die Könige. Zuerst kamen die verborgenen Angriffe der Schriftgelehrten und
der Pharisäer, die in ihrer eifersüchtigen Beratung untereinander

---

[19] Ebd. 918f.,3,Z.18-59.
[20] Lyra z. St. Er erwähnt den Bericht in Act. 2.37-41 als neutestamentliche Verifikation seiner Exegese.
[21] Nach Faber ist Ps.68 ein »psalmus de Christo & ecclesia«, wo »Propheta in spiritu
inducit Christum ad patrem«. Die Feindaussagen des Textes sind sehr deutlich auf die
Juden bezogen. Fabers Kommentare in der »expositio continua« sind aber so knapp, dass
eine nähere theologische Einordnung im Blick auf unsere Fragestellung ganz unsicher
sein müsste. Faber zu Ps.68: Fol.100^r-101^r.
[22] Perez, Fol.CLV^v.

(Joh. 12,19) zum Ausdruck kommen. Dieser erste Angriff entspricht im Bibeltext dem »limo profundi«. Danach erfolgten die Angriffe des Volkes; »...populus videns intentionem scribarum et phariseorum furiose et absque deliberatione moti sunt contra christum dicentes crucifige, crucifige eum«: Dieser Angriffe entspricht im Text der »tempestas«. Und zuletzt kam der Angriff der Könige; d.h. des Pilatus,[23] der Christus »...manifeste ... flagellauit et sententiam mortis executionis mandauit«. Dies entspricht im Bibeltext der »altitudo maris«;[24] und bedeutet somit auch den Höhepunkt und die Spitze der jüdischen »persecutio«.

Als den Beweggrund der Juden für die Kreuzigung Christi hebt Perez in der Auslegung dieses Psalm besonders ihre Reaktion auf Christi Reinigung des Tempels (Joh. 2) hervor. Christus hat hier die Wut der Juden erweckt, die dann zur Tat der Kreuzigung geführt hat.[25]

Die nähere Beschreibung der Juden ist aber vor allem in der Auslegung von V.23ff. zu finden: auch Perez meint, wie vor ihm Lyra, dass hier ein neuer Teil des Psalms anfängt.[26]

---

[23] Die neutestamentliche Verifikation dieser Hinweise auf die Angriffe des Volkes und des Pilatus findet Perez in Mt.27,24f. Joh.12,19 und Mt.27,24 sind im Vulgatatext durch die gemeinsame Ausdrucksweise »videns...quia nihil proficeret« (Mt.27,24, von Pilatus, im Blick auf das Volk) und »videtis quia nihil proficimus« (Joh. 12,19, von den Pharisäern im Blick auf Christus) miteinander verbunden.

[24] Perez zu V.3, Fol. CLV^V: »Sed triplex est periculum aquarum, unum in torrente siue flumine tempore magnarum pluuiarum. Secundo potest quis periclitari in aliquo lacu profundo et limoso siue cenoso. Tercio in tempestate maris, ita reperitur triplex persecutio, scilicet populi et hypocritarum et regum. Nam persecutio et furia populi comparatur furie torrentis, nam sicut torrens tempore pluuiarum trahit arbores et omnia quae sunt in ripa et exit extra alueum, sed in breui cessat eius furia, Ita furia populi contra aliquem inuehit usque ad mortem, sed completa furia penitet eum fecisse. Unde insipiente uno in populo omnes sequuntur. Item persecutio hypocritarum comparatur lacui profundo et limoso, qui licet non mittet fluctus manifestos, tamen si absorbet hominem non potest inde exire. Persecutio autem regis comparatur fluctibus maris, quia rex et princeps manifeste persequitur et cum magno impetu. Omnia ergo ista tria genera persecutionum passus est christus. Nam primo passus est persecutionem hypocritarum, scilicet scribarum et phariseorum; quorum malicia fuit profunda et limosa, quia sub zelo eius processerunt contra iustum occulte, ne forte tu multus fieret in populo. Secundo passus est a populo. Nam populus videns intentionem scribarum et phariseorum furiose et absque deliberatione moti sunt contra christum dicentes crucifige, crucifige eum, sed in breui penituit eos post quam fuit crucifixus. Nam videntes signa facta, scilicet tenebras super terram etc. reuersi sunt in ciuitatem percutientes pectora sua, Luce xxiii. (V.48). Tercio christus passus est a pylato qui manifeste ipsum flagellauit et sententiam mortis executioni mandauit. Sic ergo dauid istas tres persecutiones comparat tribus periculis aquarum.«

[25] Vgl. die Auslegung von V.10: »quoniam zelus domus tuae comedit me, et opprobria exprobrantium tibi ceciderunt super me«, Fol. CLVI^V. Die »exprobrantes tibi (i.e. Christo)« sind nach Perez hier die Juden, und ihr »opprobrium« hat in doppelter Weise Christus getroffen: »Primo in quantum ea (i.e. die jüdische »opprobria facta deo«) noluit (i.e. Christus) tacere nec tolerare, sed magis quam propria reputare. Secundo quia propter hoc ipsum occiderunt.«

[26] Die Gliederung des Psalms bei Perez (vgl. Fol. CLV^V) entspricht ganz genau der Gliederung bei Lyra (vgl. oben, bei Anm. 8); nur mit dem Unterschied, dass Perez den ersten Hauptteil Lyras in zwei aufteilt.

Anders als Lyra gibt er eben zu V.23 einen speziell umfassenden
Kommentar, weil er diesen Vers als eine Schlüsselaussage für den ganzen Textteil V.23-30 sieht. V.23 lautet nach dem LXX-Text: »fiat mensa
eorum coram ipsis in laqueum et in retributiones et in scandalum«. Diese
Aussage der Vergeltung wird bei Augustin ganz allgemein, und nicht
konkret von den Juden verstanden. Bei Lyra wird die Stelle, ohne dass
sie besonders hervorgehoben wird, auf die Zerstörung Jerusalems bezogen, die die Juden als Vergeltung für die Sünde der Kreuzigung erleben
mussten. In dieselbe Richtung geht auch die Deutung des Perez. Bei ihm
wird aber die Sünde der Kreuzigung in neun verschiedene Richtungen
näher expliziert; wobei jede Richtung einer besonderen – und in den folgenden Versen 24ff. meistens auch näher beschriebenen – Strafe der Juden entspricht.[27] Es kommt also hier wieder sehr gut zum Ausdruck, wie
die Kreuzigung bei Perez als *die* Sünde der Juden ins Zentrum gestellt
wird, die ihr ganzes Elend verursacht hat.

Perez' Auslegung von V.23 – die also zugleich die Grundlinien seiner Auslegung des ganzen Textteils V.23-30 expliziert – verdient dabei, wegen ihrer aus-
sergewöhnlichen   sachlichen   wie   auch   formalen   Geschlossenheit   und
Konsequenz, etwas ausführlicher entfaltet zu werden. Der Massstab Perez' für
das Verständnis von V.23-30 wird in der folgenden Sentenz formuliert: »sicut
iudei multipliciter afflixerunt christum, Ita multiplici pena puniuit eos, et sicut
iudei addiderunt christo dolorem super dolorem (vgl. V.27) et apposuerunt iniquitatem super iniquitatem contra eum (vgl. V.28), Ita deus addidit iudeis penas super penas correspondentes peccatis et sceleribus eorum.« In dieser Weise
wird also die Vergeltungsaussage in V.23 nicht, wie bei den anderen Auslegern,
isoliert für sich gedeutet, sondern zunächst durch einen Hinweis auf die ver-
gleichbare Vergeltungsaussage V.27f.: »quoniam quem tu percussisti persecuti
sunt, et super dolorem vulnerum meorum addiderunt, adpone iniquitatem super iniquitatem eorum...« verstanden. Und diese schwierige Formulierung in
V.27f. wird ihrerseits durch die gemeinsame Logik des ganzen Textteils
V.23-30 verdeutlicht: V.27 bezieht sich auf die Steigerung der Sünde der Juden
gegen Christus; V.28 auf Gottes Vergeltung dieser Sünde. – Diese gemeinsame
Logik der Vergeltung wird dann durch die neun Punkte in Perez' Kommentar
zu V.23 näher entfaltet, – zum Teil auch durch weitere Hinweise auf die Verse
24ff. So wird z. B. V.25: »effunde super eos iram tuam, et furor irae tuae comprehendat eos« durch die folgende Erwägung an dasselbe Entsprechungsdenken
angepasst: »Item sexto sicut ipsi (i.e. iudei) effuderunt furorem sentente super
christum dicentes 'crucifige, crucifige', Ita christus effudit super eos iram indignationis sue in corpore et anima inferendo eis multiplicem miseriam.« In entsprechender Weise sagt Perez zu V.26 (»fiat habitatio eorum deserta et in
tabernaculis eorum non sit qui inhabitet«): »Item septimo sicut eiecerunt christum extra ciuitatem ad crucifigendum, Ita fuerunt eiecti a sua ciuitate et regno
et dispersi per totum mundum, ciuitate et templo destructo.« Und zu V.29 (»deleantur de libro viventium et cum iustis non scribantur«): »Item octauo sicut vo-

---

[27] Perez, Fol. CLVII^v.

luerunt christum delere de mundo ipsum occidendo, Ita fuerunt deleti de libro viuentium et iustorum, et scripti in libro mortis eterne manentes in sua obstinatione et damnatione.«

Auch auf diesen letztgenannte Vers (29) geht Perez – über die zitierte Erwägung im Anschluss an V.23 hinaus – in einen besonders ausführlichen Kommentar näher ein:[28] Wie kann es gemeint sein, dass die Juden aus dem »liber viuentium« gestrichen worden sind? Nach Perez muss der »liber viuentium« in einer doppelten Weise verstanden werden: zum einen als der »liber diuine predestinationis secundum eternum propositum«, und zum anderen als der »liber vite secundum presentem dispositionem«. Zur Verwerfung wird niemand durch den ewigen Ratschluss Gottes bestimmt: Deshalb können die Juden nur »de isto secundo libro viuentium secundum presentem dispositionem« gestrichen werden; und somit nur mit der immer bestehenden Möglichkeit der Bekehrung. Die »petitio prophetica« an dieser Stelle zielt darauf, dass die Juden »propter peccatum necis christi…nunquam rescribantur in eo (i.e. libro viventium) per penitentiam, sed semper maneant obstinati«.

Ein Korrektiv zu dieser immerhin schroffen Aussage findet man bei Perez nicht – wie bei Augustin – in der Auslegung von V.19, sondern in seinem Kommentar zu V.4[b]: »defecerunt oculi mei dum spero in Deum meum«. Hier kommt die Hoffnung Christi für seinen Leib zum Ausdruck, und diese Hoffnung umfasst auch die Juden: »…et sperebam etiam quod iudei conuincerentur et cognoscerent veritatem«.[29]

Eine zusammenhängende prophetische Deutung von Ps. 68 im Blick auf die »passio Christi« und auf seine Feinde, die Juden, findet man bei *Luther* vor allem in seiner Glossenauslegung des Textes.[30] Die Berührung mit der Auslegungstradition lässt sich hier sehr gut feststellen; insbesondere mit der Exegese Augustins und Lyras: Diese zwei werden auch von Luther ausdrücklich – und mit Zustimmung – erwähnt.[31] Interessant ist aber zugleich der nähere Vergleich mit der Auslegung des Perez, die auch hier zu einer besseren traditionsgeschichtlichen Profilierung der Exegese Luthers beitragen kann.

Psalm 68 ist nach Luther eine »oratio Christi« bei seiner Passion, und

---

[28] Ebd. Fol. CLVIII[r].

[29] Ebd. Fol. CLVI[r].

[30] In grossen Parteien der Scholienauslegung dagegen ist die buchstäblich-prophetische Bemühung um eine Auslegung des Psalms von Christus und den Juden von einer anderen, direkter auf die Gegenwart zielenden hermeneutischen Perspektive in den Hintergrund gedrängt worden. Vor allem gilt dies den Teil 416,7-434,6. Auf diesen Text soll im zweiten Teil dieser Untersuchung näher eingegangen werden: vgl. unten S.187ff.

[31] WA 3,411,13; 412,16; 414,2.

ist gegen seine »persecutores« – die Juden – gerichtet. Zugleich ist er aber ein Gebet der Kirche gegen ihre Verfolger.[32]

Die Glossenauslegung wird aber – wie die Auslegungen von Lyra und Perez – fast ausschliesslich als eine Deutung in Bezug auf das Haupt und sein Leiden unter den Juden durchgeführt.[33] Punkt für Punkt wird die »litera« des Textes auf die Leidensgeschichte Christi bezogen: dies ist der fundamentale Sinn des Psalms.[34] Diese grundsätzliche »litera« ist aber gleichzeitig auch geistlich zu verstehen. Und diese geistliche Dimension der prophetischen »litera« ist nach Luther nicht darin erschöpft, dass die Exegese am neutestamentlichen Text verifiziert wird.

Luther erläutert diesen Punkt näher in seiner Randglosse zu V.10[a]: »zelus domus tuae comedit me«. Hier wird beschrieben, wie Jesus ganz und gar in seine Aufgabe aufgegangen ist. Sein »zelus« dem Haus Gottes gegenüber wird buchstäblich an der Tempelreinigungsgeschichte Joh.2,15f. verifiziert. Es geht aber hier nach Luther dabei zugleich um eine geistliche Reinigung: »...etiam vitia de cordibus eorum expulit aut saltem voluit, scilicet de domo spirituali«. Und er fügt hinzu: »Sicut et fere omnia alia simul literaliter et spiritualiter fecit (i.e. Christus)«.[35] Die weitere Textanalyse wird zeigen, wie diese besondere geistliche Akzentuierung auch direkt in der Beschreibung der Feinde an verschiedenen Punkten wichtig wird.

Die Hauptzüge des Judenbildes, das in der Glossenauslegung Luthers zum Ausdruck kommt, sind beim ersten Zusehen weithin dieselben wie in den Auslegungen Augustins und Lyras. Die »aquae« und der »limus profundus« in V.2ff. sind die Leiden, die die Juden Christus zugefügt haben.[36] Sie haben ihn ausgelacht und verachtet,[37] und zuletzt auch – obwohl dies bei Luther nicht so stark hervorgehoben wird als bei den Vorgängern – gekreuzigt.[38] Der Grund der Juden für die Abweisung Christi ist, dass sie blind sind für die himmlischen Dinge; sie haben einen »reprobum intellectum et falsum sensum«.[39]

---

[32] Vgl. das Summarium Luthers: »Oratio Christi affectuosissima pro sua passione: et inprecatio vindictae in persecutores suos. Redemtionisque super ecclesiam suam.« (Ebd. 410,2f.). Vgl. 410,21f.: »Primo Psalmus in persona Christi de passione sua conquerentis, ac secundo in persona totius Ecclesie seu membrorum eius dicitur...«

[33] Lediglich V.6 wird – wie bei Lyra – nur auf die »membra« bezogen: 411,6-9. Vgl. auch 412,35ff.

[34] Vgl. in der Randglosse zu V.12[a]: der Text kann hier, sagt Luther, »Vel *vere ad literam*« von der Passion Christi gedeutet werden, »...Vel in persona membrorum suorum dicitur«, 412,28f. (Unterstreichungen von mir.)

[35] Ebd. 411,39-42. Vgl. z.B.414,29f.

[36] Ebd. 410,7-13; 412,21f.

[37] Luthers Zeilenglosse zu V.13[c] »in me psallebant«, lautet: »...hoc enim est genus irrisionis singulare ex abundanti contemtu ac protervia procedens«, 412,9f.

[38] Ebd. 414,6

[39] Ebd. Z.5.10f.

Bei näherer Analyse fällt es aber nicht schwer, die Tendenz zur Verschärfung der Einstellung gegenüber den Juden im Vergleich zu den zentralen Vorgängern, die in der Auslegung von Ps.58 deutlich war, auch
hier zu entdecken.

Zunächst kann festgestellt werden, dass Luther noch weniger als Lyra
die augustinischen Erwähnungen zu V.19[b]: »propter inimicos meos« in
Bezug auf die Möglichkeit der Errettung der Juden aufnimmt. Er sagt
nur äusserst knapp: »...ne glorientur, ut vel convertantur vel confundantur«. Auf die Möglichkeit der »conversio« geht er nicht – wie es sowohl
Augustin als Lyra getan hatten – näher ein; obwohl Augustin, wie gezeigt wurde, dies als einen wichtigen Punkt betont hatte.[40]

Dagegen geht Luther in seiner Auslegung von V.9: »extraneus factus
sum fratribus meis et peregrinus filiis matris meae«, einen Schritt weiter
als Augustin, Lyra und Perez in der Betonung der Feindschaft zwischen
den Juden und Christus.[41] Nach Luther ist dies nicht bloss eine
buchstäblich-christologische Aussage über Jesu Entfremdung von der
Synagoge. Vielmehr gibt die parallelistische Form der Aussage dem Vers
einen besonderen geistlichen Sinn: »Geminatio eiusdem verbi vel senten-
tie in scripturis, precipue antiquis, significat spiritualitatem rei, que nar-
ratur, vel utrunque, immo vere utrunque, scilicet literam spiritu
plenam.«[42] Und in Luthers Randglosse z. St. wird der geistliche Sinn des
Verses näher als »perpetuitas« verstanden: die geistliche Transparenz
dieser prophetischen Aussage über Christi Verhältnis zum Judenvolk ist,
dass die Entfremdung für immer dauern soll. »Sic enim usque hodie
Christus est extraneus illis.«[43]

Auch in seiner Auslegung von V.22 ist eine interessante Verschärfung
der Exegese Luthers im Blick auf die Juden zu spüren. V.22 lautet nach
der LXX: »et dederunt in escam meam fel, et in siti mea potaverunt me
aceto«. Wie schon erwähnt, ist dies die zentrale christologische Aussage
des Textes, weil sie direkt und vollständig im Passionsbericht Christi
übernommen ist. Lyra beschränkt sich dann auch auf eine streng christologische Deutung des Verses dem prophetischen Sinn der »litera« nach,
und gibt nur einen kurzen Kommentar zu der Frage, warum im Psalmentext von »esca« statt von »potus« geredet wird, wenn das »fel« nun
tatsächlich getrunken werden muss.[44]

---

[40] Ebd. 413,8. Auch nicht in Luthers Scholien-Auslegung wird auf diesen Punkt näher
eingegangen. Dies gilt auch für Luthers Auslegung von V.4[b] (410,16-19; 422,30ff.); vgl.
dazu oben S.55 (zu Perez).

[41] Vgl. oben bei Anm.11. Ähnlich auch bei Perez (Fol.CLVI[v]).

[42] WA 3,425,12-14 (aus der Scholienauslegung z. St.), vgl. 394,32f.

[43] Ebd. 411,37-39.

[44] Lyra z. St. (»l«): »...quia fel erat de natura sua magis edibile quam potabile. Ideo
nominat ipsam escam«.

Auch Augustin geht am Anfang seiner Auslegung des Verses auf diese Frage ein.[45] In einer anderen Weise als Lyra benutzt er aber die Frage als einen Anlass dazu, die tiefere, »mystische« Dimension des Verses näher zu erschliessen. So bezieht sich nach Augustin die »esca« im Bibeltext eigentlich auf das Brot, das Christus beim Paschamahl gegessen hat; und damit auch auf das »sacramentum sui corporis«, das ein sehr schöner Ausdruck für die Einheit der Kirche mit Christus ist.[46]

Was wird aber dann der Sinn des »fel« in V.22? Augustin antwortet: »...in hanc escam suauem quis est qui dat fel, nisi contradictores euangelii, tamquam illi persecutores Christi?«[47] Als solche »contradictores euangelii« kommen aber für Augustin nicht primär die Juden, sondern die Ketzer und diejenigen Glieder der Kirche, die ein böses Leben führen, in Betracht. Die Juden werden als das Volk, das Christus gekreuzigt hat, erwähnt; sie haben aber dadurch eine kleinere Sünde begangen als diese anderen: »Minus enim peccauerunt Iudei crucifigentes in terra ambulantem, quam qui contemnunt in coelo sedentem. Quod ergo fecerunt Iudei, ut in escam quam iam acceperat darent bibendum amarum illum potum, hoc faciunt qui male uiuendo scandalum inferunt ecclesiae: hoc faciunt haeretici amaricantes...«[48] [49]

Auch Luther geht in seiner Glossenauslegung nur ganz kurz auf die christologische »litera« des Verses ein.[50] Dafür gibt er aber zu diesem Vers eine ganz ausführliche Scholienauslegung, die hier wichtig ist. Wie Augustin, hat auch Luther die Bildersprache des Abendmahls zur Deutung des Verses aufgenommen, und spricht noch eindringlicher als Au-

---

[45] CChSL XXXIX,922,7ff.

[46] Ebd. Z.17ff.

[47] Ebd. Z.22f.

[48] Ebd. Z.24-29. Die alternative Deutung dieser Aussage, die das »(quam) qui« auf die *anderen* Juden bezieht, scheint mir auf Grund des nächsten Satzes (»Quod ergo...«), wo die Juden ohne Differenzierung als *eine* Gruppe erwähnt werden, wenig wahrscheinlich. – Die Parallelisierung zwischen den Juden und den anderen Feinden im letzten Satz muss unter der Voraussetzung dessen, was im vorhergehenden Satz gesagt wurde, gelesen werden: die Entschuldigung der Juden ist also durch diese Parallelisierung nicht aufgehoben.

[49] Perez bringt auch zu V.22 eine ganz eigenartige Auslegung, wo er sich besonders um eine Erweiterung der christologischen Auslegungsperspektive durch einen Hinweis auf den Zusammenhang zwischen Adam und Christus bemüht: »...acetum felle mixtum dederunt mihi bibere. Et sic patet quod sufficienter satisfeci pro peccato primi parentis. Nam quia ille gustauit dulcedinem cibi prohibiti in paradiso vltra voluntatem dei, propter quod totum genus humanum erat ad mortem condemnatum. Ideo in satisfactionem illius furti et inobedientie ego sponte gustaui amaritudinem in cruce. Ex quibus patet quod sufficienter est facta satisfactio pro peccato ipsius adam.« Das 'fel' wird hier – was aus der Fortsetzung des Zitates noch deutlicher wird – als der Tod Christi verstanden. Die Frage nach der Schuld an der Kreuzigung wird in diesem Zusammenhang nicht aufgegriffen. (Fol. CLVII^{r-v})

[50] WA 3,414,2-4.

gustin über die Einheit des Essens, die zwischen Christus und seiner Kirche besteht: »Veritas (i.e. Christus) enim comedit nos et nos eam. Ipsa esca nostra et nos esca eius«.[51] Als das »fel« dieser Einheit gegenüber hat er aber in einer ganz anderen Weise als Augustin die Juden ins Zentrum gestellt. Und dann wieder nicht als die Kreuziger Christi, sondern als die Prototypen derer, die den Glauben zerstören. Auf Grund ihrer »perfidia«, ihrer »infidelitas« und ihrer »amarae glosae, invidae et blasphemae contra Christum«, sind sie durch und durch sauer und bitter, und können von Christus nicht gegessen werden.[52] Als Unterstützung seiner Auslegung weist Luther auf eine Prophetie in Deut. hin, wo auch das Wort »fel« auf die Juden bezogen wird: »...fel draconum vinum eorum«.[53]

Die Verse 23ff. werden auch von Luther – ganz in Übereinstimmung mit der Einteilung des Psalms bei Lyra und Perez – als Aussagen von der Strafe, die über die Juden kommen sollte, aufgefasst. Und obwohl alle vier – Augustin, Lyra, Perez und Luther – in den Hauptzügen einig sind: das V.26 von der Zerstörung Jerusalems und V.29 von der ewigen Verdammung der Juden spricht,[54] – gibt es auch hier aufschlussreiche Nuancen. Vor allem gilt dies für die Auslegung der Verse 25 und 27f.

V.25 lautet (iuxta LXX): »effunde super eos iram tuam et furor irae tuae comprehendat eos«. – Augustin tut hier nicht viel mehr, als die Worte »Plana sunt« hinzuzufügen.[55] – Lyra bemüht sich darum, das ganze Textstück von der Strafe der Juden (V.23ff.) direkt auf die Zerstörung Jerusalems zu beziehen: Auch V.25 ist eine Beschreibung der Lage der Juden bei dieser Gelegenheit; ein weitergreifendes Urteil der Juden liest er aus dem Vers nicht hinaus.[56]

Perez geht, wie oben (S.54) gezeigt, einen Schritt weiter: die »effusio irae christi«, die der schon erfolgten »fusio furoris« der Juden durch das

---

[51] Ebd. 434,11f.

[52] Ebd. Z.9f.14.23

[53] Ebd. Z.10f. (Deut.32,33).

[54] Die Beziehung des 26. Verses auf die Zerstörung Jerusalems wird bei Luther nur in der Glossenauslegung erwähnt (414,14-16), in der Scholienauslegung in diesem Sinn aber nicht weiter ausgeführt: Hier greift er vielmehr zu einer allgemeinen tropologischen Auslegung dieses Punktes. – Eine ähnliche Beobachtung ist zu Luthers Auslegung von V.23 zu machen: Wegen der ausdrücklichen Aufnahme dieses Verses in der Beschreibung der Juden in Röm.11,9f., hatte er auch in der Auslegungstradition eine wichtige Rolle für die Identifikation der »inimici« in Ps.68 gespielt. (Vgl. oben Anm.7, und auch Lyra z.St.) Luther nennt auch hier nur sehr kurz diese Deutung im Blick auf die Juden (414,28f.(Gl.); 434,40-435,5 (Sch.)); geht aber vor allem auf eine tropologische Auslegung der Stelle ein (435,6ff.). Zu V.29, vgl. 414,24 und 415,1.

[55] CChSL 924,9,Z.2f. Der zweite Teil der Aussage wird in folgender Weise kommentiert: »...non eos permittat effugere« (Z.6f.)

[56] Lyras wichtigste Kommentar lautet: »...quod factum est in destructione eorum per romanos« (Lyra z.St. »t«).

»crucifige, crucifige« enspricht, wird bei ihm nicht nur auf die Zerstörung Jerusalems bezogen. Sie kommt auch im vielfältigen Elend der Juden durch die weitere Geschichte zum Ausdruck, bis in die Gegenwart von Perez: »...quia quasi quolibet anno mouentur populi (d.h. die von Zeit zu Zeit verschiedenen Völker) contra eos et expoliant et trucidant eos.«[57]

Luther legt noch mehr Gewicht auf eine fundamentale Deutung des Verses: »Effunde«, sagt er in seiner Glossenauslegung, bedeutet nicht nur »asperge« (»streue hin«), sondern vielmehr »abunde« (»giesse aus«).[58] Und in den Scholien erläutert er weiter, was dies heissen soll: Das »effunde« deutet die völlig neue Dimension des Gotteszorns an, die nach dem Kommen Christi wirksam ist. Zur Zeit des Alten Testaments wurde sowohl die Gnade wie der Zorn Gottes nur »stillata« (»in Tropfen gegeben«), nicht »effusa«. Die Verheissungen, und damit auch die Drohungen, bezogen sich nur auf die »bona«, bzw. »mala mundi«. Nach Christus ist dies ganz und gar anders: »Christianis autem promissa sunt bona eterna et mala eterna. Ideo nunc non stillat, sed effundit utrunque... Et sicut exinanivit se ad nos omni bonitate, ita exinanit sese omni ira super nos.« Dieser Zorn muss deutlich unterschieden werden von der »ira bonitatis«, die die Umkehr der Heiligen bewirken soll: »Est mera ira, sine mixtura misericordie, non ira bonitatis. Et comprehendit (V.25b), id est totaliter involvit, ut nullis modis exire possint. Quia in inferno nulla est redemptio.«[59]

Und gerade dieser Zorn ist es, der die Juden getroffen hat. Dies macht Luther klar in der unmittelbar anschliessenden Scholienaulegung von V.27, wo nach ihm die Begründung dieser schrecklichen Strafe über die Juden gegeben wird.[60]

Im Text von V.27 heisst es: »Quoniam quem tu percussisti persecuti sunt, et super dolorem vulnerum meorum addiderunt.«

Lyra hält sich auch in der Auslegung dieses Verses so streng wie möglich an eine historisch-christologische Deutung: Das doppelte »percussisti«/»persecuti« in V.27 versteht er so, dass es sich in beiden Fällen um eine Aussage über Christus dreht. Das Subjekt des ersten »percussisti« ist Gott selbst, der nach Röm.8,32 seinen eigenen Sohn für alle hingegeben hat; und das Subjekt des zweiten »persecuti sunt« sind die Juden, deren Verfolgung Gott seinen Sohn überlassen hat. Konkret geht es dabei natürlich um die Kreuzigung. Zwar ist es auch hier Gott, der durch die Ju-

---

[57] Perez, Fol. CLVIIᵛ, zu V.23.
[58] WA 3,414,12f.(Das »abunde« könnte an dieser Stelle auch als Adverb gedeutet werden; der Sinn der Aussage wird aber dadurch nicht verändert.)
[59] Ebd. 436,29-437,11.
[60] Ebd. 437,12ff. (»Hic ratio assignatur tante vindicte.« (Z.12f.))

den gehandelt hat. Gott aber hat Christus »ex maxima caritate« kreuzigen lassen; die Juden, dagegen, haben es »ex inuidia et iniquitate« getan. Deshalb sind sie auch – durch die Zerstörung ihrer Stadt – gestraft worden.[61]

V.27[b] (»super dolorem...«) bezieht Lyra auf die jüdische Verfolgung der Christen zur Zeit des Neuen Testaments, so wie sie in der Apostelgeschichte beschrieben wird: »...Stephanum lapidando, Iacobum occidendo, alios incarnando et flagellando, ut patet in Actibus apostolorum.« Von einer Ausdehnung dieser Beschreibung zu einer Charakteristik der Juden auch nach der Zeit des Neuen Testaments ist aber bei ihm keine Spur.

Bei Perez ist die Auslegung sowohl der ersten wie der zweiten Hälfte des Verses noch eindeutiger als bei Lyra auf die Sünde der Kreuzigung zugespitzt: Auch nach Perez spricht V.27[a] von der Verfolgung durch Gott selbst (»percussisti«), die durch die jüdische Verfolgung Christi – »usque ad mortem« – weitergeführt wird. In V.27[b] wird nur näher beschrieben, wie diese weitere Verfolgung zum Ausdruck kommt: »...super opprobria addiderunt falsa testimonia et postea addiderunt alapas et postea flagella et postea mortem. Et sic addiderunt super dolorem vulnerum eorum.«[62]

Anders als Lyra und Perez, bewegt sich Augustin an dieser Stelle ziemlich weit von der prophetisch-christologischen Exegese weg. Nach ihm ist es hier nicht das Haupt, sondern der Leib Christi, der im Zentrum steht. Der Vers spricht also nicht primär von dem Leiden Christi so wie es in der Leidensgeschichte des Neuen Testaments beschrieben wird, und von der Verfolgung Jesu durch die Juden, sondern von der ganzen Menschheit.[63] Er bezieht das erste »percussisti« auf die Strafe der »mortalitas«, die Gott in Gen.3,19 den Menschen zugefügt hat, und das zweite »persecuti sunt« auf weitere »persecutiones«, die die Menschen einander – nicht nur innerhalb der Kirche – zufügen.[64]

Luthers Auslegung unterscheidet sich wieder ganz deutlich von der Exegese der Vorgänger. Er deutet zunächst V.27[a] in dieselbe Richtung wie Lyra und Perez: also als eine Aussage über die doppelte Verfolgung

---

[61] Lyra z. St., »z«.
[62] Perez, Fol. CLVII[v], zu V.27.
[63] CChSL XXXIX,925,11,Z.14ff. Am Anfang seiner Auslegung (ebd. Z.5-11) erwähnt Augustin auch eine streng historisch-christologische Deutung der Stelle, die nicht weiter verfolgt wird: Er bezieht hier das erste »percussisti« auf den Verrat Christi durch Judas, und das zweite »persecuti« auf die Strafe, die Judas selber erlitten hat.
[64] V.27[b] wird als eine Parallelaussage zu V.27[a] verstanden; aber an Hand von Lk.10,30-34 historisch-christologisch illustriert.

Christi: durch Gott und durch die Juden.[65] Diese letztere Verfolgung durch die Juden kommt aber nicht, wie bei den zwei anderen, primär in der Kreuzigung Christi zum Ausdruck. Nicht weil sie Christus getötet haben, hat Gott seinen Zorn über die Juden ausgegossen: Auch Christus selbst hat ihnen ja diese beschränkte Sünde vergeben (Lk.23,34).[66]

Die Strafe hat sie getroffen, weil sie ihre Verfolgung auch *nach* der Auferstehung fortgesetzt haben: »...quia non cessaverunt eum persequi etiam mortuum et resurgentem in membris suis. Percussus enim fuit a patre Isaie 53. Sed si tunc cessassent ipsi, quando pater cessavit eum percutere, et eum glorificassent, quando eum pater glorificavit, omnia eis salva fuissent. Nunc autem glorificante eum patre ipsi nolunt et nihilominus eum persequebantur.«[67]

V.27[b] vertieft dies weiter: die »vulnerati Christi« sind alle Heiligen, die das Kreuz – die »percussio Dei misericors et paterna« – tragen. Die Juden fügen hier weiteres Leiden hinzu (»super dolorem vulnerum meorum addiderunt«): sie treiben die Verfolgung der Christen über das von Gott gesetzte Mass hinaus, und quälen die Christen über das hinaus, was zur Kreuzesnachfolge gehört.[68] Und obwohl die Juden gerettet werden könnten, wenn sie umkehrten,[69] wird dies bei Luther nur hypothetisch erwähnt. Denn die im V.27 beschriebene Sünde der Juden ist ihr Schicksal geworden: »...quia peccat peccatum in mortem, scilicet ter et quater, id est septies, qui est numerus universitatis, quia sine fine peccant, sicut per se totum tempus volvitur.«[70]

So wird bei Luther die prophetisch-buchstäbliche Exegese an Hand des »caput-corpus«-Schemas allgemein transparent und aktuell gemacht in einer anderen Weise als bei Lyra und Perez.

Der Text des Psalms redet nicht nur von den Juden zur Zeit Christi, sondern dadurch auch allgemein von der Beziehung zwischen den Juden und der Kirche zu jeder Zeit.

Vor allem ein Punkt in Luthers Argumentation im Scholion zu V.27 verdient dabei besondere Beachtung: nämlich seine Verwendung der Distinktion zwischen »vor« und »nach« der Auferstehung Christi. Die Einführung dieser Distinktion bei Luther könnte von der Auslegung

---

[65] Vgl. die Glosse z. St.: WA 3,414,16-18. Zur Deutung des ersten »percussisti« weist Luther in der Randglosse Z.32f. erstens – wie Lyra – auf Röm.8,32 hin, und dazu auch auf Jes.53,5.

[66] Ebd. 437,13ff.: »...non precise ideo, quod Christum crucifixerunt, quia oravit pro eis et potuit eis dimitti si vellent (secundum illud Zach.1 (V.15) 'Ego iratus sum parum...')«

[67] Ebd. Z.15-20; vgl. 414,18.

[68] Ebd. Z.29ff.

[69] Ebd. 438,4; vgl. 437,22-27.

[70] Ebd. 438,6-8.

Augustins beeinflusst sein. Nicht aber – wie oben gezeigt ist – von seiner Auslegung von V.27, wo bei Augustin die christologisch-prophetische Basis der Exegese eine untergeordnete Rolle spielte, sondern von seinem Kommentar zu V.22: »...et dederunt in escam meam fel«. Dort wurde die Distinktion eingeführt, um zwischen der beschränkten jüdischen Sünde der Kreuzigung einerseits, und der viel ernsteren Sünde der späteren »haeretici« und der »male viventes« andererseits zu unterscheiden.

Luther, aber, benutzt die Distinktion – sehr »unaugustinisch« – um die äusserste Radikalität und den schicksalhaften Charakter der jüdischen Sünde hervorzuheben. Noch einmal betont er, dass die entscheidende jüdische Sünde nicht – wie bei Augustin, Lyra, Perez, und überhaupt meistens in der mittelalterlichen Tradition – die Kreuzigung Christi war.[71] Der Ausmass dieser Sünde war beschränkt: zum einen dadurch, dass sie innerhalb des Rahmens der jüdischen Religion gemessen werden muss, die ja auf die »carnalia« beschränkt ist. Und zum anderen weil die jüdische Mitwirkung an der Kreuzigung dem Heilsplan Gottes entsprochen hat: bei der Kreuzigung waren die Juden – wie auch Lyra gesagt hatte – Gottes Werkzeug.

Luther betont ausdrücklich einen anderen Kontext für das Verständnis der Sünde der Juden. Die Juden sind nicht nur (wie bei Augustin) vor, sondern auch nach der Auferstehung Christi die entscheidenden und massgebenden »inimici«. Und ihre entscheidende Sünde kommt nach der Kreuzigung, und besteht in ihrer Abweisung des auferstandenen Christus. Dem entspricht auch ihre Strafe: diese Strafe ist jetzt in keiner Hinsicht mehr beschränkt. Es ist Gottes massloser Zorn – die Kehrseite seiner masslosen Gnade in Christus – der die Juden trifft.

Endlich werden die charakteristischen Züge der Auslegung Luthers auch in seiner Exegese von V.28ᵃ: »Appone iniquitatem super iniquitatem eorum« deutlich. – Augustin, Lyra, Perez und Luther beziehen alle diese Aussage auf die Juden, und sind sich weiter auch darin einig, dass es hier nicht um eine aktive Aufforderung, sondern – dem Aussagemodus nach – um eine Zulassung gehe: Christus bittet den Vater darum, dass die Häufung der »iniquitates« auf die Juden zugelassen werden soll.[72]

Augustin versteht diese Aussage weiterhin als eine Formulierung, die die Sünde der Juden bei der Kreuzigung beschreibt. Wieder benutzt er

---

[71] Vgl. dazu z. B. Cohen (1983).

[72] Lyra (z. St. »b«) deutet die Stelle »permissive« im Unterschied zu »effective«, und Luther nimmt in seiner Glossenauslegung die Charakteristik »permittendo« auf (414,20). Augustin drückt sich in der folgenden Weise aus: »...non vulnerando, sed non sanando«. CChSL XXXIX,926,12,Z.25. Perez spricht, fast wie Lyra, von einer Aussage, die »non affectiue sed permissiue« gemeint ist (Fol. CLVIIᵛ).

eine christologische Distinktion zwischen Christus als Menschen einerseits, und Christus als Gott andererseits, um den Vers zu erhellen: »Iniquitas ipsorum (i.e. der Juden) erat, quia hominem iustum occiderunt; addita est alia, quia Filium Dei crucifixerunt..., sed si cognovissent, numquam Dominum gloriae crucifixissent.«[73] Die »iniquitas« der Juden bestand darin, dass sie die Propheten, die Gott ihnen gesandt hatte, getötet hatten (Mt.21,33ff.). Für diese Sünde hat Gott sie mit Blindheit bestraft, so dass sie es nicht merkten, als er ihnen statt der früheren Gesandten, die nur Menschen waren, seinen eigenen Sohn sandte. Wenn sie das gesehen hätten, hätten sie ihn nicht getötet.

Lyra versteht die erste »iniquitas« als die »peccata« der Juden: Dies wird nicht weiter konkretisiert; muss aber auch hier am ehesten auf die Kreuzigung bezogen werden. Die »extra iniquitas« ist die »obstinatio« der Juden, die zur Sünde der Kreuzigung hinzugetreten ist.[74]

Diese Distinktion wird zunächst auch in der Auslegung des Perez aufgenommen: Die erste »iniquitas« ist das »primum peccatum«: die Kreuzigung. Zu ihr wird die zweite »iniquitas«, die »caecitas et obstinatio« hinzugefügt. Anders als für Augustin und Lyra ist die Aussage bei Perez aber nicht nur eine Beschreibung der von Gott zugelassenen Sünde der Juden, sondern zugleich auch der Strafe, die sie durch die weitere Geschichte begleitet: »...christus addidit eis et apposuit iniquitatem super iniquitatem quo ad penam temporalem et eternam, nam duplici pena puniuntur, scilicet pena seruitutis et captiuitatis temporalis; et pena culpe et obstinationis et cecitatis spiritualis«.[75]

Diese Exegese des Perez leitet zu Luthers Deutung des Verses über. Nach ihm geht es hier nur um eine Beschreibung der schicksalhaften Strafe, die die Juden – nicht wegen der Kreuzigung, sondern wegen ihrer Absage an den Auferstandenen – erleiden mussten. Ihre Schuld besteht in ihrer »perfidia«. V.28ᵃ beschreibt zum einen, wie diese »perfidia« und »praesumptio« gegen Christus nur zunimmt und schlimmer wird,[76] und zum anderen wird – durch die oben erwähnte »geminatio sententiae« auch dieses Verses[77] – beschrieben, wie diese ständige Zunahme des Bösen bei den Juden für immer dauern wird.[78] So bezieht sich die Steige-

---

[73] CChSL XXXIX,926,12,Z.10-13. Augustin nimmt im letzten Teil des Zitats den Wortlaut von 2.Kor.2,8 auf. Vgl. die Ausführliche Behandlung der Frage der »Intentionalität« der Kreuzigungssünde nach Augustin und in der theologischen Tradition des Mittelalters bei Cohen (1983), S.3ff.

[74] Lyra z.St., »c«.

[75] Perez, Fol. CLVIIᵛ -CLVIIIʳ. Perez unterscheidet dabei explizit zwischen der »iniquitas« »quo ad culpam« und »quo ad penam«.

[76] WA 414,22: »...imputando eis semper« ;438,22f.: «...imputa eis semper pro iniquitate«.

[77] Vgl. oben Anm. 42.

[78] A.a.O. 414,20f.; 438,17ff.

rung der zweiten »iniquitas« auf Gottes ewige und hoffnungslose Verwerfung des jüdischen Volkes: »...tradit eos in sensum reprobum, ut continue peius proficiant in perfidia sua et maiora contra Christum machinentur«.[79]

Man sieht hier wie Luther und Perez einander ganz nahe kommen in der Deutung dieses Verses als einer grundsätzlichen und unversöhnlichen Aussage über die ewige Strafe der Juden. Insofern kann hier nicht nur bei Luther, sondern auch bei Perez eine Verschärfung gegenüber Lyra und besonders gegenüber Augustin festgestellt werden. Der wichtigste Unterschied zwischen Luther und Perez liegt in der verschiedenen theologischen Begründung der verschärften Bechreibung der Strafe: Perez argumentiert von der klassischen Basis der Kreuzigungssünde aus; betont aber in einer anderen Weise als seine Vorgänger die dramatischen Konsequenzen dieser Sünde, – die nach ihm in keiner Weise entschuldigt werden kann. Bei Luther ist diese Argumentationsbasis grundsätzlich verlassen, und mit der Hervorhebung des jüdischen Unglaubens Christus gegenüber ersetzt.

Im Zentrum der Auslegung von Ps.68 – dem vor allem auf Grund des Kreuzeswortes V.22 eine besondere christologische Signifikanz zugesprochen wurde – stand für Luther wie für seine einflussreichsten Vorgänger das, was sie für den »geistlich-buchstäblichen« Sinn des Psalms hielten: Die Anfeindung und Verfolgung des leidenden Christus durch die Juden. Für Augustin, Lyra und Perez kam diese Verfolgung vor allem in der Kreuzigungsgeschichte zum Ausdruck, wie es auch der Anknüpfungspunkt V.22 nahe lag.

Dieser gemeinsame Ausgangspunkt wird aber bei den drei Exegeten ziemlich verschieden ausgewertet. Bei Augustin wird die jüdische Sünde der Kreuzigung – besonders an Hand der christologischen Distinktion zwischen Christus als Menschen und als Gott – gemildert und relativiert. Dementsprechend wird auch die Strafe dieser Sünde mit entscheidenden Vorbehalten beschrieben. Ähnliche Vorbehalte im Blick auf die Schuld und die Strafe der Juden kommen weniger deutlich bei Lyra zum Ausdruck.

Eine *radikale* Verschiebung in der Auswertung ist erst bei Perez anzutreffen. Bei ihm wird zum einen die Auslegung in einer neuen Weise auf die Sünde der Kreuzigung zugespitzt. Von den augustinischen Überlegungen im Blick auf eine Relativierung dieser Sünde ist bei ihm keine Spur. Vielmehr wird – im Unterschied zu den Vorgängern – die Radikalität und der schicksalhafte Charakter dieser Sünde hervorgehoben: So

---

[79] Ebd. 438, 25-27.

entspricht auch die radikale Strafaussage von V.29 – einem Vers, dessen Auslegung bei Augustin und bei Lyra in einer gewissen Spannung zur sonstigen Auslegung stand – nur der Radikalität der Sünde, die bestraft wird.

Luther bleibt in seiner Beschreibung der Radikalität der jüdischen Sünde keineswegs hinter Perez zurück. In gewisser Hinsicht geht er vielmehr einen Schritt weiter: Die kleinen Vorbehalte in der Beschreibung der Strafe, die bei Perez noch da sind (vgl. zu V.4^b und zu V.29), fehlen in der Auslegung Luthers. Der Antijudaismus wird in der Auslegung Luthers relativ öfter hervorgehoben (vgl. zu V.9 und zu V.22). Und die Ausdrucksweise Luthers in seiner Charakteristik der Strafe der Juden ist – wenn möglich – noch schärfer als bei Perez (vgl. z.B. zu V.25).

Mindestens dieser letzte Punkt hängt auch hier ganz deutlich mit der unterschiedlichen *Begründung* der scharfen Absagen bei Luther im Vergleich zu Perez zusammen. Bei Luther ist die Basis des unversöhnlichen Antijudaismus keineswegs eine radikale Hervorhebung der Sünde der Kreuzigung. Vielmehr nimmt er in dieser Frage Elemente der augustinischen Argumentation auf, die die Sünde der Kreuzigung – als eine beschränkte und relative Sünde – ein Stück weit entschuldigen. Stattdessen steht noch einmal die Hervorhebung des geistlichen Charakters der jüdischen Sünde im Vordergrund. Die entscheidende Sünde der Juden ist keine Einzeltat innerhalb des Bereichs des Gesetzes, wie es die Kreuzigung ist; sie ist – viel grundsätzlicher – ihre »carnalitas«, die in ihrem »Nein« zum Christusglauben zum Ausdruck kommt. Und in diesem fundamentalen Bereich haben die Entscheidungen – sowohl »quo ad bonum« wie »quo ad malum« – ganz anders verhängnisvolle Auswirkungen als im Bereich des Gesetztes.

DIE RADIKALISIERUNG DER KREUZIGUNSSÜNDE
BEI PEREZ

In Perez' Auslegung von Ps.68 zeigte sich sehr deutlich, wie er den traditionellen augustinischen Ansatz, der die jüdische Sünde der Kreuzigung hervorgehoben hatte, weiter entwickelte und radikalisierte, so dass schonende und vermildernde Elemente dieser Sünde in den Hintergrund gestellt wurden.

Perez weist in seiner Auslegung von Ps.68 auch explizit auf zwei andere Stellen seines Kommentars hin, wo seine Radikalisierung der Kreuzigungssünde weiter expliziert wird.[1] Um die Eigenart seiner Position in dieser Frage noch präziser beschreiben zu können, soll hier näher auf diese zwei Texte eingegangen werden. Es geht dabei in beiden Fällen um relativ eigenständige Ausführungen, die hier ohne eine zu umfassende Darstellung des näheren exegetischen Zusammenhangs skizziert werden können.

a) *Die Kreuzigungssünde im Vergleich zur Idolatrie des Alten Testaments (Ps.108).*

Nach Perez muss Ps.108 zunächst (V.2-5) als eine Bitte Christi gelesen werden, in der er die Sünde der Juden beklagt; und dann (V.6-20) – vor allem – als eine Bechreibung der 24 »maledictiones«, mit denen die Juden bestraft worden sind.[2]

Die Überlegung, auf die in der Auslegung von Ps.68 hingewiesen wird, befindet sich am Ende seines Kommentars. Dort setzt sich Perez mit einem jüdischen Einwand auseinander: Es wird – sagt er – von Seiten der Juden behauptet, dass seine Deutung der »maledictiones« in V.6ff. – die Perez auf die immerwährende Unterdruckung und Verfluchung der Juden bezogen hatte[3] – unangemessen sei.[4] Die Juden haben

---

[1] Perez zu Ps.68,29: »Quomodo autem peccatum iudeorum est grauissimum omnium peccatorum et per omnia simile peccato diaboli patebit psalmo lxxxi et psalmo ciix.« (Fol. CLVIII^r)

[2] Fol. CCXXXVIII^r. Vgl. die ähnliche Gliederung bei Luther, WA 4, 221,20ff.; 223,31ff.

[3] Perez, Fol. CCXXXVIII^r-CCXXXIX^r. Auch Augustin (CChSL XL,1593-1597) und Lyra (z. St.) hatten übrigens diese Verse auf die Strafe der Juden bezogen. – Aus dem Kommentar des Perez soll hier nur seine Auslegung von v.6a: »constitue super eum peccatorem« (iuxta LXX) erwähnt werden: Während der »peccator«, dem die Juden nach dieser Aussage unterstellt werden, nach Augustin (1593,18, Z.8) der Teufel, und nach Lyra Kaiphas ist, bezieht sich der Vers nach Perez auf ihre politische »perpetuam

die von Perez beschriebene Strafe für die Kreuzigung mit der Strafe der babylonischen Gefangenschaft zur Zeit des Alten Tstaments verglichen. Die »captivitas babylonica« war – so lautet die jüdische Argumentation – die Strafe Gottes für die »idolatria« der Juden, die eine Sünde gegen das erste Gebot und ein »crimen diuine lese maiestatis« ist,[5] und somit die grösste und schwerste aller Sünden. Diese Sünde aber wurde nur mit einer Gefangenschaft von siebzig Jahren bestraft. Wie kann es dann möglich sein, dass die Kreuzigung – die nur ein Verbrechen gegen das fünfte Gebot, und deshalb eine kleinere Sünde war – mit solchen schweren, und viele Jahrhunderte dauernden Verfluchungen bestraft werden könnte?

Als Antwort auf diesen Einwand will Perez den Nachweis bringen, dass die Sünde der Kreuzigung tatsächlich nicht eine leichtere, sondern eine viel schwerere Sünde als die Idolatrie des Alten Testaments war. Das Gewicht einer Sünde, sagt er, muss in vier verschiedene Dimensionen gemessen werden: »primo ratione inobedientie, secundo ratione voluntatis, tertio ratione circumstantiarum, quarto ratione obstinationis.«[6]

---

seruitutem« durch die Geschichte hindurch: «...primo fuerunt subiecti gentibus nunc vero sarracenis et christianis et subiiciuntur etiam rabinis suis qui sunt magis peccatores et ficti.« An diesem Punkt stellt Perez die Frage, wie so auch die christlichen Fürsten hier »peccatores« genannt werden können, – und er antwortet sofort darauf: »Ad hoc respondetur: immo sunt magis peccatores quo ad hoc quam sarraceni et gentiles. Nam ut exigant tributa quotidie et munera a iudeis defendunt eos et permittunt in terris christianorum multa enormia fieri que sine magno peccato et scelere principum christianorum permitti non possunt« (Fol. CCXXXVIII^r).

[4] Perez, Fol. CCXXXIX^V. Der Hinweis des Perez auf jüdische Reaktionen gegen seinen Kommentar als Anlass dieser Ausführungen könnte darauf hindeuten, dass es sich hier um eine Ergänzung zur ursprünglichen Fassung des Kommentars drehe. Vgl. zu dieser Frage Werbeck (1959), S.31f.

[5] Eine gute Übersicht über der Reaktivierung der aus dem »ius Romanum« stammenden Gedanken von »crimen publicum« und »crimen lese maiestatis« im Zusammenhang des Ketzerrechts des 13. Jahrhunderts findet man bei Hageneder (1976), S.88-98.

[6] Fol. CCXXXIX^V. – Eine direkte historische Vorlage dieser Einteilung habe ich nicht finden können. Die grundsätzliche Frage nach der »gravitas« einer Sünde wurde in den Sentenzkommentaren des Mittelalters normalerweise im zweiten Buch, Dist. XXI oder XXII, im Zusammenhang mit der Sünde Adams und Evas diskutiert. Bei *Petrus Lombardus* selbst wird diese Frage in Dist. XXII, cap. IV und V erörtert, mit Ausgangspunkt – in Anlehnung an Isidor – in der folgenden Einteilung: »Tribus modis, ut ait Isidorus peccatum geritur, scilicet ignorantia, infirmitate, industria. Et gravius est infirmitate peccare quam ignorantia, graviusque industria quam infirmitate.« (Ed. (1971), Tom. I,II,445 (cap. IV)). Ausführlich wird dann vor allem die »ignorantia« behandelt, wobei auch die « voluntas« eine zentrale Rolle spielt (S.446, Cap. V). Bei *Bonaventura* findet man in Dist. XXI, Art. III, Qaest. III die folgende zusammenfassende Aussage: »Dicendum quod, cum multis modis possit dici peccatum unum gravius et maius altero, ad praesens tamen attendendum est quod tribus modis dicitur unum peccatum esse gravius altero: aut propter maiorem libidinem aut propter maiorem ingratitudinem aut propter maiorem corruptionem.« (Ed. (1938), S.525,Tom. II). Vor dieser Zusammenfassung kommt jedoch eine Diskussion in Anlehnung an Augustin, wo das Kriterium der »obedientia« eine wichtige Rolle spielt. Eine besonders ausführliche Behandlung der

Und in alle vier Richtungen muss die Kreuzigung als eine schwerere Sünde angesehen werden als die Idolatrie der alten Zeit.

»Ratione obedientie« (sic) führt Perez an, dass die Kreuzigung – anders als die Idolatrie der Väter – nicht nur ein Verstoss gegen Gottes Willen war, sondern auch gegen einen unschuldigen Nächsten; und deshalb sowohl gegen das erste wie gegen das zweite Gebot gerichtet war.[7]

»Ratione male voluntatis« ist der Fall ganz klar: die Sünde der Kreuzigung ist viel schlimmer. Denn für die Juden zur Zeit Christi gilt, dass sie »...ex odio et inuidia et malicia et sine causa iniuste occiderunt innocentem et cum maiori et clariori notitia«.

»Ratione circumstantiarum« haben die Schuldigen an der Kreuzigung Christi besonders schwer gesündigt, weil sie ihren eigenen »redemptor« und »benefactor« getötet haben, und damit die äusserste Undankbarkeit gezeigt haben. Weiterhin haben sie durch ihre Sünde Gott, das Gesetz und die Propheten zu Lügnern gemacht, deshalb sind sie Gotteslästerer. Und schliesslich haben sie auch ihre Nachkommen zu der Kreuzigungssünde verpflichtet: dadurch haben sie ihre Schuld als Mörder vervielfältigt.[8]

Und nach dem Mass der vierten Dimension: »ratione obstinationis«, ist das Ergebnis endlich auch möglichst schlecht für die Mörder Christi: Ihre Nachfolger verteidigen die Sünde der Vorfahren, und halten auch an die Voraussetzungen dieser Sünde fest.[9]

Frage findet man bei dem Zeitgenossen des Perez: *Dionysius dem Karthäuser*, dessen Sentenzkommentar auf Grund seiner breiten kompilatorischen Form interessant ist. Die eigene zusammenfassende Stellungnahme von Dionysius lautet hier (Dist. XXI, Qaest. V): »...quod unum peccatum dicitur gravius alio variis modis: aut ratione ejus in quem peccatur, vel propter magnitudinem injuriae ei illatae; aut propter magnitudinem damni aut poenae consequentis peccatum; aut propter magnitudinem causalitatis ad peccandum. Primo modo, peccatum Judaeorum occidentium Christum, extitit maximum; secundo modo, peccatum primorum parentum maximum perhibetur; tertio modo, peccatum Luciferi.« (Ed.(1903),Vol.22,S.228). Bemerkenswert ist hier die besondere Erwähnung der Juden in diesem Kontext (vgl. dazu auch z. B. die »Summa theologica« des *Alexander von Hales*, lib. II, Inq. III. Tract. V. Sect. II. Quaest. II. Cap. VI, wo auch die prinzipielle Frage nach der »gravitas« einer Sünde, auf das Kriterium der »ignorantia« zugespitzt, an Hand der Juden als des prototypischen Beispiels diskutiert wird (Ed.(1930), Tom. III. S.661-663)). In den Erörterungen des Dionysius wird sonst sowohl auf das Kriterium der »inobedientia« wie auf das Kriterium der »circumstantiae« eingegangen (S.228,229,230).

[7] Fol. CCXXL (irrtümlich für CCXL)[r]. Es heisst hier bei Perez: »...contra primum et secundum preceptum«. Wahrscheinlich ist stattdessen »primam et secundam tabulam« gemeint.

[8] Ebd. An diesem Punkt weist Perez auf die Parallele zu Adams Sünde hin: auch im Vergleich zu ihr ist die Sünde der Juden schlimmer. Für die nähere Behandlung dieser Frage weist er u.a. auf seine eigene Auslegung von Ps.81 hin. (Vgl. unten Anm.17.)

[9] Ebd. Perez kommt hier wieder auf die Frage der »circumstantiae« ein, und hebt dabei besonders die Gottesverweigerung der Juden hervor. Eigentlich sind sie gottloser als die Götzendiener des Alten Testaments; denn ein Gott »...qui non est trinus et unus nec

Nach dieser scholastisch orientierten Argumentation weist Perez auch
auf einige Bibeltexte hin, die seine Auffassung bestätigen sollen: In
Jer.16 (V.10-13) wird deutlich von einer zweiten Sünde der Juden ge-
sprochen, die schlimmer ist als der Götzendienst der Väter. Und in
Jes.50 (V.1ff.) geht es eindeutig hervor, dass diese Sünde der Juden der
Mord an Christus sei.[10]

b) *»Vos ex patre diabolo estis«: Die Kreuzigungssünde im Vergleich
zur Sünde des Teufels (Ps. 81)*

Noch aufschlussreicher als der Exkurs im Kommentar zu Ps.108 ist der
Anhang zur Auslegung von Ps.81, »Deus stetit«, wo Perez – nach einer
zusammenfassenden »recollectio« des Inhalts seiner Auslegung – auf einen ausführlichen Vergleich zwischen dem »peccatum crucifixorum
Christi« und der ursprünglichen Sünde des Teufels eingeht.[11]

Der Anhaltspunkt für die Diskussion dieser Fragen ist der Wortlaut
des 7. Verses des Psalms: »ergo quasi Adam moriemini et quasi unus de
principibus cadetis« (iuxta hebr.). Nach Perez spricht in Ps.81 David
prophetisch »in persona Christi« von der Kreuzigungssünde der Juden.
Und von dieser Voraussetzung her muss auch V.7 verstanden werden:
Es wird hier die Strafe für die Sünde der Kreuzigung angekündigt, und
zwar im Vergleich einerseits zur Strafe (und so auch zur Sünde) Adams
und andererseits zur Strafe (und Sünde) Luzifers (»unus de principibus«). Schon in der laufenden Auslegung geht Perez auf diese Verglei-
chungen ein; erst in dem Anhang werden sie aber systematisch und
ausführlich behandelt.

Auch in der früheren Auslegungstradition – vor allem bei Augustin[12] – war
Ps.81 mit der Kreuzigungssünde der Juden in Zusammenhang gebracht wor-

---

incarnatus« – so wie der Gott der Juden – ist überhaupt kein Gott, und einen solchen
anzubeten, ist schlimmer als der Götzendienst.
   [10] Ebd. Im Kommentar zu Jes.50 heisst es hier: »Sed quod ista pena et perpetua punitio sit inflicta populo iudeorum propter mortem christi patet Esa.1. Ubi dicit dominus ad
populum iudaicum conquerentem quare per tot tempora permisit eos in hac captiuitate
unde ait: Quis est hic liber repudii matris vestre quo dimisi eam, aut quis est creditor
meus cui vendidi vos? Ecce enim in iniquitatibus vestris venditi estis et in sceleribus vestris dimisi matrem vestram; quia veni et non erat vir.... Ex dictis et ceteris que dicuntur
in toto isto capitulo patet qualiter deus qui loquitur in hoc capitulo erat percutiendus et
pilandus et passurus cum magna patientia et obedientia, ut obediret deo patri. Et quomodo iniquitatem et peccata sua debebat repudiare synagogam refellem et inobedientem,
nec audire volentem sponsum in suo aduento. Et quomodo reprobat populum iudaicum
et relinquit ipsum dormientem in doloribus suis et maledictionibus suis. Et patet qualiter
propter mortem christi puniuntur hac pena diuturna.« – Als alttestamentliche Belege für
die ewige Strafe der Juden auf Grund der Kreuzigungssünde weist Perez auf Ps.27,5;
Ps.58,15 und Dan.9,27 hin.
   [11] Perez, Fol. CLXXVII (irrtümlich für CLXXXVII)^r- CLXXXVIII^v.
   [12] Augustin, CChSL XXXIX,1138,5,Z.1ff. (zu V.5).

den. Dieser Gesichtspunkt scheint aber nie vorher so konsequent wie bei Perez als Auslegungsperspektive für den ganzen Text angelegt worden zu sein. So wird bei Augustin[13] V.7 nur am Rande auf die »diabolicam...superbiam« der »principes Iudaeorum« bezogen. Wichtiger ist bei ihm hier die allgemeine (»tropologische«) Interpretation von »eis qui huius saeculi diligunt excellentiam«. – Auch von Luthers Auslegung von Ps.81 unterscheidet sich die Auslegung des Perez sehr deutlich. Auch nach Luther ist Ps.81 ein Text über die Juden. Die Auslegung ist aber auch bei ihm nicht – wie bei Perez – auf die Juden als die Kreuziger Christi konzentriert. Für Luther sind die Juden wieder in erster Linie die »impii«. V.7 wird zwar auf die Juden und ihre Strafe bezogen; die für Perez charakteristische Verbindungslinie zwischen der Kreuzigungssünde und der Strafe wird aber bei Luther nicht gezogen. Und vor allem wird der Vergleich zwischen der Strafe der Juden und der Strafe des Teufels[14] – der im Anhang Perez' hervorgehoben wird, nicht aufgenommen.

In Perez' Anhang wird – auch hier im Stil der Scholastik – zunächst die Frage nach der Eigenart der Sünde des Teufels sehr gründlich behandelt. Dabei wird u.a. festgehalten, dass der Teufel auf Grund seiner »superbia« schon vom Anfang an auf Christus eifersüchtig war und ihn töten wollte. Der wichtigste Textbeleg für diese Feststellung ist Joh.8,44: »...Ille (i.e. diabolus) homicida erat ab initio..«[15]

Nachdem in einer sehr viel knapperen Analyse die Sünde Adams als eine entscheidend leichtere Sünde («...quia non cum tam iniquo proposito a mala voluntate fuit comissum«) charakterisiert worden ist, kommt Perez zu seinen »conclusiones«, wo die Sünde der Kreuzigung durch zwei Vergleichsrelationen: zur Sünde des Teufels und zur Sünde Adams, in ihrer Eigenart möglichst präzis identifiziert wird.[16]

In der *ersten* »conclusio« wird die Kreuzigungssünde mit der Sünde des Teufels »quo ad culpam et obiectum et modum« verglichen. Hier wird *erstens* gezeigt, dass auch die Juden – wie der Teufel – »ex superbia« gesündigt haben, »...presumentes et gloriantes de propria carnali natura«. Von diesem Ausgangspunkt her wurden *zweitens* auch die Juden zur »invidia« gegen Christus geführt, als sie seine Wundertaten sahen (Joh.11,47ff.), und wollten ihn deshalb auch töten. Joh.8,44 wird hier wieder zitiert, um den engen Zusammenhang zwischen den Juden und dem Teufel im Blick auf die »invidia« gegen Christus zu zeigen: »vos ex patre diabolo estis, et desideria patris vestri vultis facere, ille homicida erat ab initio, et in veritate non stetit...« Und Perez fügt im Sinne des Propheten des Psalms hinzu: »Et ideo vos tanquam membra et filii diaboli vultis complere desiderium eius, me occidendo.« *Drittens* wurde auch

---

[13] Ebd. 1139,6,Z.17ff.
[14] Luthers Auslegung: WA 3,618,31-625,10. Zu V.7: 619,21-25; 623,26-37.
[15] Fol. CLXXXVII[r].
[16] Ab Fol. CLXXXVIII[r-v].

die Sünde der Juden – wie die Sünde des Teufels – an Hand von Lügen durchgeführt: die Pharisäer und die Schriftgelehrten haben das Volk »ad suam perfidiam« verführt. Die Ausführungen zur ersten »conclusio« werden dann mit noch einem Hinweis auf Joh.8,44 abgeschlossen.

Die *zweite* »*conclusio*« beschäftigt sich mit der Sünde der Juden »quo ad obstinationem et malitiam inveteratam«. So wie der Teufel nach seinem Sturz vom Himmel immer damit fortfährt, Christus und seine Gläubigen anzugreifen, so bleiben auch die Juden fest in demselben Hass gegen Christus. Je mehr das Gerücht von Christus und seiner Gottheit um sich greift, je mehr regen sich die Juden auf. Und weil sie nach der Kreuzigung Christus selbst nicht mehr töten können, haben sie sich stattdessen daran gewöhnt, jedes Jahr einen Christen an seiner Stelle zu töten. Dieser Hass gegen Christus und die Christen ist bei den Juden wie eine Erbkrankheit geworden, die bis in die Gegenwart immer noch überführt wird.[17]

Die »*tertia conclusio*« gilt der Strafe der Juden; die natürlich auch wie die Strafe des Teufels wird, weil ja die Schuld dieselbe ist. Für den Teufel war eine »triplex poena« vorgesehen: »...scilicet damni, et vermis, et ignis«.[18]

Die erste dieser Strafen bestand in seinem Sturz aus dem Himmel, und im Verlust seiner bisherigen Herrlichkeit. Dem entspricht bei den Juden der Verlust ihrer Stadt und ihrer Heiligtümer – wobei nicht nur die irdischen, sondern gleichzeitig auch die geistlichen Güter verloren wurden – und die Zerstreuung in alle Welt und die Gefangenschaft unter verschiedenen Völkern. – Die zweite Strafe: die »poena vermis«, ist für den Teufel die Eifersucht, die aufkommt, wenn er die Heilsgüter der Gerechten sieht, die er selbst verloren hat. In ähnlicher Weise werden auch die Juden getroffen, wenn sie die zu Christus umgekehrten »gentes« sehen. – Die dritte Strafe endlich: die »poena ignis«, ist der Feuer der Hölle, der

---

[17] »...Unde intantum manent (i.e. iudei) obstinati in odium et iram et inuidiam contra christum, quod non solum placet eis quod patres eorum occiderint christum, sed omnes isti successores desiderant ipsum occidere. Et quia ipsum non possunt habere, Ideo quasi quolibet anno crucifigunt aliquem christianum in memoriam eius putantes occidere christum in illo christiano, prout pluries compertum est in diuersis partibus mundi, sicut dictum est psalmo sexagesimoseptimo. Ex quibus patet qualiter manet eadem iniquitas et odium contra christum tanquam morbus hereditarius in iudeis modernis successoribus illorum. Ex quo manifeste concluditur quod peccatum iudeorum est simile peccato diabolo; quo ad obstinationem et odium inueteratum contra christum et suos fideles.« (Fol. CLXXXVIII[r]) – Zum Status der Kreuzigungssünde als einer (zusätzlichen) jüdischen Erbsünde, vgl. auch in Perez' Kommentar zu Ps. 108,2-5; Fol. CCXXXVIII[r].
[18] Perez weist (Fol. CCLVIII[v]) für diese Distinktion auf Mt.13 hin; wo von den drei Begriffen allerdings nur »ignis« vorkommt. In Mk.9,41-49 wird von »ignis« und »vermis« gesprochen.

nach Mt.25 (V.41) dem Teufel und seinen Engeln bereit steht: In Mt.8 (V.12) spricht Christus von derselben Strafe im Blick auf die Juden.

In der *vierten* »*conclusio*» vergleicht Perez die Sünde der Juden mit der Sünde Adams, um noch ein Charakteristikum hinzufügen zu können, das aus der Zusammenstellung mit der Sünde des Teufels nicht deutlich wird: »...peccatum iudeorum fuit simile peccato Ade quantum ad translationem in posteros et successores«. Diese Erbsündenqualität der Kreuzigungssünde haben die Juden durch ihren Ruf »sanguis eius super nos« (Mt.27,25) herbeigeführt. Damit haben sie eine doppelte Erbsünde auf sich gebracht: zur ersten Erbsünde Adams kommt die zweite der Kreuzigungssünde mit allen dazu gehörenden Verfluchungen.

Der einzige Vorbehalt gegen eine Identifikation der Kreuzigungssünde mit der Sünde des Teufels kommt in der *fünften* »*conclusio*» zum Ausdruck. Trotz der Ähnlichkeit im Blick auf die Strafe sind die zwei Sünden zu unterscheiden »quantum ad remissionem«. Der Teufel hat sich in eine Lage gestellt, wo der Umkehr unmöglich ist. Im Unterschied dazu sind die Juden – weil sie Menschen sind – immer noch »viatores«, und können als Einzelne je für sich Busse leisten und sich bekehren. Diese Möglichkeit gibt es zu jeder Zeit, trotz der kollektiven Verfluchung der Synagoge, – die bis zum »vesperam mundi« und dem Kommen des Antichrist dauern wird.[19]

Aus Perez' Auslegung von Ps.81 muss schliesslich sein Kommentar zu V.5: »*nescierunt neque intellexerunt in tenebris ambulant, movebuntur omnia fundamenta terrae*« (iuxta LXX) besonders erwähnt werden.[20] Zunächst erweist sich auch in der Auslegung dieses Verses die spezielle Hervorhebung der Kreuzigungssünde als »Skopus« der Exegese des Perez. – Schon Augustin hatte in seinem Kommentar zu dieser Stelle von der Kreuzigung Christi gesprochen, und den Vers als eine entlastende Aussage über die Rolle der Juden gelesen: »Quia illi (i.e. iudaei), si cognouissent, numquam Dominum gloriae crucifixissent, et illi, si cognouissent, numquam Barabbam liberandum, et Christum crucifigendum petere consensissent.«[21] – Auf diesem Weg ist auch Perez in seinem sehr viel ausführlicheren Kommentar weitergegangen, und hat sich darum bemüht, die »ignorantia« der Juden angesichts der Sünde der Kreuzigung weiter zu differenzieren, – sowohl im Blick auf die verschiedenen beteiligten Gruppen der Juden, wie im Blick auf verschiedene Aspekte der Kreuzigungssünde.[22] Dabei wird der entlastende Aspekt der »ignorantia« weniger betont als bei Augustin; z.B. spielt

---

[19] Fol. CLXXXVIII^v.

[20] Fol. CLXXXV^r-CLXXXVI^r.

[21] CChSL XXXIX,1138,5,Z.3-5. Vgl. dazu 1.Kor.2,8.

[22] Die beteiligten Gruppen sind nach Perez »primo saducei«, »secundo...sacerdotes et leuite« und »tertio scribe et pharisei«. Dazu kommt, für alle drei Gruppen, die Unterscheidung zwischen Intention und Ausführung der Sünde: »Item iste versus et intelligentia eius non solum refertur ad conspirationem, sed etiam ad executionem necis Christi« (Fol. CLXXXV^v).

die in dieser Hinsicht strategische Distinktion Augustins zwischen Christus als Gott und Christus als Menschen bei Perez nicht eine entsprechende Rolle.[23]

Perez geht aber noch weiter in seiner Exegese des Verses, und fügt als eine zusätzliche Möglichkeit auch eine chronologische Differenzierung hinzu: »Item tertio iste versus potest intelligi et exponi referendo ad triplicem statum scribarum et phariseorum. Nam primo ante aduentum christi *nescierunt* intelligentiam legis et prophetarum... Sed secundo quando venit Christus declarans legem et prophetas non *intellexerunt*; nec voluerunt intelligere, prout dictum est. Sed postquam non crediderunt post passionem et resurrectionem, sed in eadem cecitate et malicia et obstinatione permanere decreuerunt, et in eadem hodie perseuerant; ideo dicit propheta quod in *tenebris ambulant*« (meine Unterstreichungen).

Diese Finsternis der unbussfertigen Mörder Christi reicht einmal bis zur Zerstörung Jerusalems (»movebuntur omnia fundamenta terrae«, V.5b): Damit hört sie aber nicht auf; sie wird vielmehr nur schlimmer – wie es in Ps.68,27f. steht – : »addendo dolorem super dolorem, et apponendo iniquitatem super iniquitatem et mala malis usque ad finem seculi quando mouebuntur fundamenta totius terre. Nam post passionem christi diabolus egressus a populo gentili assumpsit septem spiritus et hereses nequiores se (Mt.12,45) et ingressi habitarunt in populo iudaico. Et sic facta sunt nouissima illius peiora prioribus, semper addendo mala malis.«[24]

Diese teuflische Steigerung der jüdischen »iniquitas« und »obstinatio« in der Zeit nach der Auferstehung kommt nach Perez in erster Reihe in der jüdischen Theologie zum Ausdruck; konkreter gesagt: in der Schriftauslegung der Mischna und des Talmuds. Von der früheren – vormischnaischen – Schriftauslegung der Juden gilt nur, dass sie blind und vom Eigennutz der Schriftgelehrten gesteuert war. Als eine Reaktion auf den geistlichen Erfolg der frühen Kirche wird aber das Ziel der jüdischen Exegese geändert. Jetzt beschäftigt sie sich – anders als bisher – zielbewusst mit den Christusverheissungen des Alten Testaments und versucht zu zeigen, »...quod christus in lege promissus non debebat esse deus sed purus homo et quod tantum erat venturus ad liberandum illum populum de captiuitate temporali Romanorum et ad conferendum eis bona temporalia«.

Die Schlüsselfigur für diesen Wandel ist nach Perez «...quendam necromaticum nomine Mayr genere idumeum«,[25] der für sich eine besondere Offenbarung beansprucht, die auf dem Zion gleichzeitig mit den fünf Gesetzesbüchern gegeben wurde, und die von Josua an direkt an seine Nachfolger mündlich tradiert worden ist. Dieser »Mayr« ist der Verfasser der Mischna. - Später ist dann auch, in entsprechender Weise, der Talmud, als weitere Auslegung der Mischna, entstanden.

Die so entstandene Schriftauslegung ist nach Perez nicht mehr jüdisch, sondern idumäisch, – und ihre Anhänger sind auch nicht mehr als Juden zu rechnen: »Et ideo iam non sunt populus dei, nec iudei, nec israelite, sed idumei ab

---

[23] Gegenüber der für Augustin und für Perez gemeinsamen Konzentration auf die Kreuzigungssünde unterscheidet sich Luthers Auslegung des Verses in signifikanter Weise: Der entscheidende Punkt ist für ihn der allgemeine Gegensatz zwischen den »Geistlichen« und den »sensualiter sapientes« (d.h. den Juden) (WA 4,619, 14-19). Die Kreuzigungssünde wird in diesem Zusammenhang von ihm nicht erwähnt.

[24] Perez, Fol. CLXXXV^v.

[25] Vgl. über Meir z. B. Encyclopedia Judaica vol.11 (Jerusalem 1978), Col.1240-1242.

illo Mayr, cuius doctrinam sequuntur: qui cum septem diabolis talmudistis ingressus est in synagogam, et facta sunt nouissima illius peiora prioribus. Quod previdens dauid in spiritu...«[26]

Die »caecitas« und »obstinatio«, die in dieser Lage entstanden ist, ist im Blick auf das Volk insgesamt nicht unzukehren. Doch für die einzelnen Juden »in via« – das wiederholt Perez auch hier – ist der Umkehr immer möglich.

Mit dieser eingehenden Diskussion der talmudischen Irrlehren nimmt Perez einen eigenen Typ antijüdischer Argumentation auf, der seit dem 13. Jahrhundert – und ganz besonders in Spanien – grosse Verbreitung und Beachtung gefunden hatte.[27] Auch diese Häresie der Schriftgelehrten der Mischna und des Talmuds wird in ganz massiver Weise unter dem Gesichtspunkt der »Verteufelung« gesehen: der Geist des Teufels ist hier am Werk.

Allerdings muss immer noch festgehalten werden, dass der entscheidende Punkt in seiner scharfen Argumentation gegen die Juden – in seiner Psalmenexegese insgesamt, wie auch in der Auslegung von Ps.81 – nicht die talmusiche Häresie, sondern die grundlegende Sünde der Kreuzigung Christi ist.

---

[26] Perez, Fol. CLXXXVI^r.
[27] Vgl. unten S.134ff.

VI

PSALM 73

Psalm 73 gehört zur Gattung der Klagelieder des Volkes. Ganz eindring-lich und radikal wird von der Gottesverlassenheit des Volkes geredet, und die Feinde, die das Volk bedrängt und fast vernichtet haben, werden in sehr schroffen Wendungen beschrieben.

Der konsequent kollektiven Form gemäss ist dieser Text in der Ausle-gungstradition auch meistens kollektiv gedeutet worden. Die nähere Be-schreibung der Situation, die im Text angesprochen wird, und die Identifikation der Feinde des Textes, sind aber sehr verschieden gewe-sen. Einige der wichtigsten Alternativen werden von Luther selbst am Anfang seiner Scholienauslegung erwähnt: »Istum psalmum b. Augusti-nus de ultima vastitate Ierusalem exponit, Lyra de Captivitate babyloni-ca, alii de Turcorum tyrannide...« Luther will aber diese beachtliche Variabilität durch eine tiefergehende Interpretationsperspektive aufhe-ben. So gibt er ausdrücklich als das Ziel seiner eigenen Scholienausle-gung an: »Ad concordandum autem omnes simul...«[1]

Diese zusammenfassende Stellungnahme Luthers zur Auslegungstra-dition gibt eine interessante Perspektive für die folgenden Analysen an die Hand: Es soll versucht werden, etwas näher nachzugehen, welche Auslegungsdifferenzen Luther durch seine »concordatio« zusammenfas-sen will, und was dieser Griff Luthers näher vom Profil seiner Ausle-gungsmethode verrät.

Von den in der Scholieneinleitung angegebenen Auslegungsmöglich-keiten ist es nur die letzte – die Deutung »de Turcorum tyrannide« – die nicht durch einen ausdrücklich genannten Exegeten vertreten wird. Die-se Auslegungsmöglichkeit wird auch in Luthers Summarium zu Ps. 73 er-wähnt; und hier als das einzige Beispiel aus der Tradition.[2]

Man braucht jedoch nicht lange zu suchen, um auch diese Deutung an zwei zentrale Exegeten der Tradition festmachen zu können. Erstens ist hier der Kommentar des *Perez* zu nennen. Zwar findet sich bei Perez keine eindeutige und einfache Auslegung von Ps. 73. Er stellt audrücklich fest, dass der Text schwierig ist »quantum ad determinatam materiam as-signandam«. Um die Verifikationsprobleme des Textes zu lösen, greift

---

[1] WA 3,492,2-5.
[2] Ebd. 488,2f.

er zu einer »doppelten« prophetischen Auslegung des Psalms:[3] David redet hier »in duplici spiritu« von der Zerstörung der Glaubenden und von der Rettung durch Christus.

Einmal hat er dabei die Zerstörung Jerusalems und die Schändung des Tempels durch die Makkabäer im Sinn. Von dieser Zerstörung wird die Kirche durch das erste Kommen Christi befreit werden.[4] Und im Blick auf diese Zerstörung und diese Errettung deutet auch Perez den Psalm in seinem ersten Auslegungsgang.[5]

Die Zerstörung durch die Makkabäer ist aber zugleich eine »figura prophanationis et vastationis ecclesie que facta est per sectam machometicam et fiet per antichristum«; und von dieser späteren Zerstörung wird Christus die Kirche durch sein zweites Kommen erretten. In einem neuen Auslegungsgang entfaltet Perez diese zweite prophetische »litera« des Psalms.[6] Die Verfolgung der Kirche durch die Türken und danach durch den Antichrist ist die schlimmste der ganzen Kirchengeschichte. Und sie ist zur Zeit Perez' schon weit gekommen: Die Kirche ist »ad unum angelum mundi in parte ipsius europe« reduziert worden, und ihre Notlage entsprich jetzt der Not, die im Psalmentext zum Ausdruck kommt.[7]

---

[3] Perez, Fol. CLXVIII[v]. Von der Möglichkeit einer doppelten prophetischen Auslegung eines Textes redet Perez ausführlicher im »prologus« seines Psalmenkommentars, in seiner »Quinta regula de spiritu et littera et de duplici spiritu prophetico«. Es heisst hier (Fol. X[r]): »Sed est valde aduertendum quod sicut patriarche habuerunt duplicem spiritum in suis promissionibus et prophete locuti sunt in duplici spiritu in suis vaticiniis, ita illa promissa et vaticina fuerunt dupliciter impleta ad litteram, et per consequens sunt dupliciter ad litteram intelligenda.« – Es geht also hier ausdrücklich zugleich um eine doppelte buchstäbliche Auslegung der Texte.

[4] Von der babylonischen Gefangenschaft kann der Psalm nach Perez nicht handeln. Zu den näheren Umständen dieser Gefangenschaft passt der Text nämlich nicht. David hätte im Blick auf diese Gefangenschaft nicht Formulierungen wie »Ut quid repulisti...« (V.1) benutzen können; denn in diesem Fall kannte er ganz genau den Grund der Strafe Gottes: nämlich die Idolatrie der Juden (Fol. CLXVIII[v]).

[5] Fol. CLXVIII[v]-CLXX[r]. Perez hält sich dabei nicht nur an den alttestamentlich-historischen Kontext, sondern entfaltet auch die geistlige Transparenz dieser ersten christologischen Auslegung im Sinne von tropologischen Überlegungen. Vgl. besonders Fol. CLXIX[r-v].

[6] Fol. CLXX[r]-CLXXI[v]. Bemerkenswert ist die folgende Zielangabe der zweiten »expositio«: »...et ideo exponendus est iterum specialiter iste psalmus de persecutione machometi et antichristi, *ut distinctius intelligatur*«. (Fol. CLXX[v]; meine Hervorhebung). Dieser Aussage gemäss wird im zweiten Auslegungsgang ein grosses Gewicht auf die buchstäbliche Verifikation der prophetischen Worte gelegt.

[7] Fol. CLXX[v]-CLXXI[r]. Zum Beispiel bezieht sich hier V.9[a]: »signa nostra non vidimus«, auf diejenigen, die vom christlichen Glauben zum Islam übergehen auf Grund der Erfolge der Türken: »...multi mali christiani, et simplices videntes prosperitatem sarracenorum et victorias eorum et videntes per oppositum deiectionem christianorum non considerantes quod ista eueniunt ex nostris demeritis et peccatis quia deus punit christianos malos temporaliter cum inimicis infidelibus; putant quod deus totaliter dimisit ecclesiam et populum christianorum tanquam reprobatum et diligit infideles, et ita multi facti sunt sarraceni negantes nomen christi.... Hoc preuidens dauid dicit in persona illorum aposta-

Eindeutiger und weniger kompliziert ist die Auslegung des *Faber Stapu-lensis*. Nach ihm handelt der Psalm von der »manifestatio longae humilia-tionis populi Christi«, die sich bis in die Gegenwart gezogen habe. Und obwohl diese »humiliatio« der Kirche immer da gewesen ist, ist sie zur Zeit Fabers besonders schlimm geworden: Die Christenheit wird – in den letzten Zeiten – von einer »secta bestialis« bedrängt, und nur wenige Völ-ker (darunter die »Hispani, Galli, Britanni, Germani«) sind dieser Un-terdrückung noch entgangen[8]

In seiner weiteren »expositio continua« identifiziert Faber dann ganz ausdrücklich diese »secta bestialis« als die Anhänger »Mahumets«. Durch den »Alcoranum«, »impietatis suae instrumentum«, sind sowohl Afrika wie Asien und ein Teil von Europa Christus entfremdet worden. Maho-met selbst ist die »prima bestia«, die in der Apokalypse näher beschrieben wird.[9]) Überhaupt wird die Endzeitdimension der Türkengefahr in der Auslegung Fabers stark hervorgehoben: »...nullus a mundi exordio sur-rexit maior & perniciosior in deum et sanctam legem dei inimicus et bla-sphemus«. Ohne Zweifel dreht es sich deshalb hier um den in 2. Thess. 2 beschriebenen »Antichristus«, und die Rettung von ihm ist nur im Kom-men Christi zu suchen: »...veni cito domine IHESU: et spiritu oris tui interfice impium, qui nunc in tot membris et suae impietatis ministris blasphemat.«[10]

Diese apokalyptisch zugespitzte Auslegung Fabers kann man natürlich als eine naheliegende Aktualisierung der sehr dramatischen Beschrei-bung einer kollektiven Anfechtung im Psalmentext sehen: Die Bedro-hung der gesamten Christenheit durch die islamische Politik und Religion hat zur Zeit Fabers ganz gewiss einen tiefen Eindruck auf die Menschen gemacht.[11]

Die Auslegung ist aber gleichzeitig ein interessanter Text zur Verdeut-lichung von Fabers »litera-spiritualis«-Konzept im Blick auf die Ekklesio-logie:[12] Man sieht hier wie die »litera« nicht nur von der

---

tarum: iam non vidimus signa nostra; id est miracula que deus siue christus solebat facere in fauorem fidelium in primitiua ecclesia...« (Fol. CLXXI[r]).

[8] Faber, Fol. 108[r], zum »titulus«.

[9] Vgl. ebd. Fol. 108[v]f., wo ausdrücklich auf Apk. 13 (wo das Tier beschrieben wird) hingewiesen wird. Fabers Anknüpfungspunkt für die »bestia/bestiae«-Terminologie ist die Formulierung in Ps. 73,19: »...ne tradas bestiis animam confitentem tibi.«.

[10] Fol. 109[r], mit Bezug auf 2. Thess. 2,8. Diese Identifikation der Türken mit dem An-tichrist wird in der Auslegung des Perez nicht vollzogen. Er beschränkt sich darauf, die »machometi« als »percursores Antichristi« darzustellen (Fol. CLXX[v]).

[11] Vgl. Bedouelle (1979), S. 195-200.

[12] Häufiger als die anderen mittelalterlichen Exegeten, die in dieser Untersuchung eingezogen sind, und auch als Luther, ist Faber in seiner Exegese der Psalmen einseitig auf die individuelle Frömmigkeit ausgerichtet. Die Auslegung von Ps. 73 bildet also inso-fern hier eine Ausnahme.

historisch-alttestamentlichen Situation, sondern weithin auch von der christologischen »litera« im neutestamentlich-historischen Sinn abstrahiert wird. Die ganze Kraft der Auslegung wird auf die gegenwärtige Aktualisierung eingesetzt.[13]

Wie Luther, distanziert sich auch Faber ausdrücklich von den Auslegungen Lyras und Augustins: »non me latet alioqui hunc psalmum nunc de captiuitate babylonica, nunc de euersione hierosolymitana exponi solere, sed non usque adeo concinne«.[14] Sowohl Lyra wie Augustin unterscheiden sich hier in zweierlei Weise von Faber: einmal durch eine andere und einfachere Betonung der historischen »literalitas« des Textes, und zweitens – damit zusammenhängend – durch eine Hervorhebung der Rolle der Juden in ihrer Interpretation des Psalms.

Lyra hält sich in diesem Fall ganz eng an eine historisch-buchstäbliche Deutung im Kontext der alttestamentlichen Geschichte. Er weist in seiner Auslegung zunächst auf Rabbi Shalomon hin, der den Text ähnlich wie Faber als eine Prophetie mit unmittelbarem Bezug auf die Gegenwart verstehen wollte. War bei Faber von der bis in die Gegenwart dauernden »humiliatio« der Kirche (»populus fidelis«) die Rede, ist es bei Rashi von der unter Titus und Vespasian anfangenden und bis in die Gegenwart andauernden »captivitas« der Juden die Rede. Und war bei Faber nur durch das Wiederkommen Christi das Ende der Unterdrückung zu erwarten, liegt bei Rashi die Hoffnung im Kommen des Messias.[15]

Nach Lyra ist es nicht möglich, an dieser Interpretation Rashis festzuhalten. Zwar will auch Lyra den Text als eine Prophetie auslegen. Aber messianisch sei dieser Text nicht zu lesen. Lyra zeigt dies an Hand der Formulierungen in Jer.3,16, wo von der messianischen Zeit als einer Zeit ohne Bundeslade geredet wird, während Ps.73 Lyra zufolge die Wiederherstellung des Bundes und seiner Zeichen verheisst.[16] Dieser buchstäblichen Forderung entspricht nur eine Auslegung, die den Text auf die babylonische Gefangenschaft des Israel-Volkes bezieht. Dies ist nach Lyra die richtige prophetisch-buchstäbliche Deutung des Psalms, und sie wird dann auch durch die Beziehung der einzelnen Verse auf dieses historische Ereignis streng durchgeführt.

Auch *Augustin* legt den Text als eine prophetische Rede aus, und hält auch – wie Lyra und Rashi – die Juden für das redende Subjekt des Psalms. In der christologischen Auslegungsperspektive Augustins dreht es sich dabei um die Juden der Zeit Christi; und zwar um diejenigen Ju-

---

[13] Zum Stellenwert des »sensus literalis« bei Faber, vgl. Bedouelle (1979), S.113ff.
[14] Vgl. das »Adverte« zu V.5, Fol.109ʳ.
[15] Vgl. Lyras Einleitung zu seiner »postilla« zu Ps.73.
[16] Ebd., am Ende der Einleitung.

den, die die Wahrheit Christi geschaut haben. Die Situation, in der das Gebet gesprochen wird, ist die Zeit unmittelbar nach der Zerstörung Jerusalems.

Augustin bemüht sich darum, diese Auslegungsperspektive an Hand des Bibeltextes im einzelnen »literaliter« nachzuweisen. Schon durch das Schlüsselwort »intellectus Asaph« im Psalmen-Titel ist es nach ihm klar, dass es in diesem Text um die geistlich-christliche Wahrheit geht. »Intellectus« ist ein Wort, dass sich auf die Wahrheit der christlichen Religion beziehen muss: es kann nicht auf das enge Gebiet der jüdischen Religion beschränkt sein. Andererseits sind die Redenden des Textes auch nicht die Christen. Denn in V.2 werden sie mit dem Wort »congretatio (dei)« bezeichnet, und dieses Wort steht nach Augustin für die »congregatio populi Israel«, und nicht für die Kirche.[17]

Augustin grenzt sich in diesem Zusammenhang ausdrücklich von einer Deutung ab, die den Ausgangspunkt »das wahre Israel« spiritualistisch als »alle Christen« auffassen würde. Es geht in diesem Text nur um Israeliten nach dem »semen Abrahae«. Dies kommt in V.2 nicht nur durch das Wort »congregatio« zum Ausdruck. Der Text lautet hier in extenso: »Memento congregationis tuae, quam possedisti ab initio« (die Version Augustins). Das »ab initio« schliesst hier nach Augustin ohne jeden Zweifel eine allgemeine Deutung des Textes auf die christliche Kirche aus. Nur Israel ist Gottes Besitz »ab initio«.[18]

Es kommt also im Ps.73 die Stimme derjenigen Juden zum Ausdruck, die auf der Schwelle zwischen dem Alten und dem Neuen Testament stehen; die in ihrer Identität als Gottes Besitz tief angefochten sind. Und dies trifft für die Juden unmittelbar nach der Zerstörung Jerusalems besonders gut zu. Die Feinde – d.h. die »gentes«: die Römer – haben Jerusalem eingenommen, viele Juden getötet, das Tempel zerstört und ihre eigenen Zeichen an der heiligen Stelle aufgerichtet. Dies wird nach Augustin im Psalmentext V.3-5 sehr konkret beschrieben.[19]

Durch diese Zerstörung wurde alle Verheissungen des Alten Testaments an die Juden zuschanden gemacht: »Denique omnia que Iudeis promissa fuerant, ablata sunt. Ubi est regnum eorum? ubi templum? ubi unctio? ubi sacerdos? ubi iam apud illos prophetae?«[20] Die Verheissungen des Alten Testaments waren alle auf die »terrena« bezogen, und die Juden hatten ihre ganze Hoffnung auf diese »terrena« gesetzt. Zuletzt hatten sie sogar – aus Furcht, die »terrena« zu verlieren – den »regem

---

[17] CChSL XXXIX,1004,1,Z.1ff. (»Sermo ad populum«).
[18] Ebd. 1008,5,Z.1ff.
[19] Ebd. 1009-1011, 6-8 (zu V.3-5).
[20] Ebd. 1006f.,2,Z.55-58.

coeli« selbst getötet.[21] Um so verständlicher ist nun ihre Anfechtung und Verzweiflung, nachdem ihre ganze irdische Hoffnung durch die Zerstörung ihrer Stadt zerbrochen ist.

Mitten in dieser Anfechtung hat aber der »intellectus Asaph«, die wahre Synagoge, zugleich auch einen Blick für die »coelestia«. Oder, wie Augustin es genauer sagt: Es gibt eine verborgene Hoffnung unter den wahren Juden.[22] Diese verborgene Hoffnung kommt durch den »intellectus Asaph« zum Ausdruck. Im Laufe seiner Auslegung kommt Augustin immer wieder auf die Frage »quid intellectus Asaph in his?« als eine Leitfrage zurück,[23] und es ist ein Hauptanliegen seiner Exegese, diese Perspektive der Hoffnung für die wahren fleischlichen Nachkommer Abrahams an Hand des Textes zu verdeutlichen.

Asaph sieht, dass die Anfechtung die Juden am Ende zum Heil – d.h. zur Erkenntnis der »coelestia« und zur rechten Demut – führen wird.[24] Bis dahin scheint es, als ob Gott sein Volk verlassen habe.[25] Das ist aber nicht so: Gottes Wort in Röm.11,25 steht fest: »Caecitas ex parte Israel facta est, ut plenitudo gentium intraret, et sic omnis Israel saluus fieret.« Das Kommen und Sterben Christi hat sein Ziel nicht erreicht, bis auch die Juden: die »haereditas Dei«, die »dextera(m) (Dei), aliena(s) a sinu (Dei)«, zurückgerufen sind.[26]

Diese Übersicht über die Auslegungen Perez', Fabers, Lyras und Augustins hat die erheblichen Unterschiede zwischen den vier deutlich gemacht; und zwar nicht nur im Blick auf die Konkretisierung und »Anwendung« der Texte, sondern auch im Blick auf die Hermeneutik in einem mehr allgemeinen Sinn. Die Frage drängt sich vor diesem Hintergrund deshalb um so mehr auf: Wie kann Luther überhaupt die Möglichkeit sehen, diese Interpretationen – auf einer höheren Ebene – zu vereinen? Zusammenfassend kann diese Frage so beantwortet werden: Luther sieht seine Eigenart und hermeneutische Überlegenheit den Vorgängern gegenüber in seiner besonderen Hervorhebung der »spirituali-

---

[21] Ebd. 1007,3,Z.20-22. Augustin weist hier auf Joh.11,48 als Textbeleg hin: »Si dimiserimus eum, uenient Romani, et tollent nobis, et locum, et gentem.« Vgl. auch Z.13f. und Z.24f.

[22] »...occulta autem spes Iudaeorum, uel eorum qui futuri sunt ut credant, uel eorum qui eo tempore crediderunt, quando misso Spiritu sancto, discipuli omnium gentium linguis locuti sunt. Tunc enim aliquot milia de Iudeis ipsis Christi crucifixoribus crediderunt...« (Ebd. 1009,5,Z.45-49 (zu V.2^b)).

[23] Ebd. 1011,11,Z.7; vgl. 1006,2,Z.55; 1007,3,Z.33; 1012,12,Z.7f.; 1013,14,Z.1f.; 1015,17,Z.7; 1018,21,Z.8f.; 1020,23,Z.8f.; 1021,24,Z.11.

[24] Vgl. z.B. ebd. 1012,12,Z.1-13 (zu V.10, »in finem«); dazu auch 1019,22,Z.23-28; 1013,14,Z.11ff.

[25] Ebd. 1013,14,Z.20f.

[26] Ebd. 1013,13,Z.8ff. (zu V.11; vgl. näher dazu im Folgenden S.90f.); 1023,25,86ff.

tas«-Perspektive der Auslegung. Es geht nach Luther vom Psalmentitel
– »Intellectus Asaph« – deutlich hervor, dass eine geistliche Perspektive
der »intellectualitas« für die Deutung des Textes die richtige und sachge-
mässe ist. Dieser Punkt wurde aber auch von Augustin hervorgehoben,
– so wie auch Faber den Text in dem Sinn »geistlich« ausgelegt hatte,
dass es um eine prophetische Rede von der Wahrheit Christi gehe. – Was
ist also Luthers besondere Interesse über diese gemeinsame »intellectualitas«-Perspektive hinaus?

Es geht für Luther über die anderen hinaus vor allem darum, die »intellectualitas«- oder »spiritualitas«-Perspektive auch auf die im Text beschriebene *Anfeindung* und *Zerstörung* anzuwenden: »...intellectualem esse
psalmum et de intellectuali seu mystica vastatione loqui«.[27] Augustin,
Lyra und Faber hatten sich alle in der Deutung der Zerstörung auf
schwere politische Ereignisse konzentriert, die die Juden, bzw. die Christen, äusserlich bedrängt hatten. Im Unterschied dazu hebt Luther die
Zerstörung des Glaubens hervor. Die Zerstörung im geistlichen Sinn,
von dem es im Psalmentext die Rede ist, richtet sich nicht gegen den
Leib, sondern gegen den Glauben an Christus. Deshalb sind die äusseren
Angriffe – sei es die babylonische Gefangenschaft, die Zerschlagung Jerusalems oder die Bedrohung durch die Türken – nach Luther nur als
»figurae« der eigentlichen Zerstörung zu betrachten.[28]

Zwar könnte man im Sinne einer solchen geistlichen Deutung den
Text auch auf die türkische Profanierung Christi beziehen[29] Dies wäre
aber nur eine allegorische Entfaltung, und keine grundsätzliche Auslegung des geistlich-buchstäblichen Inhalts des Textes. »Mysterium et literam spiritualem« des Psalms findet man nur, wenn man den Text auf die
Zeit Christi bezieht und die Juden als die gemeinten Zerstörer des Glaubens betrachtet. »Ista autem perfidia incepit tempore Christi. Et hanc
previdens propheta in sancto isto populo venturam et diu duraturam fecit
hunc psalmum.«[30]

---

[27] WA 3, 492,5f.

[28] Ebd. Z.17f. Obwohl Luther dabei eine in der Hauptsache richtige Feststellung über
den Gegensatz zu machen scheint, könnte man hier noch einmal an die Auslegung Fabers erinnern, wo der türkische Angriff gegen *die christliche Religion* als eine Hauptsache
hervorgehoben wird. – Noch deutlicher als Faber geht Perez auf die Möglichkeit einer
geistlichen Deutung der in Ps.73 beschriebenen »vastatio« ein (vgl. die Einleitung seiner
Auslegung); hält aber auch diese Alternative nicht für die wichtigste, wenn es zur konkreten Exegese der Textes kommt. (Vgl. Perez' Grundsatz bei der Auslegung des Textes:
»...quia dauid habuit multiplicem spiritum prophetie, et plura simul videbat in spiritu
de christo et ecclesia...«, Fol. CLXX^r.)

[29] WA 3, 489,33ff. Trotz der erwähnten Vorbehalte gegenüber einer Auslegung von
den Türken, kann auch Luther in seinen Zeilenglossen zu Ps.73 gelegentlich *nur* die Türken als die »inimici« nennen: 490,3 (zu V.10); 491,5-8 (zu V.18), 20 (zu V.22).

[30] Ebd. 492,15f., 19-22.

Luther gibt sich aber an diesem der Tradition gegenüber strategischen
Punkt nicht mit der blossen Behauptung zufrieden, die »spiritualitas«-
Perspektive müsse auch in der Auslegung der »vastatio« des Textes zur
Geltung gebracht werden. Vielmehr bemüht er sich im Sch. zu V.5^c-6
um eine nähere Argumentation für seine Interpretation. Dabei nimmt er
vor allem auf Augustin Bezug, dem er in der Bestimmung der Situation,
aus der der Text gesprochen wird, am nächsten kommt.

V.5^c-6 lautet (iuxta LXX): »Quasi in silva lignorum securibus exciderunt ianuas eius in id ipsum, in securi et ascia deiecerunt (eam)«. In einer
»konkreteren« Sprache als dieser wird die Zerstörung sonst nirgends im
Psalmentext beschrieben; und deshalb – so scheint Luther vorauszusetzen – muss sich seine geistliche Deutung eben und vor allem an diesem
Punkt bewähren, um plausibel zu sein.

Sein erstes Argument ist ganz allgemein: Eine nur körperliche Zerstörung wäre ein kleiner und unbedeutender Anlass für die grosse Trauer
und Bedrängnis, die der Prophet zum Ausdruck bringt. Interessanter-
weise beruft sich Luther zur Unterstützung dieses Arguments gerade auf
Augustin: »Quia secundum Augustinum Non erit magnus, qui putat
magnum, quod cadunt ligna et lapides, et moriuntur mortales: sed quod
in spiritu destruuntur, sicut et dominus super Ierusalem flens
(Lk.19,41-44) ostendit«.[31] Dieser Gesichtspunkt wird aber dann – ohne
einen weiteren Hinweis auf Augustin – *gegen* die augustinische Deutung
der »vastatio« als der römischen Zerstörung Jerusalems gewandt: Zwar
wurden die Juden körperlich von den Römern zerschlagen; aber sie haben sich selber eine viel schlimmere Zerstörung durch ihre eigene falsche
Lehre zugefügt.[32]

Zu dieser Argumentation fügt Luther dann 4 Einzelargumente, die
primär darauf zielen, die geistliche Interpretation der »vastatio« im Blick
auf die »litera« des Textes zu bestätigen. Erstens erwähnt er die doppelte
Redeweise in V.6^a und ^{b} (»securibus exciderunt ianuas eius in id ipsum,
in securi et ascia deiecerunt (eam)«) als ein Indiz für die »spiritualitas«
der Aussage.[33] Zweitens wäre es nach Luther eine Inkonsequenz, wenn
die Feinde im konkreten Sinn des Wortes einerseits die Tore des Tempels
zerstören wollten (V.6), und andererseits zugleich ihre »signa« in demselben Tempel aufstellten (V.4^b). Drittens waren die Tore des Tempels
nach dem Bericht des Josephus aus Kupfer gemacht und von Steinen ge-
stützt und konnten deshalb nicht zerschlagen werden. Und viertens fügt

---

[31] Ebd. 499,23-26; vgl.489,29f.

[32] Ebd. Z.26f. : »Romani enim corporaliter Iudeos vastaverunt. Sed ipsi multo peius
seipsos per instrumenta doctrinarum suarum.«

[33] Ebd. Z.29-32. Vgl. auch 488, 31-33, wo dasselbe Argument zu V.2 angeführt wird.
Vgl. auch oben S.57.

Luther hinzu, dass Asaph vor der Zeit des Tempels lebte; deshalb muss er in diesem Psalm prophetisch geredet haben.[34] (Dass dieser letzte Gesichtspunkt auch von den früheren Auslegern geteilt wurde (und als Argument für die geistliche Deutung der »vastatio« wenig leistet), ist schon gezeigt worden.)

Die »securis« und »ascia«/»bipennis« in V.5^c-6 müssen also nach Luther geistlich verstanden werden; und zwar als »lingu(a) et doctrin(a) in derasione interioris sculpture et intelligentie sancte in cordibus hominum.«[35] Die Zerstörer sind dabei vor allem die Leiter der Juden um die Zeit Christi.

Luthers Hauptperspektive auf die jüdische Religion zur Zeit der Alten Testaments unterscheidet sich hier von derjenigen Augustins. Er hebt nicht, wie Augustin, die »temporalitas« als das dominierende Merkmal hervor,[36] sondern betont vielmehr die Spuren der »spiritualitas« in der Religion der alten Juden. Gerade bei den Juden hat Christus vor der Menschwerdung seine geistliche Wohnung gehabt: »Fuit enim in Synagoga quondam notus deus et intelligentia spiritualis«; »tunc enim habitavit (i.e. Christus) in eis spiritualiter, sicut modo habitat in Ecclesia«.[37] Und die Juden waren auch dazu bestimmt, Christi Heiligtum nach seiner Menschwerdung zu sein.[38]

Die jüdischen Leiter haben aber dies geändert. Sie haben die latente »spiritualitas« der Synagoge unterdrückt, und die jüdische Religion einseitig auf die »litera« festgelegt. Die innere Kraft ist dadurch verlorengegangen; nur die äussere Gestalt ist übrig geblieben.[39]

Diese Zerstörung wird vor allem in der Auslegung von V.4f.: »Et gloriati sunt qui oderunt te in medio solennitatis tue. Posuerunt signa sua signa« (iuxta LXX, Luthers Version) beschrieben. Das »in medio solennitatis« ist nach Luther hier geistlich im Sinne des »interior solennitatis cordis« zu verstehen, und dies steht im Gegensatz zur äusseren Gestalt des Heiligtums. So wird durch die Formulierung »qui oderunt te in medio solennitatis tue« die typische jüdische Haltung Christus gegenüber charakterisiert: »...abstinent quidem ab extremo solennitatis et literam sabbati non polluunt, sed intimum et medium eius pessime polluunt.«[40] Die »signa *sua*«, die sie als »signa« aufstellen (V.4^b), sind die Erfindun-

---

[34] Ebd. 499,32-500,2.

[35] Ebd. 493,2f.

[36] Vgl. dennoch 497,5f. und 506,8-10, wo »carnalitas« und »avaritia« als typisch jüdische Züge erwähnt werden.

[37] Ebd. 501,5f.; 492,31f.; vgl. 506,2f.

[38] »Et ipsi debuerunt esse Sanctuarium tuum (i.e. Christi) sicut olim fuerunt« (501,20f.).

[39] Ebd. Z.6-16.

[40] Ebd. 496,33-36.

gen der jüdischen Lehrer: »sculpture Magistrorum et inventiones Rabim eorum«, die so aufgestellt werden, als ob sie die Zeichen Christi wären.[41]

Der Ursprung dieser Zerstörung ist die »superbia« der jüdischen Führer. »Unde totus psalmus non nisi superbiam accusat«, sagt Luther in seinem Kommentar zu V.5ᵃ. V.5ᵃ lautet im LXX-Text: »Et non cognoverunt: sicut in exitu super summum«. Nach Luther ist dies als eine Charakteristik der »luciferischen« Haltung der Juden zu deuten: Wie einst Lucifer, wollen sie Gott gleich, oder vielmehr grösser als er, werden. Dieser Wunsch liegt immer an der Wurzel der »superbia«.[42]

In der Auslegung sowohl dieses wie des vorhergehenden Verses klingt bei Luther der Antichrist-Text 2. Thess.2,3ff. als Hintergrund der Exegese mit; und einmal wird auch ausdrücklich auf 2. Thess 2,9 hingewiesen.[43] Wie schon gezeigt, ist die Anspielung auf 2. Thess.2 an dieser Stelle kein originaler Punkt bei Luther. Auch Faber, der den Text auf die endzeitliche Bedrohung der Kirche durch die Türken bezog, hatte zu diesem Text gegriffen, um den Mahomet/Antichrist näher zu charakterisieren. Bei der Beziehung des Textes auf die Juden und ihre Feinde – bei Augustin und bei Lyra – war der 2. Thess.-Text aber früher nicht aufgenommen worden.

Es ist somit hier bei Luther ein ähnlicher Rezeptionsvorgang festzustellen, wie es oben in seiner Auslegung von Ps.9B beobachtet werden konnte:[44] Auf eine apokalyptische Aktualisierung des Psalmentextes (im Sinne Fabers) wird nicht näher eingegangen; dafür werden aber die dramatischen Bilder der »Antichristsprache« (denn in diesen Kontext gehörte 2. Thess.2,3ff. im Spätmittelalter eindeutig hinein) zum Zweck der Intensivierung und Dramatisierung der Charakteristik der Juden als der »inimici« übernommen.

Die Leiter der Juden, die an der Spitze der Zerstörung stehen, sind vor allem die Schriftgelehrten: Luther spricht von den »doctores«, »magistri« oder »Rabim«.[45] Ihre Zerstörung kommt konkret in ihren »Thalmudica« zum Ausdruck: diese Schriften sind nach Luther voll von Lügen und Erfindungen, die die Heilige Schrift verdrehen.[46]

Mit diesen Lehren verführen die jüdischen Leiter das Volk. Nicht nur eine kleine Gruppe, sondern der grösste Teil des Israelvolkes geht hier zu Grunde.[47] So kann man in Luthers Auslegung beobachten, wie die

---

[41] Ebd. 497,8-23.
[42] Ebd. 498,1ff.
[43] Ebd. 497,15f. Der Anknüpfungspunkt ist das gemeinsame Wort »signa« in Ps.73,4 und 2. Thess.2,9.
[44] Vgl. oben S.26f., Vgl. zu diesem Punkt auch WA 3,505,23f.
[45] WA 3, 492,29; 497,9; 501,22; 505,23.
[46] Ebd. 501,8f.
[47] Ebd. 493,16f. 495,21-23; 501,21f.

»inimici«-Bezeichnung nicht nur die Schriftgelehrten, sondern ab und zu auch das ganze Judenvolk umfassen kann.[48]

In dieser Weise redet Ps. 73 nach Luther von der Zerstörung, die die Juden sich selbst zufügen. Die Juden waren ein Volk, in dem Gottes Geist wohnte; nach der Verführung durch die Schriftgelehrten sind sie aber zu einem geistlosen und verworfenen Volk geworden. Asaph, der Sprecher des Psalms, hat dies prophetisch geschaut, und bringt es im Psalmentext zum Ausdruck.

Vor diesem Hintergrund drängt sich aber die Frage der Identifikation des redenden Subjekts des Textes nach der Deutung Luthers in einer neuen Weise auf. Es genügt nicht die Feststellung, Luther gehe mit Augustin – und gegen Faber und Lyra – in der Annahme, der Redende sei der Jude Asaph, der im Geist die Lage der Juden um die Zeit Christi zum Ausdruck bringt. Dies muss näher differenziert werden.

Bei Augustin war die Identifikation der wahren Juden im Text ganz einfach: nach ihm sind es vom Anfang bis Ende des Textes (nur mit der Ausnahme des Zitats in V.8; vgl. unten) diese wahren Juden, die angesprochen werden oder das Wort führen. Sie sind einerseits von den Feinden des Textes – den »gentes« – deutlich unterschieden. Und andererseits sind sie auch – als die tief angefochtenen, die aber am Ende gerettet werden sollen – von den Verworfenen des Judenvolkes unterschieden. Augustin interessiert sich nicht so sehr für die »inimici«, und zum Problem der verworfenen Juden – das nur ganz am Rande seines Kommentars auftaucht – hat er auch nur wenig zu sagen.[49]

Auch bei Lyra, Perez und Faber war der Unterschied zwischen den angefochtenen Redenden des Textes und den »inimici« ganz klar: Sie stimmen insofern mit Augustin überein.

Diese klaren Linien sind in der Auslegung Luthers nicht mehr da. Dies kommt in einer auffallenden Weise darin zum Ausdruck, dass Textabschnitte, die in der Auslegungstradition eindeutig auf die angefochtenen Betenden bezogen worden waren, in der Auslegung Luthers auf die »inimici« bezogen werden. Der Psalmentext handelt bei Luther nicht mehr – wenn man von Asaph selbst absieht – von den angefochtenen Glaubenden, sondern nur von den »inimici«.

Diese Identifikations-Verschiebung lässt sich ganz präzis belegen; zum einen an Luthers Deutung der Verse 8-9. Sämtliche Ausleger sind sich hier einig, dass die indirekte Rede in V.8: »cognatio eorum simul, quiescere faciamus omnes dies festos Dei a terra«, eine Aussage der Feinde ist.

---

[48] Ebd. 496,22; 497,1ff.
[49] Zu den »inimici«, vgl. seine summarischen Kommentare CChSL XXXIX 1011,9f. (zu V.6f.): Zu den verworfenen Juden vgl. ebd. 1005,1,Z.36ff.; 1018f.,21,Z.8ff.,18ff.

Mit V.9: »signa nostra non vidimus, iam non est propheta...« wird aber
– so wurde der Text von Augustin gedeutet – von der Rede der »gentes«
zur Rede der angefochtenen, einst zu rettenden Juden, zurückgekehrt.[50]
Auch nach Luther kommt in V.8 die Stimme der »inimici«, der
Schriftgelehrten, zum Ausdruck.[51] – In V.9 sind die Redenden des Textes nicht mehr »ii« (die Feinde), sondern »nos«. Trotz dieses grammatischen Subjekt-Wechsels sind es aber nach Luther immer noch die
»inimici«, die das Wort führen. Es ist nicht der Ruf der angefochtenen
»Asaph-Gemeinde«, sondern vielmehr eine Charakteristik der verworfenen Gemeinde der Juden, die hier gehört werden kann. Die »nos«-Form
ist bei dieser Deutung natürlich auffallend, und fordert eine besondere
Erklärung. Luthers Versuch ist dabei bemerkenswert: Es geht zwar, sagt
er, um die Rede der »reprobi«, »...qui tamen sunt de generatione et se-
mine patriarcharum et prophetarum: ideo dicit (i.e. Asaph) 'nobiscum'.«[52] Obwohl Asaph sich nicht geistlich mit den Redenden in V.9
identifiziert, sagt er trotzdem »wir«, weil auch die anderen – wie er – Israeliten sind. Asaph redet von Aussen, als einer, der im äusseren Sinn
einer von ihnen ist.[53]
Zum anderen ist in diesem Zusammenhang die Auslegung von V.1
wichtig. V.1 lautet (iuxta LXX): »Ut quid Deus reppulisti in finem, iratus est furor tuus super oves pascuae tuae«. Auch diese Aussage hat eine
einhellige Auslegungstradition als die Rede der angefochtenen Christen,
bzw. der wahren Juden verstanden. Augustin, der hier von besonderem
Interesse ist, gibt zu V.1 einen sehr knappen Kommentar, der meistens
aus Fragen besteht. Erst in der Auslegung von V.2 zieht er die Linien
zusammen und identifiziert die wahren Juden als das redende Subjekt.
Auch in V.1 wird aber dasselbe Subjekt, mit dem sich Asaph dann identifiziert, ganz deutlich vorausgesetzt.[54]
Nach Luther ist es nicht, wie bei Augustin, die Tiefe der Anfechtung
der wahren Juden, die in V.1 zum Ausdruck kommt. Auch V.1 bezieht

---

[50] Ebd. 1011,11,Z.1ff.

[51] Beachtenswert ist hier, dass Luther, trotz der unterschiedlichen Bestimmung der
Feinde, den augustinischen Kommentar zu »festos dei« (bzw. »sollemnitates Domini«,
wie es bei Augustin heisst) ganz direkt übernimmt: Natürlich, sagt Augustin, haben jene
Heiden, die Jerusalem zerstörten, nicht von »Gott« (»dominus«) gesprochen. Dies muss
als eine Interpolation Asaphs betrachtet werden (1011, 11.Z.3-5). In demselben Sinn
sagt auch Luther: Natürlich haben die jüdischen Leiter nicht das Wort »Gott« von Christus benutzt. Dies ist ein Einschub des Propheten. Die Schriftgelehrten waren bemüht,
alle Feste Christi auszurotten. Dadurch haben sie aber auch Gott zur Seite gesetzt. (WA
3,501, 24-30).

[52] Ebd. 502,5f.

[53] Das »et nos non cognoscet amplius« in V9^b wird etwas anders erklärt: Hier steht
das »nos« für die Propheten, die vom Volk nicht verstanden werden (501,37-39).

[54] CChSL 1007,4,Z.1-1008,4,Z.12; 1008,5,Z1ff.

sich nach ihm auf diejenigen Juden, die verworfen (»reprobi«) sind. Für diese Juden ist von einer Verwerfung ohne Einschränkung die Rede: »In illis enim nullus est finis ire et repulse«.[55] – Die Tiefe und Härte der Verwerfung kommt nach Luther vor allem durch die Worte »in finem« in V.1ª zum Ausdruck. Dies ist total zu verstehen: so, also, »...ut nihil de eis remaneat aut supersit, quibus misereatur«. Es gilt für alle bis zu dem letzten; es gilt für immer, und es gilt »sine mixtura misericordie«.[56]

Zu diesen verworfenen Feinden gehört Asaph nicht. Deshalb ist sein Verhältnis zu den Juden, auf die sich der Vers bezieht, nicht – wie bei Augustin – das der Identifikation. Zwar muss auch nach Luther Asaph irgendwie der Redende des Verses sein, denn »...qui...dicit 'repulisti nos' (V.1), se non repulsum esse indicat, quia repulsus non potest ad deum orare«. Dabei redet er aber nur aus »compassio« im Blick auf das Leiden der Verworfenen. Die Asaph-Gemeinde führt das Wort der Verworfenen »tanquam sibiipsis fieret«.[57]

Die Verschiebung der Identifikation der Redenden des Textes bei Luther kommt in der Auslegung von V.1 und V.8-9 am deutlichsten zum Ausdruck. Dies sind auch die zwei Stellen, wo der Unterschied gegenüber Augustin am auffallendsten ist. Von Aussagen der tiefen Anfechtung der einst zu rettenden Juden sind die Verse in Aussagen über die hoffnungslose Verwerfung der falschen Juden uminterpretiert worden. Man kann hier nicht sagen, diese Umdeutung Luthers ergebe sich aus einer besonderen Hervorhebung der »literalitas« des Textes. Eher könnte man sagen, dass Luthers Exegese dieser Verse weniger überzeugend ist als die Exegese Augustins im Blick auf das Kriterium der »literalitas«. Hermeneutisch müsste man deshalb noch einmal eher Luthers spezielle Hervorhebung der »spiritualitas« des Textes als Deutungshintergrund betonen.

Die Verse zwischen V.1 und V.9 beschäftigen sich hauptsächlich mit der zerstörenden Tätigkeit der »inimici«, und sind im Blick auf die Identifikation des Subjekts unproblematisch. Die einzige Ausnahme ist V.2: »Memento congregationis tue, quam possedisti ab initio. Redemisti virgam hereditatis tue, mons Zion, in quo habitasti« (iuxta LXX, Luthers Version). Wie oben gezeigt, war dieser Vers der wichtigste Anknüpfungspunkt für Augustin bei seiner Identifikation der Redenden des Textes als der wahren Juden nach dem Fleisch. – Auch Luther versteht den

---

[55] WA 3,494,9ff. Luther betont hier auch, dass diese Verwerfung nicht die ganze Synagoge umfasst.
[56] Ebd. 493,26-32. Augustins Kommentar zu »in finem«, V.1, besteht dagegen nur aus zwei Fragen: »Quid est *in finem*? Forte usque in finem saeculi. An repulisti nos in Christo, qui finis est omni credenti?« (CChSL XXXIX,1008,4,Z.6-8).
[57] WA 3,494,15-18.

ersten Teil des Verses als eine Erwähnung der alttestamentlichen Vergangenheit, als die Juden Gottes Volk waren. Aber während Augustin auch die deutliche Heilsaussage in V.2^b (»Redemisti virgam...«) auf die Juden, die am Ende gerettet werden sollen – und explizit nicht auf die »gentes« – bezieht,[58] kann bei Luther hier eine auffallende Umdeutung beobachtet werden. Er greift an diesem Punkt zu einer allgemeinen christologischen Exegese: »Redemisti virgam hereditatis tue« ist eine Aussage über die »(redemptio) novissima... de potestate diaboli«, die durch Christus geschehen ist. Diese »redemptio« müssen die meisten Juden von Aussen her betrachten. V.2 ist demnach insgesamt als ein Wehruf dieser Juden zu verstehen: sie trauern darüber, dass dieses Heil nicht auch für sie gelte.[59]

Durch diese Exegese kann Luther auch – anders als seine Vorgänger – unmittelbar von V.2 zu V.3: »Leva manus tuas in superbias eorum in finem« (iuxta LXX) übergehen. Sowohl V.2 als auch V.3 beziehen sich auf die verworfenen Juden; der Wechsel besteht nur darin, dass Asaphs »compassio« ihnen gegenüber durch die »nos«-Form in V.2 etwas stärker als in V.3 zum Ausdruck kommt.[60]

Während Luther in seiner Scholienauslegung V.1-9 über 10 WA-Seiten behandelt, sind den Versen 10-23 nur 4 Seiten gewidmet. Dabei werden die Verse 17 und 22f. überhaupt nicht näher kommentiert.

Aus diesem zweiten Teil der Auslegung soll hier nur auf die Auslegung von V.10f. näher eingegangen werden. Die zwei Verse lauten: »usquequo deus improperabit inimicus, Irritat adversarius nomen tuum in finem? (V.10). Ut quid avertis manum tuam et dexteram tuam de medio sinu tuo in finem? (V.11)«

Luthers Auslegung dieser Verse ist vor allem deshalb interessant, weil hier auch bei ihm die Aussicht einer Errettung der Juden am Ende der Zeit zum Ausdruck kommt. »...queso, ut facias ex eo (i.e. ex inimico) amicum, ut cesset tibi improperare et incipiat nobiscum te laudare. Hoc enim expectatur impleri adhuc ante finem mundi«, sagt er im Kommentar zu V.10.[61] Diese Perspektive, die bei Augustin eine entscheidende Voraussetzung für die Deutung des Psalms ausmachte, ist in Luthers Scholienauslegung erst hier zu spüren. Sie steht dabei in einer deutlichen

---

[58] CChSL XXXIX 1008,5.1-67; vor allem Z.52ff.
[59] WA 3,494,25ff. »Ex quo ergo redemisti et habitasti in nobis, ut quid repulisti ergo nos? Venisti ad nos omnes et non recipis nos omnes, sed maximam partem repulisti?« (494,37-495,1)
[60] Ebd. 495,9ff.
[61] Ebd. 502,8-10; vgl. 503,27ff. (zu V.11) und 508,6f.

Spannung zu einer ganzen Reihe von Aussagen über die endgültige Verwerfung der Juden.[62]

In der Auslegung von V.11 zeigt sich dieser Unterschied – wie die jüdische Errettung in einer ganz anderen Weise für Augustin als für Luther eine *notwendige* Perspektive ausmacht – sehr deutlich. Das Anliegen der jüdischen Errettung kommt bei Luther hier durch einen Hinweis auf Ex.4,6-8 zum Ausdruck. In Ex.4,6f. wird von dem zweiten Legitimationszeichen Moses gegenüber dem Volk gesprochen. Mose hat ein erstes Mal seine Hand »in sinum (suum)« gesteckt, worauf sie »leprosa instar nivis« wurde. Wenn er aber dasselbe noch einmal machte, wurde die Hand wieder gesund. – Auf Grund der begrifflichen Verwandtschaft wird dies als eine Parallelaussage zu Ps.73,11 gedeutet; und so als eine »figura« für das in Ps.73 beschriebene Schicksal der Juden betrachtet. Im Sinne des Exodus-Textes hält Luther dann auch fest, dass die Juden, obwohl sie jetzt »leprosa« sind, »in diebus novissimis« zu Gott zurückkehren werden.[63] Diese Aussage steht aber, wie die entsprechende Aussage im Kommentar zu V.10, ziemlich unvermittelt im Verhältnis zu der übrigen Argumentation Luthers.

Der Unterschied zu Augustin ist in dieser Hinsicht auffallend. Der Hinweis auf Ex.4 scheint nämlich direkt von der Auslegung Augustins übernommen zu sein, wo dieser Paralleltext auch behandelt wird.[64] Was aber bei Luther nicht aufgenommen ist, ist die weitere theologische Argumentation, mit der Augustin seinen Hinweis auf den Exodus-Text verknüpft: Er weist zunächst auch auf Röm.11,25 hin: »Caecitas ex parte Israel facta est, ut plenitudo gentium intraret, et sic omnis Israel saluus fieret.« Dabei wird die Errettung Israels nicht nur als ein Endzeitereignis unter anderen betrachtet. Sie wird vielmehr sehr eng mit dem Sinn der Heilstat Christi überhaupt verbunden: »Quare enim uenit Christus? ... Non enim frustra uenit Christus, aut frustra occisus est Christus; aut frustra granum cecidit in terram, nisi ut multipliciter surgeret.« Unter den Juden ist Asaph hier vorangegangen. Die anderen müssen aber mindestens nachfolgen, wenn sie nun nicht mit Asaph zusammen vorangehen konnten.[65]

Dieses unterschiedliche Gewicht der Perspektive der Errettung der Juden hängt aber wieder mit der unterschiedlichen Identifikation der Redenden des Psalms bei Augustin und Luther zusammen. Für Augustin sind – auch in V.10f. – die Juden, zu denen Asaph gehört, die eigentlich

---

[62] Vgl. vor allem oben S. (zu V.1); weiter 495,10ff. (zu V.3); 502,25ff. (zu V.11); 505,32-506,21 (zu V.15,19-21); 506,30f.,33f.; 507,6.10f.; 509,11f. (»Notabilia«).
[63] Ebd. 503,14ff.
[64] CChSL XXXIX, 1012f.,13,Z.1ff.
[65] Ebd. 1013,13,Z.16-21.

Redenden: In ihrer tiefen Anfechtung – z.T. auch Blindheit – halten sie
nach ihrer Rettung Ausschau, und der religiöse Sinn des Textes hängt
ganz davon ab, dass dieses Heil auch da ist als eine Wirklichkeit.

In Luthers Umverteilung der Rollen ist dies anders. In seiner Exegese
sind die Juden in die Rolle der »inimici« geschoben. Für Luther besteht
somit die Errettung der Juden nicht darin, das Gott dem angefochtenen
Beter des Psalms – Asaph – zur Hilfe kommt. Asaph sieht das Ganze von
aussen, unter dem Blickwinkel der »compassio« an. Die Errettung der
Juden besteht vielmehr darin, dass Gott »ex inimico amicum facit«. Das
es aber den Feinden so gehen wird, ist keineswegs notwendig innerhalb
der Logik des Textes. Der »inimicus« kann vielmehr auch zerschlagen
und ausgerottet werden: mehrere Aussagen des Psalmentextes deuten
eher auf diese Möglichkeit hin.

Zusammenfassend kann zu Luthers Auslegung von Ps.73 gesagt werden:
Luthers Exegese ist – wie er auch selber sagt – durch eine besondere Hervorhebung der »spiritualitas«-Perspektive gekennzeichnet. Diese Perspektive kommt aber nicht – wie es bei Faber der Fall war – im Sinne
einer unmittelbaren Aktualisierung des Textes zur Geltung. Luther hält
– wie Augustin, und in diesem Fall sogar noch deutlicher als er – den historischen Rahmen der Christus-Geschichte als den primären
prophetisch-buchstäblichen Sinn des Textes fest. Und er hält auch mit
Augustin fest, dass der Text dem prophetischen Buchstaben nach auf die
Juden, nicht auf die Kirche, zielt.

Innerhalb dieses Rahmens akzentuiert er die »spiritualitas«-
Perspektive in einer bestimmten Hinsicht, nämlich bei der Interpretation
der im Text beschriebenen »vastatio«: des wohl umstrittensten Punktes
des Psalms in der Auslegungsgeschichte. Dadurch wird es möglich, die
Juden nicht nur als die Zerstörten, sondern auch als die »inimici« und
Zerstörer zu sehen, so dass auch dieser Psalm eigentlich von der jüdischen Anfechtung des christlichen Glaubens, – und von der sich daraus
ergebenden Selbstzerstörung der Juden, handelt. Diese Interpretation
stösst vor allem im Hinblick auf die buchstäbliche Identifikation der Redenden des Psalms an einigen Stellen auf Probleme, um deren Lösung
sich Luther bemüht.

Bei dieser Interpretation wird auch in einer ganz anderen Weise als bei
Augustin die hoffnungslose Lage der Juden hervorgehoben. Und dies
hängt nicht nur damit zusammen, dass die Juden bei Luther auch als die
zu strafenden Zerstörer aufgefasst werden: Auch als die Zerstörten und
Angefochtenen lässt ihnen Luther wenig Hoffnung auf Errettung. Durch
seine Christus-Verweigerung geht das Judenvolk für immer zu Grunde.

VII

PSALM 77

Auch die Auslegung von Ps.77 gehört zu denjenigen Texten der »Dictata«, wo besonders ausführlich auf die »inimici ecclesiae« eingegangen
wird. Der Redende schaut hier zurück auf die Erfahrungen aus der Wüstenwanderung Israels. Ausführlich berichtet er über die Erhebung der
Israeliten gegen Gott, und über die Strafe, die Gott ihnen zugefügt hat,
um ihre Nachkommen dadurch zu belehren und zu warnen.

Sieht man von Lyra und Burgensis ab,[1] ist dieser Psalm in der Auslegungsgeschichte meistens christologisch gedeutet worden. Nach *Augustin*
ist Gott selbst der Redende, der an Hand der »figurae« der Wüstenwanderung die tiefere »interius intelligentia« des Textes vermitteln will, die
im Titel des Psalms als »intellectus Asaph« bezeichnet wird.[2] Ausser dem
Titel spricht nach Augustin für eine solche figurale Deutung des Psalms
in entscheidender Weise der 2.Vers: »Aperiam in parabolis os meum,
eloquar propositiones ab initio«.[3] – Den Sinn der »figurae« des Textes
konnte zur Zeit des Alten Testaments schon die Asaph-Gemeinde verstehen;[4] erst recht kann er aber nach der Offenbarung Christi im Zeitalter
des Neuen Testaments verstanden werden.[5]

Von diesem geistlichen Gesichtspunkt aus bezieht Augustin die »figurae« der alttestamentlichen Geschichte auf die zwei »generationes« oder
»populos«: die Rechten und die Verkehrten.[6] Charakteristisch für seine
Exegese von Ps.77 ist es, dass er in seiner geistlichen Deutung des Textes
wenig konkret ist. Meistens geht er direkt von den »figurae« des Alten
Testaments zu einer allgemeinen geistlichen Auslegung über, ohne weitere Bemühungen um eine Verifikation der Exegese an Hand neutesta-
mentlicher Texte oder historischer Ereignisse aus dem Zeitalter der
Kirche.

Eine deutlicher zugespitzte christologische Interpretation findet man

---

[1] Der Kommentar Lyras und die Erwiderungen durch Burgensis befassen sich nur mit
verschiedenen historisch-buchstäblichen Interpretationen im Horizont der alttestamentlichen Geschichte.

[2] CChSL XXXIX,1066,1-2.

[3] Ebd. 1066,1,Z.13ff. Augustin weist dabei nicht auf die neutestamentliche Parallelstelle Mt.13,35 hin.

[4] Ebd. 1068,3,Z.18ff. (»...intelligentiae sunt quae data est ipsi Asaph; quod uni homini, sed melius accipimus congregationi populi Dei...«)

[5] Ebd. 1067,2,Z.20ff.

[6] Vgl. z.B. ebd. 1072,8,Z.8ff.; 1074,9,Z.20ff.

bei *Faber*. Nach ihm ist der Psalm ausdrücklich auf Christus selbst bezogen: Denn in Mt.13,35 wird die Gleichnis-Rede Christi eben mit einem Zitat aus Ps.77,2 charakterisiert: »Aperiam in parabolis ...«[7] Von einer Beziehung des Textes seinem geistlichen Sinn nach auf die Juden ist aber bei Faber nicht die Rede. Er hält sich in dieser Hinsicht an ganz allgemeine Wendungen, so dass die »instructio veteris synagogae«, die historisch im Psalmentext zum Ausdruck kommt, geistlich als eine »instructio« an alle Christen gedeutet wird.[8]

Auch *Perez* beruft sich auf den Matthäus-Text, um den christologischen Sinn des Psalms anzuzeigen: Der Redende ist Christus selbst, oder »dauid in persona christi«.[9] Und die »parabolae« des Textes haben das Gesetz Christi als ihr Ziel.

Bei Perez wird dieser christologische Sinn des Psalms auch historisch konkreter formuliert als bei Augustin oder bei Faber; und dieser Sinn hat mit dem Verhältnis der Juden zur Wahrheit Christi zu tun. Das geistliche Ziel von Ps.77 ist es, die Juden zur Bekehrung zum Gesetz Christi zu vermahnen, damit der Bund Gottes mit ihnen nicht aufgehoben werden soll.

Perez bedient sich weder der »litera«-»spiritus«- noch der »quadriga«-Terminologie, sondern vielmehr der scholastischen »quattuor causae«-Terminologie, um dies hermeneutisch zum Ausdruck zu bringen. Die paränetische Funktion den Juden gegenüber ist die »causa finalis« des Textes.[10] Der Text ist auf dieses Ziel zugespitzt, weil David den kommenden Abfall der Juden in der Konfrontation mit der Wahrheit Christi im Geist vorausgesehen hat.[11] Dieser Abfall und seine Folgen werden aber im Text nur angedroht; sie werden nicht als eine realisierte Wirklichkeit vorausgesetzt. Der Text hat seine geistlich-christologische Funktion in bezug auf die Juden *vor* ihrer Trennung von der Kirche. Die starke Betonung der Kontinuität zwischen dem alttestamentlichen Gesetz und dem Gesetz Christi in Perez' Auslegung des Psalms muss im Zusammenhang mit diesem Ziel gesehen werden.[12]

Diese Überlegungen zum Ziel des Textes werden aber bei Perez vor

---

[7] Faber, »Adverte« zu V.2 (Bl.116ʳ).

[8] Faber bewegt sich in seinen Kommentaren zu den einzelnen Versen vorwiegend im Kontext der alttestamentlichen Geschichte. Der geistliche Sinn des Textes wird vor allem in einzelnen zusammenfassenden Kommentaren, die die laufende Auslegung unterbrechen, zum Ausdruck gebracht.

[9] Perez, Fol. CLXXVIʳ (Zum »titulus«): Fol. CLXXIXᵛ (Nachwort).

[10] Zum scholastischen Hintergrund des »quattuor causae«-Schemas, vgl. Ebeling (1982), S.333-342. – Zur Erörterung der »causa finali« bei Perez. vgl. Fol. CLXXVIʳ (zum »titulus«); Fol. CLXXVIᵛ (zu V.6-8).

[11] Perez zum »titulus«.

[12] Vgl. besonders zu V.2 (Fol. CLXXVIʳ).

allem am Anfang und Ende seines Kommentars entfaltet: die im Psalmentext im einzelnen erzählte Geschichte hat *insgesamt* diesen Sinn und dieses Ziel.

Perez sieht V.2-8 als das »prooemium« und V.9ff. als die »narratio« des Textes. Die »causa finalis« kommt im »prooemium« in V.6-8 zum Ausdruck. Daneben ist die »prima causa«; die »causa efficiens«, in der Angabe von Christus als dem Redenden in v.1 zu finden. Die »causa formalis« oder der »modus procedendi« des Propheten im Psalmentext ist in der Angabe der Redeweise in V.2 formuliert. Und die dritte »causa«; die »causa materialis« wird im »prooemium« in V.3-5 angesprochen: es dreht sich hier um die alttestmentlichen »mysteria«, die in V.9ff. weiter vorgetragen werden sollen.[13]

Anders als die zusammenfassenden Bemerkungen am Anfang und Ende der Auslegung, wird der Hauptteil des Psalms, ab V.9, historischbuchstäblich im Blick auf den alttestamentlichen Kontext ausgelegt. Der Ausgangspunkt für die nähere Identifikation der Situation des Textes sind für Perez dabei die Angaben in v.9 und V.67ff., wo es klar wird, dass die Vorwürfe des Textes gegen die »filii Effraym« erhoben werden; und dass die »filii Effraym« damit bestraft worden sind, dass Gott seine Erwählung von ihnen auf den Judastamm übertragen hat. Das in diesen Versen beschriebene Scheitern des Ephraimstamms bezieht sich nach Perez auf die Geschichte in 1. Sam. 4 von der Niederlage der Israeliten im Kampf gegen die Philister. Nach dieser Niederlage erfolgte die »translatio sanctuarii in hierusalem et sacerdotii in samuelem et regni a domo saul in dauid«.[14]

Und ebenso können die Juden ihre Privilegien und Heiligtümer verlieren, wenn sie Christus nicht annehmen wollen. – Die Wahrheit der Prophezeiungen dieses Textes werden nach Perez durch die Erfahrungen der späteren Geschichte bestätigt: Auf Grund der Absage der Juden an Christus hat auch Gott seinen Bund mit ihnen aufgelöst.[15] Diese spätere Geschichte kommt aber nicht im Text selbst zum Ausdruck.

Luther bezieht auch diesen Psalm seiner »litera spiritualis« nach auf die Juden in ihrem Verhältnis zu Christus, und kommt insofern diesmal Perez ganz nahe. Doch unterscheidet er sich in hermeneutischer Hinsicht

---

[13] Ebd., zum »titulus«.

[14] Ebd.; und Fol. CLXXVII[r] (zu V.9). Perez (Fol. CLXXVI[r]) beruft sich für diese Identifikation der historischen Situation des Textes auf Augustin, der in »De civitate Dei«, XVII,4 auf dieses Thema eingeht. Allerdings weist Augustin in seiner »Enarratio« zu Ps.77 nur sporadisch auf diesen Kontext hin. In seiner Auslegung von V.9 tut er das überhaupt nicht. Vgl. unten.

[15] »Et ex hoc apparet vera prophetia huius psalmi, quod executio huius comminationis fuit vere impleta in illo populo propter obstinationem eorum post adventum Christi.« (Fol. CLXXVII[r], zu V.5[b]-8; vgl. Fol. CLXXX[r] (Nachwort).

schon dadurch von ihm, dass dieses Ziel des Textes bei Luther nicht nur allgemein am Anfang und Ende, sondern auch unterwegs in der Auslegung der einzelnen Verse zur Sprache kommt. Die alttestamentlichen Geschichten, die bei Perez ihre Funktion als historisch-paränetisches Illustrationsmaterial haben, werden von Luther meistens direkt auf die Juden zur Zeit Christi bezogen; und zwar nicht paränetisch, sondern im Sinne von geistlichen Feststellungen über das Schicksal der Juden.

Im »summarium« des Textes fasst Luther seine geistliche Deutung in folgender Weise zusammen: »Sermo Christi ad Synagogam recitantis per ordinem beneficia dei exhibita illi et illius ingratitudinem, quae omnia parabolice velut dicta vertit in praesentis tunc temporis eorum infidelitatem.« Und gegen Ende seiner Auslegung steht noch einmal zu lesen: »Unde et iste psalmus totus secundum spiritualem literam loquitur de Iudeis, qui deum semper tentaverunt in Christo.«[16]

Wie Luther diese geistliche Dimension des Textes nicht nur als eine zusammenfassende Auswertung, sondern auch in der Einzelexegese des Berichts aus der alttestamentlichen Geschichte zum Tragen bringt, kommt sehr deutlich in seiner Auslegung von V.9 zum Ausdruck. Der Vers lautet iuxta LXX: »filii Effrem intendentes et mittentes arcus, conversi sunt in die belli.«

Dieser Vers hatte in der Auslegungstradition eine wichtige Rolle gespielt, weil hier die Treulosen und Abgefallenen, an die sich die Vermahnungen im Text wenden, am konkretesten bei Namen genannt werden. Wer waren diese »filii Effrem«?

Es wurde oben gezeigt, wie Perez zu 1.Sam.4 gegriffen hat, um sie zu identifizieren. Gewisse Züge dieses Kapitels stimmen ganz gut mit den Angaben in Ps.77,9-11 und 67ff. überein.

Auch Lyra und Burgensis haben diese Frage ausführlich behandelt; beschränken aber wie Perez ihre Erwägungen auf den alttestamentlich-historischen Kontext des Psalms. Zwar bemerkt Lyra in seiner Einleitung zum Ps.77, dass der Name »filii Effrem« von Asaph eigentlich »spiritualiter« gemeint sei, und dass er dann für das ganze Israels-Volk stehe. Auch dabei geht es aber nur um Israel zur Zeit des Alten Testaments.[17]

Bei Augustin findet man eine ganz ausführliche geistlich orientierte Auslegung des Verses.[18] Sein Ausgangspunkt ist die Geschichte in Gen.48, wo erzählt wird, wie Jakob den Enkel Ephraim statt seines älteren Bruders Manasse gesegnet hat (V.14). Augustin deutet dies als eine

---

[16] WA 3,550,2-4; 585,20-22. Vgl. dazu auch 575,18f.: »...Quare de ipsis (i.e. Iudeis) totus psalmus intelligitur primo«.

[17] Vgl. Lyra, sowohl in der Einleitung seines Kommentars zu Ps.77, wie in den Ausführungen zu V.9; und Burgensis, »Additio II«.

[18] CChSL XXXIX,1073-1076.

»figura« für diejenige christliche Wahrheit, dass die letzten die ersten und die ersten die letzten werden sollen, und führt als Illustrationen dazu mehrere Beispiele aus dem AT vor; – zuletzt auch die Juden, die zugunsten der Christen nun die letzten geworden sind.[19] Diese Exemplifizierung hat aber in der Deutung Augustins keinen besonderen Stellenwert vor den anderen. Das Wichtige ist die allgemeine Ausrichtung der alttestamentlichen »figurae«: »...locutio est a parte totum significans«.[20]

Luther erwähnt zunächst in seinem Kommentar zu V.9 die »obscuritas« dieses Verses, indem er auf ein paar historisch-grammatische Probleme hinweist, die auch bei Lyra und Burgensis diskutiert wurden.[21]

Schnell geht aber auch er zur geistlichen Deutung des Verses über: »Vidit (i.e. propheta) in spiritu, quod filii Ephraim olim superbi, ut dictum est, figurabant Iudeos tempore Christi: ut sicut illi contra Gedeon et Iepte Duces Israel et Iudices: ita Iudei contra Christum ducem et Iudicem verum Israel«.[22]

Die »superbia« Ephraims im alttestamentlichen Kontext wurde auch von Lyra und Burgensis betont. Wie es schon Burgensis getan hatte, begründet auch Luther dies näher durch einen Hinweis auf Jerobeam – einen König aus dem Stamm Ephraim – der die goldenen Kälber aufgestellt hatte:[23] es geht also hier um eine »superbia«, die nur die »caro« und »litera« erhöhen und anbeten will, und aus dem Gold der Heiligen Schrift nur Fleischliches und Buchstäbliches gemacht hat. Ebenso haben die Juden zur Zeit Christi getan: »...ita ipsi carnaliter de deo et Christo sapiunt et Scripturam conflant in sensum literalem, qui nihil habet de eternis et divinis rebus, sed tantum de temporalibus et mortalibus«.[24] – Zu dieser Argumentation fügt Luther auch einen Hinweis auf die Privilegien des Ephraim-Stamms den anderen Stämmen gegenüber hinzu, die ihre besondere »superbia« begründet haben mögen.[25]

Noch eindeutiger und konkreter wird Luthers Bemühung um eine Verifikation seiner Auslegung an der Christus-Geschichte, als er zum zweiten Teil von v.9 übergeht: »...conversi sunt in die belli«. Während Augustin auch dieser Aussage eine ganz allgemeine geistliche Deutung gibt,[26] geht Luther hier zur Passionsgeschichte der Evangelien, um den

---

[19] Ebd. 1074,9,Z.30ff.
[20] Ebd. Z.29f.
[21] WA 3,561,21-26. Vgl. Lyra z.St. und Burgensis, »Additio II«.
[22] Ebd. Z.33-36. Vgl. auch in der Glossenauslegung 552,1.
[23] Ebd.561, Z.37-39. Der alttestamentliche Textbeleg ist 1.Kön.12,28f.
[24] Ebd. 562,3-5.
[25] Ebd. 561,29-32. Als Textbeleg nennt Luther hier Ri.8,1 und 12,1. Vgl. auch 568,16-18.
[26] CChSL XXXIX,1075,10,Z.2ff. »Non converti« bedeutet, den »tentationes dei« standzuhalten. »Conversi« werden dagegen diejenigen, die Gott gegenüber nicht treu sind.

tieferen Sinn des Textes zu identifizieren. Der »dies belli« ist der »die(s)
passionis eius (i.e. Christi) contra Diabolum«.[27] Hier wurde am Kreuz
ein Kampf geführt, der alle weltliche Kriege in den Schatten stellt.[28] An
diesem Tag des Kampfes haben sich die Juden öffentlich von Christus
abgekehrt. Luther zitiert als Beleg aus Joh.19: »Non habemus regem nisi
Cesarem« (V.15) und »noli scribere Rex sum Iudeorum« (V.21).[29]

Dieser Widerstand gegen Christus liegt bei den Juden tief verwurzelt.
Dies kommt durch die Worte »mittentes arcus« (V.9ª) zum Ausdruck.
»Arcus« steht für die »potentia nocendi«,[30] und die masslose Wut der Juden gegen Christus wird daran deutlich, dass sie nicht mit Pfeilen ge-
schossen haben, sondern den Bogen, die Waffe selbst, gegen ihn
geschleudert haben: Sie wollten auf ihn schiessen (mit ihren falschen
Zeugnissen vor dem hohen Rat). Als sie aber gesehen haben, dass dies
nicht genug war, haben sie nicht nur ihre Worte (ihre Waffen), sondern
auch sich selbst gegen ihn geworfen, indem sie sagten: »...Sanguis eius
super nos«.[31]

Die wichtigsten Züge des Judenbildes in der Auslegung von Ps.77 sind
durch diesen Kommentar zu V.9 schon berührt worden. Die Juden, die
Feinde Christi, sind durch eine »superbia« gekennzeichnet, die in der
»caro« und der »litera« ihre Wurzel und ihr Ziel hat.

Im Laufe der weiteren Auslegung sind es vor allem die »temporalitas«
und die »carnalitas« der jüdischen Religion, die näher beschrieben werden. Im Gegensatz zur Wahrheit Christi, die durch »humilitas« und
Hoffnung auf die »futura bona« geprägt ist, haben die Juden nur ihre
»promissiones temporalium«.[32]

Insbesondere im Anschluss an V.18ff. (»Et tentaverunt deum in cordibus suis...«) wird dieser Aspekt näher ausgeführt. Die Juden haben in
der Wüste Gott um Brot gebeten, wie es im Psalmentext beschrieben
steht, und Gott hat ihnen Manna gegeben. Das wollten sie aber nicht haben. Als Gottes Volk haben sie gedacht, sie könnten Gott um alles Mögliche bitten, und er würde es ihnen geben.[33] – Geistlich-buchstäblich
bedeutet dies: Mit dem Manna (dem Evangelium) waren sie nicht zufrie-

---

[27] WA 3,562,23.
[28] Ebd. Z.24f.
[29] Ebd. Z.30f.
[30] Ebd. 663,1. Weiter gefasst steht »arcus« als eine Bezeichnung für die Juden selbst;
dies zeigt Luther durch einen Hinweis auf die Parallelstelle V.57, wo es heisst: »conversi
sunt in arcum pravum« (ebd. Z.7).
[31] Ebd. Z.1-19.
[32] Ebd. 561,6ff.
[33] Luther sagt zu V.19 (»Et male locuti sunt de deo«): Die Juden haben hier gesagt:
»Nunquid ille est deus? q.d. Non. Quia si esset, utique daret nobis in hac vita mensam
et quecunque volumus. Nos enim dei populus sumus.« (575,34-36). Vgl. auch 561,29-32
und 568,16f.

den, obwohl sie mit ihren eigenen Augen die Zeichen und Wunder Christi gesehen hatten.[34] Sie wollten ihn als Gott nicht annehmen, ehe er ein von *ihnen* gewähltes Zeichen (vgl. Mt.16,1) machte und ihre fleischlichen Wünsche erfüllte.[35] Dies ist die »tentatio« der Juden gegenüber Gott (Ps.77,18), die bis in die Gegenwart besteht.[36] Sie wollen das Reich Christi nach dem Fleisch haben, und nur in diesem Sinn verstehen sie die Verheissungen Gottes. Armut, Leiden und Kreuz sehen sie nur als Zeichen dafür, dass Gott nicht mehr für sie da ist. In diesem Sinn ist das Wort des Apostels zu verstehen, dass Christus den Juden ein »scandalum« ist (1. Kor.1,23).[37]

Auf Grund der zeitlichen und fleischlichen Grundeinstellung der Juden hilft es ihnen auch nichts, wenn sie bestraft werden. Sie suchen Gott nur wenn sie ihn brauchen, um ihnen aus den »mala carnis« zu helfen.[38] Luther spricht dabei in augustinischer Sprache von »usus dei et fruitio creature«.[39] Ihr Gottesdienst geschieht »propter retributionem temporalem«, ohne die Liebe des Geistes. Und die Tatsache, dass die Juden in Luthers Gegenwart um ihres Gesetzes willen sogar das Martyrium auf sich nehmen können, kann an dieser Charakteristik nichts ändern. Auch dies geschieht bei ihnen »propter bonum carnale«, in der Hoffnung auf ihren Messias, der nur für sie da sein wird.[40]

Die Strafe, die die Juden auf Grund ihrer »temporalitas« und ihrer »infidelitas« getroffen hat, wird im Anschluss an verschiedene Textstücke (V.32ff.; V.43ff.; V.66) ausführlicher beschrieben. Das Bild, das dabei erscheint, ist nicht ganz eindeutig: einerseits erwähnt nämlich Luther Züge, die die Juden ein Stück weit vor Gott entlasten können. Andererseits wird die unverbesserliche Lage der Juden und die kompromisslose Härte ihrer Strafe auch hier hervorgehoben.

Die versöhnlichen Züge werden zum einen eben im Zusammenhang mit dem »temporalitas«-Charakter der jüdischen Religion genannt. Neben den Vorwürfen gegen die Juden, dass sie Gottes Wohltaten vergessen haben (V.12), unterstreicht Luther, dass die entsprechende Schuld der Christen – die auch Gottes Taten ihnen gegenüber vergessen haben – hundertfach grösser ist. Denn: Die Wohltaten des AT gegenüber den

---

[34] Ebd. 572,40; 573,4ff.
[35] Ebd. 576,1ff.
[36] »...ideo ista eorum tentatio stat usque in hanc diem, quod Christum non pro Deo accipiunt...« (ebd.575,38-576,1). Dieser Punkt wird von Luther ständig wiederholt: die Versuchung Gottes durch die Juden, die zur Zeit Christi an den Tag getreten ist, dauert bis an den heutigen Tag: vgl. 573,17f.; 575,20; 576,37ff.; 577,12.
[37] Ebd. 577,9ff. Vgl. 582,28-30.
[38] Ebd. 585,23ff. (zu V.34-37).
[39] Ebd. 582,34.
[40] Ebd. 583,4f.,8-11.

Juden beschränkten sich auf den Bereich der »temporalia«; was jedoch wenig ist, im Vergleich zu den »spiritualia«, die den Christen in Christus gegeben sind. Dementsprechend sollten die Juden auch nur »temporaliter« bestraft werden, während den Christen für die Vergessenheit der geistlichen Güter eine »eterna punitio« vorbehalten ist.[41]

Allerdings liegt es nahe, dies als eine Entschuldigung aufzufassen, die auf die Juden zur Zeit des AT beschränkt ist: die also nicht die Juden in ihrer Konfrontation mit Christus umfasst.[42] – Der andere Kommentar Luthers ist dagegen ganz deutlich eine Überlegung, die sich auf den prophetischen Sinn des Textes bezieht. Der Ausgangspunkt ist hier eine versöhnliche Formulierung im Bibeltext: »...et non accendit omnem iram suam« (V.38). Und Luther sagt dazu: »...sine dubio vult propheta mysticare«. Wie nach der alttestamentlichen »figura« auch damals einige vom Zorn Gottes verschont wurden, so ist es ähnlich bei der mystischen Deutung des Textes: Das wird durch die Aussage in Röm.11 (V.5) bestätigt: »Ita enim et hoc tempore (secundum Apostolum) Ro.11 reliquie salve facte sunt, et licet eum in carne ambulantem multipliciter tentassent atque occidissent, insuper et discipulos eius, ut generatio tota digna videretur deleri: tamen non accendit omnem iram suam.«[43]

Die meisten Kommentare Luthers zu der Strafe der Juden sind aber von solchen versöhnlichen Elementen ganz frei. Dies sieht man z.B. an der Auslegung von V.30^b-31: »Adhuc Esce eorum erant in ore eorum: et ira dei ascendit super eos...« Dieser Vers, der auf den Bericht in Num.11,33f. von Gottes Strafe des gierigen Israelsvolkes anspielt und zum Teil auch Formulierungen dieser Verse direkt übernimmt, wurde in der Tradition vor Luther meistens auf den alttestamentlichen Kontext hin ausgelegt, wo es ganz deutlich um eine begrenzte Strafe für eine begrenzte Sünde geht.[44] Luther aber bezieht den Vers – im Sinne der »litera spiritualis« – direkt auf die Juden des christlichen Zeitalters: Er nimmt aus dem Paralleltext in Num.11 die Formulierung »sepulchra concupiscentiae« (V.34) auf, um die Situation der von Christus verlassenen Synagoge zu beschreiben. Und er fährt fort: »Et in hoc significatur

---

[41] Ebd. 564,17-27. Vgl. dazu auch 568,10ff. (zu V.9) über die Ketzer, »...Iudeis similes, immo peiores sunt. Quia illi (i.e. Iudei) contra Christum in carne, hii (i.e. haeretici) contra Christum in spiritu et veritate bellant.«

[42] Nahe liegt dies vor allem auf Grund der folgenden Aussage, wo die Juden – unmittelbar nach dem Abschnitt mit der Hervorhebung der entlastenden »temporalitas« der jüdischen Sünde – wieder, zusammen mit den Ketzern und den »superbi«, als die geistlichen Feinde dargestellt werden: »Quare et mysticemus illa mirabilia et beneficia dei, et videbimus, quomodo psalmus totus in nos, id est Iudeos, Hereticos et superbos, verba dirigit, ex intellectu loquens ad intellectualem populum.« (564,28-31).

[43] Ebd. 584,6-11.

[44] Vgl. z.B. Augustin z.St.: CChSL XXXIX,1080,17,Z.22-25.

consuetudo peccati et difficultas conversionis eorum. Quia plus est esse sepultum quam mortuum: in isto enim non habetur spes.«[45]

Auch in seinem Kommentar zum Gerichtswort in V.66: »Et inimicos suos percussit in posteriora: opprobium sempiternum dedit illis« zeichnet Luther ein sehr düsteres Bild vom Schicksal der Juden, nachdem sie Christus abgewiesen haben. Perez bezieht die Aussage dieses Verses auf die Strafe, die Gott den Philistern zugefügt hat, nachdem sie die Bundeslade genommen hatten: diese Verfolgung Gottes wird in 1.Sam.5 beschrieben.[46] Auch Augustin nimmt in diesem Zusammenhang auf die Geschichte von der Lade Gottes in 1.Sam.4f. Bezug; legt aber das Hauptgewicht auf eine allgemein-christliche Auswertung dieser Geschichte.[47]

Dieser Hinweis auf 1.Sam.5 wird auch von Luther aufgenommen. Dabei sind die Philister, die die Strafe Gottes erfahren, nicht die Feinde der Israeliten zur Zeit des Alten Testaments, sondern die schriftgelehrten Juden zur Zeit Christi. Sie haben die Lade Gottes genommen und zerstört, und neben ihrem eigenen Götzen, Dagon, aufgestellt: Dies kann nach Luther in zweierlei Weise verstanden werden: Zum einen kann man die Lade als den Leib Christi auslegen, den die Juden bei der Kreuzigung gefangengenommen und getötet haben; und zum anderen kann man die Lade als die Schrift sehen, die die Schriftgelehrten durch ihre eigensinnige Auslegung völlig zerstört haben.[48]

Die Strafe für diese Zerstörung gilt für alle ungläubigen Juden; nicht nur für die Schriftgelehrten. Luther zieht es vor, das in der Beschreibung dieser Strafe strategische Bild »posteriora« konkret zu verstehen: als die Gesässe der Juden. Die Strafaussage in V.66 mag demnach entweder dahin gedeutet werden, dass Gott den Juden in der Welt keinen festen Sitz gegeben hat;[49] oder vielleicht eher so, dass die »posteriora« (d.h. das, was verborgen werden sollte) die »malitia et perfidia« der Juden gegen Christus sind. Die Juden erscheinen den anderen Menschen abscheulich, wenn dieser Hass gegen Christus zum Ausdruck kommt.[50]

Das wichtigste Textstück in diesem Zusammenhang ist aber die Auslegung von V.42-45, wo der Psalmentext an die Plagen erinnert, die Gott

---

[45] WA 3, 581,21-582,5. Zitat: 582,1-3.
[46] Vgl. Perez z. St.; Fol. CLXXIIII^v.
[47] CChSL XXXIX,1093f.,40,Z.1ff.
[48] WA 3,596,13-20.
[49] Ebd. Z.30ff.: »...agitanti enim vagi per diversa loca« (Z.32f.)
[50] »...ita ut sint in opprobrio per illud opus omnibus gentibus et inexcusabiles« (ebd. Z.36f.). »...intima sui cordis et desyderia contra Christum adhuc ostendunt: per que tunc stercus suum effuderunt. Ergo prominere extales est apparere voluntatem nocendi et maleficiendi...« (597,1-3).

um Israels Willen den Ägyptern schickte.[51] Für eine einheitliche geistlich-christologisch orientierte Auslegung des Psalms könnten diese Verse störend wirken: hier wird noch einmal – und noch unvermittelter als in V.66 – eine Strafaussage formuliert, die nicht gegen Israel, sondern gegen die Feinde Israels gerichtet ist.

So sieht man bei Augustin, dass er an dieser Stelle seiner Exegese wieder ganz besonders an die parabolische Redeweise des Psalms erinnert (V.2), und meint, dass diese Verse von einem jeden in je seiner Weise ausgelegt werden können.[52] Seine eigene Deutung ist auch hier in ganz allgemeinen geistlichen Wendungen gehalten.[53]

Auch Luther erwähnt explizit, dass diese Verse als »signa«, und nicht als »res« verstanden werden müssen.[54] Er ist sich natürlich bewusst, dass nach der historischen »litera« von den Plagen der Ägypter (Ex.7-12) gesprochen wird. Nach der »litera spiritualis« muss aber der ganze Psalm von den Juden und ihrer »infidelitas« Christus gegenüber gedeutet werden. Die Plagen, die in v.43ff. dargestellt werden, müssen demnach geistlich als »mala spiritualia malis et incredulis exhibita« verstanden werden; und in erster Reihe solche »mala«, insofern sie die Juden getroffen haben.[55]

In dieser Weise werden bei Luther – wohl ohne Parallele in der Auslegungstradition – die Straftaten gegen die Ägypter um Israels willen ganz eindeutig und konsequent als Straftaten gegen die ungläubigen Juden verstanden: Wie es in der Auslegung von v.66 »...Scribe et legisperiti cum suis, veri Philistei« hiess, heisst es hier: »...synagoga est nunc Aegyptus.«.[56]

Die Plagen, mit denen Gott die Juden gequält hat, können eigentlich, in einem Punkt zusammengefasst werden: nämlich als die »corruptio Scripture«, die Gott bei den Juden hat geschehen lassen.[57] Wenn er die Flüsse und Bäche in Blut verwandelt hat (V.44), bedeutet das, dass die Schrift bei ihnen nur nach der »litera mortua« gelesen wird, so dass die

---

[51] Luthers Auslegung dieser Verse findet sich ebd. 585,14-592,26.

[52] CChSL XXXIX,1086,26,Z.1ff. Augustins Unsicherheit an dieser Stelle hängt auch damit zusammen, dass es im Psalmentext Auskünfte über die Plagen Ägyptens gibt, die mit dem Bericht in Exodus nicht übereinstimmen (Z.7ff..25ff.).

[53] Ebd. 1087,27,Z.1ff. – *Perez* geht nicht näher auf die Probleme dieser Verse ein; stellt nur fest, dass die »signa« gegenüber den Ägyptern »ad ostendendam ingratitudinem illius populi« dargestellt werden. Allerdings deutet auch er an, dass es mit diesen Versen »maxima mysteria« verknüpft sind, auf die er vielleicht bei einer anderen Gelegenheit eingehen könnte (Perez z.St.).

[54] WA 3,585,33.

[55] Ebd. 592,23f.; 585,20-22. 36-39.

[56] Ebd. 596,13f.; 586,10f.

[57] Ebd. 587,27-33.

Seelen getötet werden.[58] – Nach V.45 werden die Fliegen und Frösche
ins Volk gesandt, um es zu vertilgen. Damit ist nach Luther einerseits
der »zelus« und andererseits die »loquacitas« der Juden – und insbesondere ihrer Schriftgelehrten – gemeint. Sie verbreiten ihre Lehre mit grossem Eifer und vielem Gerede; verstehen aber kaum selbst alles, was sie
sagen (wie auch die Frösche Unverständliches reden).[59] – Die Synagoge,
die früher ein fruchtbarer Weinstock war, ist durch Hagel und Eis vernichtet worden (V.47): d.h. durch die »verba et exempla« und durch die
»frigiditas« der Juden, mit der Gott sie seit der Zeit Christi gestraft hat.[60]
     Aber es ist nicht nur der Geist der Juden, der zerstört worden ist. Auch
gegen ihren Leib hat Gott Plagen gesandt. Das kommt in V.48 zum Ausdruck, wo von den »iumenta« und »possessiones eorum« die Rede ist.[61]
Ihre Arbeit und Mühe, um ihre eigene Gerechtigkeit aufzurichten, ist
ohne Früchte. All das, was sie so eifrig betreiben, steht unter dem Zeichen ihrer falschen Religion. Sie tun es nur, um ihre eigene Gerechtigkeit aufzurichten, ohne dass Gott die Ehre gegeben wird: »...ea non in
gratiarumactione vero creatori et deo attribuunt, sed removent a Christo, tanquam non sit largitor talium«. Dadurch wird ihre Mühe nur
Schein, »species«.[62]
     Die letzte Plage wird im Psalmentext in V.49-51 beschrieben: »Et mi-
sit in eos iram indignationis sue...« Die »ira indignationis« Gottes ist der
Zorn, der nicht nur »temporaliter« den Leib trifft, sondern auch »spiritualiter« die Seele.[63] Die Juden werden hier bei der letzten Plage den bösen Engeln überlassen und vernichtet. Wie die Erstgeburt der Ägypter
(V.51) werden sie zerschlagen. Gott hat seine Erstgeburt vernichtet, um
eine neue annehmen zu können, die ihm im Geist dient.[64]

Insgesamt kann man in hermeneutischer Hinsicht auch für Luthers Deutung von Ps.77 eine besondere Hervorhebung der »spiritualitas«-
Perspektive als charakteristisch feststellen. Luther unterscheidet sich darin deutlich sowohl von Lyra als von Burgensis. Die Eigenart der »spiritualitas«-Exegese Luthers im Verhältnis zu Augustin, Faber und Perez,
die auch einer geistlichen Deutung zugestrebt hatten, kann zusammen-

---

[58] Ebd. 586,11ff. Luther nennt hier auch als eine Dimension des Textwortes das Blut
Christi, das durch die Juden besudelt worden ist.
[59] Ebd. 586,32-587,17.
[60] Ebd. 588,12ff.
[61] Ebd. 589,1ff.
[62] Ebd. Z.15-17. 9f.
[63] Ebd. Z.32f. – Zieht man hier den Vergleich zu Perez, kann man feststellen, dass
er sich in seiner Beziehung der Straftaten auf die Ägypter nur auf leibliche Strafen beschränkt (vgl. oben Anm. 53).
[64] WA 3,590,9-11.

fassend darin gesehen werden, dass die geistliche Exegese des Textes bei Luther »konkreter« und »buchstäblicher« als bei den anderen durchgeführt wird. Dies kommt im Verhältnis zu Faber und Perez darin zum Ausdruck, dass die geistliche Deutung nicht nur zusammenfassend an einzelnen Stellen zu Wort kommt, sondern Schritt für Schritt als der Sinn der einzelnen Verse gezeigt wird. Im Verhältnis zu Augustin, der anders als Faber und Perez auch in der laufenden Auslegung der einzelnen Verse grosses Gewicht auf eine geistliche Exegese legt, kommt der Unterschied in diesem Fall vor allem in einer grösseren Bemühung um eine buchstäbliche Verifikation und konkrete Applikation der geistlichen Deutung bei Luther zum Ausdruck.

Thematisch führt dieser hermeneutische Griff Luthers auch hier dazu, dass der Text von dem Gegensatz zwischen den Juden und der Wahrheit Christi gedeutet wird. Diesem geistlich-buchstäblichen »Zentralthema« wird der ganze Psalm angepasst; und zwar so, dass historisch-buchstäbliche Differenzen im Bericht des Psalmentextes im Zusammenhang der geistlich-buchstäblichen Exegese nicht berücksichtigt, bzw. aufgehoben, werden: So werden alle »inimici« – nicht nur die alttestamentlichen Juden in ihrem Verhältnis zum Gesetz Gottes, sondern auch die »inimici« dieser Juden im alttstamentlichen Sinn des Textes: die Philister und die Ägypter – dem geistlich-buchstäblichen Sinn nach als die Juden in ihrem Gegensatz zu Christus gedeutet.

Auch Perez stellte den Gegensatz zwischen den Juden und der Wahrheit Christi ins Zentrum seiner Exegese des Psalms. Das Ziel seiner Deutung war dabei rein paränetisch: von einem geschehenen Bruch zwischen den Juden und Christus und von der darauf folgenden Strafe und Verdammung der Juden spricht der Text nach ihm nicht. Dies ist bei Luther ganz anders: Nach ihm wird die Sünde und die darauf folgende Strafe und Verdammung der Juden im Ps.77 festgestellt und beschrieben. Und weil die Sünde der Juden: die Absage an die Wahrheit Christi – so gross ist, wird auch ihre Strafe – mit wenigen Ausnahmen – in kompromisslosen und harten Wendungen dargestellt.

VIII

PSALM 90

Psalm 90, »Qui habitat«, war sowohl für Luther als für die Auslegungstradition vor ihm ein sehr wichtiger Text zum Verständnis der Feinde Christi und der Kirche. Ein entscheidender Anlass für diese Sonderstellung ist wohl darin zu finden, dass der Teufel selbst bei der Versuchung Jesu zu den Worten dieses Textes gegriffen hat: Nach dem Evangelienbericht, Mt.4,6 und Lk.4,10f., redet er zu Jesus in Wendungen von Ps.90,11f.[1]

Im Anschluss an diese explizite Anknüpfung an die Evangelien-Geschichte wird der Text auch bei den meisten Exegeten vor Luther christologisch-ekklesiologisch interpretiert; und zwar in einer christologischen Perspektive, die eben durch die Verknüpfung zwischen V.11f. und der Versuchungsgeschichte angegeben wird: Der ganze Psalm wird als ein Text über die Versuchung Christi und der Christen durch den Teufel verstanden.

So steht z.B. bei Augustin zu lesen: »Psalmus iste est de quo Dominum nostrum Iesum Christum diabolus tentare ausus est. Audiamus ergo, ut possimus instructi resistere tentatori, non praesumentes in nobis, sed in ipso qui prior tentatus est, ne nos in tentatione uinceremur«.[2] In ähnlicher Weise wie der Busspsalm 31 paradigmatisch im Blick auf das Bild des wahren Büssers gedeutet wurde, wird Ps.90 paradigmatisch als ein Text von der Überwindung der »tentatio« verstanden.

Zu einer näheren Beschreibung des *Versuchers* haben dabei vor allem die Verse 3,5-8 und 13 Anlass gegeben. Hier werden die verschiedenen Drohungen und Gefahren beschrieben, vor denen Gott den Betenden beschützt. Und an Hand der Formulierungen dieser Verse haben die Exegeten über die Eigenart der Drohungen und Angriffe des Teufels nachgedacht, – sei es gegen die einzelnen Christen oder gegen die Kirche.

Zum Teil geschieht dies in ganz allgemeinen Wendungen, die weder anthropologisch noch ekklesiologisch konkretisiert sind, – oder in Wen-

---

[1] Vgl. auch Lk.10,19, wo Jesus Ps.90,13 als Schriftbeweis für die Kraft der Jünger über die Feinde anführt.

[2] CChSL XXXIX,1254,1,Z.1-4. vgl. 1256,3,Z.1ff.; 1265,12,Z.13ff.,1,Z1ff. Vgl. auch bei Cassiodor CChSL XCVIII,829,1,Z.6ff.; die Glossa Ordinaria, MPL 114,998, zu V.1; und Bernhard, Opera vol. IV,384,17ff. – Eine stärkere Konzentration nur auf die Versuchung Christi findet man in der Auslegung Fabers: Fol.134[r-v].

dungen, die sich ausschliesslich auf das individuelle Christenleben beziehen.[3] Der Übergang zu einer expliziten ekklesiologischen Deutung ist
aber – den tyconianischen »regulae«[4] gemäss – manchmal fliessend, und
sowohl Augustin und Cassiodor als Bernhard von Clairvaux kommen in
ihrer Exegese auch zu ausdrücklichen ekklesiologischen Auslegungen der
strategischen Feindverse.

So kommt *Augustin* in seiner Auslegung von V.6 auf die Verfolgungen
der Kirche zu sprechen. V.5b-6 lautet nach der LXX-Version: »non ti-
mebis a timore nocturno, a sagitta volante in die, a negotio perambulante in tenebris, ab incursu et daemonio meridiano«. Dabei deutet Augustin die »sagitta volans in die« (V.6a), aber auch das »daemonium meridianum« (V.6c) als die Verfolgungen verschiedener Stärke, die die
weltlichen Herrscher gegen die Kirche durchgeführt haben.[5]

Zu einer weiteren ekklesiologischen Explikation und Differenzierung
kommt er in seinem Kommentar zu V.13 (»super aspidem et basiliscum
calcabis, conculcabis leonem et draconem« (iuxta hebr.)), wo er an Hand
der Begriffe »leo« und »draco« eine Unterscheidung zwischen offenen
und verborgenen Angriffen gegen die Kirche macht: »Leo aperte saeuit;
draco occulte insidiatur: utramque uim et potestatem habet diabolus.
Quando martyres occidebantur, leo erat saeuiens; quando haeretici insidiantur, draco est subrepens«.[6] – Von Augustins Standpunkt her gesehen
ist die Gefahr des Löwen: die gewaltsame Verfolgung durch die weltlichen Herrscher, schon erledigt. Sein Interesse gilt deshalb an dieser Stelle besonders den Ketzern, die durch ihre Schlauheit und ihren Hinterlist
die Kirche bedrohen.[7]

Cassiodor übernimmt eine entsprechende Distinktion in seiner Auslegung von V.6: »...Timor itaque nocturnus est haereticorum tenebrosa

---

[3] Dies ist z. B. im ersten Teil der Auslegung Augustins der Fall (op.cit. S.1256ff.), wo
die allgemeinen Gefahren der Drohungen des Teufels hervorgehoben werden; oder in
Bernhards Sermo III über »Qui habitat« (zu V.3), wo die Fallstricke des Teufels vor allem als die Güter (besonders der Reichtum) dieser Welt verstanden werden. Vor diesen
Gefahren schützt Gott die Mönche (op.cit. S.392-397; besonders S.395,15ff.). Vgl. sonst
auch Sermo VI (zu V.6), ibid. S.404,1ff.; 409,18. Vgl. auch die sehr allgemeine Kommentare Fabers zu V.3 und V.7 (Fol.134^{r-v}).

[4] Die tychonischen »regulae« waren in programmatischer Form durch Augustins »De
doctrina christiana« überliefert worden (vgl. CChSL XXXII; wichtig sind hier regula
1f. und regula 7: S.102ff. und 114f.), und hatten sowohl durch dieses Werk als durch
Augustins Anwendung der »regulae« in seiner Exegese einen tiefen Einfluss auf die
Schriftauslegung des Mittelalters ausgeübt. Vgl. die ausführlicheren Darstellungen zu
diesen Punkt bei Vercruysse (1968), S.28f. und vor Allem bei Ebeling (1942), S.124ff.

[5] CChSL XXXIX,1259-1261,7-8.

[6] Ebd. 1276,9 Z.6-9. Augustins Distinktion ist auch im Kommentar der Glossa Ordinaria zu V.13 aufgenommen (MPL 114,1000).

[7] CChSL XXXIX,1276,9,Z.10ff.

suasio. Sagitta volans per diem manifesta persecutio tyrannorum«.[8]

Und bei *Bernhard*, im 12. Jahrhundert, findet man eine noch weiter differenzierte ekklesiologische Auslegung von V.5b-6; obwohl nur als ein relativ knapper Appendix zu seiner sonst auf die individuelle Frömmigkeit ausgerichteten Exegese des Textes.[9] An Hand der 4 Teile, in die V.5b-6 syntaktisch gegliedert sind, unterscheidet er zwischen 4 verschiedenen geschichtlichen Gestalten des Feindes: »timor nocturnus« (V.5b) ist die gewaltsame Verfolgung im politischen Sinn; »sagitta volans« (V.6a) steht für die hochmütigen und eigensinnigen Ketzer, die nur ihre eigene Lehre verbreiten. »Negotio in tenebris« (V.6b) ist der Angriff, der in der Geschichte der Kirche nach den Ketzerangriffen folgt: nämlich die »falsi fratres« der Glaubenden, die zur Zeit Bernhards die Kirche quälen. Was weiter aussteht, ist nur das »daemonium meridianum« (V.6c): der Antichrist selbst, der »homo peccati, filius perditionis« (2.Thess.2,3), der den Gipfel und zugleich den Abschluss der Angriffe ausmachen wird.

Sowohl bei Faber wie bei Perez spielt die ekklesiologische Perspektive für die Deutung des Textes nur eine geringe Rolle. Besonders gilt dies für *Faber*. Er spricht in seinem Kommentar zu V.6 ganz allgemein von den »vielfachen Versuchungen Satans«, und deutet dies näher durch die Kategorien der moralischen Exegese.[10]

Auch für *Perez* ist die moralische Auslegungsdimension die wichtigste: Die Feindbeschreibungen des Psalms, der – wie Perez sagt – jeden Abend in den Klöstern zum Komplet gebetet wird, werden in erster Linie auf die Gefahren und Bedrohungen für den einzelnen Glaubenden bezogen.[11] – Bei ihm wird aber auch die Tradition einer ekklesiologisch und kirchengeschichtlich näher differenzierenden Feindbeschreibung, die in massgeblicher Weise bei Bernhard zum Ausdruck gekommen war, aufgenommen. Dies geschieht aber nicht, wie bei Bernhard, in der Auslegung von V.5b-6 (wo tropologisch interpretiert wird), sondern – wie bei Augustin – im Kommentar zu V.13: »super aspidem et basiliscum ambulabis, conculcabis leonem et draconem« (iuxta LXX).

Die vier Tiere, die hier genannt werden, stehen für die vier Verfolgungen der Kirche. Anders als bei Bernhard, werden dabei zuerst die Juden genannt: »Nam prima persecutio fuit synagoge que intelligitur per aspidem; conati enim sunt iudei percutere ecclesiam cecitate et ignorantia in

---

[8] CChSL XCVIII,829,1,Z.6ff. – Dieselbe Unterscheidung taucht dann wieder in Petrus von Burgos' »Additio« z.St. auf.

[9] Opera, vol.IV,409,19-411,6.

[10] Vgl. Faber z.St., Fol.134^v.

[11] Vgl. z.B. die Einleitung, Fol.CCIV^v-CCV^r; den Kommentar zu V.5f., Fol. CCV^v, und die Zusammenfassung, Fol.CCVII^r.

principio«.[12] Diese Verfolgung durch die »synagoga« hat aber kein besonderes Gewicht den anderen »persecutiones« gegenüber. Vielmehr war
sie auf die Zeit der Apostel beschränkt, und wurde von anderen und
schwereren Verfolgungen abgelöst. Perez folgt hier, in der weiteren Aufzählung, der Reihefolge bei Bernhard: zunächst kommen die »tyranni«,
die durch das Wort »leo« in V.13 gemeint sind. Ab der Zeit Konstantins
hat dann auch diese Verfolgung aufgehört, und die Verfolgung durch die
»heretici« (»basiliscus«) hat eingesetzt. Die vierte und letzte und auch die
schwerste Verfolgung, die durch das Wort »draco« charakterisiert ist,
steht noch aus: sie umfasst sowohl die dritte als die vierte »persecutio« im
Sinne Bernhards: also sowohl die »falsi fratres« – oder, wie Perez sagt:
die »hypocrites« – als den Antichrist.[13]

Die Juden spielen bei den genannten Exegeten aus der Tradition keine
wichtige Rolle. Bei Augustin werden sie nur einmal – am Rande der Argumentation – erwähnt.[14] Bei Cassiodor und Faber kommen sie überhaupt nicht vor. Etwas anders verhält es sich bei Bernhard: er kommt ab
und zu auf die »filii Israel« zu sprechen. Die hermeneutische und argumentative Funktion dieser Hinweise ist aber auch bei ihm nicht von entscheidender Bedeutung: Biblische Aussagen über die Juden – sei es im
Alten oder im Neuen Testament – dienen nur als Illustration, und nicht
als Fundament, der christologisch-moralischen Auslegung.[15] Bei Perez
kommen sie, ausser an der oben zitierten Stelle, auch in der Auslegung
von v.7f. vor, und werden hier ganz eingehend als die Abgefallenen der
Kirche erörtert:[16] in der folgenden Analyse soll auf diese Stelle bei Perez
etwas näher eingegangen werden. Auch im Blick auf ihn kann man aber
keineswegs sagen, dass die Juden in seiner Argumentation von entscheidender Bedeutung sind.

Nur bei *Lyra* spielen die Juden eine Hauptrolle als Fundament der
Exegese: nach ihm ist Ps.90 von Mose verfasst, und berichtet vom Israel-
volk auf der Wüstenwanderung; wie das Volk hier von Gott gegen die
verschiedenen Gefahren geschützt wurde. Lyra bewegt sich in seiner
Exegese fast ausschliesslich auf dieser Ebene der alttestamentlichen historischen »litera«, wo die Juden eben nicht die Feinde, sondern das betende
Subjekt sind. Von einer weiteren geistlichen ekklesiologischen Deutung

---

[12] Ebd. Fol. CCVI[V]

[13] Ebd. Die Verfolgung des Antichrist wird dabei als eine Zusammenfassung aller früheren Verfolgungen charakterisiert: »Quarto infestabit eam draco antichristus, et cetus
hypocritarum. Erit enim antichristus simul aspis et basiliscus, leo et draco scilicet iudeus
et hereticus, tyrannus et hypocrita, et sic vastabit ecclesiam...«

[14] CChSL XXXIX,1267,1,Z.74.

[15] Vgl. z.B. Opera IV,394,10ff.; 396,16ff.; 425,14ff.

[16] Vgl. Perez, Fol.CCV[V].

des Psalms mit den Juden in der Rolle der »inimici ecclesiae«, ist auch
in diesem Fall bei Lyra keine Spur.[17]

Vor diesem traditionsgeschichtlichen Hintergrund kann die Eigenart von
Luthers Ansatz in der Auslegung des Psalms festgestellt werden. – Einige
allgemeine Merkmale seiner Auslegung fallen sofort ins Auge. Auch
Luthers Exegese ist ausgesprochen christologisch orientiert; und zwar so,
dass die ekklesiologische Perspektive die Hauptrolle spielt.[18] Dabei ist
Luther besonders an der Rolle der Feinde der Glaubenden interessiert.
Im Vergleich mit der Auslegungstradition zu Ps.90, ist Luthers Konzentration der Exegese auf dieses Thema auffallend.[19] »Totus iste psalmus
est exhortatio ad fidem rectam contra eos, qui sibi vias eligunt et iustitias
statuunt«, sagt er am Anfang der Scholienauslegung.[20] Und wie vorher,
meint er damit in erster Linie die Juden: »Iudei primo«. Immer wieder
hebt er hervor, dass die ersten und im Text prophetisch gemeinten Feinde die Juden sind: »Necesse est autem ista in Iudeis videri impleta: quoniam de illis primo dicta sunt«.[21]

Luther ist sich auch sehr wohl bewusst, dass sich seine Auslegung von
derjenigen der Tradition unterscheidet: zweimal kommt er darauf zu
sprechen.[22] Als die entscheidende Besonderheit seiner eigenen Auslegung nennt er dabei ihre *geistliche* Ausrichtung, – im Unterschied zur
bloss metaphorischen Exegese seiner Vorgänger.

Exemplifiziert wird dieser Unterschied vor allem an der Auslegung
von V.3ª: »quoniam ipse liberabit me de laqueo venantium« (iuxta
LXX). Eine bloss metaphorische Interpretation des Wortes »venatio«
legt das Wort im übertragenen Sinn aus: als »venatio« durch Schlauheit
oder Hinterlist. Dies ist für eine geistliche Exegese nicht falsch, wohl aber
unzureichend. Nach Luther ist es primär der Gegenstand, und nicht die
Methode der »venatio«, der sie als »geistlich« qualifiziert: Die Hauptsa-

---

[17] Vgl. Lyra z. St. Über die historisch- alttestamentliche Auslegung des Textes hinaus
gibt Lyra nur einen kurzen abschliessenden Kommentar zur Möglichkeit einer moralischen Exegese des Psalms (»Moraliter, Psalmus iste potest exponi de quolibet fideli spe-
rante in domino spe formata caritate...«).

[18] Vgl. Luthers Summarium, WA 4,61,32f.: »De fructu et commodo fidelium in
Christum et Christi in deum confidentium.« Anders als Luther, spricht Faber in seinem
Summarium nur von Christus: »Psalmus de Christo domino. Propheta in spiritu lo-
quitur.«

[19] Vgl. auch oben (S.30f.) zu Ps. 31, wo eine ähnliche Feststellung gemacht werden
konnte.

[20] WA 4,64,9f.

[21] Ebd. 69,7f. Vgl. die ähnlichen Aussagen ebd. 64,11 (zum ganzen Psalm); 72,15 (zu
V.6); 75,32 (zu V.5-8).

[22] Ebd. 67,3-5: »Illustres et sancti patres istum psalmum varie exponunt. Sed non
preiudicant, quin et nos in nostro sensu liceat abundare«. Vgl. 69,6ff.

che ist *was* angegriffen wird, und nicht *wie* der Angriff geschieht. Das heisst: »venatio« im geistlichen Sinn ist »venatio« der Seelen. »Hic enim loquitur de captione animarum«.[23] Das Ziel dieser Zerstörung ist es, den geistlichen Sinn des Glaubens, die »veritas«, zu unterdrücken.[24]

In den beiden Texten, wo Luther diese Selbstaussagen zur Eigenart seiner eigenen Exegese macht, geht die Hervorhebung der geistlichen Perspektive Hand in Hand mit einer Erwähnung der Juden als der primären Feinde und Zerstörer.[25] Sie haben sich in einer prototypischen Weise gegen die Wahrheit gestellt; sie sind die mustergültigen »venatores« im geistlichen Sinn des Wortes.

Nachdem die geistliche Perspektive in dieser Weise besonders hervorgehoben ist, geht auch Luther auf die Angriffs*weise* der Juden ein, im Anschluss an die in V.3 benutzten Begriffe. In der Formulierung »...liberabit me de laqueo venantium et ab verbo aspero«, sind »de laqueo« und »a verbo aspero« (bzw. iuxta hebr.: »de morte insidiarum«) Parallelausdrücke, die aufeinander bezogen werden müssen. Die »verba aspera« sind dabei die in jeder Hinsicht bösen und todbringenden Lehren der Juden, durch die sie Gott aufregen und irritieren.[26] Zu einem Fallstrick, einem »laqueus«, werden diese Lehren, weil sie nach aussen immer gut und heilbringend erscheinen: »...foris appareat lenis, dulcis, sana, vitalis et omnibus modis bona«.[27]

Luthers Scholienauslegung zu Ps.90 geht nicht länger als bis zum V.8. Von den besonderen »Feindversen« des Psalms wird also V.13 nicht näher kommentiert.[28] Dafür wird aber V.5b-6 von Luther sehr eingehend behandelt;[29] und die nähere Eigenart seines Ansatzes, auch im Verhältnis zur Tradition, kommt hier gut zum Ausdruck.

Wie es oben gezeigt wurde, hatten Luthers Vorgänger, von Augustin bis Bernhard, die verschiedenen Glieder dieser Aussage als Anlass für eine differenzierende Interpretation der Feinde benutzt. Die Feinde wurden an Hand ihrer verschiedenen Angriffsweisen von einander unterschieden, und dazu auch chronologisch nacheinander eingeordnet.

Mit dieser Tendenz zur Differenzierung – die auch in Perez' Ausle-

---

[23] Ebd. 67,5ff.
[24] Ebd. 69,11f.: »...corruptelas veritatis et fidei et integritatis spiritualis intelligentie«.
[25] Ebd. 69,7f.; vgl. 67,10f.
[26] Ebd. 67,13ff. (»Quia talis doctrina est aspera in spiritu, amara, venenosa, mortifera et omnibus modis noxia et mala...« (Z.13f.)) Luther weist auch auf den Propheten Ezechiel hin, der wiederholt den Ausdruck »domus exasperans« im Blick auf das Volk der Juden benutzt hatte (Z.16f.)(Ez.2,5; 3,9.26; 12,2).
[27] Ebd. Z.15. Vgl. Z.23f.: »...cum appareant foris bone et subtus sint male«.
[28] In seinem Glossenkommentar zu diesem Vers spricht er nur ganz allgemein von den »multas machinas (Diaboli)«: 63,18f.
[29] Ebd. 69,4-72,23 und 73,37-76,38.

gung von V.13 sehr deutlich weitergeführt worden war – bricht Luther
völlig. Zwar geht auch er auf die verschiedenen Momente der Aufzählung in V.5^b-6 näher ein; bezieht aber grundsätzlich die ganze Beschreibung nur auf die Juden. Dies geschieht in einer zweifachen Weise: zum
einen mehr allgemein im Blick auf das Judenvolk und die jüdische Religion nach der Offenbarung Christi; zum anderen konkret-spezifisch im
Blick auf die Rolle der Juden bei der Verurteilung Christi: Die Kollision
zwischen den Juden und der Wahrheit in Christus, die im Text bezeugt
wird, lässt sich auf diesen beiden Ebenen ablesen.

Die erstere Betrachtungsweise wird dabei am stärksten hervorgehoben. Nach Luther ist es ein entscheidendes Kennzeichen der jüdischen
Religion, dass sie der »temporalitas« zugewandt ist: »Diu enim amavit
populus Iudeorum temporalia«. An und für sich ist dies keine negative
Charakteristik. Gottes Verheissungen an die Juden haben sich vom Anfang an gerade auf die »temporalia« bezogen. Zum Unheil hat das erst
dann geführt, als die Religion der Juden mit der Wahrheit Christi konfrontiert wurde: »Sed postquam cepit Christus Euangelium et spiritum
predicare, hic tum cepit amor timere. Et inde omnis miseria orta est...«[30]

Luther sagt dies als Kommentar zu V5^b: »a timore nocturno...« »Nocturnus« im Unterschied zu »diurnus« (V.6) muss nach Luther an dieser
Stelle als »temporalis« oder »carnalis« im Unterschied zu »spiritualis« gedeutet werden. Und der »timor nocturnus« ist dabei eigentlich (»proprie«) eine Furcht davor, »...temporalis commoditas amitti et acquiri
incommoditas, sicut Iudei fecerunt«.[31] Diese Furcht springt aus dem Wesen der jüdischen Religion – aus dem »amor« zu den »temporalia« – hervor. Die Liebe schlägt nämlich in Furcht um, wenn der Gegenstand der
Liebe bedroht wird. Und dies ist bei den Juden durch die Verkündigung
des Evangeliums vom Kreuz geschehen: »Quia viam Christi nullus incipit, qui non omnia contemnit prospera et adversa huius vite...«[32] Hier
fühlten sich die Juden im Innersten bedroht. Es kommt aber für sie nicht
in Frage, in den »Tag« umzukehren und mit echter Gottesfurcht (»timor
diurnus«) statt mit dem »timor nocturnus« zu reagieren. Dafür sind sie
in ihrer »temporalitas« zu tief verwurzelt.

So geht es ihnen eher so wie es Pharao ging, als die Furcht in ihm auf-
kam, das Israelsvolk solle ihn verlassen: sie werden verhärtet.[33] »Et inde

---

[30] Ebd. 71,3ff.
[31] Ebd. 74,31f. Diese Unterstreichung der Deutung durch das Wort »proprie« erfolgt
unmittelbar nachdem Luther ganz kurz die Auslegungen Augustins und Bernhards (bei
Bernhard nicht die ekklesiologische, sondern die an die individuelle Frömmigkeit orientierte) erwähnt hat.
[32] ebd. 74,33; vgl. 71,2ff.
[33] Ebd. 71,5f.

omnia miseria orta est«: So wie die rechte Gottesfurcht nach Prov. 1,7 der Anfang alles Guten ist,[34] ist der »timor nocturnus« umgekehrt der Anfang alles Bösen und alles Unheils. »Sic econtra timor nocturnus est principium stultitie et initium omnis perditionis, qui et efficit ea, que sequuntur (i.e. in V.6), sicut origo et radix«.[35]

Von diesem Ausgangspunkt her deutet Luther dann die drei weiteren Glieder der Aufrechnung in V.5b-6 als eine Beschreibung der zunehmenden Bosheit und Verstockung der Juden. Dabei geht es bei Luther nicht um verschiedene von einander trennbare Glieder, die je für sich betrachtet werden sollten; sondern eher um ein »Syndrom« des Unheils, eine Steigerung des Bösen, wo das eine Glied unmittelbar ins nächste übergeht. So kann man nach Luther im Grunde genommen auch die vier Glieder der Aufrechnung zusammenhalten als verschiedene Ausdrücke für eine und dieselbe Sache, so wie auch in V.13 vier verschiedene Glieder aufgezählt werden zur Charakterisierung der »nequitia« der Juden.[36]

Die »sagitta volans« (V.6a) ist die lügenhafte Lehre der Juden. »Sagitta« steht für »verba acuta« (= »verba aspera« in V.3). Dass diese Lehre durch die Worte »in die volat« beschrieben wird, deutet darauf hin, dass ihr Inhalt nur »externorum sapientia« ist. Es geht um eine Lehre, die nicht in Christus ist, und das bedeutet eo ipso, dass sie lügenhaft ist. Sie ist »...animalis, mundana et diabolica«, »...secundum literam, tantum excluso spiritu«.[37]

Auf die »sagitta volans« folgt die »negotio perambulans in tenebris« (V.6b), und hier gehen die Juden einen Schritt weiter. Nicht nur, dass sie ihre eigenen fleischlichen Lehren und Meinungen ausbreiten, die weltliche Ehre, Reichtum und Macht als den Inhalt der göttlichen Verheissungen hervorheben. Sie fangen auch an, die offenbare Wahrheit Gottes ausdrücklich zu beschimpfen.[38] Die Zunahme an Bosheit, die in

---

[34] Ebd. 70,3-5: »Timor autem diurnus est, quo timentur mala spiritus et bona eiusdem, ne amittantur. Et iste est timor domini principium sapientie, initium salutis et custos omnis boni.«

[35] Ebd. Z.6f. Vgl. 75,12: »Sicut omnia ex amore nocturno«.

[36] Ebd. 69,22-24. Weil V.13 in der Scholienauslegung nicht für sich behandelt wird, ist dieser Hinweis im Rahmen der Auslegung von v.6 besonders interessant: Er bestätigt an einem weiteren traditionsgeschichtlich strategischen Punkt (vgl. oben vor allem zur Exegese Perez') die Tendenz Luthers zur ekklesiologischen Konzentration der Feindeinterpretation auf die Juden. – Vgl. übrigens auch 71,22, wo das Wort »basiliscus« V.13 entnommen ist, und von Luther auf die Juden bezogen wird.

[37] Ebd. 70,9ff. »Ideo verbum asperum ipsum est sagitta volans in die...« – »Volans« steht für den unverpflichtenden und vagen Charakter der jüdischen Lehren: »Deinde recte vocatur eorum doctrina 'Volans sagitta'. Quia sicut ea sunt que docet, ita et ipsa est« (71,7-9). Vgl. auch 74,36.

[38] Ebd. 70,22ff.; 71,11ff.; 75,3-5. – Der Übergang von der »sagitta volans« zur »negotio perambulans« ist auf S.70,27-29 in formelhafter Weise zusammengefasst: »Sagitta volans statuit suum sensum: hec autem etiam impugnat alienam. Illa iactat temporalem

diesem dritten Glied zum Ausdruck kommt, ist nach Luther vor allem an dem Wort »negotio« abzulesen. Luther weist in diesem Zusammenhang auf die hebräische Ausdrucksweise hin, wo es »a peste« oder »a pestilentia« heisst:[39] dadurch wird der giftige und tötende Charakter der hier beschriebenen Angriffe deutlich. Totbringend und gefährlich sind die Angriffe aber nicht für die Wahrheit, sondern vor allem für die Juden selbst. Durch den »timor nocturnus« und die »sagitta volans«, die in V.5^b und 6^a beschrieben wurden, sind die Juden zwar schon krank geworden; aber noch nicht in unheilbarer Weise. Die offenbare Verleugnung der dritten Stufe, der »negotio perambulans«, führt aber sofort den Tod herbei.[40]

Der Charakter und der Verlauf dieser offenbaren Verleugnung wird näher im letzten Glied, in V.6^c, beschrieben: »ab incursu et demonio meridiano«. Als die Juden sehen, dass ihre Angriffe nichts nützen, werden sie in ihrer Verstockheit nur mehr fanatisch. Was hier beschrieben wird, ist deshalb »…zelus et furor, novissimum malum, quo fit intus rodantur inexplebili ira contra veritatem Christi, quam abolere et vastare summe nituntur (id est toto estu et fervente meridie)«. »Iste enim est dolor, id est invidia et zelus de prosperitate Christi et veritatis eius.«[41] Der Zorn entsteht also aus Frustration über den Misserfolg der eigenen Angriffe im Gegensatz zum Erfolg der Wahrheit Christi. Und Luther unterstreicht auch hier, wie das Ergebnis der masslosen jüdischen Angriffe nur die Zerstörung der Juden selbst ist. Mit Ps.7,17 sagt er: »Convertetur dolor eius in caput eius, et in verticem ipsius iniquitas descendet«.[42]

Der enge innere Zusammenhang zwischen den vier Gliedern, und der »Syndrom«-Charakter der Entwicklung der jüdischen Angriffe wird in der folgenden Zusammenfassung Luthers – die in extenso zitiert wird – sehr deutlich: »Vide nunc ordinem. Cupiditas est radix omnium malorum. Quid facit amor mundi? Primum quietus est, dum habet quo fruatur. Sed cum incipit reprobari, quod ille amat, iam timor tenebrosus et nocturnus oritur, nolens amittere, quod reprobatur. Et hic principium stultitie (id est sapiendi terrena et ignorandi coelestia). Et sic oritur sagitta volans per diem, docens ea que reprobantur per veritatem et inflam-

---

vanitatem: hec autem blasphemat etiam spiritualem gratiam«. Ebd. Z.32- 36 wird der Zusammenhang zwischen den drei ersten Gliedern zusammengefasst: »Quia enim per timorem nocturnum libenter suscipiunt sagittam diurnam et per illam sauciati et inflammati in temporalia, que timor nocturnus metuit amittere, incipiunt odisse omnia contraria, scilicet spiritualia, respuere veritatem et diligere vanitatem.«

[39] »a peste« steht im Psalmentext »iuxta hebr.«. Reuchlin schreibt zu דֶּבֶר, das an dieser Stelle im hebräischen Text steht: »Pestis. pestilentia«. Vgl. Raeder (1961), S.144f.

[40] WA 4,70,22ff.; 71,15ff.; 75,4f.

[41] Ebd. 71,30ff.; vgl.72,9f.

[42] Ebd. 71,33f.

mans ad illa, etiam zelum pro illis accedens contra veritatem. Tunc mox sequitur negatio veritatis, quod est mendacium et pestis illa in tenebris. Tandem cum frustra mentiri se cernit, sequitur furor et totus estus vastatorius sui potius quam veritatis.«[43]

Diese Auslegung der Feinde in Ps.90,5^b-6 ist eindeutig eine Auslegung nach der »litera spiritualis«. Sie konzentriert sich auf die Feinde im geistlichen Sinn; die Feinde Christi, – und sie ist eine buchstäbliche Auslegung, weil sie den Text in seinem eigentlichen, historisch-prophetischen Sinn auslegt. Doch, wie oben schon erwähnt, ist Luthers geistlich-buchstäbliche Auslegung dieser Verse damit nicht erschöpft. Vielmehr wird sie in einem zusätzlichen Auslegungsgang noch buchstäblich-konkreter durchgeführt im Blick auf die Kreuzigungsgeschichte Jesu. Denn: Die Juden haben nicht nur generell und vom Anfang an die *Wahrheit* Christi angegriffen und sie auszurotten versucht; ihre Feindschaft ist auch gegen die *Person* Christi ganz konkret zum Ausdruck gekommen, so wie es im Neuen Testament näher erzählt wird.[44] Während Bernhard in seiner allegorisch-christologischen Exegese – im Anschluss an die »Satans«-Verse V.11f. (vgl. oben S.) – zu den verschiedenen Stufen der Versuchungsgeschichte Jesu gegriffen hatte, um die Glieder in V.5^b-6 zu erläutern,[45] greift Luther stattdessen zu Joh.11,48-50 – wo über die Rolle der Juden bei der Kreuzigung Christi geredet wird – um diese weitere Dimension seiner »litera spiritualis«-Auslegung zu explizieren.[46]

Der »timor nocturnus« lässt sich hier an der neutestamentlichen Aussage »Ne forte veniant Romani« (Joh.11,48, Luthers Version) verifizieren: Die Juden fürchteten, ihre »temporalia« durch Christus zu verlieren. Denn, wie es im Joh.11,48 weiter heisst: »...si dimittimus eum sic omnes credent in eum, et venient Romani et tollent nostrum et locum et gentem«. Die »sagitta volans« kommt mit der Aussage von Caiphas in Joh.11,50: »Expedit, ut unus homo moriatur pro populo«,[47] die die durch und durch fleischliche Einstellung der Juden verrät. Drittens (»negotio perambulante«) haben die Juden Jesus verweigert und verdammt, so dass ihre Lüge als die Wahrheit erscheinen musste; und seine Wahrheit wiederum als Lüge. Und viertens und zuletzt, nachdem so der Hö-

---

[43] Ebd. 72,1-10.
[44] Ebd. 75,14-24; vgl. 71,26-30.
[45] Vgl. Luthers Hinweis auf Bernhard, S.74,26-30. Bei Bernhard kommt diese neutestamentliche Anknüpfung besonders deutlich in Sermo 6 in Ps. »Qui habitat« (Opera IV, 408,11-17) zum Ausdruck.
[46] Vgl. dazu oben (S.96f.) zu Luthers Exegese von Ps.77,9, wo auch sehr explizit auf die Kreuzigungsgeschichte als Teil der »litera spiritualis«-Auslegung des Textes zurückgegriffen wurde.
[47] WA 4,75,17 (Luthers Version).

hepunkt ihrer Angriffe erreicht worden war, ist die Wahrheit wieder auferstanden.[48]

Auch im Kommentar zu V.7[ab]: »Cadent a latere tuo mille, et decem milia a dextris tuis«, führt Luther seine »litera-spiritualis«-Auslegung fort. Dieser Vers wurde in der Tradition meistens auf den Abfall von Christus/der Kirche bezogen, und die Unterscheidung zwischen den 1000 »a latere« und den 10 000 »a dextris« wurde bei Augustin, Cassiodor und in der Glossa Ordinaria – mit einigen Variationen – als eine Unterscheidung zwischen verschiedenen Kategorien von Glaubenden ausgelegt: die 1000 sind diejenigen, die dem Ziel der »perfectio« nachgestrebt haben und gefallen sind. Die grössere Gruppe »a dextris« sind andere Christen, die von der Hoffnung auf das ewige Leben abgefallen sind.[49]

Im Unterschied zu dieser »Normal-Auslegung« hatte aber vor Luther Perez, wie schon angedeutet, diese Stelle auf die Juden bezogen: Die »mille«, die »a latere (i.e. a sinistris)« abfallen, sind gerade die Juden, die auf Grund ihrer »obstinatio« und »caecitas« von der Kirche »besiegt« worden sind, und sowohl in geistlicher wie in weltlich-politischer Hinsicht verurteilt worden sind.

Der Abfall »a dextris« betrifft dagegen nach Perez die »gentes«. In Bezug auf sie ist es aber nicht der Abfall von der Kirche, sondern vielmehr die Abkehr von ihrem Götzendienst *zu* der Kirche: »... ad latus dextrum«, die gemeint ist.[50]

---

[48] An dieser Stelle sollte auf die Psalmenauslegung von *Hugo Cardinalis* hingewiesen werden, der in seinem Kommentar zu Ps.90,5[b]-6 (Fol.240[r]-241[v]) eine beachtenswerte Parallele zu diesem zusätzlichen, an der Person Christi ausgerichteten Argumentationsgang Luthers bietet. Neben einer moralischen Auslegung der Stelle, die Hugo prinzipiell für die wichtigste hält (vgl. die Einleitung seiner Auslegung des Psalms), und einem darauf folgenden Hinweis auf Bernhards ekklesiologische Deutung der Verse, kommt auch er in einem ausdrücklich als »allegorisch« bezeichneten Auslegungsgang auf eine streng an der Person Christi und seiner Anfeindung durch die Juden ausgerichteten Deutung zu sprechen. Der »timor nocturnus« ist hier nach Hugo die Furcht des Petrus, nachdem er Christus verleugnet hatte; die »sagitta volans« sind die jüdischen Vorwürfe gegen Christus vor der Kreuzigung; die »negotio perambulans« steht für die falschen Zeugen, die die Juden gegen Christus vorgeführt hatten; und der »incursus et daemonium meridianum« steht für ihren zornigen Kreuzigungsruf. – Es fehlt jedoch bei Hugo sowohl die systematische Geschlossenheit als die dramatische Steigerung, die Luthers Deutung der Verse in Bezug auf den Juden kennzeichnen.

[49] Vgl. Augustin CChSL XXXIX,1261-1264; Cassiodor, CChSL XCVI-II,832,Z.116-144; die Glossa Ordinaria z.St. Als Textbeleg weist Augustin für das »a latere« vor allem auf die Geschichte vom reichen jungen Mann hin, der nach der »perfectio« gestrebt hat (Mt.19,16ff.). V.28 über die zwölf Throne, die bei der Neuschaffung der Welt für die engsten Nachfolger Jesu bereit stehen sollen, ist der neutestamentliche »Referenzpunkt« für dieses Streben nach der »perfectio«. Für das »a dextris« ist Mt.25,31ff. (über das allgemeine Gericht des Menschensohnes am Jüngsten Tag) die wichtigste Belegstelle.

[50] Perez, Fol.CCV [v]. Perez schreibt am Ende seines Kommentars zu V.7: »Ecclesia ergo omnes sibi subiecit, scilicet iudeos ad sinistram quos in captiuitate possidet tempora-

Auch nach Luther muss V.7 vor allem auf die Juden bezogen werden: »Et debet iste versus proprie Iudeis applicari«. Der unmittelbare Grund dafür ist, dass das Wort »cadere« eigentlich nur auf sie wirklich passt. »Nam ipsi stabant soli populus dei, et iam ceciderunt et non sunt populus dei«. Dies ist geschehen, weil Christus ihnen ein »scandalum« wurde. Und ein »scandalum« wurde er eben deshalb, weil die Juden – mit ihrem Vertrauen auf die weltlichen Verheissungen Gottes; auf die »divitia« und die »temporalia« – in exemplarischer Weise mit dem Evangelium Christi zusammenstiessen.[51]

Wie in der Auslegung von V.5ᵇ-6, ist also auch hier die Kollision zwischen der »temporalitas« der jüdischen Religion und der »spiritualitas« Christi der entscheidende Punkt. Und anders als bei Perez, der nur das »a latere« in V.7 auf die Juden bezog, wird bei Luther sowohl das »a latere« wie das »a dextris« hauptsächlich von dieser Perspektive her interpretiert: Das »latus ecclesiae« ist die äussere Gestalt ihrer »humilitas«, die den ersten Anstoss erweckt. Wenn man aber an dieser armen äusseren Gestalt der Kirche Anstoss nimmt, so muss man es um so mehr an ihren »dextra«, an ihrer »invisibilia« und ihrer »incomprehensibilia« nehmen.[52]

Auch für Luthers Auslegung von V.8 ist der nähere Vergleich mit Perez interessant. V.8 beschreibt die Strafe der Gefallenen nach V.7, und lautet iuxta LXX: »Verumtamen oculis tuis considerabis, et retributionem peccatorum videbis«.[53] Beide Ausleger stimmen darin überein, dass die »retributio peccatorum«, die die Glaubenden nach diesem Vers sehen dürfen, vor allem das Leiden der Juden im Verlauf der Geschichte ist, mit dem sie Gott gestraft hat. Als der entscheidende Grund für dieses Leiden der Juden erwähnt Perez das in der Nachfolge Augustins besonders hervorgehobene Motiv der Kreuzigung Christi: Die Juden müssen leiden »...in retributionem mortis et passionis christi«.[54] Luther weist aber zur Begründung auf den Unglauben der Juden hin.[55]

---

liter. Et gentiles ad dexteram quos in salubri libertate et obedientia regenatores gubernat.«

[51] WA 4,72,37-73,2.

[52] Dies ist für Luther offenbar die massgebliche Auslegung dieser Stelle: Neben dem oben (Anm.51) erwähnten Abschnitt, der durch die Bemerkung »Et debet iste versus proprie...applicari« hervorgehoben wurde, wird sie in dem Abschnitt 73,6-32 weiter entfaltet und vertieft. Die Möglichkeit, die Distinktion »a latere«/»a dextris« auf die »iudei«/»gentes« zu beziehen, wird nur nebenbei erwähnt: 72,34-36; 73,3-6.

[53] In der früheren Auslegungstradition wurde diese Aussage meistens ganz allgemein auf die »mali« und »irreligiosi« (Bernhard, Opera vol.IV,431,5.10) oder auf die »impii«, die »in eternum« gestraft werden sollen (Augustin, CChSL XXXIX,1264,11,Z.1ff.) bezogen.

[54] Perez, Fol.CCVᵛ.

[55] WA 4,73,33-36.

Insgesamt kann festgehalten werden, dass Luther in seiner Auslegung von Ps.90 – in einer ähnlichen Weise wie in der Auslegung von Ps.73 (vgl. oben S.) – die Bedeutung einer *geistlichen* Interpretation auch der im Text dargestellten Verfolgung und Zerstörung als das charakteristische seiner eigenen Exegese der Tradition gegenüber hervorhebt. Auch hier geht es dabei um »geistlich« im Sinne »geistlich-buchstäblich«, »christologisch-prophetisch«.

Als eine Konsequenz dieses geistlichen Ansatzes kann man es sehen, wenn Luther die historisch-differenzierende Feindbeschreibung, die in der Auslegungstradition zu V.5f. und V.13 eine massgebliche Rolle gespielt hatte, zugunsten einer einseitigen Konzentration auf die Juden als das Gegenbild und die Zerstörer der »spiritualitas« der Kirche abbaut. Die Differenzierungen des Psalmentextes sind – ihrem rechten prophetisch-geistlichen Sinn nach – nicht als Beschreibungen verschiedener, immer schlimmer werdender, Verfolger der Kirche (wo die Juden höchstens – wie bei Perez – als der erste und längst überholte betrachtet werden), sondern als eine Beschreibung der dramatisch zunehmenden Verfolgung durch die Juden: die prototypischen Vertreter der »temporalitas«, in der Konfrontation mit der »spiritualitas« der Kirche.

Obwohl sich Luther auch um eine präzise buchstäbliche Verifikation seiner »litera spiritualis«-Exegese an Hand der Kreuzigungsgeschichte im Neuen Testament bemüht, ist es in diesem Fall primär dieser grundsätzliche Ausdruck des Gegensatzes zwischen der jüdischen »temporalitas« und der christlichen »spiritualitas«, der ihm wichtig ist.

Sowohl in seiner konsequenten Auslegung der Feindstellen des Psalms in Bezug auf diesen Gegensatz, als in der Hervorhebung eben dieses Kriteriums der »temporalitas« vs. »spiritualitas« für die Charakterisierung der Juden als Feinde, unterscheidet sich Luther von Perez, der auch in seiner Auslegung des Psalms, an einer Stelle, relativ ausführlich (und scharf) auf die Juden als die Feinde der Kirche zu sprechen gekommen war.[56]

---

[56] Auch in Bezug auf die oben in Anm.48 erwähnte Auslegung des Hugo Cardinalis von V.5^b-6 könnte der Unterschied zu Luther in einer entsprechenden Weise zusammengefasst werden.

IX

PSALM 118

Nicht nur auf Grund seines grossen Umfangs nimmt Ps.118 innerhalb des Psalters eine Sonderstellung ein. Auch im Blick auf den Inhalt dieses Textes wurde von den Exegeten der Auslegungstradition vor Luther mehrmals betont, dass es um einen ganz besonders erhobenen und tiefsinnigen Psalm gehe. »Quanto enim uidetur apertior, tanto mihi profundior uideri solet; ita ut etiam quam sit profundus, demonstrare non possem«, sagt Augustin.[1] Ähnlich urteilt auch Cassiodor.[2] Und die angemessene Auslegungsform des Textes ist für Augustin nicht die übliche »explicatio«, sondern die »sermo«; wie auch Faber – der eine besonders ausführliche Auslegung dieses Psalms gibt – die Form der »meditationes spirituales« statt der bei ihm sonst üblichen »expositio continua« wählt.[3]

Trotz der Bemühungen der Tradition um eine rechte geistliche Auslegung des Textes, die durch solche Aussagen bezeugt werden, fängt Luther seine Scholien-Auslegung mit einem negativen Urteil über die gesamte Auslegungstradition an: »Istum psalmum nondum vidi ab aliquo expositum in sensu prophetico«. Die früheren Exegeten haben den grundlegenden prophetischen, den geistlich-buchstäblichen Sinn des Textes nicht gesehen; obwohl er »...est fundamentum ceterorum, magister et lux et author et fons atque origo«.[4]

Dieser prophetisch-buchstäbliche Sinn, der ohne den Geist nicht gesehen werden kann, besteht aber nach Luther darin, dass der Prophet – den ganzen Psalm hindurch – nicht nur vom Gesetz Mose redet: dieser Bezug ist für alle ganz deutlich, – sondern zugleich dahinter das Gesetz des Glaubens sieht, das wie eine Nuss in der Schale oder wie ein Schatz unter der Erde im Gesetz Mose verborgen ist. Die Aufgabe für den Ausleger besteht darin, diesen verborgenen Sinn des Textes ans Licht zu bringen.[5]

Dieses Urteil Luthers über die Eigenart seiner eigenen Exegese ist bemerkenswert: es geht in dieselbe Richtung wie entsprechende Selbstcha-

---

[1] CChSL XL,1664f., Z.12-14. Vgl. auch Z.6ff.
[2] CChSL XCVIII,1058,Z.1ff.
[3] Vgl. Fabers Überschriften über seine Auslegungen der jeweiligen Oktonarien; und dazu besonders die Überlegungen Fol.173ʳ. Faber weist hier auch auf das häufige Vorkommen des Wortes »meditatio« im Text hin.
[4] WA 4,305,3-8.
[5] Ebd. Z.19ff.

rakteristiken, die vorher erwähnt worden sind:[6] Luther sieht die geistliche Ausrichtung seiner Exegese als ihr entscheidendes Merkmal, das ihn von seinen Vorgängern unterscheidet.

Tatsächlich liegt aber hier diese programmatische Aussage nicht allzu weit entfernt von der Zielbestimmung Fabers, der den Text als eine »cantica synagogae«, und zugleich auch als »figuras novae legis« betrachtet;[7] oder auch von Perez, der den Psalm als einen durch und durch geistlichen Text versteht, der auf das Gesetz Christi hin zielt.[8] Es ist also hier besonders deutlich, dass man um die Eigenart von Luthers Exegese der Tradition gegenüber feststellen zu können, nicht nur auf die allgemeine Zielsetzung, sondern vor allem auch auf die nähere Durchführung der geistlichen Exegese achten muss.

Die inhaltliche Ausrichtung seiner geistlichen Auslegung fasst Luther am Anfang seiner Glossenauslegung in folgender Weise zusammen: »Prophetice primo est descriptio populi fidelis in Christo futuri contra pharisaicas corruptelas. Et sic proprie loquitur de iis, quia in via sunt, sed immaculati, contra eos, qui sunt in via, sed maculati: illi vere Christiani et fideles, isti autem sue iustitie auctores ut Iudei et heretici.«[9] In ähnlicher Weise wird diese grundsätzliche Ausrichtung seiner Exegese im Scholion zu V.116 zusammengefasst: »Loquitur enim primo sensu, ut dixi, ad literam de adventu Christi contra iniquos legis corruptores per totum psalmum.«[10]

Noch einmal bedeutet also Luthers Bemühung um eine rechte geistliche Exegese eine Konzentration auf das Kommen Christi und auf den Widerstand der Juden gegen ihn. Wie verhält sich diese Ausrichtung der geistlichen Exegese zur früheren Exegese des Psalms?

Die Auslegungsgeschichte von Ps.118 zeigt, dass dieser Text weniger als die meisten Psalmentexte die mittelalterlichen Exegeten zu einer historisch-buchstäblichen Exegese eingeladen hatte. Nicht einmal *Lyra*, der wenigstens als *eine* Hauptperspektive seiner Exegese der Psalmen die historisch-alttestamentliche Situation der Redenden hervorzuheben pflegt, geht in diesem Fall auf solche historische Perspektiven näher ein. Als Begründung dafür weist er auf die vielen Wiederholungen des Textes hin. Dies spricht gegen eine historische Deutung des Psalms: »...nec videtur probabile fuisse intentionis psalmiste in eodem psalmo totiens eandem historiam repetere«.[11] Der prophetische Sinn des Textes kann also

---

[6] Vgl. oben S.76,81f. (zu Ps.73) und S.108 (zu Ps.90).
[7] Faber Fol.171ᵛ Die Pluralform »figuras« bezieht sich auf die Oktonarien, in denen der Text aufgeteilt ist.
[8] Perez Fol. CCLVIIʳ⁻ᵛ (zu V.1f.).
[9] WA 4,280,32f. + 281,30f.
[10] Ebd. 361,35-37.
[11] Lyra, zu Ps.118, in der Einleitung.

hier nur auf der geistlichen Ebene gesucht werden. Und er muss ferner
– angesichts dieser allgemeinen und sich selbst wiederholenden Form des
Textes – nicht an bestimmten geistlichen Ereignissen der Zeit Christi
oder der Kirche verifiziert werden. Vielmehr muss er generell-
tropologisch aufgefasst werden; Ps.118 spricht nach Lyra »...de beatitudine ut habetur in via«, und der Text besteht aus zwei Hauptteilen: Im
ersten Oktonarium (V.1-8) wird »de beatitudine in generali«, und im folgenden – grössten – Teil des Textes wird »de pertinentibus ad ipsam (i.e.
beatitudinem), et magis in speciali« geredet. Auch diese Spezifikationen
ab V.9 bewegen sich aber nicht in die Richtung einer buchstäblichen
Exegese: dieser Teil wird als eine allgemeine Diskussion über die zwei
Gestalten der »beatitudo«, die »vita activa« und die »vita contemplativa«,
durchgeführt.[12]

Faber bemüht sich stärker als Lyra um eine geistliche Auslegung, die
zugleich auch prophetisch-buchstäblich ist. Dieser buchstäbliche Aspekt
wird aber auch bei ihm nicht durch konkrete historische Hinweise auf die
Zeit Christi oder der Kirche vermittelt, die wiederum zu einer näheren
ekklesiologischen Explikation des Textes führen könnte. Vielmehr wird
für Faber die prophetische Intention des Textes durch einen Hinweis auf
die monastische Institution des Stundengebets sichergestellt; wo der
Psalm tatsächlich auch einen zentralen Platz hatte.[13]

»Praeuidebat (i.e. propheta) etiam (spiritu dei monstrante) has diuinas
laudes ad ecclesiam Christi transituras. Nam haec laudes in ecclesia eius
ab unoquoque, sacris ritibus initiato nulla die non canuntur.«[14] Dieser
Feststellung gemäss bewegt sich auch Fabers nähere geistliche Auslegung
des Textes vorwiegend in tropologischen Spuren: Der Psalm sollte auf
die »veritas« und die »iustitia« der einzelnen Frommen, die dem Gesetz
Christi folgen, bezogen werden; und in diesem Kontext werden auch die
Gefahren und Drohungen nicht ekklesiologisch als Juden und Ketzer,
sondern anthropologisch verstanden.

In einer ähnlichen Weise wie Lyra spricht auch *Augustin* von der »(exhortatio)... ad beatitudinem« als dem Ziel des Psalms. Nach ihm lehrt
uns Ps. 118, seinen Anfangsworten gemäss (»Beati immaculati in via«),
wie man die »beatitudo« erreichen soll. Diese »beatitudo« wird von allen
gesucht, von den meisten aber nicht gefunden.[15] Auch Augustins Kom-

---

[12] Ebd.
[13] Die Formulierung Ps.118,164: »septies in die laudem dixi tibi super iudicia iustitiae
tuae« war der zentrale Texthinweis zur Begründung der Institution des Stundengebets.
Zur Zeit Fabers hatte man allerdings nicht mehr sieben, sondern acht Gebetszeiten (der
Komplet war seit der Zeit der alten Kirche als die achte hinzugekommen). Vgl. zum Verhältnis zwischen den sieben und acht Gebetszeiten Faber Fol.171[V].
[14] Ebd.
[15] CChSL XL,1665,1,Z.1ff.

mentar spricht grösstenteils in allgemeiner Weise über den rechten Weg
der »beatitudo«, so wie er im Psalmentext dargestellt wird. Und auch bei
ihm ist die weitere Auslegungsperspektive eher individuell-anthropolo-
gisch als ekklesiologisch orientiert: störende Faktoren sind die »superbia«
und die »arrogantia«, oder auch die »libido« oder die »luxuria«.[16] Zwar
kann in Augustins Kommentar auch von den Pharisäern oder von den
Ketzern die Rede sein; aber dann nicht als den Gegnern der Kirche im
prophetisch-buchstäblichen Sinn des Textes, sondern vielmehr als Beispielen der unwahren Gesetzestreue, bzw. der allgemeinen sündigen »superbia«.[17] Der Text zielt also eigentlich nicht auf bestimmte historische
Situationen der Kirche; sondern spricht in grundsätzlicher Weise – in
Abgrenzung von den »ciues terreni« – von dem «…Dei populo peregrini;
qui vero ciues sunt in populo Dei«.[18]

Eben dieses »peregrinatio«-Motiv spielt auch in der Auslegung des Au-
gustiners *Perez* eine wichtige Rolle. Nach ihm wird die Exegese aber –
deutlicher als bei Augustin und Lyra und Faber – als gezielte
prophetisch-buchstäbliche Interpretation durchgeführt. Die Aussagen
des Textes weisen auf näher abgrenzbare historische Situationen hin,
und fordern auch eine nähere ekklesiologische Deutung.

Perez zufolge spricht Ps.118 von der »peregrinatio diuine legis« durch
die verschiedenen Zeiten der Geschichte. In dieser Weise werden die
»Wiederholungen« der einander ähnlichen Formulierungen des Textes
als *geschichtliche* Variationen über das Thema des Gesetzes gefasst.[19]
Durch vier verschiedene Zeiten entwickelt sich das Gesetz Gottes nach
dem Kommen Christi. Diese verschiedenen Stadien der Geschichte des
Gesetzes hat David im Geist vorausgesehen, und bittet durch die Person
des »peregrinus« des Psalms um die Hilfe und Unterstützung von Gott,
die zu jeder Zeit notwendig ist, um sich auf dem rechten Weg des Gesetzes zu halten.[20] Diesen Perspektiven gemäss werden die Drohungen und
Angriffe, die im Text zum Wort kommen, meistens durch traditionelle
ekklesiologisch orientierte Feindkategorien expliziert: als »iudei«, »tyranni«, »heretici« und sogar auch als »antichristus«.[21] Dabei kann man aber
nicht sagen, dass die Juden hier einen besonders hervorgehobenen Stel-

---

[16] Ebd. z.B.1666,1,Z.27ff.; 1669,1,Z.21ff.
[17] Ebd. 1666,2,Z.3ff. (zu V.3); 1670,2,Z.3ff. (zu V.3).
[18] Ebd. 1685,1,Z.56f. Die Fortsetzung lautet: «…ipsi sunt in terra peregrini; quia totus idem populus, quamdiu est in corpore, peregrinatur a Domino. Dicat itaque: 'Incola
ego sum in terra…'.« (Zu V.19)
[19] Perez, Fol.CCLVIIIᵛ: »Item quia totus iste psalmus nichil aliud est, nisi quoddam
itinerarium et peregrinatio diuine legis…«
[20] Ebd. Fol.CCLXVIʳ (zu V.81).
[21] Vgl. z.B. ebd. Fol.CCLXIIIʳ zu V.24; Fol.CCLXVIʳ zu V.81; Fol.CCLXVIIᵛ
zu V.113; Fol.CCLXVIIIʳ zu V.116-119; Fol. CCLXVIIIʳ⁻ᵛ zu V.127f.

lenwert als »inimici« der Kirche haben: hermeneutisch können die Feinde im prophetisch-buchstäblichen Sinn des Textes ebensogut die Tyrannen[22] oder die Ketzer[23] als die Juden[24] sein: Die hermeneutisch-normative Funktion der »litera spiritualis« führt also bei Perez – auf Grund seiner historisch differenzierten Deutung dieser prophetischen »litera«, die nicht, wie bei Luther, auf die Zeit Christi zugespitzt wird – nicht zu einer entsprechenden inhaltlichen Hervorhebung der Juden als der prototypischen Feinde der Kirche. Vielmehr können die Juden bei Perez in einer Weise, die für den Luther der »Dictata« kaum möglich wäre, unter dem Oberbegriff der »heretici« mit Manichäern, Pelagianern und Sarazänen eingeordnet werden:

Eine Einordnung dieser Art findet man bei Perez in der Auslegung von V.8: »iustificationes tuas custodiam, non me derelinquas usquequaque« (iuxta LXX). Das Anliegen dieser Aussage ist nach Perez, dass man das Gesetz Gottes nie ohne die Gnade erfüllen kann. Gegen dieses Anliegen streiten »tres opiniones et secte detestabiles et execrabiles«: zuerst diejenige des »pelagii cum sequacibus suis«, dann die »Manichäer« und zuletzt die »opinio... iudeorum et sarracenorum et quorundam malorum christianorum«. Zusammengefasst werden alle diese »opiniones et secte« als »heretici«.[25]

Vor diesem traditionsgeschichtlichen Hintergrund erweist sich noch einmal die Eigenart von *Luthers* Deutung der »inimici« des Textes. Luther ist gar nicht der erste, der den Psalm geistlich(-buchstäblich) auszulegen versucht hat; und er ist auch nicht der erste, der in diesem Zusammenhang auf die Juden als die »inimici« zu sprechen gekommen ist. Aber in der besonderen Hervorhebung der Juden als *die* prophetisch-buchstäblich gemeinten und für die gesamte ekklesiologische Deutung des Textes massgeblichen Feinde scheint er unter den zentralen Exegeten seit Augustin keine Vorgänger zu haben.

Versucht man über diese grundsätzliche Feststellung hinaus die Auslegung Luthers etwas eingehender zu charakterisieren, zeigt sich zunächst, dass Versuche einer näheren buchstäblichen Verifikation der prophetischen Exegese an neutestamentlichen Schriftworten oder an spezifischen Ereignissen der Kirchengeschichte kaum zu spüren sind. Wahrscheinlich hängt das auch bei Luther mit der eigentümlichen repetitiven, »unhistorischen«, Form dieses Textes zusammen. Der Psalm wird prophetisch nicht durch konkrete Einzelhinweise, sondern durch einen fundamentalen und allgemeinen Hinweise auf die Juden als die Feinde der Kirche verifiziert.

---

[22] Ebd. Fol. CCLXVI^r zu V.81f.
[23] Ebd. Fol. CCLXVII^r zu V.97f.
[24] Ebd. Fol. CCLXVI^r zu V.78f.
[25] Ebd. Fol. CCLIX^v-CCLX^v.

Die umfassendste Explikation dieses entscheidenden Gegensatzes zwischen Christus und den Juden ist in Luthers Scholienauslegung zu V.1
(bzw. zum ersten »Oktonarius«) zu finden. Er stellt die Darlegungen dieses Scholions weithin als »repräsentativ« vor: auf sie will er im weiteren
Verlauf der Exegese nur kurz hinweisen, um sich nicht so oft wiederho-
len zu müssen.[26]

V.1 lautet: »Beati immaculati in via, qui ambulant in lege domini«.
Der Vers ist in der Auslegungstradition vor Luther meistens auf das Gesetz Christi bezogen worden, und von den Juden hat man hier nicht gesprochen.[27] Auch für Luther sind die Unbefleckten diejenigen, die – sei
es zur Zeit des Alten oder des Neuen Testments – im wahren Gesetz Gottes wandern. Seine Aufmerksamkeit konzentriert sich aber weniger auf
diese als auf jene, die nicht nach diesem Gesetz wandern: Die Schriftgelehrten haben nämlich das Gesetz Gottes ohne den Geist gelesen, und dadurch ist es »maculata« geworden. Mit den Schriftgelehrten und ihrer
Schriftauslegung sind auch die Juden »maculati« geworden. Gott hat sie
vergiftet (Luther weist hier auf Ez.20,26 hin: »Et pollui eos in viis suis«),
und Christus hat ihnen einen Scheidungsbrief gegeben.[28]

Wieder ist der entscheidende Punkt der jüdischen Unreinheit die Verwerfung der Wahrheit Christi. So wie die Juden das Gesetz im geistlichen Sinn verwarfen, und nur die »litera« des Gesetzes behielten, haben
sie auch Christus als Gott verworfen, und ihn nur als Menschen angenommen. In dieser Weise behalten sie den *Schein* der Frömmigkeit: sie
sind »in via«; aber ohne Christus und den Geist, und deshalb sind sie
»maculati«.[29] Diese Scheinheiligkeit, die nach dem Kommen Christi in
der ausdrücklichen Verleugnung seiner Gottheit zum Ausdruck kommt,
findet auch vor dem Kommen Christi in der Synagoge seinen Ausdruck:
und zwar durch Zeremonien und Waschungen, die eigentlich auf Christus hin als eine Vorbereitung seines Kommens ausgerichtet sein sollten;
die aber tatsächlich ein Nein zu Christus bedeuteten, weil sie aus der

---

[26] WA 4,307,26-28.

[27] Z.B. sagt Faber in seiner Auslegung des Verses: »O, bonus es domine qui per spiritum sanctum beatitudinem summamque foelicitatem iis polliceris, qui se incontaminatos
in hoc saeculo custodiunt & qui ii sint ostendis. Sunt enim ii qui habita fide seruant mandata tua, qui te amant super omnia, qui proximos secundum seipsos, qui homicidium
non faciunt, qui non adulterantur, qui non faciunt furtum, non falsum testimonium dicunt, qui honorant patrem & matrem: qua in re contemplor te domine magnam animarum gerere curam.« (Fol.170ᵛ) In eine ähnliche Richtung legt Lyra den Vers aus (Lyra
zu V.1). Vgl. auch bei Augustin, CChSL XL,1665,1,Z.1ff.

[28] WA 4,306,8ff. Der Textbeleg für die Ausstellung eines Scheidungsbriefes im Falle
einer nach dem Eheschluss entdeckten »foeditas« der Frau ist Deut.24,1. »Foeditas« und
»macula« ist für Luther dasselbe: Z.21.

[29] Ebd. 306,25ff.

Haltung der Selbstgerechtigkeit Gott gegenüber dargebracht wurden.[30]

Auf Grund dieser Scheinheiligkeit sind die Juden wie auch die Ketzer und die »superbi« in der Gewalt des Teufels: Sie sind von dem »angelus transfigurans se in angelum lucis« (2. Kor. 11,14) verführt worden, und sind dadurch von der »obedientia et humilitas« des Geistes abgekommen.[31]

Die jüdische Geistlosigkeit wird aber auch im weiteren Verlauf der Auslegung Luthers an verschiedenen Stellen näher erläutert. Als ein Beispiel dafür ist zunächst das Scholion zu V.20: »concupivit anima mea desiderare iustificationes tuas in omni tempore« (iuxta LXX) zu nennen. Die traditionelle Auslegung dieses Verses war auf eine individuelle tropologische Perspektive beschränkt: Trotz kleinerer Unterschiede verstehen sowohl Augustin als Lyra, Faber und Perez den Vers als eine Aussage von der wahren »concupiscentia« des Glaubens im Unterschied zur verwerflichen »concupiscentia« der Welt und des Fleisches, und diese verkehrte »concupiscentia« wird nur ganz allgemein, ohne einen bestimmten ekklesiologischen Bezug, erwähnt.[32]

Diese apologetische Perspektive, die eine theologisch legitime »concupiscentia« angesichts der negativen Belastung dieses Wortes in der augustinischen Tradition erweisen will, spielt in der Auslegung Luthers keine Rolle. Nach ihm kann man hier die Stimme der Kirche hören, deren wahre »humilitas« in der ständigen Sehnsucht nach Gottes Gerechtigkeit zum Ausdruck kommt. Mit dieser »humilitas« lebt die Kirche von Anfang bis Ende unter den »superbos sanctos in litera glorientes«, deren Vertreter die Juden – »tunc (d.h. zur Zeit der »primitiva ecclesia«) et nunc« – sind. Das Gegenbild der wahren Kirche hat in ihnen seine massgebliche Gestalt gefunden. Im Gegensatz zur wahren Hoffnung und Sehnsucht der Kirche Gottes, gilt es für diese »superbi«, dass sie »querunt esse sancti vel ociosi, concupiscunt cito finire laborem et pervenisse ad summum.«[33]

Im Scholion zu V.37: »Averte oculos meos, ne videant vanitatem, in via tua vivifica me« (iuxta LXX), ist für Luther »vanitas« der zentrale Begriff. Dieser Begriff wurde in der Tradition wieder auf die individuelle

---

[30] Ebd. 307,5-8.

[31] »Qui quidem verba et fidem Christi habent, que est velut caro Christi, sed veritatem fidei non habent, quia in tali fide obedientiam et humilitatem non habent. Preponunt enim sua magna parvis et vilibus, que precipit obedientia.« (306,39–307,2)

[32] Für eine Auslegung dieser Art kann zunächst auf Perez hingewiesen werden: Er bietet in seinem Kommentar zu diesem Vers einen ausführlichen, psychologisch orientierten Exkurs über die rechte Beziehung der Glaubenden zur »iustitia« Christi, Fol. CCLXII^r-CCLXIII^r. Vgl. ferner die ausführliche Auslegung auch bei Augustin: CChSL XL,1687-1689; und Lyra und Faber (Fol.175^r) z. St.

[33] WA 4,315,19ff.

Frömmigkeit bezogen: Augustin spricht ganz generell von der »mundi cupiditas«,[34] während Perez ebenso generell von der »vanitas ambitionis« redet.[35]

Für Luther, dagegen, ist »vanitas« ein Stichwort zum Verständnis der zentralen prophetisch gemeinten »inimici« des Textes: nämlich der Juden. Die Juden beziehen alles das, was in der Schrift gesagt wird, auf das »commodum carnis«: »…Sed hoc vanissimum est, quia spiritus veritate privatur per hoc.« Dies gilt nach Luther als eine Bechreibung der Juden bis in die Gegenwart. An dieser Stelle wird aber – dem geistlichen Buchstaben des Textes nach – »pro primitivo populo Ecclesie« gebetet, »…quia tunc incepit abundare ista vanitas corruptissimorum scribarum…«[36]

Als letztes Beispiel soll auf die Scholien zu V.78f. eingegangen werden. Die Verse lauten iuxta LXX: »Confundantur superbi, quia iniuste iniquitatem fecerunt in me: ego autem exercebor in mandatis tuis. (78) Convertantur mihi timentes te et qui noverunt testimonia tua. (79)«

Diese Verse gehören zu den wenigen, die auch bei Perez im geistlich-buchstäblichen Sinn direkt auf die Juden bezogen werden,[37] und der nähere Vergleich mit ihm ist an diesem Punkt interessant. Nach *Perez* sprechen beide Verse von den Juden. Die Juden sind nicht nur, wie es im V.78 heisst, »superbi«, sondern auch »obstinati«, und bekommen ihre Strafe, weil sie die Christen verfolgt haben (»…persequendo…et affligendo«). – V.79 kommt aber nach Perez mit einem Vorbehalt gegenüber dieser Feststellung: Nicht alle Juden werden gestraft. Viele sind zum Glauben umgekehrt worden, als sie die Verkündigung der Apostel gehört haben; wie es im 2. und 3. Kapitel der Apostelgeschichte zu lesen steht.[38]

In *Luthers* Kommentar zu V.78 findet man die Kernaussage des Perez zu diesem Vers fast wortgenau wieder: »Sed quia superbi sunt et obstinati (i.e. Iudei), ideo fidelem populum persequuntur.«[39] Luther ist aber an dieser Stelle ausführlicher als Perez: Sowohl die »superbia« der Juden als

---

[34] CChSL XL,1700,1,Z.4.

[35] Perez, Fol.CCLXIIII^r.

[36] WA 4,324,39-325,4. Vgl. auch 325,5ff. wo Luther die Juden näher als »avaros« charakterisiert.

[37] Perez, Fol.CCLXVI^r. Augustin, Lyra und Faber beschränken wieder alle ihre Auslegung auf eine tropologisch-anthropologische Perspektive, und kommen nicht auf ekklesiologisch identifizierbare Feinde zu sprechen.

[38] Vgl. Perez, ebd.: »Et licet superbi et obstinati confundantur, tamen aliqui ex iudeis timentes te conuertantur mihi; 'et omnes qui noverunt': i.e. cum humilitate audire voluerunt et crediderunt legi tue. Hoc dicit: quod multi ex iudeis credentes conuersi sunt ad fidem christi predicatione apostolorum: ut patet Actuum ii. et iii. Quia in vna die conuersi sunt circiter quattuor M.«.

[39] WA 4,344,31.

ihre »persecutio« der Christen wird bei ihm, anders als bei Perez, näher
erörtert. Die »superbia, um die es hier geht, ist geistlicher Art: sie betrifft
die »sui iustificatores, qui ex operibus iusti esse volunt et non ex promis-
sione...« Im Psalmentext wird nach Luther darum gebetet, dass diese
»superbia« zur »humilitas« umgekehrt werden soll. Aber die Juden sind
»obstinati«, und verfolgen vielmehr die Christen, statt sich umkehren zu
lassen. Um diese jüdische Verfolgung zu charakterisieren, greift Luther
zu der Distinktion zwischen verborgenen unbemerkbaren und offenbaren gewaltigen Angriffen. Diese Distinktion wurde in der Tradition gern
dazu benutzt, verschiedene Angreifer im Unterschied zu einander (Ketzer und Tyrannen) zu charakterisieren.[40] Bei Luther werden aber beide
Angriffsweisen grundsätzlich auf die Juden bezogen. Die Juden greifen
in doppelter Weise an: »...primo seducendo et suis doctrinis iniquis pervertendo, secundo eos qui nolunt, persequendo et odiendo, detrahendo
&c.« Diese »duplicitas« der Angriffe kommt im Text durch die besondere
Formulierung »iniuste iniquitatem fecerunt in me« zum Ausdruck: Hier
wird nicht bloss von »iniquitatem facere«; also »docere perfidiam, per-
suadere heresim«, geredet. Dies wird auch mit dem Adverb »iniuste«
qualifiziert: dadurch wird der zusätzliche gewaltsame Aspekt der jüdischen Verfolgung angesprochen: »...eandem (i.e. iniquitatem) etiam gla-
diis et tormentis inducere iniuste est iniquitatem facere, cum nec ad
fidem cogendus sit aliquis.«[41]

In Luthers Kommentar zu V.79 entdeckt man jedoch keine Berührung mit der Auslegungsperspektive von Perez: Während Perez das
»convertantur« auf die Juden, die sich zur Zeit der Apostel umgekehrt
hatten, bezog, ist der Vers für Luther eine Aussage über die *Christen*, die
der Verfolgung durch die Juden (und später durch die Ketzer) ausgesetzt
sind.

Besonders hart ist die Verfolgung der Christen, indem ihnen eine *neue*
Wahrheit offenbart wird: Der Widerspruch wird dann provoziert; denn
die Ungläubigen wollen immer an dem Alten festhalten, gegen die Er-
neuerungen des Geistes. Und dies wird in exemplarischer Weise an den
Juden deutlich: »...semper veritas nova revelata suos simul excitat im-
pugnatores et defensores ...Quia superbi cum potestate et iactantia, immo et magna specie resistunt veritati et impugnant. Quis magis placet eis
sua vetustas et ignorantia, quam nova veritas: sicut Iudeis sua litera olim

---

[40] Vgl. z. B. die Hinweise zur Auslegungsgeschichte von Ps.90; oben S.105f. – Eine
Differenzierung zwischen Feinden der Kirche an Hand ähnlicher Kategorien kommt auch
in der Auslegung Perez's von Ps.118 vor: vgl. Fol. CCLXVII^V zu V.113.
[41] WA 4,344,23ff. Das charakteristische »duplex malum« der »iniqui« wird übrigens
auch im Sch. zu V.113 – auch hier vor allem im Blick auf die Juden – näher erläutert
(360,35-361,5).

et nunc. Hic opus habet Ecclesia orare: 'Convertantur mihi timentes te...' «[42]

Luthers Auslegung von Ps.118 ist von James Samuel Preus in seiner Studie »From Shadow to Promise« ganz eingehend behandelt worden; und zwar als ein zentraler Text zur Unterstützung einer Hauptthese des Buches. Nach Preus kann innerhalb der »Dictata« ein entscheidender theologisch-hermeneutischer Bruch festgestellt werden, und die Auslegung von Ps.118 bezeugt nach seiner Auffassung den neuen Ansatz Luthers, der u.a. in einer geänderten Sicht von prophetischer und buchstäblicher Exegese zum Ausdruck kommt: In den früheren Teilen der »Dictata« wurde der Psalmentext prophetisch als eine verborgene Rede von Christus und der Kirche der Apostel gedeutet. Die historisch-alttestamentliche Auslegung des Textes wird von dieser prophetischen Exegese deutlich unterschieden. Im letzten Teil des Kollegs ist die prophetische und die historisch-grammatische Exegese in neuer Weise zu einer Einheit geworden: Der Text zielt nämlich jetzt – sowohl seinem historischen wie seinem prophetischen Buchstaben nach – auf eine alttestamentliche Situation: und zwar auf die Situation gerade *vor* dem Kommen Christi. Das theologische Zentrum des Textes ist jetzt die »promissio« vom Kommen Christi, die von der »fidelis synagoga« geglaubt wird, – und nicht, wie vorhin, Christus und die Kirche selbst, die damals durch den Schatten des historischen Buchstabens prophetisch intendiert worden waren. – Nach Preus kommt die neue prophetisch-buchstäbliche Exegese Luthers in der Auslegung von Ps.118 sowohl durch die starke Betonung der »promissio« als durch die Hervorhebung der »fidelis synagoga« als der Redenden des Textes zum Ausdruck.[43]

Es ist gewiss richtig, dass die »fidelis synagoga« und die »promissio« eine wichtige Rolle in Luthers Auslegung von Ps.118 spielen. Es ist aber fraglich, inwiefern dies als Symptome einer hermeneutischen Wende in den späteren Teilen der »Dictata« betrachtet werden kann. – Zum einen ist aus den oben gemachten Analysen des Psalms schon deutlich geworden, dass die Tendenz Luthers, die »fidelis synagoga« als das redende Subjekt darzustellen, keineswegs eindeutig ist: gelegentlich spricht er auch von der »primitiva Ecclesia« oder von dem »fidelis populus« zur Zeit Christi als den Redenden.[44] Ein gutes Beispiel ist das oben (S.123) erwähnte Scholion zu V.20: »Concupavit anima mea desiderare iustifica-

---

[42] Ebd. 345,15-20.

[43] Preus (1969), S.177ff.,185ff.,195. Vgl. z.B. die folgende Aussage von S.181: »Ebeling (in »Die Anfänge von Luthers Hermeneutik«) was viewing Christ as the first, or literal, sense, whereas in fact here (d.h. in der Auslegung von Ps.118), and in many other of the later Psalms, Luther no longer treats the Psalm text in such a way that Christ and the Church are the »text.« The *sensus propheticus* has changed its meaning.«

[44] Preus erwähnt nur ein Beispiel der »traditionellen« christologisch-prophetischen Auslegungsweise (Preus (1969),S.177f.), das am Anfang der Glossenauslegung Luthers gefunden werden kann (WA 4,280,32f. + 281,29f.); das aber neben einer anderen Glosse steht, die die »fidelis synagoga« als Subjekt voraussetzt. Preus will die Spannung zwischen den zwei Aussagen durch eine Interpolationstheorie erklären: Die »traditionelle« Auslegung sei zunächst am Anfang der Glossen angeführt worden (die Glossen wurden ja zu einem früheren Zeitpunkt als die Scholien verfasst); und die »neue« und für die späteren Teile der »Dictata« charakteristische wurde dann später hinzugefügt. Als weitere Beispiele einer Beziehung des Textes seinem prophetischen Sinn nach auf die Zeit Christi und die Kirche sind zu nennen; 315,20f.; 345,5; 361,35f.

tiones tuas in omni tempore«. Im Blick auf die Identifikation der Redenden sagt
Luther hier: »Ecclesia enim, ut dixi, primitiva loquitur, vel in primitive persona
propheta.«[45] Hier kommt die Sehnsucht und Hoffnung, die nach Preus für die
neue prophetisch-buchstäbliche »fidelis-synagoga»-Exegese typisch sein sollte,
auch in der Beschreibung der »primitiva ecclesia« zu Wort: »Ipsa enim fuit et
est semper incola in terra«. Und es geht wohlgemerkt bei Luther in diesem Fall
um eine direkte prophetisch-buchstäbliche Exegese; nicht um eine sekundäre
»applicatio« an die spätere Gemeinde, nach dem Muster der »fidelis synagoga«
beschrieben.[46]

Besser als durch die Diskontinuitätsthese von Preus scheint der Befund der
Auslegung von Ps.118 durch eine in den Grundzügen einheitliche Theologie der
»Dictata« erklärt werden zu können.[47] Die Geistlichen, bzw. die Glaubenden,
werden im grossen und ganzen in derselben Weise beschrieben, egal ob sie als
die »fidelis Synagoga« (das wahre Israel vor dem Kommen Christi) oder als der
»fidelis populus« bzw. die »primitiva ecclesia« nach seinem Kommen erwähnt
werden; und in beiden Fällen werden sie an Hand einer »litera spiritualis»-
Exegese als die Redenden identifiziert. So könnte man sagen, dass nach dem
Luther der »Dictata« in den meisten Psalmen, vom Anfang bis Ende des Psalters, prophetisch von der Zeit Christi geredet wird: entweder von der Zeit kurz
vor seinem Kommen, oder von der Zeit seines Lebens und vor allem seiner Passion, oder von der ersten Zeit nach seiner Auferstehung. Diese chronologischen
Varianten sind für die Interpretation der Texte nicht von entscheidender Bedeutung. Die Hauptsache für die »litera-spiritualis« Exegese ist durch das
ganze Kolleg hindurch, dass die Wahrheit in Christus zum Ausdruck kommt,
und mit der Falschheit und »carnalitas« vor allem der Juden konfrontiert wird.
Verschiedene Aspekte dieses Ereignisses werden im Psalmentext, seinem
prophetisch-buchstäblichen Sinn nach, zum Ausdruck gebracht.

Die Auslegung von Ps.118 fügt keine entscheidende neuen Züge zu
dem bisher erarbeiteten Judenbild und der Sicht der »litera spiritualis«
in den »Dictata« hinzu; bestätigt aber wichtige Züge der bisherigen Analysen.

Die repetative Form des Textes zusammen mit der zentralen Stellung
des Psalms im Kontext des Stundengebets hatten den meisten Auslegern
zu einer primär auf die individuelle Frömmigkeit ausgerichteten Exegese

---

[45] Ebd. 315,20f. Vgl. dazu die folgende Behauptung bei Preus, die sich allgemein auf
Luthers Auslegung von Ps.118 bezieht: »...the psalmist now speaks in his own person
(not in the person of another); he adresses his own contemporaries (not Christ or the primitive Church)« (S.181).
[46] Vgl. die Bemerkungen zu diesem Punkt bei Preus (1969), S.197f.
[47] Man könnte hier hinzufügen, dass auch nicht Luthers Hinweis auf die Neuheit und
Eigenart seiner eigenen Auslegung (WA 4,305,3ff.) als ein Indiz für einen »new approach« in den *späteren* Teilen der »Dictata« gelten kann (Preus S.180). Aussagen dieser Art
finden sich an mehreren Stellen der »Dictata«, und beziehen sich bei näherer Analyse
nicht auf die Punkte, die Preus als die charakteristischen für »the new approach« der späteren Auslegungen der »Dictata« hervorhebt. Vgl. oben Anm.6. – Eine ausführlichere
kritische Auseinandersetzung mit der »Diskontinuitätsthese« von Preus kann man bei
Hendrix (1974) S.263ff. finden. Diskutiert wird dabei auch Luthers Auslegung von
Ps.118.

veranlasst, wo ekklesiologische Blickpunkte nur eine periphäre Rolle spielten. Eine geistliche Exegese, in der auch ekklesiologische Perspektiven von entscheidender Bedeutung waren, konnte vor Luther besonders bei Perez vorgefunden werden. Für Perez wurden die Variationen in den Wiederholungen des Textes Ausgangspunkt für eine heilsgeschichtlich differenzierte Interpretation, die den Text – seinem prophetischen Buchstaben nach – auf das Thema des Gesetzes im Laufe der variierenden Epochen der Geschichte des Gottesvolkes bezog.

In diesem Zusammenhang kam Perez auch auf die Juden als die Feinde des Gottevolkes zu sprechen; sie spielten aber weder hermeneutisch noch thematisch eine entscheidende Rolle in seinem Kommentar. Nur wenige Verse wurden prophetisch direkt auf sie bezogen. Wichtiger war vor allem die prophetische Ausrichtung auf die spätere Zeit der Ketzer.

Von einer heilsgeschichtlichen Differenzierung nach der Art von Perez ist in der ekklesiologisch orientierten Interpretation Luthers nichts zu merken. Nach ihm bezieht sich der ganze Text seinem prophetisch-buchstäblichen Sinn nach auf die Zeit um (d.h. gerade vor und nach) das Kommen Christi, und das prophetisch gemeinte Gegenbild der im Bibeltext dargestellten Gesetzesgetreue ist historisch an den Widerstand der Juden gegen Christus und den »populus fidelis« zu verifizieren. Die Juden widersetzten sich der Erneuerung des Geistes und hielten an ihrer »vetustas« fest. Und dieser jüdische Widerstand dauert bis in die Gegenwart.

X

ERWEITERUNG DER PERSPEKTIVEN
ZUSAMMENFASSUNG DER ERGEBNISSE

a) *Der Antijudaismus in der augustinischen Tradition*

Zwischen Christentum und Judentum herrschte vom Anfang an ein ganz
eigenartiger Antagonismus. Auf der einen Seite war das Christentum tief
in der jüdischen Tradition verwurzelt; hatte aber gleichzeitig – auf der
anderen Seite – seine eigene Identität im polemischen Gegenüber zu dieser Tradition gefunden.

Die christliche Theologie hatte sich in Bezug auf das Judentum von
der Zeit der Alten Kirche an vornehmlich um die Ausarbeitung der negativen Abgrenzung bemüht. Weil die Juden Christus – der auch zu ihrer
Erlösung gekommen war – nicht angenommen hatten, galten sie als die
blinden und Ungläubigen. Die Zerstörung des Tempels und die Zerstreuung des Volkes wurde als die Strafe der Juden für ihren Unglauben
gesehen. Aber auch ihre Geschichte vor dem Kommen Christi wurde im
Licht ihrer Christusverweigerung betrachtet, und weithin als eine Geschichte von Sünden interpretiert, die von Gott wieder und wieder bestraft worden waren, bis die Juden endlich – nach der Ablehnung Christi
– als Gottes Volk verworfen wurden.[1]

Für die nähere Ausführung des antijüdischen Denkens in der westlichen Theologie in den Jahrhunderten des Mittelalters wurde auch auf
diesem Gebiet die Theologie Augustins in vieler Hinsicht massgeblich.
Von ihm wurden Schwerpunkte gesetzt, die in entscheidender Weise den
weiteren Umgang mit diesem Thema bestimmten.

Die Grundzüge der antijüdischen Theologie der Alten Kirche, die
manchmal auch auf das Neue Testament zurückgeführt werden konnten,
wurden auch von Augustin übernommen. Seine Position bekam aber zugleich durch seine besonderen Akzentuierungen ein markantes Profil.
Die beiden wichtigsten dieser Hervorhebungen – auch im Blick auf die
weitere Wirkungsgeschichte – sollen hier etwas näher erläutert werden.

Für Augustin kam die Sünde der Juden in besonders zugespitzter Wei-

---

[1] Vgl. die Übersicht über die Grundzüge des frühchristlichen Antijudaismus bei Ruether (1979), S.117ff. (mit grossem Gewicht auf die Entwicklung im Osten). Ferner: Blumenkranz (1968), S.84ff., Kötting (1968), S.136ff. und Gager (1983).

se in der *Kreuzigung Christi* zum Ausdruck[2] An keinem anderen Punkt zeigt sich ihre Blindheit und Fleischlichkeit deutlicher.

Diese Hervorhebung des Verbrechens der Kreuzigung war von einem deutlich erkennbaren kirchenpolitischen Interesse mitbestimmt: Es war für Augustin wichtig, die Römer, die sich als Beschützer der Kirche und des Christentums erwiesen hatten, von der Mitverantwortung an dieser Tat zu entlasten. In seiner Evangelienauslegung – und ganz besonders in der Auslegung der Kreuzigungsgeschichte – muss er deshalb, wie B. Blumenkranz es formuliert, »…zu den gewagtesten Exegesen Zuflucht nehmen, um die romfeindlichen Evangelienstellen in romfreundliche umzuwandeln«.[3]

Dies bedeutet aber nicht, dass auf der anderen Seite die Juden mit der Sünde der Kreuzigung möglichst schwer belastet werden sollen. Obwohl es hier gewiss um ihre entscheidende Sünde geht, weist Augustin immer wieder auf einen Aspekt dieser Sünde hin, der auch die Juden wenigstens ein Stück weit von ihrer Schuld entlasten kann: Obwohl sie Christus – Gott und Mensch zugleich – tatsächlich getötet haben, ist dies nicht ihre Absicht gewesen. Sie haben einen Menschen, und nicht Gott, töten wollen. Hätten sie gewusst, dass dieser Mensch zugleich auch Gott war, hätten sie ihn nicht gekreuzigt.[4]

Allerdings wird diese Entlastung nicht so weit geführt, dass die Juden nur den Tod eines Menschen zu verantworten hätten. Die Schuld an der Kreuzigung Christi, der zugleich Gott und Mensch war, bleibt ihnen trotz aller entlastenden Momente, und dem entspricht auch ihre Strafe.

Dieser Aspekt der Entlastung der Mörder Christi leitet zu dem anderen Punkt über: nämlich dem Bemühen um einen gewissen – theologisch begründeten – *Schutz* des jüdischen Volkes, trotz Zerstreuung und Leiden unter den Christen. Die Zerstreuung wurde bei Augustin nicht nur wie in der patristischen Tradition davor, als Strafe gesehen, sondern auch als Zeugenschaft aufgefasst. Und um Zeugen für die Welt sein zu können, mussten die Juden da sein, an möglichst vielen Orten, – und durften nicht getötet und vernichtet werden.

Dieser augustinische Judenschutz wurde im einzelnen oben in der Analyse der Enarr. zu Ps.58 dargestellt, weil Ps.58,12 (neben Gen.4,15)

---

[2] Die Bedeutung der Kreuzigungssünde in der antijüdischen Argumentation Augustins wird bei Blumenkranz (1946), Exkurs 3, S.190-195 zusammengefasst. Vgl. auch oben S.51.

[3] Blumenkranz (1946), S.191. Vgl. auch oben S.3b.

[4] Vgl. oben S.51f. und 63f. Dieses Anliegen hat also, wie ich meine, nicht nur als eine besondere Komplikation in Augustins Beweisführung für die Schuld der Juden seinen Platz (vgl. Blumenkranz (1946), S.191); es hat auch eine eigenständige Funktion zur Entlastung der Juden.

eine Schlüsselstelle zur Begründung dieser Ansicht Augustins war.[5] Ein paar Hinweise sollen jedoch hier zu dem früher Gesagten noch hinzugefügt werden, um diesen für die folgenden Überlegungen wichtigen Punkt noch etwas deutlicher zu erfassen.

Obwohl es an sich sicher richtig ist, genügt es hier nicht zu sagen, dass die eigene Erfahrung des unglaublichen Fortlebens der Juden – trotz aller Verfolgung und Zerstreuung – Augustin zu einer weiteren theologischen Erklärung und Begründung dieser Tatsache herausgefordert hatte; eine Erklärung, die er dann im Gedanken der Zeugenschaft fand.[6]

Darüber hinaus muss auch betont werden, dass die Zeugenschaft der Juden, die ihrerseits die Weiterexistenz des Volkes durch die Geschichte voraussetzte, für Augustin auch deshalb theologisch bedeutsam war, weil sie in der Religionspolemik mit den Heiden eine unentbehrliche Funktion besass: Wenn Heiden und Ketzer die Kontinuität der Kirche zur Tradition des Alten Testaments in Zweifel zogen, konnte diese Kritik mit dem Hinweis auf die Juden, das Volk des Alten Testaments, beseitigt werden. Mit ihrem Gesetz und ihren Verheissungen verkörperten sie die religiöse Grundlage, die im Christentum ihre Erfüllung gefunden hatte. Obwohl die Juden selbst für diesen Zusammenhang noch blind waren, sei er von aussen gesehen deutlich genug. Und auch die Juden selbst sollten am Ende zur rechten Erkenntnis bekehrt werden.[7]

Und endlich wurde ja in den Textanalysen auch deutlich, dass sich das Weiterleben der Juden – durch Zerstörung der Stadt und Zerstreuung des Volkes hindurch – für Augustin zugleich von strikten biblisch-theologischen Gründen her als notwendig ergab. Die Rede von der endzeitlichen Errettung des Judenvolkes in Röm.11 wurde von Augustin – im Unterschied zu vielen späteren Theologen – als ein entscheidender Ausgangspunkt für sein Nachdenken über die Juden ernstgenommen.[8]

---

[5] Vgl. oben S.36f.

[6] Vgl. Blumenkranz (1946), S.180: »...Augustin, der nach den grossen Zusammenhängen des Geschichtsablaufes suchte, (musste) unbedingt nach einer Lösung des geschichtlichen Rätsels der Zerstreuung fragen..., dieses Rätsels, dass ein Volk ohne eigenes Land trotz Verfolgung und Unterdrückung weiter bestehen blieb und sich zäh gegen seinen Untergang wehrte.« Vgl. auch Linder (1978), S.408, der sich auf Blumenkranz bezieht.

[7] Vgl. Cohen (1982), S.19f.

[8] Vgl. oben, S.90. und dazu auch Linder (1978), S.408, der dieses Anliegen zum Ausdruck bringt: »Die paulinische Rechtfertigung einer Existenz des jüdischen Volkes bis zum Jüngsten Tage fand ihren geschlossensten und wirkungsvollsten Ausdruck in Augustins Geschichtstheologie.«

b) *Tendenzen zur Verschärfung des theologischen Antijudaismus im Mittelalter*

In der Theologie des frühen und hohen Mittelalters wurde die augustinische Sicht der Juden weithin übernommen und weitertradiert. Dies gilt auch für Augustins Schutzanliegen: Die Juden hatten auf ihren Platz in der christlichen Gesellschaft einen theologisch begründeten Anspruch, und der Antijudaismus musste nicht so weit getrieben werden, dass dieser Platz verwehrt oder abgewiesen wurde.[9]

Nun konnte in den Textanalysen dieser Arbeit an mehreren Stellen im einzelnen nachgewiesen werden, dass diese Ansicht nicht ohne weiteres für Luthers Darstellung der Juden im Rahmen der »Dictata super Psalterium« zutraf. Vielmehr wurde in mehrfacher Hinsicht eine Verschärfung des Antijudaismus im Vergleich zu Augustin festgestellt, die u.a. darin zum Ausdruck kam, dass das augustinische Schutzanliegen – statt aufgenommen und weitergeführt zu werden – verdrängt wurde. Trotz aller theologischer Verwandtschaft mit Augustin ging Luther in der Frage der theologischen Beurteilung der Juden einen anderen Weg. Und so wie der Judenschutz bei Augustin in *seinem* theologischen Denken tief verwurzelt schien, so schien auch bei *Luther* der verschärfte Antijudaismus aus den zentralen Wurzeln seiner Frömmigkeit und seiner Theologie geschöpft zu sein.

Luther war keineswegs der erste spätmittelalterliche Theologe, der das augustinische Schutzdenken durchbrochen und problematisiert hatte. Zu Luthers eigener Zeit wäre z.B. auf Johannes Eck oder auf Johannes Pfefferkorn zu verweisen, die in je verschiedener Weise den theologischen Antijudaismus zu einem Punkt geführt hatten, wo sich Zwangsbekehrung oder Vertreibung – und kein Schutz – als die Konsequenz ergab.[10]

Ein grundsätzlicher Bruch mit der augustinischen Tradition in dieser Frage kann aber schon bei den Dominikanern und Franziskanern ab dem 13. Jahrhundert festgestellt werden, wo an der Stelle von Judenschutz eine aggressive Bekehrungstheologie begründet und entwickelt wurde.

Diese veränderten Ansätze bei den Dominikanern und Franziskanern – und bei Luther – in ihrer theologischen Stellungnahme zu den Juden,

---

[9] Vgl. Cohen (1982), S.20f. und Funkenstein S.374.

[10] Vgl. Oberman (1981), S.40-47, 95f. Ein direkter Einfluss der antijüdischen Schriften Pfefferkorns auf den Luther der »Dictata« ist wenig wahrscheinlich. Im Fall Ecks ist ein entsprechender Einfluss seiner wichtigsten Schrift gegen die Juden: »Wider die Verteidigung der Juden« (1541), ausgeschlossen. Nichtsdestoweniger wäre es natürlich eine wichtige historische Aufgabe für sich, das nähere Profil des Antijudaismus beim frühen Luther auch im Vergleich zu diesen und anderen Zeitgenossen, die nicht gerade als Psalmenausleger bekannt waren, zu untersuchen. Wichtige Ansätze in dieser Hinsicht gibt es bei Oberman (1981).

entsprachen einer veränderten Situation der Juden in ökonomischer und politischer Hinsicht im christlichen Europa. Seit dem 12. Jahrhundert wurden sie durch eine neue Handelsökonomie von ihren bisherigen Positionen im ökonomischen Leben nach und nach verdrängt, und vom 13. und bis weit ins 16. Jahrhundert hinein wurden sie Schritt für Schritt aus den Territorien des christlichen Europa vertrieben.

Dass die neuen Ansätze in der Theologie diesen veränderten gesellschaftlichen Bedingungen *entsprechen*, heisst natürlich nicht, dass sie durch einen Hinweis auf diesen neuen ökonomischen und politischen Entwicklungen direkt erklärt werden können. Vielmehr muss der zugespitzte Antijudaismus im Spätmittelalter als das Ergebnis vieler verschiedener Entwicklungen – politischer, ökonomischer, rechtlicher, kultureller – gesehen werden, die einander gegenseitig beeinflussten. Und die Theologie gehört in dieses Bild nicht nur als ein von den anderen Entwicklungen *bedingter* Faktor hinein. Es ist davon auszugehen, dass die Theologie auch hier ihr eigenes Gewicht hatte, und so auch ihre eigene theologische Verantwortung tragen muss im Blick auf die Verschärfung der antijüdischen Mentalität im späten Mittelalter, – so wie sie im früheren Mittelalter als ein eigenständiger Faktor zur Erklärung einer verbreiteten Duldung der Juden zu berücksichtigen ist.[11]

Für die Kirchengeschichte wäre es somit ein wichtiges Anliegen zu versuchen, die folgende Frage näher zu beantworten: Welche Umwertungen und Umstrukturierungen *innerhalb der Theologie* waren es, die diese Verschärfung der antijüdischen Stellungnahmen ermöglichten, bzw. mit sich führten?

Wichtige Beiträge zur Klärung einer solchen Frage im Blick auf die grundlegenden Änderungen im 12. und 13. Jahrhundert sind in zwei neueren Arbeiten gegeben: In Amos Funkensteins »Basic Types of Chri-

---

[11] Zum Stellenwert der Theologie als Erklärungsfaktor in Bezug auf das allgemeine Problem »Antijudaismus im Mittelalter«, Vgl. Cohen (1982), S.14-16, und Rasmussen (1981). – Natürlich sind die Verbindungslinien zwischen verschärfter antijüdischer Theologie und verschärfter antijüdischer Politik deutlicher und einleuchtender wenn es um die Dominikaner des 13. Jahrhunderts geht, als wenn es um Luther – und insbesondere den Luther der »Dictata« – geht: Die Dominikaner hatten durch ihre verschärfte antijüdische Theologie einen nachweisbaren Einfluss auf eine verschärfte antijüdische Politik der Kirche (Cohen (1982), S.97f.). Entsprechendes kann im Blick auf Luther kaum gesagt werden. Wichtig wäre es in Bezug auf diese Frage zunächst das Verhältnis zwischen dem Antijudaismus des frühen und des späten Luther näher zu untersuchen, um Luthers »Typus« von Antijudaismus auf einer breiteren Quellengrundlage festellen zu können. Die weitere Frage nach den politischen und kulturellen Wirkungen von dieser antijudaistischen Position wäre wohl dann eher auf der Ebene der »Mentalität« des protestantischen Denkens, als in Bezug auf direkte, individuell nachweisbare politische Wirkungen zu verfolgen.

stian Anti-Jewish Polemics in the Later Middle Ages« (1971) und in Jeremy Cohens Buch »The Friars and the Jews« (1982).

Funkenstein versucht in seiner Typologie, zwei verschiedene Hauptrichtungen des verschärften Antijudaismus des hohen und späteren Mittelalters zu identifizieren. Nachdem eine stereotype Wiederholung der klassischen polemischen Argumente von Tertullian und Augustin – mit dem augustinischen Schutzgedanken als Voraussetzung – bis ins hohe Mittelalter hinein bestimmend gewesen war, machte sich zunächst im 12. Jahrhundert – parallel zum Durchbruch des scholastischen Denkens – eine durchgreifende »Rationalisierung« auch in der Polemik gegen die Juden geltend. Diese Rationalisierung konnte zwar auch zu einer erhöhten Toleranz den Juden gegenüber führen (wie es nach Funkenstein z. B. in Anselms »Cur Deus Homo« gesehen werden kann), in anderen Fällen aber führte sie zu einer Verschärfung der Intoleranz. Funkenstein weist hier u.a. auf Petrus Venerabilis: »…since man is an *animal rationale*, and the Jews would not listen to reason, there is no conclusion left but that they are beasts«.[12]

Die andere Hauptrichtung der neuen Angriffe war nach Funkenstein wichtiger, wie auch gefährlicher für die Juden. Wurden die ersten Angriffe im Zusammenhang mit der neuen Rationalisierung und Systematisierung des theologischen Denkens im 12. Jahrhundert gesetzt, so sieht er die zweite Angriffsrichtung im Zusammenhang mit der neuen Kenntnis von der nachbiblischen jüdischen Literatur: von dem Talmud und der Midraschliteratur. Diese Kenntnis wurde erst im 12. und 13. Jahrhundert in der westlichen Christenheit verbreitet, und sie veranlasste eine neue und folgenschwere Polemik:

An Hand des Talmuds wurde von Seiten der Theologie jetzt nachgewiesen, dass die Juden nicht mehr das klassische alttestamentliche Judentum vertraten. Vielmehr hatte sich die jüdische Religion grundsätzlich verändert: Auf Grund des Talmuds waren die Juden des Mittelalters zu Ketzern ihrer eigenen Religion geworden. Daraus folgerte man weiter, dass sie jetzt nicht mehr den Schutz und die Toleranz im Sinn der augustinischen Theologie verdienten. Dieser Schutz umfasste nur die Juden der klassischen biblischen Tradition; nicht die neuen Juden der talmudischen Tradition.

Diese neue Polemik gegen das Judentum wurde auch von einem neuen direkten Kontakt mit den Juden begleitet: durch Disputationen, die von den Christen veranstaltet wurden um die Juden zu bekehren, und andere – zunehmend aggressive – »missionarische« Massnahmen: u.a. auch Beschlagnahme und Verbrennung der talmudischen Schriften.

---

[12] Funkenstein (1971), S.378.

Neben diesen Häresieangriffen führte die neue Kenntnis der mittelalterlichen Tradition der Juden nach Funkenstein auch zu Bemühungen, die talmudischen Schriften direkt als Quellen für die Wahrheit des Christentums zu verwerten. Christliche Theologen versuchten, die Juden davon zu überzeugen, dass der Talmud Einsichten enthielt, die – recht verstanden – auf Christus hin zielten. Sowohl die bekannte Disputation in Barcelona in 1263 wie Raymond Martinis »Pugio Fidei«, ein Hauptwerk der spätmittelalterlichen antijüdischen Literatur, sind vorwiegend von dieser Strategie bestimmt.

Das Buch von *Cohen* bringt einige Korrekturen, aber vor allem eine sehr nützliche Erweiterung und Vertiefung der Ergebnisse Funkensteins. Cohen versucht nachzuweisen, dass die Verschärfung der theologischen Judenpolemik im Spätmittelalter im grossen und ganzen auf *ein* Grundmuster hin zusammengefasst werden kann: Der entscheidende Punkt war das, was Funkenstein als die erste, und verhängnisvollste, Variante seines letzten Typus dargestellt hatte; nämlich der Erweis der Juden als Ketzer ihrer eigenen Tradition, – und deshalb ohne Anspruch auf den beschränkten Schutz innerhalb der christlichen Gesellschaft, der ihnen bisher im Sinne des augustinischen Denkens eingeräumt worden war.

Funkensteins Behauptung einer alternativen »rationalistischen« Schärfung der Judenpolemik wird dabei von Cohen an Hand einer ausführlichen Argumentation zurückgewiesen:[13] Es hat sich mit diesen theologischen Tendenzen im 12. Jahrhundert kein wichtiger Neuanfang in der Auseinandersetzung mit den Juden durchgesetzt. Trotz neuer Zusammenstellungen der Argumente, werden immer noch die alten Punkte wiederholt. Und die Juden behalten immer noch – auch z. B. bei Petrus Venerabilis – die Rolle als »negative« Zeugen für das Christentum, die ihren legitimen Platz behalten müssen.

Auf der anderen Seite zeigt Cohen auch, wie Funkensteins »positive« Variante der neuen Talmudbeschäftigung, die die Wahrheit des Christentums von den talmudischen Schriften her darlegen wollte, beim näheren Zusehen für die Juden meistens ebenso verhängnisvoll war wie die »negative« Variante, die die talmudische Tradition als ketzerisch ablehnen wollte.

In einer eingehenden Analyse der Berichte von der Barcelona-Disputation in 1263 weist er nach, dass die Hervorhebung von Seiten des christlichen Disputators (Pablo Christiani) von Stellen in den talmudischen Schriften, die auf Christus hinweisen, eigentlich nicht als eine Bemühung um eine theologische Aufwertung des Talmuds aufgefasst werden sollte. Vielmehr benutzt der Dominikaner diese Hervorhebun-

---

[13] Cohen (1982), S. 24ff.

gen als Mittel im Rahmen einer weiteren Strategie, wo es das Ziel ist,
zu zeigen, dass die Verfasser der talmudischen Schriften Ketzer waren:
Ihre Schriften beweisen, dass sie von der Geburt Christi wussten, und die
Irrlehren des Talmuds können deshalb nicht durch Unwissenheit entschuldigt werden. Dagegen handelt es sich um bewusste Irrlehren gegen
besseres Wissen, und deshalb um Ketzerei: und diesmal sogar in Bezug
auf den christlichen Glauben selbst.[14]

Es wird von Cohen ausführlich dargestellt, wie dieses grundlegende
Argumentationsmuster der Verketzerung der Juden im Kontext der
franziskanischen und dominikanischen Theologie ab dem 13. Jahrhundert entwickelt und nach und nach verfeinert wurde. Insbesondere waren
die spanischen Dominikaner in diesem Zusammenhang führend, und
Cohen verfolgt hier eine kontinuierliche Argumentationstradition von
Raymond de Peñaforte über Pablo Christiani bis zum Verfasser der »Pugio Fidei«, Raymond Martini. Aber auch andere Bettelmönche werden
untersucht. Unter anderem geht Cohen gründlich auch auf Lyra ein, der
zum Teil in seiner »Postillae«, vor allem aber in seinen zwei antijüdischen Traktaten »Quodlibetum de adventu Christi« und »Responsio ad
quendam Iudeum ex verbis Evangelii secundum Matheum contra Christum nequiter arguentem« nach Cohens Auffassung dieselbe neue antijüdische Polemik vertritt.[15] Lyra, in Paris wirkend, spielte nach Cohen
eine sehr wichtige Rolle im Blick auf die Verbreitung des neuen Antijudaismus in weiten Kreisen der europäischen Theologie,[16] wo sich diese
neue Sicht der Juden tatsächlich auch durchsetzte, und bis weit ins 16.
Jahrhundert hinein eine entscheidende Rolle spielte.[17]

Die oben gestellte Frage nach den theologischen Umwertungen und
Umstrukturierungen, die eine verschärfte antijüdische Haltung mit sich
führten, wäre also nach den Ergebnissen dieser Arbeiten von Funkenstein und Cohen vor allem mit dem Hinweis auf den Vorgang der »Verketzerung« der Juden zu beantworten. Und die Bemühungen der
Bettelmönche in diese Richtung sind natürlich wiederum auf dem Hintergrund der generell verschärften kirchlichen Ketzerpolitik ab dem 13.
Jahrhundert zu verstehen:

Das Papsttum des Mittelalters hatte zu dieser Zeit den Gipfel seiner
Macht erreicht. Um die neue Machtstellung zu legitimieren und weiter
zu fördern, wurde die Lehre vom monarchischen Episkopat des Papstes

[14] Ebd. S.122-128.
[15] Ebd. S.170-195. Vgl. den Appendix S.265f., wo Cohen 49 Quellenhinweise aus Lyras »Quodlibetum« zusammengestellt hat, die alle auch in Raymond Martinis »Pugio Fidei« vorkommen.
[16] Ebd. S.190f.
[17] Ebd. S.166-168.

ausgebaut,[18] und u.a. durch diese Lehre wurde auch eine intensivierte Verfolgungspolitik gegenüber Ketzern und Aussenseitern des Christentums begründet.[19] Differenzierte gemeinsame Rechtsregelungen wurden zu diesem Zweck von den Rechtsgelehrten der Kurie fixiert, und vor allem der neu gestiftete Dominikanerorden wurde als Gerät zur Durchführung der verschärften Aussenseiterpolitik gefördert.[20]

Die nächste Frage, die sich nun stellt, ist die folgende: Wie verhält sich der verschärfte theologische Antijudaismus, der auch in der oben analysierten Texten beobachtet werden konnte, zu der hier skizzierten Hauptströmung des antijüdischen Denkens in der Theologie des Spätmittelalters?

Dass diese mittelalterliche Tradition ein adäquates und zugleich zentrales Beziehungsmaterial ausmacht für eine nähere historische Identifikation von Luthers Position, steht ausser Frage. Es ist in den Textanalysen deutlich geworden, wie Luther immer wieder zu einer Psalmenauslegungstradition Stellung nimmt, die in vielen Fällen – wie er es auch selbst tat – die Juden als ein zentrales Thema behandelte. Und es ist ebenfalls deutlich geworden, dass nicht nur die augustinische Sicht der Juden in dieser Tradition zum Ausdruck kam, sondern auch ein neuer zugespitzter Antijudaismus des Spätmittelalters. Lyra, der von Cohen als ein einflussreicher Verbreiter – auch in seiner »Postillae« – von der radikalen dominikanisch-franziskanischen Sicht der Juden dargestellt wird, spielte in dieser Tradition eine wichtige Rolle. Besonders interes-

---

[18] Vgl. dazu z.B. Ullman (1948), Dempf (1973), S.441ff., Miethke (1978).

[19] Die Juden waren keine Ketzer im strengen Sinn des Wortes; die Päpste sahen sich aber, dem papalistischen Denken gemäss, seit Innocenz IV. nicht nur für die christlichen Ketzer, sondern auch für die »infideles« verantwortlich, zu denen auch die Juden als eine wichtige Gruppe gehörten. Das folgende Zitat von Innocenz IV gibt eine gute Zusammenfassung der neuen offiziellen Sicht der Juden: »Sed bene tamen credimus, quod Papa qui est vicarius Iesu Christi potestatem habet non tantum super Christianos, sed etiam super omnes infideles, cum enim Christus habuerit super omnes potestatem.... Item Iudaeos potest iudicare Papa, si contra legem evangelii faciunt in moralibus, si eorum praelati eos non puniant, et eodem modo, si haereses circa suam legem inveniant, et hac ratione motus Papa Gregorius et Innocentius mandaverunt comburi libros talium (»Talmut«?) in quos multae continebantur haereses, et mandaverunt puniri illos, qui praedictas haereses sequerentur, vel docerent.... Item licet non debeant infideles cogi ad fidem, quia omnes libero arbitrio relinquendi sunt, et sola Dei gratia in hac vocatione valeat ... tamen mandare potest Papa infidelibus, quod admittant praedicatores Evangelii in terris suae iurisdictionis, nam cum omnis creatura rationabilis facta sit ad Deum laudandum ... si ipsi prohibent praedicatores praedicare peccant, et ideo puniendi sunt.« (aus »Commentaria ... super libros quinque decretalium« ad X.3.34.8, zitiert nach Cohen (1982), S.97f.) Vgl. ferner Muldoon (1979).

[20] Zur weiteren theologischen und institutionstheoretischen Erklärung der geschärften Aussenseiterpolitik des Papsttums im späteren Mittelalter, vgl. die Übersicht bei Ullman (1963), S.37ff. und Cohen (1982), S.248ff.

sant in dieser Hinsicht war aber der Spanier Perez, der sich in seiner Exegese eingehend mit den talmudischen Schriften beschäftigte, und einen radikalen Antijudaismus deutlich zum Ausdruck brachte. So lässt sich die Tradition der Psalmenauslegung, in der Luthers stand, auch als eine Tradition der Auseinandersetzung um das Judenbild innerhalb des Spannungsfelds zwischen einer gemässigten augustinischen und einer verschärften dominikanisch-/franziskanischen Position auffassen.

Es ist aber die Frage, inwiefern Cohens Zusammenfassung der theologischen Radikalisierungswurzeln als eines »Verketzerungsvorgangs« unter Hinweis auf den neuen Stellenwert der talmudischen Schriften in der Judenpolemik, auch für den radikalen Antijudaismus, der in der Psalmenauslegungstradition anzutreffen war, übernommen werden kann.

Und dies ist eine Frage, die nicht nur im Blick auf Luther, sondern auch im Blick auf Perez gestellt werden muss. Die Alternative ist dabei nicht, zur differenzierteren Typologie Funkensteins zurückzukehren: Obwohl die Neigung zur Rationalisierung der Argumentation im Sinne der Scholastik insbesondere bei Perez deutlich war, reicht auch diese Feststellung nicht aus, um die Eigenart seines Ansatzes zu charakterisieren. Es müssen, sowohl für seine wie für Luthers Argumentation, neue und weiterführende Charakteristiken versucht werden.

Lyra

Einige Bemerkungen zur Rolle der Juden in der Argumentation Lyras sollen aber zunächst vorangestellt werden. In den Texten, die hier untersucht worden sind, hat er – im Unterschied zu Perez und Luther – sehr wenige Spuren einer Verschärfung der augustinischen Position erkennen lassen. Ein offensichtlicher Grund dafür kann man in der Hermeneutik Lyras finden: Die Exegese nach der historisch-alttestamentlichen »litera« hat bei ihm die mystische und die geistliche Auslegung der Texte entschieden in den Hintergrund gedrängt. Die grundsätzliche theologische Judenpolemik – sowohl in der klassischen Gestalt bei Augustin wie in der verschärften Version bei Perez und Luther – kam aber in der Psalmenauslegung eben im Rahmen der mystischen und geistlichen Exegese zum Ausdruck. Es konnte in mehreren Fällen festgestellt werden, dass Lyra zwar Kritik gegen die jüdische Schriftauslegung äussern konnte (so wie er auch Kritik gegen christliche Exegeten äussern konnte); die Texte aber – die von Luther (und Perez) oft geistlich und schroff antijüdisch gedeutet wurden – dann ganz unpolemisch auf die Geschichte der Juden zur Zeit des Alten Testaments bezog.[21]

---

[21] Vgl. oben S.97f. (zu Ps.73), und auch Anm. 1 zu Ps.31 (S.30), ferner Anm. 1 zu Ps.77 (S.92) und S.107f. (zu Ps.90).

Dieser Befund beweist natürlich nicht, dass Lyra die von Cohen dargestellte radikale Position der Bettelmönche überhaupt nicht vertreten hat;
er spricht aber entscheidend dagegen, dass man das Verhältnis zwischen
dem grossen Gewicht auf den historischen Buchstaben in der Hermeneutik und den zugespitzten Zügen im Antijudaismus bei Lyra so darstellen
kann, wie es Cohen tut: nämlich als parallele und harmonisch nebeneinander laufende Bemühungen.[22] Vielmehr scheinen die Perspektiven seiner historisch-philologischen Arbeit ihm in einigen Fällen von einer
theologisch naheliegenden scharfen antijüdischen Polemik abgehalten zu
haben.

Aber auch an denjenigen Stellen, wo sich Lyra auf eine etwas ausführ-
lichere geistliche Auslegung der Texte einliess, liess sich nicht – wie bei
Perez und Luther – eine nennenswerte Verschärfung des antijüdischen
Erbes von Augustin erkennen. Eher war an mehreren Punkten der enge
Anschluss an Augustin auffallend, und zwar nicht nur allgemein an sei-
ner Exegese, sondern auch speziell an seiner Sicht der Juden.[23]

Perez

Demgegenüber wurden die Juden bei Perez im Rahmen der Psalmenexegese als die Feinde Christi und der Kirche an mehreren Stellen hervorgehoben und besonders ausführlich behandelt; und dabei konnte
auch eine merkbare Verschärfung des überlieferten Antijudaismus beobachtet werden. Im Blick auf eine Erklärung dieses Befunds bei Perez ist
es wichtig, den näheren sozialen und politischen Kontext seiner Arbeit
zu berücksichtigen. Er schrieb seinen Kommentar etwa eine Generation
vor der Vertreibung der Juden aus Spanien (1492); er stand in Spanien
in einer theologischen Tradition des verschärften Antijudaismus, die er
ganz gewiss gekannt hat;[24] und er schrieb auch einige in diesem Zusam-

---

[22] Vgl. Cohen (1982), S.190: »...Beryl Smalley has observed that Nicholas of Lyra »re-
presents the culmination of a movement for the study of Hebrew and rabbinics«. By his
time, the use of these tools in the biblical exegesis had become widely respected; the Postilla constituted the natural climax of that trend, in its size, its depth and its erudition.
In much the same fashion, one would be wise to approach Nicholas's anti-Jewish wri-
tings as the natural outgrowth of the polemical trend begun by the friars of the inquisition
and the disciples of Raymond de Peñaforte...«

[23] Vgl. oben S.38 (zu Ps.58) und vor allem S.49-52 (zu Ps.68).

[24] Vgl. dazu Werbeck (1959), S.67f., wo er es als wahrscheinlich nachweist, dass Perez
den »Pugio fidei« von Raymond Martini gekannt und benutzt hat. »...Aber selbst wenn
Perez den Pugio fidei nicht unmittelbar benutzt haben sollte, so wird er doch mindestens
indirekt von ihm abhängig sein, nämlich auf dem Umweg über andere antijüdische
Traktate, die ihrerseits von Raimunds bedeutendem Werk mehr oder weniger ausgiebi-
gen Gebrauch gemacht haben.«

menhang besonders aufschlussreiche Teile seines Kommentars – wie
oben erwähnt wurde – in direkter Auseinandersetzung mit Juden.[25]

Das theologische Hauptanliegen des verschärften Antijudaismus der
Bettelmönche kam dabei auch – in seiner Auslegung von Ps.81 – deutlich
zum Ausdruck: Die jüdische Verworfenheit kommt in besonders schrof-
fer Weise in ihren mishnaischen und talmudischen Schriften zu Wort.
Und diese Schriften zeigen, dass ihre Anhänger eigentlich gar nicht mehr
Juden sind, sondern vielmehr »Idumäer«, so wie Mayr, der Vater der
talmudischen Tradition.

Ebenso deutlich zeigte sich aber, dass diese Argumentation für Perez
nicht die theologische Basis der zugespitzten antijüdischen Stellungnahme ausmachte. Die Bosheit der Juden ist durch die talmudische Tradition nicht grundsätzlich geändert worden im Vergleich zu dem, was
schon früher da war: nämlich die Abweisung – und dabei vor allem die
Kreuzigung – Christi. Es geht im nachbiblischen Judentum nur um eine
Steigerung derselben Sünde, um ein neues Symptom derselben Bosheit,
die auch schon vorher da war.[26]

Für diese Interpretation spricht auch, dass Perez in seiner Auslegung
der strategischen Stelle Ps.58,12 nicht die Folgerung zieht, die nach einer
konsequenten Judenideologie der Raymond de Peñaforte-Schule gezogen werden müsste: dass nämlich der Schutz der Juden, der hier zum
Ausdruck kommt, für die Juden des Mittelalters auf Grund ihrer talmudischen Häresien nicht in Frage kommen kann. Stattdessen wiederholt
er die augustinische Position, und macht es darüber hinaus noch deutlich, dass die Juden, die er dabei im Auge hat, nicht nur die Juden zur
Zeit Christi sind, sondern auch diejenigen seiner eigenen Gegenwart.[27]

Die entscheidende theologische Verschiebung, die bei Perez zu einer
Verschärfung des traditionellen Antijudaismus führt, liegt also nicht in
einer »Verketzerung« der Juden, durch die man das Schutzelement der
augustinischen Tradition umgehen und aufheben konnte, sondern in
einer radikalen Betonung und Zuspitzung des klassischen Schuldele-
ments der augustinischen Tradition: der Sünde der Kreuzigung Christi.

Durch strenge logisch-scholastische Argumentationen, die in verschiedenen Variationen wiederholt wurden, erfolgte auf der Basis dieser Ak-
zentsetzung eine massive *Verteufelung* der Juden. Bemerkenswert ist dabei
natürlich nicht an sich, dass die Juden mit dem Teufel in Beziehung gesetzt werden. Dies war, auch in der Theologie, aber vor allem in der

---

[25] Vgl. oben S.67f. Perez unterscheidet sich dabei von Lyra, der sein Kommentar in
Frankreich zu einer Zeit schrieb, als die Juden schon vertrieben waren.
[26] Vgl. oben S.74.
[27] Vgl. oben S.40f.

volkstümlichen Judenkritik, schon seit Jahrhunderten üblich gewesen.[28] Bemerkenswert ist aber die Direktheit und Vorbehaltslosigkeit, mit der diese Verteufelung in einem reflektierten theologischen Werk wie dem Psalmenkommentar Perez' geschieht. Während die Kreuzigung bei Augustin – auf den Perez oft hinweist – als eine zwar für die Juden schicksalhafte, aber immerhin auf Grund ihrer Unwissenheit wenigstens ein Stück weit als eine zu entschuldigende Sünde behandelt wurde, wird sie bei Perez als die denkbar schlimmste aller Sünden gesehen, die nur mit *einer* einzigen anderen Sünde der Geschichte gleichgestellt werden kann: nämlich der Sünde des Teufels vor seinem Fall.[29] Dieser Sünde entspricht sie in jeder Hinsicht: in Bezug auf die Bosheit, von der aus sie begangen worden ist; in Bezug auf die Schuld; und in Bezug auf die Strafe. Die Juden sind also nicht mehr nur – wie man sie lange gesehen hatte – Werkzeuge des Teufels oder »Devil Incarnal«.[30] Sie sind vielmehr mit ihm auf eine Ebene gestellt und als seinesgleichen zu betrachten. Und weil auch die traditionelle Vorstellung von der *Erbschuld* der Juden für die Kreuzigung[31] bei Perez nicht nur übernommen, sondern auch stark hervorgehoben wurde,[32] bleibt auch im Blick auf die Juden der Gegenwart des Perez diese sehr direkte und enge Nebeneinanderstellung mit dem Teufel das Ergebnis.

An Hand der »Verteufelungsargumentation« des Perez wurden vor allem die hoffnungslose Verwerfung und die ewige Verdammung der Juden radikaler und kompromissloser zum Ausdruck gebracht, als es früher in der antijüdischen Argumentation der Theologie üblich gewesen war. Trotz der Radikalität in dieser Hinsicht, blieb aber auch innerhalb dieser Logik eine Rettungsmöglichkeit für die Juden: Jeder *einzelne* Jude kann sich – trotz der kollektiven Verdammung und Verteufelung – zu jeder Zeit bekehren. In dieser Hinsicht unterscheidet sich die Situation der Juden von der Situation des Teufels. Und auch nicht die Aussicht auf

---

[28] Siehe dazu Trachtenberg (1943), bes. S.19ff.

[29] Dabei ist es auffallend, dass das Motiv des »Wissens« (d.h. davon, dass nicht nur ein Mensch, sondern Gott selbst gekreuzigt wurde) für Perez kein wichtiger Punkt ist zur Belastung der Juden. Das wurde in den »Exkursen« zu Ps.81 und Ps.108 (vgl. oben S.67ff.) deutlich: Dieses Anliegen wurde in den beiden Kommentaren nicht besonders betont. Jedoch konnte es auch bei Perez explizit zum Ausdruck kommen: »...licet negent ore, tamen norunt hoc esse verum in conscientia.« (zu Ps.58; vgl. oben S.41) – Der Vorwurf des bewussten Charakters der Sünde der Juden war sonst – allerdings nicht speziell auf die Kreuzigung Christi zugespitzt – ein zentraler Punkt in der antijüdischen Polemik der Bettelmönche. Vgl. dazu Cohen (1983).

[30] So die Überschrift bei Trachtenberg (1943), S.11.

[31] Siehe dazu z.B. den Hinweis bei Funkenstein (1971), S.378.

[32] Vgl. oben Anm. 17, S.72 und S.73.

eine weitere Bekehrung der Juden am Ende der Geschichte konnte durch den verschärften Antijudaismus des Perez verdrängt werden.[33]

c) *Luther*

Die grundsätzliche theologische Verschärfung des Antijudaismus war bei Luther noch unverkennbarer als bei Perez. Dies war zum Teil daran zu sehen, dass sowohl die (paulinische) Hoffnung auf eine endzeitliche Bekehrung der Juden als die allgemeine Möglichkeit einer individuellen Bekehrung einzelner Juden bei Luther eine erheblich marginalere Rolle spielte als bei Perez. Und zum Teil zeigte es sich auch daran, dass das klassische augustinische Anliegen des Judenschutzes bei Luther – anders als bei Perez – nicht beibehalten worden war. Vielmehr wurde der zentrale biblische Beleg dieses Schutzgedankens in Ps.58,12 von Luther in eine antijüdische Aussage umgedeutet, die ausschliesslich negative und verdammende Elemente enthielt.[34] Die Juden sind durch und durch ein verlorenes und verdammtes Volk; dies wird wieder und wieder, und noch kompromissloser als bei Perez, hervorgehoben.

Gleichzeitig zeigt es sich bei diesem verschärften Antijudaismus Luthers noch deutlicher als bei Perez, dass das Modell einer Verketzerung an Hand der talmudischen Entwicklung des Judentums zu einer Erklärung des Radikalisierungsvorgangs wenig zu leisten vermag. Luther berührte den Talmud nur ganz am Rande seiner Ausfürungen; und dann nur als einen Kritikpunkt neben vielen anderen, ganz im Sinne der älteren augustinischen Tradition.[35]

Ebenfalls wird klar, dass Perez' Weg der Hervorhebung und Radikalisierung der Kreuzigungssünde nicht der Weg Luthers ist. Es ist in den vorausgegangenen Textanalysen gezeigt worden, dass die Kreuzigungsschuld der Juden bei Luther keine wichtige Rolle spielt: Im Vergleich zur Argumentation Augustins scheint dieses Motiv bei Luther eher in den Hintergrund getreten zu sein.[36]

Es ist hier einzufügen, dass eine Erklärung, die auf Luther zutreffen würde, nicht allein der Verschärfung der traditionellen antijüdischen Einstellung Rechnung tragen muss, sondern darüber hinaus auch dem auffallend grossen Interesse an diesem Thema. Denn die Textanalysen

---

[33] Vgl. oben S.73. Dieses ausdrückliche Festhalten an der Bekehrungsperspektive kann wiederum im Zusmmenhang mit der konkreten missionarischen Situation gesehen werden, in der Perez den Juden gegenüber stand.

[34] Vgl. oben S.42f.

[35] Vgl. oben S.85 (zu Ps.73). Zur Talmudkritik als Teil der augustinischen und früheren Mittelalterlichen antijüdischen Tradition, vgl. Cohen (1982), S.75.

[36] Vgl. zu Ps.68, oben S.56 und vor allem S.59. Vgl. auch S.41f. (zu Ps.58).

zeigten ja, dass sich Luther nicht nur schärfer, sondern auch häufiger als seine Vorgänger zum Thema »Juden« äusserte, wenn die »Feinde« im Psalmentext erläutert werden sollten.[37]

Ein Hinweis auf persönliche Erfahrungen und Auseinandersetzungen mit Juden kann im Fall Luthers – zur Zeit der »Dictata« – keine entscheidende Erklärung für dieses besondere Interesse an den Juden bieten.[38] In den Gebieten, in denen Luther gelebt hatte, waren nur wenige Juden anzutreffen,[39] und die Äusserungen über die Juden in den »Dictata« deuten auch nicht darauf hin, dass Begegnungen oder Diskussionen mit Juden wichtige Eindrucke bei ihm hinterlassen haben. In dieser Hinsicht ist also Luthers Ausgangspunkt ein ganz anderer als derjenige von Perez, oder der der spanischen Dominikaner, die von Cohen analysiert wurden.

Um so markanter traten dafür die Wurzeln eines verschärften Antijudaismus innerhalb seiner eigenen theologischen Konzeption zu Tage; und es ging dabei um Wurzeln, die mit den zentralen Anliegen seines theologischen Denkens eng verbunden waren.

Für das nähere Verständnis des theologischen Ansatzes, der diesen eigentümlich verschärften Antijudaismus mit sich führte, erwies sich in der Tat die eingangs (S.12f.) heuristisch hervorgehobene Kategorie der »litera spiritualis« als ein strategischer Punkt. Es schien bei Luther – anders als bei Perez – vor allem die innere Logik der Schriftauslegung zu sein, die ihn zu seiner radikal durchgeführten antijüdischen Stellungnahme gebracht hat. In gewisser Hinsicht konsequenter und umfassender als das, was bei den früheren Exegeten beobachtet werden konnte, hat Luther die Texte der untersuchten Psalmen buchstäblich auf die Geschichte Christi bezogen; und dabei auch auf die grundlegenden Feinde Christi, die Juden. Auf die Kategorien der spätmittelalterlichen Hermeneutik gebracht, ist die Bedingung dieses Vorgehens bei Luther eben sein grosses Gewicht auf eine bestimmte Art der »litera spiritualis«-Exegese.

---

[37] Dem Vorschlag von Mauser (1968), »...dass Lyra dazu beigetragen (haben kann), in dem jungen Luther das starke Interesse am Judentum zu erwecken und wachzuhalten« (S.46), kann schwerlich beigestimmt werden. Bei Lyra sind es ja nicht die Juden als die Feinde Christi, sondern als das Volk der Geschichte Israels, die an den meisten Stellen im Vordergrund stehen.

[38] Später werden solche persönliche Erfahrungen mit Juden wichtiger. R. Levin (1911) weist auf den Besuch von zwei Juden bei Luther in Worms als einen bedeutenden Faktor zum Verständnis des Kontextes von Luthers Judenschrift von 1523 (S.15ff.). Auch für das Verständnis der Judenschriften der späten Jahre spielen konkrete Erfahrungen verschiedener Art mit Juden offenbar eine Rolle.

[39] Zum Status der Judenvertreibung in Deutschland um Luthers Zeit, vgl. Oberman (1981), S.126-128.

»Litera spiritualis« und Antijudaismus

Wenn die Eigenart dieser geistlich-buchstäbliche Exegese sachgemäss zusammengefasst werden soll, muss zunächst wieder auf die Vorgänger in der Psalmenexegese zurückgegriffen werden.

Bei sämtlichen Exegeten, die hier näher untersucht worden sind, spielte die Bemühung um eine geistlich-buchstäbliche Auslegung der Texte – in dem in der Einleitung zusammengefassten »offenen« Sinn – eine bedeutende Rolle. Die Textanalysen haben aber zugleich bestätigt, dass diese Bemühung in sehr verschiedene Richtungen führen konnte. Die prophetische Verifikation der Texte suchte man zum Teil in der alttestamentlichen Geschichte, zum Teil in der im Neuen Testament berichteten Geschichte Christi, und zum Teil in der späteren, bzw. gegenwärtigen, oder auch künftigen, Kirchengeschichte.

Die Tendenz war ferner von Psalm zu Psalm unterschiedlich: Zum Beispiel wurde Ps.68, dessen Worte im Neuen Testament so eindeutig auf Christus bezogen worden waren, auch in der späteren Auslegungsgeschichte einhellig von Christus selbst und von seinen Gegnern, den Juden, verstanden; während das kollektive Klagelied Ps.73 meistens auf die spätere Zeit der Kirche und ihre Verfolgungen bezogen wurde, – wo die Juden in den Hintergrund gerückt waren: Sie waren schon die wichtigsten Feinde Christi, sind aber nun nicht mehr in entsprechender Weise die wichtigsten Feinde der späteren Kirche.

Gewisse Tendenzen stellten sich trotz dieser Variabilität heraus: Auf der einen Seite wurde die übliche Auffassung von Lyra als einem Vertreter der historischen »Nüchternheit« in so fern bestätigt, als er diese Texte des Alten Testaments auch überwieg auf die Geschichte Israels in der alttestamentlichen Zeit bezog. Allerdings konnte auch innerhalb dieses Rahmens eine buchstäblich-prophetische Auslegung wichtig werden.[40] Buchstäblich-prophetisch auf Christus bezogen wurden jedoch nur diejenigen der näher analysierten Texte, die im Neuen Testament selbst von Christus gedeutet worden waren.[41]

Es ist schon oben hervorgehoben worden, dass die Juden als die Feinde Christi und der Kirche in einer Psalmenauslegung nach diesen Richtli-

---

[40] Vgl. Lyra zu Ps.73; oben S.79, und dazu die hilfreichen Kommentare zu Lyras Begriff der »Prophetie« bei Preus (1968), S.66.

[41] Vgl. oben S.49-52 (zu (Ps.68). Ein »duplex sensus literalis«, der von Preus auf Grund seiner Analyse von Lyras Prooemion zu den Psalmen als wichtig hervorgehoben wurde (Preus (1968), S.67-70), schien in der praktischen Auslegung der in dieser Arbeit untersuchten Texte keine Rolle zu spielen. Die Texte wurden, ihrem Buchstaben nach, *entweder* auf die Geschichte des Alten Testaments *oder* auf die Geschichte Christi bezogen; und wenn im ersteren Fall zusätzlich von einer weiteren christologischen Deutung die Rede war, geschah dies vorwiegend durch knappe allegorische Hinzufügungen.

nien kein wichtiges Thema werden konnten. Eine Bedingung dafür wäre, dass der *christologische* Aspekt der »litera spiritualis« stärker als bei Lyra in den Vordergrund träte.

Fabers Psalmenauslegung lässt sich in dieser Hinsicht als ein Gegenpol zur Auslegung Lyras darstellen: Auch bei ihm konnte nur wenig Interesse an einer näheren buchstäblichen Verifikation der Texte an der Geschichte Christi, so wie sie im Neuen Testament beschrieben ist, festgestellt werden.[42] Faber greift aber in seiner Bemühung um eine Erschliessung der Texte nicht rückwärts auf die Zeit des Alten Testaments, sondern vor auf die Zeit der Kirche und der Christen seiner eigenen Gegenwart. Hier versucht er, den prophetischen Sinn der einzelnen Psalmen an bestimmten historischen Ereignissen und Institutionen näher zu verifizieren.[43] – Es muss aber gleich hinzugefügt werden, dass die buchstäbliche Verifikation der einzelnen Schriftworte an der konkreten Geschichte für Faber im allgemeinen nicht so wichtig war wie für Lyra. Öfter als die anderen Exegeten fand er den wahren geistlichen Sinn der Texte in einer unmittelbaren christologischen Explikation, die ganz allgemein auf die individuelle Frömmigkeit ausgerichtet war.

Bei dieser Exegese hatten die Juden noch weniger als bei Lyra einen Platz in der Psalmenauslegung. Fabers Hermeneutik bringt sie weder als alttestamentliches Volk noch als die Feinde Christi zentral ins Blickfeld. Und sie drängen sich auch nicht im Gegenwartskontext Fabers – in Paris des frühen 16. Jahrhunderts – als ein wichtiges Thema auf.

Dieser Rückblick auf Lyra und Faber verdeutlicht zugleich, wie das hermeneutische Ideal der »litera spiritualis« tatsächlich auch die Möglichkeit in sich trägt, die Juden als die Feinde Christi – und nach der Logik von der Einheit zwischen caput und corpus damit auch als die Feinde der Kirche – als ein zentrales Thema der Psalmenexegese hervorzuheben: Eine solche Hervorhebung kann erst dann das Ergebnis werden, wenn gleichzeitig die »literalitas« und die »spiritualitas« der Psalmentexte als das Ziel der exegetischen Bemühungen aufgefasst werden; und zwar in dem Sinn, dass die »spiritualitas« zunächst streng christologisch aufgefasst wird, während zugleich eine buchstäbliche Verifikation an den Christusberichten des Neuen Testments gefordert wird.

Diese doppelte Voraussetzung ist – zwar in verschiedener Weise und in verschiedenem Ausmass – sowohl bei Augustin und Perez als bei

---

[42] Vgl. vor allem Fabers Auslegung von Ps.77, wo auch er den Text historisch auf Christus bezieht, aber ohne diese historische Beziehung näher nachzuweisen. Sein Interesse sammelt sich schnell um die direkte geistliche Relevanz des Textes für die gegenwärtigen Christen (oben, S.93). Auch die Auslegung von Ps.90 (oben S.106) könnte in diesem Zusammenhang genannt werden.

[43] Vgl. oben S.30 (Anm. zu Ps.31); S.78 (zu Ps.73); S.119 (zu Ps.118).

Luther erfüllt. Mit der »litera spiritualis«-Hermeneutik Augustins und
Perez' muss deshalb die Exegese Luthers zusammengestellt werden, um
in ihrer Eigenart näher identifiziert werden zu können.

Zuerst kann dann festgestellt werden, dass Luther radikaler und einseitiger sowohl als Perez wie auch als Augustin die Psalmentexte nach ihrem geistlichen Buchstaben auf das Christusgeschehen des Neuen
Testaments bezieht. Insofern wird man von einer christologischen Konzentration der Exegese Luthers reden können; im Unterschied zu einer
differenzierteren und flexibleren »litera spiritualis«-Exegese, wie sie bei
Augustin, vor allem aber bei Perez anzutreffen war. Denn obwohl auch
bei diesen beiden eine deutliche Bemühung um eine prophetisch-buchstäbliche Beziehung der Texte auf die Geschichte Christi festgestellt werden konnte,[44] schien dies dennoch weniger konsequent durchgeführt zu
sein als bei Luther.

Bei Augustin könnte man dabei einen Zusammenhang mit der allgemeinen Spannung in seiner Schriftauslegung zwischen einer (geist-
lich-)buchstäblichen Orientierung einerseits und einer spiritualisierenden
Orientierung andererseits, die sich in dem grundlegenden Gegensatz
zwischen »temporalia« und »spiritualia« manifestiert, sehen: Eine solche
Spannung kann – wie in seiner Exegese sonst – auch in der
Psalmenauslegung beobachtet werden.[45]

Bei Perez ist zur Erklärung des Unterschiedes in erster Linie auf sein
offeneres und differenzierteres Konzept der »litera spiritualis«-Exegese
hinzuweisen. Besonders deutlich wurde dieses flexiblere Konzept durch
Perez' Rede von einer doppelten prophetischen Auslegung der Texte auf
Grund des »duplex spiritus propheticus« ihrer Verfasser: Bestimmte
Texte können an zwei verschiedenen konkreten historischen Vorgängen
näher verifiziert werden, und in beiden Fällen kann mit Recht von einer
buchstäblich-prophetischen Auslegung geredet werden.[46] – In anderen
Fällen, wo Perez nicht zu dieser speziellen Theorie von einem doppelten
prophetischen Sinn greift, wird ein weiterer heilsgeschichtlicher Rahmen
für die geistlich-buchstäbliche Deutung der »Feindtexte« in anderer Weise zurechtgelegt: Der Prophet hat im Geist die verschiedenen nacheinander folgenden Verfolgungen der Kirche gesehen, und von dieser

---

[44] Von mehr oder wenig eindeutigen Bemühungen dieser Art kann bei Augustin in
der Auslegung von Ps.58; 68 und 73 geredet werden; bei Perez in der Auslegung von
Ps.9B; 58; 68; 77 und 90.
[45] Als Beispiel für eine eher »philosophisch« orientierte Textauslegung, vgl. Augustins
Deutung von Ps.77, oben S.92f. Weiter über die allgemeine Spannung in Augustins
Schriftauslegung, Strauss (1959), S.44f. und 130ff.
[46] Vgl. oben S.76f. (zu Ps.73, wo die Feinde im buchstäblichen Sinn zugleich die Makkabäer und die Türken sind).

geschichtlichen Reihe der Verfolgungen muss der Text seinem prophetischen Sinn nach verstanden werden.[47]

Im Vergleich zu diesen Perspektiven ist die Konzentration der prophetisch-buchstäblichen Perspektive in Luthers Exegese der »Feindtexte« als radikal zu bezeichnen. Der geistliche Buchstabe der Texte zielt meistens nicht auf alttestamentliche und auch nur selten auf spätere kirchengeschichtliche Ereignisse wie z. B. die Angriffe durch die Türken, sondern auf Christus und seine Geschichte, in der die Juden die entscheidenden Feinde und Angreifer sind. In *diesem* Gegensatz, zwischen Christus und den Juden, ist der wahre geistliche Sinn und zugleich auch der wahre historisch-prophetische Sinn der »Feindtexte« zu finden.

Im Licht dieser grundlegenden hermeneutischen Feststellung muss Luthers exegetische Behandlung der Juden eingeordnet werden. Von dieser theologischen »Vision« her hat er – nicht zögernd und tastend, sondern mit einer grossen geistlichen Entschlossenheit – die »Feindtexte« gedeutet. Und nicht nur diejenigen, die schon von seinen Vorgängern in einer entsprechenden Weise gedeutet worden waren: Auffallend war vielmehr, wie sich Luther wiederholt darum bemühte, auch solche Texte auf diese geistlich-buchstäbliche Basis festzulegen, die zuvor überhaupt nicht[48] – oder nur im Sinne eines Teilaspekts der »litera-spiritualis«-Exegese[49] – so gedeutet worden waren. In solchen Fällen wurde von Luther grosses Gewicht auf die nähere buchstäbliche Verifikation der Auslegung gelegt, und mitunter auch an Hand von Argumenten, die im Vergleich zur Auslegung der Vorgänger wenig überzeugend erscheinen müssten.[50]

In anderen Fällen, wo die grundsätzliche Perspektive der Auslegung schon von der Tradition her gegeben war, konnte weniger Gewicht auf die Sicherstellung vom wahren buchstäblichen Sinn der Texte gelegt werden. Dies war z. B. in der Exegese von Ps.68, und besonders deutlich in der Exegese von dem für das Judenbild zentrale Ps.58, der Fall: Hier war die buchstäbliche Verifikation im Einzelnen am Bericht des Neuen Testaments wichtiger für Augustin und Perez als für Luther.

In der Auslegung solcher Texte kamen dafür aber der geistliche Aspekt der »litera spiritualis«-Exegese und das geistliche Anliegen Luthers sehr stark zum Ausdruck. Diese »spiritualitas«-Perspektive trug

---

[47] Vgl. oben S.26 (zu Ps.9B); S.106f. (zu Ps.90) und – besoders deutlich – S.120f. (zu Ps.118).

[48] Vgl. oben zu Ps.9B; 31; 73 und 77.

[49] Vgl. oben zu Ps.90, S.109ff., wo nachgewiesen wurde, wie Luther einen wichtigen Feindtext der Auslegungstradition, der früher von den verschiedenen nach einander folgenden Verfolgern der Kirche gedeutet worden war, nur auf die Juden bezog. Vgl. auch zu Ps.118, S.124f.

[50] Siehe besonders die Auslegung von Ps.73, S.86ff., und ferner zu Ps.77, S.100ff.

in einer eigenartigen Weise dazu bei, den buchstäblich gesicherten grundlegenden Gegensatz zwischen Christus und den Juden zu intensivieren, dramatisieren, geistlich »aufzuladen«. Dieser Effekt trat in Luthers Auslegung von Ps. 68 besonders offen heraus und war deutlich auszumachen: Die Hervorhebung der geistlichen Perspektive des Psalms bedeutete zugleich eine Radikalisierung und Zuspitzung der antijüdischen Charakteristiken. Der Zorn Gottes über die Juden wurde schonungsloser als bei den früheren Auslegern des Textes zum Ausdruck gebracht, und zugleich wurde schärfer von der ewigen Verdammung der Juden geredet.[51] Und in der Auslegung von Ps. 58 wurde das Schutzanliegen verdrängt an Hand einer entsprechenden Hervorhebung des »spiritualitas«-Aspekts des Textes und des Gegensatzes zwischen Christus und den durch und durch geistlosen Juden.[52]

Aber auch sonst zeigte sich dieser Zusammenhang deutlich genug: Nicht von ungefähr hob Luther wiederholt – z. B. in der Auslegung von Ps. 73 und Ps. 90 – die geistliche Perspektive als das Besondere und Weiterführende seiner eigenen Exegese hervor. Und die Auswirkung dieser »Spiritualisierung« in einem verschärften Antijudaismus konnte wiederholt nachgewiesen werden. Die Juden waren nicht nur – wie immer in der Tradition der christlichen Theologie – die *ersten* Feinde Christi; und auch nicht nur – wie sie es durch Luthers besondere Konzentration der »litera spiritualis«-Auslegung auf die Geschichte Christi geworden waren – die *wichtigsten* Feinde im Rahmen der Psalmenexegese. Durch die Unterstreichung des geistlichen Aspekts vom Gegensatz zwischen ihnen und Christus werden sie in einer neuen Weise auch seine *schlimmsten*[53] und *unversöhnlichsten* Feinde. Sie sind dies durch ihre Absage an den Auferstandenen geworden, und werden es auch für immer bleiben.

Mit der Basis dieser Exegese in der »*literalitas*« des Textes ist sichergestellt, dass die so beschriebenen, »spiritualisierten« Juden nicht nur eine allgemeine theologische Wahrheit vertreten. Sie tun dies als ein konkretes geschichtliches Volk; und diese konkrete geschichtliche Basis des Judenbildes wird durch den »literalitas«-Aspekt der Hermeneutik Luthers festgehalten.[54] In dieser Weise erklärt sich, warum Luther seine Beschreibung der Juden so oft mit konkreten geschichtlichen Hinweisen so-

---

[51] Vgl. oben z. B. S. 42, 59f., 62f.

[52] Vgl. oben S. 42ff.

[53] Vgl. dazu als besonders aufschlussreich die Deutung von Ps. 9B (S. 26ff.), wo die Juden bei Luther in die Rolle treten, die bei den früheren Exegeten eben dem schlimmsten Feind der Kirche, dem Antichrist, vorbehalten worden war. (Siehe dazu auch S. 85 (zu Ps. 73).).

[54] Mir scheint dieser konkrete geschichtliche Aspekt des Judenbildes in der Charakteristik bei Oberman (1981), S. 140f. (»…entscheidend sind allein die Juden als prototypischer 'Messkanon'…«) zu wenig betont.

wohl auf die Situation des Judenvolkes zur Zeit Christi als auf ihre spätere Geschichte verbindet.[55]

Durch Luthers starke Betonung des »*spiritualitas*«-Aspekts wird aber zugleich einer Stereotypisierung in der Beschreibung der Juden Vorschub geleistet: Was an den Juden wirklich wichtig ist, ist ihre Absage an Christus in ihrer Begegnung mit dem Auferstandenen. Hier – im geistlichen Bereich des Glaubens – liegt der entscheidende Gegensatz begründet. Im Vergleich dazu ist die konkrete Sünde der Kreuzigung von geringer Bedeutung. Entsprechendes gilt für die besonders bei den spanischen Dominikanern (wie auch bei Augustin) wichtige Frage nach dem Bewusstsein der Juden von ihrer eigenen Sünde bei der Ablehnung und Kreuzigung Christi, die innerhalb eines scholastisch oder juristisch orientierten Denkrahmens grosses Gewicht bekommen musste.

Um die Kraft und Intensität zu verstehen, mit der dieser geistliche Aspekt zur Geltung gebracht wird, scheint es gut am Platz zu sein, hier noch einmal an den weiteren Erfahrungskontext für Luthers Schriftauslegung zu erinnern: Das Anliegen der »spiritualitas« ist zwar in den vorangehenden Analysen an Hand einer *hermeneutischen* Kategorie näher nachgewiesen worden. Tatsächlich geht es aber um ein Anliegen, das über den Rahmen der hermeneutischen Diskussion hinausweist und aus seinem Zusammenhang mit der monastischen Religiosität Luthers im weiteren Sinn verstanden werden muss. Luthers wiederholte Hervorhebung seiner rechten geistlichen Einsicht in die Texte ist ein Ausdruck dafür, dass sich die Texte ihm – aufgrund exegetisch-meditativer Konzentration – in diese Richtung eröffnet haben. Die Schrift, die an sich unendlich reich und vielfältig und unergründlich ist,[56] ist an diesen Stellen an Hand besonderer geistlicher Erfahrung klar geworden.[57]

Das nähere Bild, das Luther in seiner Psalmenauslegung von den Juden und ihrer Sünde entfaltet, hat aber – mit seiner »spiritualisierenden« und stereotypisierenden Perspektive – immerhin auch ein bestimmtes

---

[55] Dieser Aspekt von Luthers Judenbild war z. B. an den folgenden Stellen deutlich zu spüren: S.28f. (zu Ps.9B); S.32 (zu Ps.31); S.46 (zu Ps.58); S.98 (zu Ps.77). Vgl. dazu auch die in den »Dictata« von den Juden häufig verwendete Redeweise »...(usque) hodie«, die die geistlich-buchstäbliche Beschreibung der Juden zur Zeit Christi im Psalmentext auch für die gegenwärtig lebenden *Juden* (die Ketzer und die gegenwärtigen »falsi fratres« werden meistens für sich erwähnt) als zutreffend festhalten will: z. B. WA 3,118,35ff. (zu Ps.17); 177,2-4.15 (zu Ps.31); 500,17ff. (zu Ps.75).

[56] Vgl. z. B.: WA 55,II,1,112,3f. (zu Ps.9B); WA 3,125,10-25 (zu Ps.17); 177,8-178,9 (zu Ps.31).

[57] Vgl. zu diesem weiteren geistlichen Kontext für die Exegese Luthers noch einmal Nicol (1984), S.88ff. und 170ff. (Nicol bringt auf S.171f. als Beleg den folgenden schönen Satz: »Nullus enim loquitur digne nec audit aliquam Scripturam, nisi conformiter ei sit affectus, ut intus sentiat, quod foris audit et loquitur, et dicat: 'Eia, vere sic est'.« (WA 3, 549,33ff.)).

Profil, das sich zusammenfassend skizzieren lässt. Die einzelnen Kennzeichen, die dabei von Luther hervorgehoben werden, sind natürlich nicht neu oder original; sie lassen sich je für sich immer auch in der früheren antijüdischen Polemik der christlichen Tradition nachweisen, – und sind zum grössten Teil auch Kennzeichen, die in dieser Tradition als zentrale Charakteristika der Juden galten: die »superbia«, die »carnalitas«, die »temporalitas«, die »avaritia«, die »securitas«, der »furor« u.s.w. Beachtenswert sind hier Luthers besondere Hervorhebungen und seine nähere Einordnung dieser Kennzeichen: nicht die Kennzeichen an sich.

Im Mittelpunkt von Luthers Beschreibung der Juden stehen ihre »carnalitas« und ihre »temporalitas«. Durch diese Kennzeichen ist der innerste Kern ihrer Religion getroffen: Im Zentrum ihrer Religion stehen nämlich gerade der Glaube an die Erwählung des jüdischen Volkes im fleischlichen Sinn, und dazu der Glaube an die Verheissungen an dieses Volk, die auch nur »carnalia« und »temporalia« zum Inhalt haben. Die »superbia« und die »securitas«, und entsprechend auch die fehlende »humilitas« der Juden, werden weithin als eine Folge dieser »carnalitas« beschrieben: es ergibt sich alles aus ihrem hohen Selbstbewusstsein als den Erwählten Gottes.[58]

Besonders aufschlussreich aber war Luthers Beziehung dieser allgemeinen Beschreibung der Juden auf das Kommen Christi. In ihrer ursprünglichen Gestalt, vor der Konfrontation mit Christus, wurde die Religion der Juden nicht eindeutig negativ gewertet: Hier konnten verschiedene Töne in seiner Charakteristik vernommen werden. So gab es zur Zeit des Alten Testaments auch in der jüdischen Religion Spuren des Geistes; und auch die Einstellung der »temporalitas« war in diesem Kontext nicht ohne weiteres zu verwerfen.[59] Dies hat sich aber durch das Kommen Christi radikal geändert.

Mit Christus tritt etwas Neues auf, und erst im Gegenüber zu dieser neuen Offenbarung des Geistes erstarrt die jüdische Religion zur eindeutig Geistlosen. Während bei Augustin der entscheidende Punkt zur Begründung des Antijudaismus: die Sünde der Kreuzigung, als ein konsequentes Ergebnis der jüdischen Religion zur Zeit des Alten Testaments dargestellt wird, die ihrerseits auch nach der Begegnung mit Christus keine entscheidende Änderungen durchläuft,[60] geschieht bei Luther

---

[58] Vgl. z. B. oben S.27 (zu Ps.9B); S.184 (zu Ps.77).

[59] Vgl. oben S.84 (zu Ps.73); S.110 (zu Ps.90). Anders fällt das Urteil S.122f. (zu Ps.118) aus. Vgl. zu diesem Thema bei Luther auch Hendrix (1974), S.260ff.

[60] Vgl. oben S.80f. (zu Ps.73). Man sieht hier, dass sowohl die jüdische »carnalitas« auf der einen Seite wie der neben ihr existierende »intellectus Asaph« auf der anderen Seite, beide als ziemlich konstante Einstellungen beschrieben werden, die sich durch das Kommen Christi nicht viel geändert haben.

an dem für ihn entscheidenden Punkt: in der Konfrontation mit der Wahrheit Christi, eine Polarisierung. Wie hier in der einen Richtung, in Christus, die Wahrheit des Geistes radikal neu zum Ausdruck kommt, reagieren die Juden entsprechend radikal in der entgegengesetzten Richtung, und stürzen sich in die rettungslose Geistlosigkeit hinein.[61] Und in den Psalmen werden überwiegend diese verlorenen Juden, so wie sie in und nach der Konfrontation mit Christus geworden sind, prophetisch beschrieben.

Als eine besondere Hervorhebung in Luthers näherer Beschreibung der Juden muss endlich auch seine Charakteristik ihrer Frömmigkeit und Religion als »Schein« erwähnt werden. Auch dies ist natürlich an sich ein traditioneller theologischer Vorwurf gegen die Juden, dessen Wurzeln u.a. zur neutestamentlichen Beschreibung der pharisäischen Frömmigkeit zurückverfolgt werden können. Aber es schien dies ein Punkt zu sein, der von Luther im Vergleich zu seinen Vorgängern eigens hervorgehoben und besonders breit entfaltet wurde.[62]

Auch das muss im Zusammenhang mit der eben genannten »Polarisierung« an Hand des Kommens Christi gesehen werden: Wenn die Wahrheit der jüdischen Religion mit dem Kommen Christi geistlich neu bestimmt wird, während die Juden demgegenüber im gesteigerten Festhalten an der alten »carnalitas« und »temporalitas« erstarren, ergibt sich daraus ein zugespitztes Missverhältnis zwischen Inhalt und Erscheinung in der Religiosität der Juden. Der Gegensatz wird so extrem, dass für Luther klassische Texte zur Beschreibung der radikalen Scheingestalt des Antichrist stattdessen als geeignete Bibelhinweise auf die radikale Scheingestalt der jüdische Religion dienen konnten.[63]

Ehe diese Darstellung von Luthers Antijudaismus in der »Dictata« abgeschlossen wird, soll eine kleine Überlegung hinzugefügt werden, die zwar die Quellenperspektive der Untersuchung etwas überschreitet; die aber sachlich wichtig genug erscheint, um dies zu rechtfertigen.

Zur Zeit von Luthers ersten Psalmenkolleg wurde ihm nämlich in *einem* Zusammenhang die Frage des Antijudaismus nicht nur als grundsätzliche Frage im Kontext der akademischen Schriftauslegung, sondern auch als ein theologisches Problem im Kontext der praktischen Kirchenpolitik aufgedrängt: In der sogenannten »Reuchlinaffäre« wurde Luther darum gebeten, ein Gutachten für Spalatin (und damit auch für den Kurfürsten) über die Äusserungen Reuchlins im Streit um die Zulassung oder das Verbot des Talmuds abzugeben.[64]

---

[61] Vgl. oben, bes. S.110ff. (zu Ps.90). Zu einem ähnlichen Ergebnis kommt – von einer anderen Interpretationsperspektive her – auch Hendrix (1974), S.244, 249.

[62] Vgl. oben S.27f. (zu Ps.9B); S.45f. (zu Ps.58); S.84f. (zu Ps.73); S.102 (zu Ps.77); S.109 (zu Ps.90); S.122f. (zu Ps.118).

[63] Vgl. bes. S.85 (zu Ps.73).

[64] Zum historischen Hintergrund der »Reuchlinaffäre«, vgl. z.B. Brecht (1981), S.161f.

Ohne dieses Gutachten (Febr. 1514) einer ausführlichen Analyse zu unterwerfen, soll hier nur *ein* Anliegen, das in diesem Brief besonders deutlich zum Ausdruck kommt, hervorgehoben werden. Luther, dessen Auftrag es war, sich zur Frage der Rechtgläubigkeit von Reuchlins »Augenspiegel« zu äussern, muss dabei auch auf das Problem der Zulassung oder des Verbots der talmudischen Schriften eingehen, und tritt hier eindeutig *gegen* das Verbot des Talmuds ein. Insofern tritt er damit auch für Reuchlin ein; doch - wie Wilhelm Maurer bemerkt hat - mit einer sehr unhumanistischen Begründung.[65] Luther lässt sich nicht - wie Reuchlin - auf den Versuch ein, Spuren der Christuserkenntnis im Talmud zu verteidigen.[66] Er folgt vielmehr den Dominikanern in dem Urteil: »Der Talmud ist eine gotteslästerliche Schrift.« Seine Begründung dafür, dass man diese Schrift trotzdem lassen muss, ist, dass die Gotteslästerung, die dort tatsächlich zu finden ist, in der Bibel schon vorhergesehen und vorausgesagt ist. Deshalb kann sie auch nicht durch politische Massnahmen erledigt werden. Ein Verbot würde die jüdischen Beschimpfungen nur steigern. Nicht weil diese Blasphemie unwichtig ist, sondern weil man kirchlich-politisch nichts dagegen tun kann, wird den Kirchenpolitikern geraten, sich eher mit den inneren Feinden der Kirche (den schlechten Geistlichen) zu beschäftigen. Denn die böse Natur der Juden steht fest.[67]

An diesem Text wird deutlich, dass der frühe Luther - anders als die spanischen Dominikaner seit dem 13. Jahrhundert, anders als Lyra, und anders als Perez - im Blick auf die *Praktizierung* einer antijüdischen Politik einen wichtigen theologischen Vorbehalt eingebaut hatte. Hand in Hand mit der theologischen Verschärfung und »Fanatisierung« des Antijudaismus geht eine praktische »Entpolitisierung«[68] der Judenfrage. Dies muss jedoch nicht als eine Einschränkung oder Milderung des theologischen Antijudaismus Luthers aufgefasst werden.

---

[65] Maurer (1968), S.378.

[66] Vgl. dazu Oberman (1981), S.30ff., der ausführlich auf Reuchlins Auffassung des Talmuds eingeht (auch mit weiteren Literaturangaben).

[67] Aus dem Gutachten Luthers sei der folgende Ausschnitt zitiert: »Sed quid facio? Plenum est cor meum harum cogitationum magis quam linqua dicere possit. Hoc tandem concludo, cum per omnes prophetas praedictum sit, Iudeos Deum et regem suum Christum maledicturos et blasphematuros, et qui hoc non legit vel intelligit, fateor eum nondum vidisse theologiam. Ideoque praesumo Colonienses (die, als theologische Instanz, den Talmud verbieten wollten) non posse scripturam solvere, quia sic oportet fieri et scripturam impleri. Et si tentaverunt Iudeos a blasphemiis purgare, hoc facient, ut scriptura et Deus mendax appareat. Sed confide Deum fore veracem, etiam invitis et frustra sudantibus mille millibus Coloniensibus. Dei enim solius hoc opus erit, ab intra operantis, non hominum, a foris tantummodo ludentium potius quam operantium. Si istae ab eis tollantur, component peiores, quia sic sunt in reprobum sensum per iram Dei traditi, ut sint secundum Ecclesiasten (1,15) incorrigibiles, et omnis incorrigibilis correctione peior fit et nunquam emendatur.« (WA Briefwechsel, Bd.1,23f., Z.30-44 (Brief Nr.7)).

[68] *Politisch* wäre aus der Feststellung, der Talmud enthalte Gotteslästerung, die Folgerung eines Verbotes zu ziehen, in Übereinstimmung mit der politischen Maxime, dass eine christliche Obrigkeit dafür die Verantwortung trägt, dass (offene) Gotteslästerung in ihrem Gebiet nicht stattfinde. Dieser Maxime machte sich z.B. Perez ausdrücklich zu eigen (vgl. oben (Anm. 3, S.67f.)), und auch Luther konnte sich in seinen späteren Jahren darauf berufen. Zum allgemeinen Hintergrund vgl. hier Cohen (1982), S.248ff. und Zeeden (1977), S.33ff.; und zum späteren Luther vgl. Oberman (1983), S.528f. (Oberman scheint mir allerdings hier den apokalyptischen Rahmen für die Interpretation der antijüdischen Ansichten des späten Luther etwas zu stark zu betonen.).

Die Grundlage ist hier kein Schutzgedanke, der, wie der augustinische Schutzgedanke Basis einer schützenden Judenpolitik werden konnte. Luthers Haltung
scheint eher so zu sein: Die Bosheit der Juden kann nicht grösser werden, ihre
Verdammung nicht eindeutiger; ihre Strafe ist aber nicht Menschen, sondern
Gott überlassen. Deshalb soll man sich nicht um sie kümmern.

TEIL II

DIE JUDEN UND IHRE »IMITATORES«

EINLEITUNG

Es ist bis hierher in der Arbeit zweierlei nachgewiesen worden: Zum einen wurde gezeigt, wie die Juden (zur Zeit Christi) bei Luther in einer anderen Weise als bei seinen Vorgängern in der Psalmenexegese als die grundlegenden Feinde Christi und der Kirche aufgefasst wurden, und wie diese besondere Hervorhebung der Juden mit dem theologisch-hermeneutischen Ansatz in den »Dictata« eng zusammenhing, und zum anderen wie es dabei nicht nur um eine Hervorhebung der *Bedeutung* der Juden als »inimici ecclesiae« ging, sondern gleichzeitig auch um eine *Zuspitzung* der antijüdischen Haltung in der näheren Charakteristik dieser grundlegenden Feinde; eine Zuspitzung, die ebenso eng mit seinem theologischen Ansatz verbunden war.

In diesem zweiten Teil soll die Frage nach der Einordnung der anderen Feinde der Kirche in ihrem Verhältnis zu den Juden im Zentrum stehen. Wie werden, im Verhältnis zu dieser besonderen Hervorhebung der Juden, die anderen »inimici ecclesiae« – d.h. vor allem die Ketzer und die »superbi« oder die »falsi fratres« – in die Argumentation eingebracht? Es soll also nicht so sehr um Luthers nähere Beschreibung dieser anderen »inimici« mit ihren jeweiligen Kennzeichen je für sich gehen.[1] Die Hauptsache ist vielmehr das Denkmodell, das in der Aktualisierung der »litera spiritualis« der Texte auf die späteren Feinde der Kirche zur Geltung kommt. In welcher Weise bringt Luther die Feindbeschreibung der Schrift dazu, ein Muster nicht nur für die Deutung der Feinde Christi und der ersten Kirche, sondern auch der späteren und gegenwärtigen Kirche zu werden? Diese Frage drängt sich im Fall Luthers um so mehr auf, als seine Deutung der prophetischen »litera« so stark auf die Geschichte Christi zur Zeit des Neuen Testaments ausgerichtet war.

---

[1] Auf das Bild der Ketzer in den »Dictata« wird in der Studie von Mauser (1968) näher eingegangen.

I

DER »SENSUS ALLEGORICUS«

Neben ihrem historisch- bzw. prophetisch-buchstäblichen Sinn hatten nach traditioneller hermeneutischer Anschauung die meisten Texte zugleich einen allegorischen und einen tropologischen – und viele auch einen anagogischen – Sinn. Und alle diese Sinnrichtungen konnten als eigenständige Deutungsdimensionen neben der buchstäblichen Exegese zur Geltung gebracht werden, – um die »litera« in Bezug auf verschiedene Bereiche und Dimensionen des Lebens zu vergegenwärtigen.[1] Der Ort für die ekklesiologische Vergegenwärtigung war hier der »sensus allegoricus«, bzw. »sensus mysticus«: Hier wurden die Schriftworte in ihrer Bedeutung für das Leben der Kirche entfaltet.

Diese exegetischen Kategorien der »quadriga« hat bekanntlich auch Luther aufgenommen. Seine Auslegungen sind gelegentlich an Hand der Aufteilung der »quadriga« disponiert, und ab und zu stösst man auch auf formalisierte Zusammenfassungen bestimmter Punkte der Exegese, die an Hand der Unterscheidungen der »quadriga« formuliert sind.[2]

Das Problem, das nun zunächst etwas näher geklärt werden muss, ist: Welche hermeneutische Rolle spielt die Allegorie für die ekklesiologische Vergegenwärtigung der Feindtexte in den »Dictata«?

Ein kursorischer Durchgang einiger zentraler Texte zeigt, dass sich Luther in diesem Zusammenhang – obwohl nicht besonders oft – ausdrücklich auf den »sensus allegoricus« berufen kann: »Et hec intelligentia de Iudeis ad literam, de hereticis allegorice.«[3] »Loquitur enim primo sensu, ut dixi, ad literam de adventu Christi contra iniquos legis corruptores per totum psalmum, sed mystico (= allegorice) de hereticis et mystico adventu per revelationem veritatis fidei.«[4] Er kann sich auch von dem Stel-

---

[1] Diese »Mehrdimensionalität« der Quadriga-Exegese kommt besonders deutlich in der Postilla des Hugo Cardinalis zum Ausdruck: Systematisch werden hier zu dem einen Text nach dem anderen die verschiedenen Dimensionen der Quadriga nebeneinander entfaltet.

[2] Man könnte hier zunächst die Zusammenstellung auf der Rückseite des Titelblatts der »Dictata« nennen: WA 55,I, 1,4,3-19;Vgl. auch ebd. 8,8-10,15 und ferner z. B. WA 3,506,23-507,33.

[3] WA 4,353,18 (zu Ps.118).

[4] Ebd. 361,35-38. Vgl. z. B. WA 3,216,8-10: «...'Caro' allegorice et 'ossa' similiter significant populum rudem et prelatos eorum tanquam ossa et sustentacula Ecclesie.« (zu Ps.37,4f.); 441,31-35: »Iste psalmus supra in fine psalmi 39 ad literam expositus est de Christo, et quia utrobique eadem est intelligentia, dimissa illa de allegorica sententia pro Ecclesia nunc consyderamus eum...« (zu Ps.69).

lenwert der Allegorie bei der Auslegung der Feinde der Kirche programmatisch äussern: »Quicquid de Iudeis dicitur ad literam, hoc allegorice percutit Iudeos et omnes superbos Christianos, tropologice autem carnales motus et vitia et peccata.«[5]

Ob innerhalb dieses Rahmens ein prägnanter Begriff der Allegorie zum Ausdruck kommt, der in der Auslegung eine bedeutende Funktion hat, muss allerdings noch geprüft werden.[6] Ein paar Hinweise sollen hier gegeben werden, die dies in Zweifel ziehen: Im Sch. zu Ps.90,7: »Cadent a latere tuo mille et decem milia a dextris tuis« sagt Luther an einer Stelle: »Mystice autem 'latus' est populus synagoge, quia isti proximi sunt Ecclesie secundum carnem.«[7] Was hier als mystisch, bzw. allegorisch, angegeben ist, wird aber zugleich in der Scholienauslegung desselben Psalms deutlich als der prophetisch buchstäbliche Sinn des Textes verstanden: »Necesse est autem ista in Iudeis videri impleta: quoniam de illis primo dicta sunt.«[8]

Entsprechende Beobachtungen können in der Auslegung von Ps.77 gemacht werden: Auch dort wird auf der einen Seite festgestellt, dass »...iste psalmus totus secundum spiritualem literam loquitur de Iudeis, qui deum semper tentaverunt in Christo.«[9] Einige Seiten später wird aber in der folgenden Weise der Status der Auslegung festgehalten: »Sed ecce iam diu Moralia omisimus a prima usque huc«;[10] und am Ende der darauf folgenden moralischen Argumentation zwei Seiten später fasst Luther zusammen: »Quod sicut iste plage primo sunt exposite allegorice in malum, Secundo moraliter in bonum ...«[11] Man muss dies so verstehen, dass die Beziehung der ägyptischen Plagen auf die Juden, die Luthers Auslegung des Textes bestimmt hatte,[12] auch eine allegorische Deutung genannt werden kann, – zugleich aber als Aspekt der geistlich-buchstäblichen Exegese gilt. Die Grenze zwischen der prophetisch-buchstäblichen und der »allegorischen« Deutung scheint also fliessend zu sein, und am nächsten müsste man den Befund so interpretieren, dass die für Luther im Zentrum der Aufmerksamkeit stehende »litera spiritualis« dazu neigt, auch die Allegorie in sich aufzunehmen.

Noch deutlicher ist dies an der Auslegung von Ps.118 zu belegen. »Dupliziter iste psalmus intelligitur«, sagt Luther in einer strategisch plazier-

---

[5] WA 3,177,28-30 (zu Ps.31).
[6] Zur Frage nach der Bedeutung der allegorischen Methode in den »Dictata«, vgl. auch oben S.13ff.
[7] WA 4,73,3f.
[8] Ebd. 69,7f.; vgl. auch 75,29f.
[9] WA 3,585,20-22
[10] Ebd. 592,27.
[11] Ebd. 594,25f.
[12] Vgl. Teil I, S.100ff.

ten Glosse zum Titel des Psalms, »prophetice et moraliter. Prophetice primo est descriptio populi fidelis in Christo futuri contra pharisaicas corruptelas. Et sic proprie loquitur de iis, quia in via sunt, sed immaculati, contra eos, qui sunt in via, sed maculati: illi vere Christiani et fideles, isti autem sue iustitie auctores, ut Iudei et heretici. Moraliter secundo contra omnes superbos, qui neglecto eo, ad quod tenentur, faciunt que sibi recta videntur. …In sensu prophetico et literali psalmus iste est petitio adventus Christi et commendatio Ecclesie Christi, in morali autem et doctrinali est petitio adventus Christi spiritualis per gratiam et commendatio gratie eius.«[13]

Hier sind nur zwei Auslegungsdimensionen der »quadriga«-Einleitung festgehalten: die (prophetisch)-buchstäbliche und die moralische; die Kategorie der »Allegorie« kommt nicht vor. Die allegorische Auslegungsdimension wird aber – ohne eine nähere Entfaltung – als Aspekt der prophetischen »litera« angedeutet, wenn neben den Juden hier ohne weiteres auch die Ketzer erwähnt werden.[14]

An sich haben diese Hinweise wenig Beweiskraft. Sie können jedoch als Zeichen dafür genommen werden, dass in dem Begriff der Allegorie kein Schlüssel für eine nähere Beschreibung der ekklesiologischen Vergegenwärtigung der Feindtexte gefunden werden kann. Dieser Begriff scheint – obwohl von Luther deutlich festgehalten – an zentralen Stellen der Auslegung eher zurückgedrängt als hervorgehoben und begrifflich geschärft zu werden.

---

[13] WA 4,280,31-281,37.

[14] Vgl. auch die Scholienauslegung von Ps.68, die mit der folgenden Formulirung anfängt: »Iste psalmus ad literam loquitur de passione domini in persona eius. Sed simul omnes passiones et infirmitates Ecclesiae ibidem narrantur…« (WA 3,416,6f.), wobei Luther auf die verschiedenen »persecutiones« der Kirche sowohl in der Vergangenheit als in der Gegenwart zu sprechen kommt. Die ekklesiologische Aktualisierung des Textes erfolgt also fast von sich – nur durch das »simul« vermittelt – von der geistlich-buchstäblichen Deutung heraus. Zu der Bezeichnung der »Allegorie« wird hier nicht gegriffen; dagegen zu der Bezeichnung »tropologice«, die bei der Charakterisierung der gegenwärtigen »tentationes« benutzt wird (417,10).

II

DIE »IMITATIO«-HERMENEUTIK

Es gibt aber in den Texten ein anderer Begriff, der sehr haüfig verwendet wird, und hier auch eine hermeneutische Funktion zu haben scheint, die derjenigen der Allegorie in gewisser Hinsicht entspricht: nämlich der Begriff der »*imitatio*«. Dieser Begriff scheint in den betreffenden Texten schärfer profiliert zu sein als der Begriff der Allegorie, er steht in einem engen organischen Zusammenhang mit dem schon untersuchten Begriff Luthers von der »litera spiritualis«, und der hervorgehobene Stellenwert des »imitatio«-Begriffs scheint für die »Dictata« – im Vergleich zur früheren Psalmenauslegungstradition – weithin charakteristisch zu sein. Es empfiehlt sich deshalb, die Verwendung dieses Begriffs etwas näher zu untersuchen.

Im Scholion zu *Ps.118,1*: »Beati immaculati in via, qui ambulant in lege Domini«, kann man sehen, wie diese Kategorie der »imitatio« an die Seite der Kategorien der »Quadriga« tritt und ihre eigene Vergegenwärtigungslogik durchsetzt auf Kosten der traditionellen Quadriga-Auslegung. Der Ausgangspunkt ist für Luther die Feststellung, dass die Juden die im Text eigentlich gemeinten »maculati in via« sind: sie nehmen Gottes Gesetz an, aber nur seinen Buchstaben, nicht den Geist; den »spiritum significatum per literam«. »Et hec est foeditas istius mulieris Synagoge, propter quam Christus dedit ei libellum repudii (Mt.19,7), et certe magna feditas atque macula«. Und Luther fährt fort: »Imitantur autem istos allegorice, qui licet non abiiciant Christum neque fidem eius sicut Iudei neque negant eum aut fidem eius, tamen veritatem fidei abnegant et veritatem Christi ... Tercio moraliter: Imitantur eos omnes superbi, maxime inobedientes, qui neglecto eo, ad quod tenentur, suam sanctitatem et suum sensum sequuntur. Hos et predictos omnes illudit angelus transfigurans se in angelum lucis. (2.Kor.11,14) Qui quidem verba et fidem Christi habent, que est velut caro Christi, sed veritatem fidei non habent, quia in tali fide obedientiam et humilitatem non habent.«[1]

Die Terminologie der Quadriga ist hier beibehalten, sie bezeichnet aber nicht mehr eine Exegese, die nebeneinander die verschiedenen Perspektiven des Textes in Bezug auf verschiedene Bereiche des Lebens entfaltet. Charakteristisch ist nun vielmehr, dass die Aktualisierung

---

[1] WA 4,306,8-307,2.

innerhalb einer – durch die »litera spiritualis«-Deutung bestimmte – Perspektive erfolgt, die am besten als ekklesiologisch bezeichnet werden muss, und dass innerhalb dieser einen Perspektive zugleich durch den Begriff der »imitatio« eine sachliche Vereinheitlichung aller späteren Feinde der Kirche hervorgehoben wird: Die Anfeindung der Kirche durch die Ketzer und die »superbi« und »inobedientes« hat denselben Grund wie die Anfeindung Christi durch die Juden, – weil die Nachkommen die Juden, die ursprünglichen Feinde, nur imitieren. Eigentlich bringen die späteren Feinde nichts anderes als Wiederholungen der Angriffe der Juden.

Auch an der Auslegung von *Ps. 31* lässt sich gut belegen, wie ein »imitatio«-Schema als das entscheidende hermeneutische Modell zur Vergegenwärtigung des ekklesiologischen Feindbilds eine traditionelle Quadriga-Hermeneutik mit neuem Inhalt füllt und sachlich beinahe verdrängt. Zwar wurde gerade in der Auslegung dieses Psalms der hermeneutische »canon« ausdrücklich festgehalten: »Quicquid de Iudeis dicitur ad literam, hoc allegorice percutit Iudeos et omnes superbos Christianos…«[2] Dieser Rahmen für die ekklesiologische Aktualisierung wird aber durch die Ausarbeitung einer konkreten und unmittelbaren »imitatio«-Beziehung zwischen den Juden und den nachfolgenden Feinden gefüllt.

Es wurde in Teil I näher dargestellt, wie V.9f. dieses Psalms nach dem prophetischen Buchstaben von den Juden gedeutet wurde:[3] »Nolite fieri sicut equus et mulus quibus non est intellectus« (V.9ᵃ) war eine Beschreibung der Geistlosigkeit der Juden, denen der Sinn für die »invisibilia«, die »divina« und die »celestia« völlig fehlt. Dies kommt vor allem darin zum Ausdruck, dass sie die Gottheit Christi nicht anerkennen wollen. Dies entspricht ihrem Wesen: »Qualis enim quisque est, taliter iudicat.« – Hier sind ihnen aber die Ketzer gleich; auch sie verweigern, die Gottheit Christi anzuerkennen.[4]

»In chamo et freno maxillas eorum constringe« (V.9ᵇ) war im Hinblick auf die Juden eine Aussage über die Notwendigkeit ihrer sozialen Aussonderung und Unterwerfung unter die Herrschaft der weltlichen Fürsten, damit sie die Christen durch ihren Unglauben nicht irreführen sollten. In entsprechender Weise geht es hier in Bezug auf die Ketzer um eine Aussage über die Notwendigkeit, sie mit der geforderten Gewalt zum Glauben zu führen.[5]

---

[2] WA 3,177,28f.
[3] Vgl. oben S.31-33.
[4] WA 3,176,16-27.
[5] Es heisst hier über die Ketzer: »Verum 'Maxillas eorum freno et chamo constringe', scilicet illorum equorum et mulorum. Quod fit primo suaviter, quando freno et chamo, id est authoritate verbi dei ex utroque testamento convincuntur et ducuntur ad fidei obedientiam, ut sic appropinquent. – Secundo quando per adversitates abstrahuntur a pro-

Und zu V.10ᵃ: »Multa flagella peccatoris« heisst es endlich: »Et ideo huius 'peccatoris', scilicet populi Iudeorum, 'multa sunt flagella', per que tamen non emendatur, ut patet Amos 5 (V.10). Tales sunt omnes qui eos imitantur, Heretici pertinaces &c.«[6]

Zusammengefasst wird die ganze Auslegung der Verse dann in der folgenden Formulierung, die neben den an die Quadriga orientierten »canon« gestellt wird: »Unde totos istos versus ad literam intelligo de Iudeis, qui secundum Scripturam sunt facti in exemplum et proverbium omnium«,[7] wobei die biblische Textgrundlage die (an das Volk Israel gerichtete) Aussage in Ez.14,8: »et faciam eum in exemplum et in proverbium, et disperdam eum de medio populi mei« ist. Die Juden sind in ihrer Verwerfung ein »exemplum«; diesmal aber nicht ein für die Christen zu betrachtendes »exemplum« zur Bestätigung ihres Glaubens, sondern ein »exemplum« zur konkreten Nachfolge für die späteren Feinde.

Diese Nachfolge in der Strafe der Juden ist auch in der Auslegung von Ps.31 nur eine Konsequenz der Nachfolge in ihrer Sünde. So ist es auch sonst die »imitatio« der Sünde, die am stärksten hervorgehoben wird. – Psalm 73 wurde von Luther – im Gegensatz zu den Vorgängern – auf die geistliche Zerstörung, die die Juden sich selbst hinzufügen, bezogen.[8] Dieselbe Sünde wird aber von den späteren Feinden der Kirche nachgeahmt: »Propriissime autem et primo intelligi debet psalmus de spirituali destructione Synagoge per suas perfidas doctrinas. Quos quia Heretici et Turci imitantur in Ecclesie destructione, ideo de eis etiam intelligitur, sed secundario.«[9] Die Juden sind bei der Erschliessung des Textes die grundlegenden Feinde; die anderen kommen in zweiter Linie. Sie sind aber den Juden gleich, und stehen in einem engen Verhältnis zu ihnen. – Auch die scharfen Züge der Beschreibung der Juden, die in der Analyse dieses Textes in Teil I dargestellt wurden, können so zugleich in Bezug auf die späteren Feinde zur Geltung gebracht werden: »Superbia vel malitia in finem est ea, que est incorrigibilis, obstinata et desperata, que etiam agnitam veritatem impugnat,[10] ubi non est locus emende et spes

---

speris et sic per flagella et vincula violenter ducuntur (sicut freno equi et muli capiuntur) ad fidem et Ecclesiam. Sicut fecit Carolus Magnus, Sanctus Bonifacius et alii.« (176,28-34)

[6] Edb. 177,4-6.

[7] Ebd. 176,39-41.

[8] Vgl. oben S.82ff.

[9] WA 3,488,23-26. Vgl. 492,19-22: »...sed quia id, quod Iudeorum perfidia egit et agit in synagoge populum, omnes heretici et precipue Turcus egerunt et agunt in populum Ecclesie: ideo idem psalmus in allegoria de illis recte exponitur.«

[10] Bemerkenswert ist diese Aussage über den Kampf gegen die »agnitam veritatem«, die hier also an einer Stelle vorkommt, wo sie nicht nur auf die Juden, sondern in gleichem Mass auch auf die Ketzer und die Türken bezogen ist. Vgl. auch oben Anm. 29, S.141.

correctionis et fructus monitionis, sed defensio sue iustitie et excusatio pertinax sensus sui, ut Iudeorum, Hereticorum et Turcorum.«[11]

In den Scholien zu *Ps.68* findet sich eine prägnante Formulierung der »imitatio«-Hermeneutik in der Auslegung von V.22: »Dederunt in escam meam fel...«.[12] Das »fel« waren hier die »amarae glosae« der Juden, mit denen sie die Wahrheit Christi zerstört hatten. Dadurch haben sie sich für Christus unannehmbar gemacht: »Sed Iudei facti sunt acetum et corruptum vinum et inveteratum per infidelitatem. ...Dominus enim cum gustasset, noluit bibere. Quia veritas scripturarum et fidei non recipit eos nec glosas eorum, sed potius moritur et extinguitur in eis.«[13] »Horum furorum«, fährt Luther nun fort, »per omnia imitantur Heretici. Qui similiter veritatem potant felle sue perfidie et aceto sui superbissimi sensus. Sed non recipit eos lingua et guttur Christi. Quia Doctorum ordo sentit amaritudinem fellis draconis et ideo respuit eos cum suo felle et aceto. Sed et omnes, qui in malitia et presumptione peccant et sacris participant in peccatis, similiter faciunt. Quia volunt domino incorporari et potare eum, sed non possunt. Et horum hodie grandis est numerus, ut omnes, qui in superbia et invidia, luxuria, ira, cum proposito accedunt ad sacramentum Ecclesie. Vel presumunt salvari, sed respuit eos Dominus, sicut Hereticos et Iudeos ...«[14]

Auch diese Argumentation, die ihre Bilder aus dem Bereich des Abendmahls holt, wird also ohne weiteres auch für die Beschreibung der späteren Feinde übernommen, wobei das Gewicht wieder nur auf der Ähnlichkeit, und nicht auf den Unterschieden zwischen den Juden und den späteren Feinden liegt. Diejenigen, die in ihrem Eigensinn – ohne die rechte »humilitas« – zum Sakrament kommen, werden auf derselben Grundlage abgewiesen wie die Juden und die Ketzer mit ihrer Irrlehre: Sie wollen alle Christus haben, aber alle zugleich von der verkehrten Voraussetzung ihrer eigenen »superbia« her.

In einer interessanten Weise wird das »imitatio«-Denken in Luthers Deutung von V.27[b] desselben Psalms zur Geltung gebracht. Es heisst hier in der Version iuxta hebr.: »Et ut affligerent vulneratos tuos (Luther: meos), narrabant«, und in der LXX-Version: »Et super dolorem vulne-

---

[11] WA 3,495,25-29.

[12] Vgl. oben S.57-59 zu Luthers Deutung dieses Verses in Bezug auf die Juden.

[13] WA 3,434,22-26. Luther nennt hier diese Deutung des Verses von den Juden eine »allegorische« Auslegung des Textes (Z.7); wohl weil der prophetische Buchstabe dieses Verses besonders eng auf die Passionsgeschichte bezogen wurde (»fel« = Essigschwamm bei der Kreuzigung). Eine klare Grenze zwischen dieser »allegorischen« und der sonst vorherrschenden »buchstäblichen« Beziehung des Textes auf die Juden in der Glossenauslegung (vgl. oben S.56f.) ist schwer zu ziehen.

[14] Ebd. 434,27-35.

rum meorum addiderunt«.[15] Luther hatte das in Bezug auf die Juden gedeutet: So wie sie hier die Verfolgung Christi über das von Gott
festgelegte Mass hinaus geführt haben und ihre Sünde dabei so weit getrieben haben, dass die Umkehr nunmehr unmöglich geworden ist; genau so ist es auch mit den Ketzern gegangen: »Horum studia imitantur
Heretici.« Der wahren Haltung der »humilitas« gemäss hätten sie an der
Qual der Kirche mitleiden müssen. Stattdessen fügen sie aber nur weiteres Leiden hinzu: »...insuper discindunt et secant pregnantes Galaad
(Amos 1,13) ad dilatandum numerum suum, ac sic magis addunt super
dolorem vulnerate sponse Christi«: Sie zerschneiden und zersplittern die
schon hart genug belastete (»schwangere«) Kirche, nur um für ihre eigene Meinungen Anhänger zu gewinnen. – Aber auch hier kommen noch
weitere »imitatores« hinzu: »Sed et hi quoque eos imitantur, qui sacris
miscent seipsos in peccatis presumptuose, et universaliter omnes, qui
peccant scienter. Quia in his omnibus affligitur Ecclesia supra id, quod
secundum carnem affligitur.«[16]

Diese letzten Nachahmer, die »dem Heiligen sich beimischen«, müsste
man wohl am ehesten – im Sinne der Hinzufügung »omnes, qui peccant
scienter« – als die »Scheinheiligen« interpretieren, wahrscheinlich mit
einer besonderen Spitze gegen die »religiosi« der eigenen Zeit.

Die »Gleichmachungsargumentation« Luthers in diesem Abschnitt ist
deshalb von besonderem Interesse, weil die Parallelisierung nicht an
Hand einer »Reduktion« der jeweiligen Feindbeschreibungen auf die gemeinsame allgemeine Basis der »superbia« geschieht, die ja als die Wurzel aller Sünde anerkannt war.[17] Vielmehr werden ganz verschiedene
Feindbeschreibungen: die Beschreibung der Juden als der Verfolger der
Christen, der Ketzer als der Zerstörer der christlichen Einheit, und dann
der Scheinheiligen, – auf einen spezifischen, der Diskussion um die
Eigenart der jüdischen Sünde entnommenen, gemeinsamen Nenner gebracht.

In der Auslegung von *Psalm 77* wird die Nebeneinanderstellung der
Juden und ihrer Nachahmer wieder von einem anderen Ansatz her
durchgeführt. Es wird in diesem Psalm in V.18ff. davon berichtet, wie
die Juden in ihren Herzen Gott versucht hatten und Zeichen von ihm gefordert hatten. Diese »tentatio« durch die Juden muss nach Luther im
Zusammenhang mit der »carnalitas« der jüdischen Religion überhaupt
gesehen werden; und besonders mit dieser »carnalitas«, so wie sie in der

---

[15] Luther bezieht sich in seiner Auslegung auf Formulierungen beider Textvarianten.
[16] WA 3,437,27-438,14; das letzte Zitat: 438,12-14.
[17] Vgl. dazu z.B. die aufschlussreiche Schrift von Bernhard von Clairvaux: »Liber de
gradibus humilitatis et superbiae«, S. Bernardi opera vol. III,13-59.

Konfrontation mit Christus zum Ausdruck gekommen ist. Die Juden haben damals die Taten Christi gesehen, – sie wollten sich aber nicht damit
zufriedengeben. Stattdessen suchen sie bis in die Gegenwart andere Zeichen, und versuchen in dieser Weise Gott.[18]

Diese in ihrer »carnalitas« begründeten »tentatio«-Sünde der Juden
wird durch den folgenden Satz mit der Sünde der Ketzer und der anderen Feinde der Kirche parallelisiert: »Quicunque non est contentus de
euangelio et verbo dei semel per mundum predicatum et tot martyriis
sanctorum confirmatum, et audet aliam doctrinam et sapientiam erigere,
respuens audire libros Apostolorum et maiorum Ecclesie, inflatus sensu
carnis sue: Hic horribili temeritate tentat Deum.«[19] Die Ketzer und die
»superbi« sind nicht mit dem zufrieden, was in der Schrift und in der
Ordnung der Kirche ausdrücklich enthalten ist: »...aliter insuper etiam
sibi volunt probationem illorum fieri. Ut vulgo dicitur: Got sall eym Jdli-
chen eyn besunderns machen. Adeo increduli et rebelles sunt, ut potius
omnem scripturam negent aut corrumpant et contra tot generationum
Ecclesiam pugnent: quam suum sensum captivent in obsequium
Christi.«[20]

Die Einheitlichkeit der Argumentation ist hier durch die gemeinsame
»tentatio« Gottes durch die verschiedenen Feinde gesichert. Man ist – so
oder so – mit Gottes Offenbarungen und Ordnungen, so wie sie gegeben
sind, unzufrieden, und will etwas anderes haben. Losgelöst von dieser
Argumentation könnten die Juden, die auf den Messias weiter warten
weil sie Christus als Messias nicht anerkennen wollten, – und die Ketzer,
die mit den Ordnungen der Kirche brechen und ihren eigenen Weg gehen, als ziemlich verschiedene Abweichungen von der christlichen Wahrheit erscheinen. Nach Luther sind sie jedoch gleich: Die Ketzer haben
von den Juden gelernt – von denen der Psalmentext in erster Linie
spricht (»...de istis totus psalmus intelligitur primo«), und deren Beispiel
wird von den Ketzern bloss nachgeahmt.

Mit dieser Argumentation in der Auslegung von Ps.77 kann die Einordnung der späteren »inimici ecclesiae« in der Exegese von *Ps. 90* verglichen werden. Hier wird wieder die Beziehung zwischen den Juden und

---

[18] WA 3,575,18ff.: »Quare de ipsis totus psalmus intelligitur primo: quod obliti talium
ac tantorum operum, que etiam videbant, aliud querebant, et tentant usque hodie. Sed
non datur eis aliud signum, nisi Ione prophete (Mt.16.4). Dicit itaque: 'Tentaverunt
deum (id est Christum) in cordibus suis, ut peterent escas animabus suis' (Ps.77,18), id
est verbum et opus...«

[19] Ebd. 577,39-578,3; vgl. 573,26-28 wo die Terminologie der »imitatio« explizit benutzt wird: »Hos (i.e. carnales Iudeos) imitantur heretici et omnes adulatores in sermoni-
bus: immo omnes, qui tales audiunt et requirunt. Quia suos sensus docent et omittunt
humiliter sentire cum adversario suo in via.« (zu. V.18)

[20] Ebd. 578,16-20.

den späteren Feinden ausdrücklich durch den Begriff der »imitatio« gekennzeichnet. Der Text ist grundsätzlich auf die Juden zu beziehen,[21]
und die späteren Feinde ahmen die Juden nach: »Et quia versus 5.6.7.8.
satis expositi sunt ad literam de Iudeis, eodem modo facile est omnibus
aptare, qui eos imitantur, ut hereticis, obstinatis atque superbis.«[22]

Die Juden wurden auch in der Auslegung von Ps.90 vor allem an
Hand ihrer »carnalitas« charakterisiert, die sie in der Konfrontation mit
Christus zum Scheitern gebracht hatte.[23] Wenn die anderen Feinde mit
den Juden zusammengestellt werden sollen, ist es jedoch nicht diese
fleischliche Einstellung der jüdischen Religion im allgemeinen, die als
Basis der Parallelisierung dient. Vielmehr ist es die »singularitas« ihres
Gottesverhältnisses, die sie sich als »Volk Gottes« im fleischlichen Sinn
zusprechen.[24] Gerade hier sind die Ketzer und die »superbi« ihre Nachahmer: »...non sint contenti in limitibus, quos posuerunt patres eorum,
et verbis magistrorum, que data sunt a pastore uno: semper amplius requirunt, Ecclesiastes ultimo.«[25]

Im Anschluss an V.1: »Qui habitat in adiutorio altissimi, in protectione dei coeli commorabitur«, geht Luther auf dieses gemeinsame Streben
der Feinde der Kirche ein. Sie wollen den Schutz, den ihnen Gott durch
den Glauben und durch die institutionelle Kirche gegeben hat, nicht annehmen; vielmehr suchen sie durch ihre eigensinnige Schriftauslegung
einen direkten Zugang zu dem »nudo deo«, – im Gegensatz zur »humilitas« der wahren christlichen Religiosität, die den Schutz der Kirche
annimmt.[26]

Diese gemeinsame Feindcharakteristik: das Streben über die von Gott
durch die Kirche und die kirchlichen Vorgesetzten aufgestellten Grenzen
hinaus, – nach dem »nudo deo«, ist offenbar primär von den Kriterien

---

[21] WA 4,69,7f.
[22] Ebd. 75,32-34. Vgl. 64,11f., wo im Hinblick auf »totus psalmus« von den »...Iudei
primo, deinde heretici atque imitatores illorum omnes singulares, superstitiosi, superbi
in sensu suo« gesprochen wird.
[23] Vgl. oben S.110ff.
[24] WA 4,64,30f.
[25] Ebd. Z.14-16.
[26] Ebd. 64,19-66,38. Vgl. auch 68,20ff. (zu V.4), wo der Schutz der Kirche in Bezug
auf das »sub pennis« dieses Verses beschrieben wird. – Die Beziehung dieser Psalmenverse auf den Schutz gegen die Feinde durch die Kirche und ihre Ordnungen, denen man
sich mit Demut unterwerfen soll, war auch in Bernhard von Clairvaux's Auslegung des
Textes zum Ausdruck gekommen (Opera, Vol.IV, 384,17-22; 388,1-5:, 393,8-11;
403,19-21; – in seiner Exegese des Psalms weist Luther in einem anderen Zusammenhang ausdrücklich auf die Deutung Bernhards hin (WA 4,74,21-30)). Bei Bernhard, jedoch, war die Auslegung nicht, wie bei Luther, auf die Anfeindung der Kirche durch
die eigensinnigen Bemühungen der Aussenseiter um einen direkten Zugang zum »nudus
deus« konzentriert, und von den Juden als den grundlegenden Angreifern der Kirche war
schon gar nicht die Rede.

der kirchlichen Ketzerpolemik bestimmt,[27] und passt weniger gut auf die Juden. Trotzdem werden wieder die Juden – der hermeneutischen Grundstruktur des Feinddenkens der »Dictata« gemäss – als die ursprünglichen Vertreter auch dieser Feindcharakteristik festgehalten.

Luther begnügt sich aber in seiner Auslegung von Ps.90 nicht damit, die »imitatio«-Logik an diesem einen grundlegenden Punkt zur Geltung zu bringen. Es wurde in Teil I dieser Arbeit gezeigt, dass er die Verse 5f. nicht, wie seine Vorgänger, als eine Beschreibung der verschiedenen, nacheinander folgenden und immer schlimmer werdenden »persecutiones« der Kirche deutete; sondern dass er den ganzen Passus auf die Juden als die grundlegenden Feinde der Kirche bezog: In V.5f. wird nach Luther die innere Entwicklung ihrer Feindschaft, die nur zunehmen und schlimmer werden kann, beschrieben.[28]

Auch dieses »Entwicklungssyndrom« der Feindschaft lässt Luther nun in gleicher Weise für die anderen Feinde der Kirche gelten: Dieselbe Entwicklung, die an den Juden bei ihrer Begegnung mit Christus beobachtet werden kann, wiederholt sich bei der Anfeindung durch die Ketzer und durch die »superbi«.[29]

Am ausführlichsten werden dabei die Ketzer – durch das Beispiel der Arianer – behandelt: Sie fühlen zunächst ihren »sensus suus«, ihre eigene Überzeugung, durch die Botschaft Christi bedroht, und fangen an sich zu fürchten (»timor nocturnus«, V.5[b]). In dieser Situation bemühen sie sich um die möglichst grosse Verbreitung ihrer fleischlichen Lehre, die für alle leicht verständlich ist und die »carnalitas« der Menschen anspricht (»sagitta in die volans«, V.6[a]). Diese Lehre verbreitet sich wie eine Pest (»pesta«, (V.6[b] iuxta hebr.), so dass die »veritas« nahe dabei ist, zu Grunde zu gehen. Nachdem die Wahrheit dann wieder auf dem Konzil zu Nicäa aufgerichtet worden ist, und die Ketzer überwunden sind, fahren sie in ihrem Irrglauben trotzdem fort, und rasen wie nie zuvor gegen die Kirche (»morsus insaniens«, V.6[c] iuxta hebr.).[30]

---

[27] Vgl. z.B. Grundmann (1927), S.94f.; Leclercq (1976), S.14 (zu Bernhard).
[28] Vgl. oben S.110ff.
[29] WA 4,75,32-76,35, wo die »heretici«, die »obstinati« und die »superbi« ausdrücklich durch den Begriff der »imitatio« (75,33) mit dem Vorbild der Juden verbunden werden.
[30] Ebd. 75,35ff. – Zu der Vorstellung des Mittelalters von den Arianern als den typischen Ketzern, und auch von dem Konzil zu Nicäa als der typischen Instanz für die Zurechtweisung der Ketzerei, vgl. Congar (1959), bes. S.454-456. – Zum Vergleich kann hier auch Luthers Argumentation WA 4,72,15-23 herangezogen werden, wo als Vermittlungsbegriff zwischen den Juden und den Ketzern jedoch nicht »imitatio«/»imitari«, sondern »similiter« benutzt wird, und wo auch eine vorsichtige Differenzierung zwischen den Juden und den Ketzern angedeutet wird: »Quod autem Iudei in isto fecisse dicuntur, similiter Heretici faciunt, sed propter aliud. Quia amant suum sensum et vanitatem nominis et glorie: deinde cum contra hunc audierint predicari, iam timor (V.5[b]) nascitur, ne amittant sensum suum et quod diligunt. Deinde sagittas volantes per diem (V.6a),

Zuletzt werden – weniger eingehend – auch die Streitigkeiten zwischen den verschiedenen »religiones« zu Luthers eigener Zeit als Beispiel derselben inneren Entwicklung der Feindschaft erwähnt, wobei besonders auf das gegenseitige »Beissen« (»a morsu insanientis«, V.6ᶜ) als das Ergebnis der Entwicklung Gewicht gelegt wird.[31]

Diese Texthinweise dürfen ausreichen, um die für das ekklesiologische Feinddenken der »Dictata« charakteristische »imitatio«-Hermeneutik in ihrer Eigenart vorzustellen.[32]

Es hat sich ein hermeneutisches Modell herausgestellt, das auf die geistlich-buchstäbliche Deutung der Texte aufbaute, und sich hier formal

---

id est sua dogmata spargunt, quibus ad hominem placent, non deo: tandem impugnant et negant veritatem (V.6b). Ultimo obstinati furiunt, quod non prevalent, et mordentur invidia (V.6c). Unde blasphemant, maledicunt, vastant quantum possunt, ut Arriani, Donatisti. Eodem modo omnes superbi et obstinati in eo, quod amant et timent amittere etc.«

[31] »...Putant (i.e. religiosi) enim pro zelo se obsequium et claram velut meridiem iustitiam Deo prestare, quod invicem mordent amarissimo morsu, et simul sese vastant et insidiantur sibi, ut vere sit morsus vastantis vel insidiantis meridie (V.6c)...« (76,31ff.) Vielleicht hat Luther hier (auch) den Streit zwischen den Konventualen und den Observanten des eigenen Ordens im Sinn. (Vgl. dazu am erhellendsten Oberman (1982), S.139ff.)

[32] Auf die folgenden weiteren Stellen, an denen ein entsprechendes »imitatio«-Denken zum Ausdruck kommt (wo also die Juden als die prototypischen Feinde hervorgehoben werden, die ihrerseits von den Ketzern und den anderen späteren Feinden nachgeahmt werden), seien hier nur hingewiesen: WA 55,II,1,5,19-21; ebd. 30,1-3 »Sic Iudei dimisso templo et altari in excelsis et lucis immolabant et stulti nobis videntur fuisse. Veruntamen multi nimis eos imitantur, maxime religiosi.« (beide Stellen zu Ps.1,1); ebd. 65,18f. (zu Ps.4,3); WA 3,154,32-39: »Horum (i.e. Iudeorum) studia et idololatriam imitantur omnes heretici. Quia ignorantes veram iustitiam, scilicet pure fidei (!), suam statuunt sibi in idolum spirituale et iustitie dei non subiiciuntur. Et ideo destruit eos deus, quia non intelligunt, id est intelligere nolunt opera dei et opera manuum eius. Secundo Imitantur eos et eisdem verbis huius psalmi arguuntur omnes, qui faciunt contra illud verbum b. Hieronymi: 'Ingratum est spiritui sancto quicquid obtuleris, neglecto eo ad quod teneris'. Quia omnes tales relictis operibus domini et iustitia eius multa et magna ex propria adinventione faciunt.« (zu Ps.27,4); ebd. 228,15-18: »Sicut econtra summum vituperium Iudeorum est inobedientia: quia per omnes prophetas arguuntur, quod non audiunt vocem domini dei sui: quod usque hodie faciunt. Et imitantur eos omnes heretici, scismatici et proprii sensus homines.« (zu Ps.39,7); WA 4,14,37-15,2 (zu Ps.84,11); Ebd. 55,1f.: »Habito itaque literali sensu, iam facile est psalmum hereticis et malis Christianis applicare, qui Iudeos imitantur in aversione ista misera et humili...« (zu Ps.89,3-5); ebd. 57,15f.: »Et sic ira dei manet super eos (i.e. Iudeos). Sic fit cum omnibus, qui imitantur illos, hereticis superbis.« (zu Ps.89,8); ebd. 83,3-14 (zu Ps.91,6); ebd. 98,22-34 (zu Ps.93,23); Ebd. 187,30-32: »Quid enim rapacius Synagoga, que tot in veste ovina et lupi rapaces Christo abstulerunt? Et imitantur eos heretici et omnes superbi seductores animarum.« (zu Ps.103,18); ebd. 200,22-26 (zu Ps.105,20); ebd. 344,31-35: »...Sed quia superbi sunt et obstinati (i.e. iudei), ideo fidelem populum persequuntur. Et hoc dupliciter: primo seducendo et suis doctrinis iniquis pervertendo, secundo eos qui nolunt, persequendo et odiendo, detrahendo &c. Hos imitantur omnes heretici et superbi spiritualiter, id est de sapientia et sanctitate super ceteros presumentes.« (zu Ps.118,78).

im Rahmen der Allegorie entfalten konnte; das aber eher als ein eigenständiges Modell denn als eine bestimmte Zuspitzung des »sensus allegoricus« zu charakterisieren war.[33] Denn während die Quadriga ja grundsätzlich ein Programm zur begrifflichen »Vervielfältigung« (vgl. die Bezeichnung »quadruplex sensus«) der Sinndimensionen der »litera« war, um ihre Bedeutung für verschiedene Bereiche des Lebens deutlich zu machen, zielte die »imitatio«-Hermeneutik in einer anderen Weise auf eine Vermittlung und Vergegenwärtigung der »litera spiritualis« innerhalb derselben Sinndimension des Textes. Es ist die buchstäblichchristologische Wahrheit des Textes, die direkt und »konkret« durch Nachahmung weiterwirkt:

So wie in Teil I gezeigt werden konnte, dass Luthers Konzept der »litera spiritualis« des Bibeltextes ihre Kraft und Transparenz in einer geistlichen »Aufladung« und Verschärfung des Gegensatzes zwischen Christus und seinen Feinden zum Ausdruck brachte, scheint man hier noch eine weitere Auswirkung dieser Transparenz feststellen zu können. Die prototypische Stellung der Juden als Feinde Christi bzw. der Kirche gibt auch für die weitere Geschichte der Kirche eine entscheidende Ausstrahlungskraft, und keiner von den späteren Feinden kann in ihren Angriffen über das hinauskommen, was in den Angriffen der Juden zum Ausdruck gekommen ist.[34]

Eine wichtige Folge der »imitatio«-Hermeneutik in Bezug auf die Beschreibung der späteren Feinde der Kirche ist hier, dass die Markierung der Unterschiede zwischen den Feinden stark in den Hintergrund tritt. Die Differenzierung zwischen den verschiedenen Feinden ist nicht wichtig. Vielmehr fördert dieser hermeneutische Zugang zum Thema »inimici ecclesiae« eine Vereinheitlichung des Feindbilds, so dass die Feinde eigentlich alle gleich werden. Nicht nur geschichtliche, sondern auch theologische Unterschiede sind nebensächlich, und werden deshalb kaum erwähnt. – Dieses Resultat fügt sich gut zu einer Feststellung in den Analysen in Teil I: Schon dort konnte bei Luther eine Tendenz zur Aufhe-

---

[33] Während G. Ebeling (1971) (vgl. oben S.14) in Bezug auf die »Hermeneutik des Glaubens« in den »Dictata« von einer gezielten Aufnahme des »sensus tropologicus« zum Zweck der Vergegenwärtigung der prophetischen »litera« sprach (vgl. Ebeling S.60ff.), ziehe ich es also in Bezug auf das ekklesiologische Feinddenken vor, den »sensus allegoricus« nur als eine »Rahmenkategorie« zu sehen, die nicht so gezielt wie die Tropologie in Dienst genommen wird.

[34] Obwohl die Ausstrahlung der »litera spiritualis« des Textes in dieser Weise für eine direkte hermeneutische Vermittlung in die Gegenwart hinein sorgt, geht es natürlich primär um eine Vermittlung auf dem *geistlichen* Plan. Daran ist besonders im Hinblick auf Luthers Verwendung des »imitatio«-Modells auch auf die Juden – um ihre Feindschaft auch als eine in der Gegenwart aktuelle Feindschaft zu vergegenwärtigen – zu erinnern (vgl. WA 438,24f., zu Ps.68,28). Der Gegensatz zu Perez' Behauptung einer fleischlich vermittelten Erbschuld der Juden (vgl. oben S.72, Anm. 17) ist hier bemerkenswert.

bung differenzierender Ansätze der Feindbeschreibungen in der Tradition als ein Ergebnis der »litera spiritualis«-Exegese Luthers beobachtet werden.[35]

Die Kriterien, nach denen die Einheitlichkeit der Angriffe der veschiedenen Feinde behauptet wurde, waren insgesamt von der grundlegenden »humilitas«-Theologie des frühen Luther bestimmt. Im einzelnen wurden sie aber unterschiedlich zugespitzt: Gelegentlich schienen sie mehr von den näheren Kennzeichen der »imitatores« als von der Beschreibung der Juden beeinflusst zu sein. Trotzdem wurde die Richtung der Abhängigkeit durchwegs festgehalten: als eine Abhängigkeit der Späteren von den Juden.

Die »imitatio«-Hermeneutik und die theologische Tradition

Ein Einzelvergleich nach den Richtlinien der Vergleichsarbeit von Teil I zwischen Luther und den früheren Psalmenauslegern ist im Hinblick auf die Herkunft der »imitatio«-Hermeneutik wenig ergiebig. Man muss deshalb den Gesichtskreis in der Suche nach theologischen Wurzeln dieses Denkmusters über die Psalmenkommentare hinaus erweitern. Dieses Unternehmen kann hier nicht in grösserem Umfang angefasst werden. Es sollen lediglich einige ausgewählte Hinweise auf verwandte Vorstellungsweisen in der theologischen Tradition Luthers gegeben werden, die zu einem ersten Schritt in einer traditionsgeschichtlichen Profilierung von Luthers »imitatio«-Modell verhelfen können.

Zum allgemeinen Hintergrund ist dabei zunächst auf die monastische Prägung des »imitatio«-Begriffs hinzuweisen. Das monastische Leben galt als die Nachfolge Christi: in seiner Demut, in seinem Gehorsam und in seinem Leiden. *Bernhard von Clairvaux* zufolge kam es darauf an, an »Christi tiefer Erfahrung der Schwachheit der menschlichen Natur und des Gehorsams gegen Gott« (J. Leclercq[36]) durch »meditatio« und »imitatio« teilhaftig zu werden. Christus »se... proponit humilitatis exemplum, mansuetudinis formam. Si imitaris eum, non ambulas in tenebris, sed habebis lumen vitae.«[37]

Der weitere Zusammenhng dieser Gedanken ist dabei nicht ein individuelles Streben nach Werkgerechtigkeit, sondern eher eine Vorstellung von einer korporativen Zusammengehörigkeit des Leibes Christi mit seinem Haupt; einer Zusammengehörigkeit, die es durch die »imitatio« des Hauptes zu bewähren gilt.[38]

---

[35] Vgl. oben vor allem S.110ff. (zu der Auslegung von Ps.90).

[36] Vgl. Leclercq (1980), S.649.

[37] S. Bernardi Opera, vol. III, 17,2-4; vgl. ebd. 28,14-17 (Grad.).

[38] Ebd. vol. I, 127,9-25 (Sup.Cant.): »Habet sponsa imitatores sui, sicut et ipsa est Christi, et ideo non ait singulariter: »Curram«, sed: CURREMUS.« (Z.24f.)

Dieses »imitatio«-Denken ist bei Bernhard vorwiegend auf eine »positive« Nachfolge Christi ausgerichtet. Allerdings kann auch von einer »imitatio« im Bereich des Gegners die Rede sein. So kann man in der »Praefatio in psalmum 'Qui habitat'« lesen: »Unde eligendus est nobis Psalmus ipse de quo tentationis occasionem inimicus assumpsit, ut inde confringantur arma maligni, unde sibi usurpare praesumpsit. Propterea nolo vos ignorare, fratres, quoniam manifeste imitatores sunt inimici, quicumque de Scripturis Sanctis aliquid non sancte usurpant, et detinent veritatem Dei in mendacio, sicut solent quandoque nonnulli. Cavete hoc, dilectissimi, quia prorsus diabolicum est, et de parte eius se esse probant qui id faciunt, in suam ipsorum perniciem salutaria scripta pervertere molientes.«[39] Derjenige, der hier nachgeahmt wird, ist offenbar der Teufel, und als die Nachahmer müsste man am ehesten die Ketzer verstehen.

Ein vergleichbares »imitatio«-Denken ist auch in den Schriften *Augustins* zu belegen. Auch bei ihm ist in verschiedener Hinsicht von einer »imitatio« durch die Christen die Rede; und es ist nicht nur Christus, der imitiert werden kann, sondern auch z. B. die Märtyrer, – oder sogar Gott selbst.[40]

Interessant ist aber auch hier vor allem die Verwendung des »imitatio«-Begriffs zur Beschreibung der Beziehung zwischen dem Teufel und seinen Gliedern: Eine solche »negative« Verwendungsweise scheint bei Augustin wichtiger zu sein als bei Bernhard. Es kann dabei zum Teil allgemein von einer »imitatio«-Nachfolge der Bösen oder ungläubigen Menschen gewarnt werden: »Quando tu uides quae facta sunt in impios, caue ne fiant in te. Ad hoc enim in illos facta sunt, ut tu transires, et eos non imitareris, et talia non patereris.«[41] Zum Teil spricht aber auch Augustin von einer »imitatio« des Teufels durch die bösen Menschen. Ein biblischer Beleg für eine solche »imitatio« findet sich in Sap. 2,24f.: »invidia autem diaboli mors introivit in orbem terrarum, imitantur autem illum qui sunt ex parte illius«, – und auf diese Textstelle weist Augustin auch ausdrücklich hin.[42] Sein Interesse in Bezug auf die Frage der »imitatio Diaboli« scheint aber nicht so sehr auf eine nähere Erörterung der

---

[39] Ebd. vol. IV, 384,17-24 (In Ps. »Qui habitat«).
[40] Siehe z. B. PL 38,53 (Sermo 5): »Dominus noster Jesus Christus imitandum se nobis praebuit: ut quoniam christiani sumus, aut ipsum imitemur, aut alios qui eum imitati sunt.« Vgl. PL 38,201 (Sermo 32, cap. 13) (Imitatio Christi). PL 38,1385 (Sermo 302, cap. 1): »Martyrum ergo vestigia imitando sectemur, ne solemnitates eorum inaniter celebremus.« Vgl. ebd. 1447f. (Sermo 325) (Imitatio martyrum). PL 42,89 (De util. cred. lib. I, cap. 15): »Sapiens enim, quantum datum est, imitatur Deum...«
[41] CChSL XL,1948,14,Z. 18-20 (Enarr. Ps.134); vgl. PL 40,26 (De divers. quaest. lib I,36).
[42] PL 44,114 (»De peccatorum meritis et remissione«, lib. I, cap. 9).

»imitatores« oder der »imitatio« an sich orientiert zu sein. Was ihn mehr zu beschäftigen scheint, ist die Abgrenzung einer solchen »imitatio«-Beziehung der »impii« zu dem Teufel von einer fleischlichen Abstammung, so wie sie z. B. in Joh. 8,44: »vos ex patre diabolo estis«, angedeutet wird.[43]

Es kann auf Grund dieser Beobachtungen festgestellt werden, dass eine Vergegenwärtigung der biblischen Texte an Hand der Kategorie der »imitatio« bei zentralen Vertretern der theologischen Tradition, in der Luther stand, durchaus eine Rolle spielen konnte; und zwar nicht nur im Sinne einer »imitatio Christi«, sondern gelegentlich auch im Sinne einer »imitatio Diaboli« (bzw. »imitatio impiorum«). Die »imitatio«-Hermeneutik Luthers in Bezug auf die »inimici ecclesiae«[44] bewegt sich also insofern in Spuren, die ihm vorgegeben waren.

Jedoch konnte ich für eine »imitatio Iudeorum« durch die späteren Feinde der Kirche – in dem Sinn wie dieser Topos bei Luther hervorgehoben wurde – in den von mir bearbeiteten Quellen der Tradition keinen entsprechenden Beleg finden. Das Urbild, das nach Augustin und Bernhard von den Bösen nachgeahmt wurde, waren nicht die Juden, sondern der Teufel;[45] und seine Stellung als Urbild der Bösen war nicht das Ergebnis einer strengen »litera spiritualis«-Exegese der Bibeltexte, die eine bestimmte *hermeneutische* Logik für das Feinddenken einführte.

So scheint dieser negative Befund den engen Zusammenhang zwischen Luthers besonderem Ansatz in der »litera spiritualis«-Exegese und seiner besonderen Ausformung einer »imitatio«-Hermeneutik zu bestätigen. Es geht hier um ein Vergegenwärtigungsmodell Luthers, aus seinem hermeneutischen Ansatz in den »Dictata« geschöpft.

---

[43] Vgl. PL 35,2011 (In Epist. Joh. ad Parthos, tract. IV), zu 1. Joh. 3,8: »qui facit peccatum, de diabolo est; quia ab initio diabolus peccat«: »Nam neminem fecit diabolus, neminem genuit, neminem creavit: sed quicumque fuerit imitatus diabolum, quasi de illo natus, fit filius diaboli imitando, non proprie nascendo...« Vgl. auch PL 42,136 (Contra Adimant., lib. I, cap. 5), wo in paralleler Weise die »imitari«-Beziehung zum Teufel von einer »nasci«-Beziehung unterschieden wird. – Dagegen ist die Beziehung der »peccatores« zu Adam nicht nur von der »imitatio«, sondern auch von der »carnalis generatio« bestimmt: vgl. PL 44,119 (De peccatorum meritis et remissione, lib. I, cap. 15). Vgl. hier auch oben Anm. 34.

[44] Dass auch ein »positives« »imitatio Christi«-Denken in den »Dictata« eine bedeutende Rolle spielt, ist in der Lutherforschung schon mehrmals bemerkt worden. Vgl. dazu Lienhard (1973), S. 54.

[45] Diese Vorstellung einer »imitatio« des Teufels durch die Bösen kann man auch bei Luther antreffen (vgl. WA 3,498,4f. (zu Ps. 73)); sie spielt aber bei ihm eine sehr periphere Rolle.

III

DIE »PERSECUTIONES ECCLESIAE«

Das bisher gewonnene Ergebnis muss einer bestimmten Gegenprobe unterworfen werden, die sowohl auf Grund des Quellenmaterials wie auf Grund der neueren wissenschaftlichen Debatte auf diesem Gebiet notwendig wird: In welchem Verhältnis steht das dargestellte »imitatio«-Modell zum geschichtstheologischen Schema der »persecutiones Ecclesiae«, das für die ekklesiologische Vergegenwärtigung der Feinde des Psalmentextes in den »Dictata« offenbar auch eine Rolle spielt?

Auffallend ist die Rolle dieses geschichtstheologischen Schemas vor allem in Luthers Scholienauslegung zu Ps.68, wo er sich explizit auf Bernhard von Clairvaux und dessen wichtigste Exposition des Schemas beruft. Aber auch in einigen anderen Texten scheint eine Rezeption dieses Schemas, so wie es in klassischer Weise von Bernhard entfaltet worden ist, zweifelsfrei vorhanden zu sein. Hinzu kommt noch eine Reihe weiterer Stellen, wo mindestens einzelne Elemente des Schemas in Luthers Text wiedererkannt werden können, so dass wenigstens mit Recht die Frage nach einer Rezeption des Schemas gestellt werden kann.

Was die Sekundärliteratur betrifft, so werden vor allem in dem immer noch wichtigen Antichristbuch von Hans Preuss die »geschichtstheologischen Voraussetzungen«, die sich durch das Schema der »persecutiones ecclesiae« ergeben, als der entscheidende theologische Rahmen für das ekklesiologische Feinddenken der »Dictata« hervorgehoben.[1] Ulrich Mauser und Heiko A. Oberman betrachten beide das Denken Luthers in diesen Fragen als eine *Synthese*, in der eine exegetisch begründete Vorstellung von dem gleichwertigen Status aller Feinde der Kirche (bei Oberman durch das Stichwort »Augustin« apostrophiert) und das geschichtstheologische »persecutiones«-Schema (bei Oberman: »Bernhard«) zu einer Einheit verschmolzen sind; wobei gerade diese Verschmelzung zwei ursprünglich verschiedener Denkmodelle als spezifische Leistung Luthers gesehen wird.[2]

---

[1] Vgl. Preuss (1906), S.83; 86-90. Die andere »ungeschichtliche« Tendenz zur Gleichsetzung der verschiedenen Feinde der Kirche unter einem theologischen Gesichtspunkt wird bei ihm nur in einem Satz (S.86) erwähnt. Vgl. auch Vercruysse (1968), S.121f., der in seiner »Dictata«-Interpretation ebenfalls auf die geschichtstheologische Periodisierung an Hand des »persecutiones ecclesiae»-Schema grosses Gewicht legt.

[2] Vgl. Mauser (1968), S.61-63 und Oberman (1983), S.521-523, – wobei Mauser eher den Aspekt der Gleichwertigkeit und der Nebeneinanderstellung der Feinde, und Oberman mehr den Aspekt der historisch zunehmenden Zuspitzung der Feindschaft betont.

Inwiefern ist es berechtigt, die Rolle des »persecutiones«-Schemas so stark hervorzuheben bzw. den Befund bei Luther in dieser Weise zusammenfassend als eine Synthese der zwei verschiedenen Interpretationsschemata zu charakterisieren?

Die Textanalysen in Teil I haben an einigen Beispielen gezeigt, wie sich die »litera spiritualis«-Exegese Luthers *gegen* eine traditionell bewährte Auslegung eines Textes an Hand des »persecutiones«-Schemas durchsetzen konnte, so dass der grundsätzliche Sinn des Textes nur auf einen Gegensatz zwischen Christus und den Juden reduziert wurde.[3] In seiner Auslegung von Ps.90 erfolgte erst in zweiter Hinsicht – im Sinne des »imitatio«-Denkens – eine Beziehung des Textes auf die späteren Feinde der Kirche.

Die bisherigen Textanalysen können aber bloss als *Indizien* für den Vorrang des einen vor dem anderen Denkschema gelten. Die Frage nach den Beziehungen zwischen den beiden Modellen erfordert daher weitere Analysen zentraler Texte, um zuverlässig beantwortet werden zu können.

Als ein erster Schritt dazu müssen zunächst möglichst präzis die charakteristischen Züge des »persecutiones«-Schemas dargestellt werden, – so wie dieses Schema durch seine einflussreichsten Vertreter in der Tradition: durch Augustin und Bernhard, zum Ausdruck gekommen ist.

Für *Augustin* ist der Begriff »persecutio« im ekklesiologischen Sinn des Wortes offenbar grundsätzlich von den Erfahrungen der neulich beendeten Christenverfolgungen der vorkonstantinischen Kaiserzeit geprägt: Die »persecutores« sind in erster Linie die heidnischen Kaiser, die die frühe Kirche gequält hatten.[4]

In Buch XVIII, Kapitel 52 in »De civitate Dei« geht er aber zugleich auf eine Kritik der Auslegung des Orosius von den zehn Plagen der Ägypter ein, der sie als zehn verschiedene Christenverfolgungen durch

---

Bei Oberman heisst es: »In dem Moment, wo beide Interpretationsschemata, die diabolische Kette und das schrittweise Nahen des Antichrist, in Kurzschrift: »Augustin« und »Bernhard«, Exegese und Geschichte, ineinandergreifen, sind die Juden nicht mehr nur zurückgelassene Vorläufer in der Geschichte der Unterwanderung des Evangeliums, sondern sie markieren zugleich die präzisen Koordinaten, um die Einbrüche des Bösen in der Kirche der eigenen Zeit recht zu orten. ... In den »Dictata super Psalterium« (1513-1515) begegnet uns der Einsatz dieser Messsonde auf Schritt und Tritt. Was jeweils von den Juden zu sagen ist, gilt auch für die Häretiker und entlarvt zugleich die Abirrung der bestehenden Kirche in Lehre und Sitte. Die ersten zwei Glieder, Juden und Häretiker, fungieren als statischen Messdaten; die volle Aufmerksamkeit des Exegeten gilt der Applikation auf die eigene Zeit, gewandelt je nach dem Kontext des zu deutenden Psalmverses.« (S.522)

[3] Vgl. oben, vor allem zu der Auslegung von Ps.77 (S.25ff.) und Ps.90 (S.110ff.).

[4] Vgl. z.B. CChSL XXXVIII,178,6,Z.22-25 (Enarr. II zu Ps.29 (V.2)); ebd. 349,3.Z.21ff. (sermo II zu Ps.36,14-16).

zehn verschiedene Kaiser gedeutet hatte, und dann die elfte Plage – die
Zerstörung der ägyptischen Verfolger im Roten Meer – als ein Bild für
die Zerstörung der Kirche durch den Antichrist gesehen hatte.[5] Gegen
diese Deutung bringt Augustin mehrere Einwände vor; vor allem aber
den, dass hier kein Platz für die Verfolgungen der Kirche zwischen den
heidnischen Kaisern und dem Kommen des Antichrist übrig bleibt.[6] Für
ihn gibt es mehrere Verfolgungen, – insbesondere diejenige durch die
Ketzer, gegen die er auch selbst, nach dem Ende der heidnischen Kaiserzeit, zu kämpfen hatte.

In den vorangehenden zwei Kapiteln von »De civitate Dei« gibt Augustin eine geschichtliche Darstellung der für ihn wichtigsten »persecutiones«: Zuerst wurde das Evangelium zur Zeit des Lebens Christi und in
der ersten Zeit danach verkündigt, und trotz schwerer körperlicher Verfolgungen verschiedener Art wurde es nicht unterdrückt. Vielmehr siegte
es: die heidnischen Herrscher wurden selbst Christen, und das Christentum ersetzte das Heidentum und wurde die massgebliche Religion.[7]

»Videns autem diabolus«, fährt Augustin dann fort, »templa daemo-
num deseri et in nomen liberantis Mediatoris currere genus humano-
rum, haereticos mouit, qui sub uocabulo Christiano doctrinae resisterent
Christianae, quasi possent indifferenter sine ulla correptione haberi in ciuitate Dei, sicut ciuitas confusionis indifferenter habuit philosophos inter
se diuersa et aduersa sentientes.«[8]

Diese zwei »persecutiones« werden noch eingehender charakterisiert:
Die eine erfolgt im Äusseren durch körperliche Gewalt (»saevitas«), die
andere im Inneren durch Hinterlist. Sobald die erste vorüber ist, und
man sich sicher fühlt, kann man ganz gewiss sein, dass die zweite »persecutio« schon da ist und die Kirche gefährdet. Denn ohne diese Verfolgungen lebt die Kirche nie in dieser Welt. – Für die Glaubenden haben
die »persecutiones« auch ihren Nutzen. Durch die erste wird ihre »patientia«, durch die zweite ihre »sapientia« gestärkt. Und durch beide
wachsen zugleich ihre »beneuolentia«, bzw. ihre »beneficentia«, weil die
Kirche hier in der Feindesliebe geübt wird.[9]

Für die weitere Beschreibung der »persecutiones ecclesiae« bei Augustin sind die »Enarrationes in Psalmos« die wichtigste Quelle. Aus den
Enarrationes ist zunächst auf einen Text zu verweisen, wo ausdrücklich
nicht nur die heidnischen Kaiser, sondern vor ihnen auch die Juden an

---

[5] CChSL XLVIII,650-652. Zu Orosius, vgl. Art. »Orose« in »Dictionnaire de Théo-
logie Catholique«, Bd. 11,II, Sp. 1602-1611 (E. Amann) (1931).
[6] Ebd. 650,Z.1-5.
[7] Ebd. 648,cap.50.
[8] Ebd. 648f.,cap.51.Z.1-6.
[9] Ebd. 649f.,Z.31ff.,11ff.

der ersten, gewaltsamen, Verfolgung der Kirche teilgenommen haben:
Die Verfolgung durch Gewalt fing unmittelbar nach der Auferstehung
Christi an, und die Verfolger in dieser ersten Phase waren die Juden.
Das Textzeugnis dafür liefert die Schilderung der Steinigung des Stepha-
nus in Act.7,56ff. Erst in der zweiten Phase schlossen sich die »regna
gentium« dieser Verfolgung an, und setzten sie in derselben blutigen
Weise fort.[10]

Im Zentrum aber steht auch in den »Enarrationes in Psalmos« die
grundlegende Unterscheidung zwischen einer – ersten – Verfolgung
durch Gewalt und einer – zweiten – durch Hinterlist und Betrug. Ein
wichtiger Textbeleg dafür findet sich in der Enarratio zu Ps.39.

Der »Sermo ad populum«, die als Enarratio zu Ps.39 gebracht wird,
ist gegen die Ketzer (die Donatisten) gerichtet. Am Anfang des Sermons
werden zunächst ihre Angriffe gegen die Kirche ausführlich als Angriffe
des zweiten Typs, die auf die frühere Stufe der äusseren, gewaltsamen
Unterdrückung folgen, eingeordnet.[11] Das biblische Schlüsselwort zur
Charakterisierung der doppelten Gestalt des Teufels, die in dieser doppelten Gestalt der »persecutiones« zum Ausdruck kommt, findet Augustin nicht in Ps.39 selbst, sondern in Ps.90: »conculcabis leonem et draconem«.[12] Augustin kommentiert: »Hostis ille noster, tunc leo fuit, cum
aperte saeuiebat; modo draco est, cum occulte insidiatur.« Deutlicher
noch als in »De civitate Dei« wird hier gesagt, dass die zweite »persecutio« des Teufels die gefährlichere ist: »... magis metuendus est cum fallit,
quam cum saeuit«. Die näheren Kennzeichen der jeweiligen »persecutiones« sind aber wie in »De civitate Dei«:

Gestalt des Teufels:	LEO	DRACO
Angriffsweise:	aperte saeuibat	occulte insidiatur
	cogebat negare Christum	docet negare Christum
Widerstand durch:	patientia	vigilantia

---

[10] CChSL XXXIX,732,5,Z.9-21 (zu Ps.58,3): »... nam et post resurrectionem ads-
censionemque Christi, persecutiones passa est ecclesia; et in illa quidem primo quae efflo-
ruit de gente Iudaeorum, de qua et apostoli nostri fuerunt. Ibi primo Stephanus lapidatus
est, et quod uocabatur accepit. Stephanus enim corona dicitur. Humiliter lapidatus, sed
sublimiter coronatus. Deinde in gentibus exsurrexerunt regna gentium, antequam in eis
impleretur quod praedictum erat: *Adorabunt eum omnes reges terrae; omnes gentes seruient ei*
(Ps.71,11), et fremuit impetus regni illius aduersus testes Christi; effusus est magnus et
multus martyrum sanguis: quo effuso, tamquam seminata seges ecclesiae fertilius pollu-
lauit, et totum mundum, sicut nunc conspicimus, occupauit.«
[11] CChSL XXXVIII,423f.,Z.7ff.
[12] V.13^b. Vgl. oben S.105.

Der zweite zentrale Text aus den »Enarrationes in Psalmos« findet man in der Auslegung von Ps.9B. Wiederum ist das Stichwort für Augustin das Bild des Löwen: »Insidiatur in occulto velut leo in cubili suo« (V.9^b). Wie oben schon gezeigt,[13] ging es hier sowohl für Augustin wie für die meisten zentralen Exegeten des Mittelalters um eine Beschreibung des Antichrist, der am Ende der Geschichte auftreten sollte. Der Antichrist wird aber von Augustin nicht nur an sich als der letzte Verfolger der Kirche näher beschrieben, sondern auch der in den schon erwähnten Texten dargestellten Zweiteilung der »persecutiones« der Christen als eine dritte – und schlimmste – Verfolgung zugeordnet, – die dadurch gekennzeichnet ist, dass sie die Gefahren der beiden vorausgehenden Verfolgungen in sich vereinigt und gleichzeitig zur Geltung bring:[14] »Leonem in cubili dicit eum in quo et uis et dolus operabitur. Prima enim persecutio ecclesiae uiolenta fuit, cum proscriptionibus, tormentis, caedibus, christiani ad sacrificandum cogerentur; altera persecutio fraudulenta est, quae nunc per cuiuscemodi haereticos et falsos fratres[15] agitur; tertia superest per antichristum uentura, qua nihil est periculosius, quoniam et uiolenta et fraudulenta erit. Vim habebit in imperio, dolum in miraculis. Ad uim relatum est, quod dictum est *leo*; ad dolos, quod dictum est *in cubili suo*.«[16]

Zusammenfassend kann mithin gesagt werden: Die Ansätze zu einem festen theologischen Schema, das die »persecutiones Ecclesiae« beschreibt, sind bei Augustin deutlich erkennbar. Konstitutiv für ihn ist dabei die Unterscheidung zwischen der früheren Verfolgung durch Gewalt und der späteren Verfolgung durch List und Betrug.

In dieser grundlegenden Zweiteilung spiegelt sich seine eigene geschichtliche Erfahrung: Die Verfolgungen der Kirche waren mit der Zeit der heidnischen Kaiser noch nicht ausgestanden; mit den Ketzern (und den falschen Brüdern) kehrten sie im vollen Ausmass zurück.

Im Verhältnis zu dieser Zweiteilung, spielt die dritte »persecutio«, durch den Antichrist, eine untergeordnete Rolle. Diese Verfolgung gehört einer Zukunft an, die sich noch nicht in akuter Weise aufdrängt. Noch nebensächlicher ist in diesem Zusammenhang die frühe Verfol-

---

[13] Vgl. oben S.25ff.

[14] Vom Antichrist als der letzten »persecutio« spricht Augustin auch in »De civitate Dei«, lib.XVIII, cap.53, nach der Erörterung der zwei ersten Verfolgungen (CChSL XLVIII,652f., Z.1ff.). Dort wird die letzte Verfolgung jedoch nicht wie hier, auf die zwei vorhergehenden als eine direkte Weiterführung und »Zusammenfassung« bezogen, sondern wird deutlicher als ein Topos für sich diskutiert, wobei die Frage der zeitlichen Berechnung der Endzeit eine wichtige Rolle spielt.

[15] Im Hinblick auf die weitere Entwicklung des »persecutiones«-Schemas ist hier besonders auf die Nebeneinanderstellung von den Ketzern und den »falsi fratres« zu achten.

[16] CChSL XXXVIII,70f.,27,Z.4-13.

gung durch die Juden, die nur als eine Variante der ersten »persecutio« durch Gewalt zu gelten hat.

In die hoch- und spätmittelalterliche Tradition der Bibelauslegung ist dieses augustinische Schema – ausser durch Augustins eigene Schriften – auch durch die *Glossa Ordinaria* gelangt, die es teils weitergibt; teils aber auch Ansätze zu einer weiteren Differenzierung der augustinischen »persecutiones« aufzeigt: In der Glosse zu Ps.9B,9 (»leo«) wird die Einteilung Augustins ganz getreu weitergeführt: »Aug. Quia in eo vis et dolus. Vis in imperio, dolus in miraculis. Hec est tercia persecutio composita vi et fraude. Duae sunt autem Prior violenta, cum martires tormentis agebatur, altera fraudulenta per hereticos et falsos fratres.« – Im Kommentar zu Apk. 6,1 wird dann aber versucht, die augustinischen Kategorien an die vier Tiere der Apk. anzupassen: »... In primo sigillo aperto unde egressus est equus albus, intelligitur Ecclesiae dealbatio per baptismum. In secundo equo rufo insinuatur aperta persecutio fundentium sanguinem, unde baptizatis insurgunt tribulationes. In tercio nigro hereticorum persecutio occulta. In quarto pallido, falsorum fratrum aperta et occulta.«[17]

Bestimmend ist hier die »aperta« – »occulta«-Terminologie aus Augustins Auslegung von Ps.39 (zu Ps.39 wird in den Gl.O. nicht von den »persecutiones Ecclesiae« gesprochen): Die blutige Verfolgung der ersten Zeit ist – wie die Kirche selbst! – offen; die Verfolgung durch die Ketzer dagegen versteckt. Die dritte Verfolgung (des vierten Siegels im Apk.6) ist aber jetzt nicht mehr der Antichrist. An seine Stelle sind die »falsi fratres« – die bei Augustin zusammen mit den Ketzern genannt wurden – getreten, und ihnen ist jetzt auch die doppelte Charakteristik der Gewalt *und* List zugelegt.

Ein entscheidender Ansatz zu einer Weiterentwicklung der augustinischen Kategorien hin zu einem reicher differenzierten – der Situation des hohen Mittelalters besser entsprechenden – Schema ist etwa zu derselben Zeit wie der Entstehung der Gl.O. in den Schriften von *Bernhard von Clairvaux* gemacht worden.

Der wichtigste biblische Ausgangspunkt für Bernhard bildete dabei die Verse 5^b-6 von Ps.90.[18] Diese Verse wurden auch bei Augustin – und in

---

[17] Vgl. die Gl.O. zu den zwei Stellen. Zum Thema der »persecutiones ecclesiae« in den Gl.O., vgl. auch Kamlah (1935), S.65. Kamlah zeigt auch (S.66-68), wie sich in der Auslegungstradition von Apk.6 im 12. Jahrhundert eine weiter differenzierte Beziehung der Siegel dieses Textes auf 6 verschiedene Verfolgungen der Kirche entwickelte.

[18] Vgl. oben S.106.

seiner Nachfolge in den Gl.O. – von Verfolgungen der Kirche interpretiert; allerdings dort nur von den Verfolgungen der frühen Kirche durch
Zwang und Gewalt[19] Für Bernhard aber ist auch – und gerade – in diesem Text von den verschiedenen, nacheinander folgenden »tentationes
ecclesiae« die Rede, die hier in einer Reihe von vier, und nicht wie bei
Augustin zwei oder drei Gliedern, entfaltet wird.

Nicht nur in seiner grossen Auslegung von Ps.90, »Qui habitat«, geht
Bernhard auf dieses Schema ein, sondern zuerst und am ausführlichsten
schon in seinem Kommentar zum Hohenlied, auf den er in seiner Auslegung von Ps.90 in diesem Zusammenhang ausdrücklich auch zurück-
verweist.[20]

Die Kontinuität zum augustinischen Schema ist bei Bernhard deutlich: Auch bei ihm geht es zuerst um die »pagani«, die die Christen bis
zum Tode verfolgt haben. Die christliche Tugend, auf die es bei dieser
Verfolgung besonders ankam, war, wie bei Augustin, die »patientia«.[21]
Als die zweite Verfolgung kamen dann – wiederum wie bei Augustin –
die Ketzer, die eingesetzt wurden nachdem der Teufel die erste »persecutio« als erfolglos erkannt hatte.[22] Die Ketzer werden aber bei Bernhard
– anders als bei Augustin – als eine Verfolgung, die der Vergangenheit
angehört, betrachtet: »...Pax a paganis, pax ab haereticis...«.[23] Demgemäss werden auch ihre drohenden Züge weniger hervorgehoben als bei
Augustin: Sie sind ja schon überwunden. Sie sind nicht mehr so sehr die
schlauen und versteckten Angreifer, die die Christen mit ihrer falschen
– unter dem Schein des Christlichen vorgeführten – Lehre irreführen, –
gegenüber denen die höchste »vigilantia« gefordert ist. Eher sind sie die
»homines vani, cupidi gloriae«, die »voluerunt sibi facere nomen«. Von
der Kirche sind sie aber, durch die »sapientia sanctorum«, zurückgewiesen worden.[24]

Auch Bernhard hält daran fest, dass diese zweite »persecutio« gefährlicher war als die erste;[25] sie war aber für ihn, im Gegensatz zu Augustin,

---

[19] Vgl. Augustin, CChSL XXXIX,1259,7,Z.1ff. (und oben S.105), und Gl.O.
z.St.

[20] S. Bernhardi Opera vol. IV,409,19-411,6 (zu Ps.90,6) und vol. I,243,14-245,9 (zum
Cant.1,6). – Vgl. ausserdem auch vol. VI/2,209,19-210,21 (Sententiae Sententia), wo
Bernhard mit Ausgangspunkt in Mt.21,33ff. (und mit Hinweis auch auf andere Texte)
ein entsprechendes »persecutiones ecclesiae«-Schema entfaltet.

[21] Ebd. vol. I,243,26.

[22] »Et dolens inimicus quod frustratus esset, a timore nocturno (V.5^b) convertit se cal-
lide ad sagittam volantem in die (5^c), et vulneravit in ea quosdam de Ecclesia.«
(Vol. I,243,21f.)

[23] Ebd. 244,24f.; vgl. vol. IV,410,2f.

[24] Vol. I,243,23-26.

[25] Ebd. 244,20f.

immer noch eine *offene* (»aperta«) Verfolgung, die durch die Kirche leicht erkannt und der leicht begegnet werden konnte.[26]

Die Verfolger, die Bernhard als die wirkliche Bedrohung seiner eigenen Gegenwart im Auge hat, sind die »falsi fratres«: Wie in der Glossa Ordinaria zu Apk.6,1 werden diese auch bei Bernhard als eine »persecutio« eigener Art herausgestellt. Im einzelnen werden sie aber etwas anders eingeordnet als in der Gl. O. Fassten sie dort – ähnlich wie Augustins Antichrist in dessen Auslegung von Ps.39 – die offenen und verborgenen Angriffe in einer abschliessenden »persecutio« zusammen, kommt für Bernhard erst jetzt, mit den falschen Brüdern, der grundsätzliche Übergang von den offenen und deutlichen zu den schleichenden und verborgenen Angriffen. Das Kennzeichen der falschen Brüder ist nicht die Ketzerei und die eigensinnige Ehrsucht, sondern die Gleichgültigkeit. Dem Namen nach gehören sie zwar der Kirche an, aber sie suchen nicht Christus, sondern vorerst ihren eigenen materiellen Wohlstand.

Die Kritik trifft vor allem die Vorgesetzten der kirchlichen Hierarchie: »Ipsa quoque ecclesiasticae dignitatis officia in turpem quaestum et tenebrarum negotia transiere, nec in his animarum salus, sed luxus quaeritur divitiarum.«[27] Die Gefahr greift aber weiter: »Vae generationi huic a fermento pharisaeorum, quod est hypocrisis, si tamen hypocrisis debet dici quae iam latere prae abundantia non valet, et prae impudentia non quaerit! Serpit hodie putida tabes per omne corpus Ecclesiae, et quo latius, eo desperatius, eoque periculosius quo interius. Nam si insurgeret apertus haereticus, mitteretur foras et aresceret; si violentus inimicus, absconderet se forsitan ab eo. Nunc vero quem eiciet, aut a quo abscondet se? Omnes amici, et omnes inimici; omnes necessarii, et omnes adversarii; omnes domestici, et nulli pacifici; omnes proximi, et omnes quae sua sunt quaerunt. Ministri Christi sunt, et serviunt Antichristo.«[28]

Diese dritte »persecutio« ist deshalb gefährlicher als alle frühere, weil kein Feind mehr zu erkennen ist. Es ist die geistliche Wahrnehmungskraft selbst, die hier nach und nach entschärft und ausser Kraft gesetzt wird, bis sie zuletzt ganz zerstört ist.

Die allerletzte noch zu erwartende Verfolgung wird nach Bernhard direkt aus diesem Angriff durch die falschen Brüder hervorgehen. Sie tritt nicht, wie bei Augustin, als die Zusammenfassung aller früheren »perse-

---

[26] Ebd. 244,4-6 (»apertus haereticus«). Augustin, dagegen, benutzte – wie gezeigt – den Gegenstz »apertus« - »occultus« zur Hervorhebung eines entscheidenden Gegensatzes zwischen der ersten und der zweiten »persecutio«.

[27] Vol. IV,410,6-8. Die Fortsetzung lautet: »Propter hoc tondentur, propter hoc frequentant ecclesias, missas celebrant, psalmos decantant. Pro episcopatibus et archidiaconatibus impudenter hodie decertatur, ut ecclesiarum redditus in superfluitatis et vanitatis usus dissipentur.« (Z.8-11) Vgl. auch vol. I,244,9-18.

[28] Vol. I,243,28-244,9.

cutiones« auf, sondern als die höchste Stufe der Verfolgung durch den Schein und die Verführung. Der Antichrist wird derjenige sein, der »extollitur supra omne quod dicitur Deus aut quod colitur« (2. Thess.2,4), um noch die letzten Auserwählten irrezuführen. Aber auch diesen Angriff werden die Auserwählten bestehen, – wenn es nach der dritten »persecutio« überhaupt welche übrig sind, »...permanentes in simplicitate sua«. Denn am Ende wird Christus selbst kommen, und den Antichrist umbringen »mit dem Hauch seines Mundes« (2. Thess.2,8).[29]

Nach dieser Darstellung einiger grundlegenden Quellentexte lassen sich gewisse Hauptkennzeichen des »persecutiones«-Schemas zusammenfassen: Konstitutiv für das Schema bei seinen »klassischen« Vertretern ist *die Hinordnung und Zuspitzung der »inimici«-Darstellung auf die Gefahr der eigenen Gegenwart*. Das Ziel des Schemas ist die Hervorhebung der Gegenwart als der schlimmsten Situation, in der die Kirche jemals gewesen ist. Das wichtigste argumentative Mittel zu dieser Hervorhebung ist *das Gegensatzpaar offen/gewaltsam/deutlich – verborgen/schleichend/unmerklich*. Die gegenwärtige Verfolgung wird als eine unmerkliche und verborgene einer oder mehreren offenen Verfolgungen in der Vergangenheit gegenübergestellt. Die näher erwähnten Verfolger der Vergangenheit wechseln zwar zuweilen; fest stehen jedoch die grundlegende offene Christenverfolgung durch die *römischen Kaiser*, und die daran anschliessende Verfolgung durch die *Ketzer*.

Dieses geschichtstheologische Schema wurde im Hoch- und Spätmittelalter in mehrfacher Weise aufgenommen und theologisch ausgewertet; nicht zuletzt in der Tradition der Psalmenauslegung. Auf die Traditionsgeschichte des Schemas zwischen Bernhard und Luther soll hier nicht näher eingegangen werden, – besonders auch weil sich Luther bei seiner Übernahme des Schemas in der Auslegung von Ps.68 explizit auf Bernhard beruft. Im folgenden wird somit die Beziehung zu Bernhard und zu Augustin im Zentrum stehen. Nur zu *Jacob Perez von Valencia* sollen auch hier – als *einem* Beispiel neben Luther für eine spätmittelalterliche Rezeption des Schemas – einige Beobachtungen gebracht werden.

In Perez' Psalmenkommentar dient das Schema – im Sinne der Theorie von der doppelten prophetischen Bedeutung der Psalmentexte – als ein geeignetes Gerüst zur geschichtlichen Konkretisierung dessen, was David »im Geist« gesehen hat.[30]

---

[29] Ebd. 245,1-9; vgl. vol. IV,410,11-411,3.

[30] »...est notandum quod dauid preuidit in spiritu omnes persecutiones quas passura erat ecclesia a primo aduento usque ad secundum.« Fol. XL^r, zu Ps.9,1-5. Vgl. auch Fol. CCLXVI^r zu Ps.118,81.

Es wird in seinem Kommentar – wie bei Augustin – zuerst in der Auslegung von Ps.9 zur Geltung gebracht. Perez beruft sich dabei ausdrücklich auf Augustin: »Sed est aduertendum secundum augustinum quod quattuor principales persecutiones erat passura ecclesia apud aduentum christi usque secundum: Primo persecutionem iudeorum in apostolis. Secundo persecutionem tyrannorum tempore martyrum. Tertio persecutionem hereticorum et prauorum hominum in qua nunc sumus. Quarta erit persecutio antichristi.«[31]

Allerdings hatte Augustin in der Auslegung von Ps.9 nicht von den Juden als den ersten Verfolgern der Kirche gesprochen, und er hatte auch nicht – wie Perez – den ganzen Psalmentext, sondern nur V.30 auf die »persecutiones« bezogen. Trotzdem ist der Zusammenhang mit der Argumentation Augustins unverkennbar.

Dieser Zusammenhang erscheint noch deutlicher, wenn man allgemeiner auf die Rezeption des Schemas bei Perez eingeht. Wie bei Augustin, sind auch bei Perez die Juden ein mögliches, aber kein konstitutives und notwendiges erstes Glied des Schemas. In einigen Fällen werden sie als die ersten Verfolger des Zeitalters der Apostel, vor den Tyrannen erwähnt, öfter werden aber nur die Tyrannen als die ersten »persecutores« hervorgehoben.[32] Auf die Tyrannen folgen dann immer, wie bei Augustin, die Ketzer. Und als die letzte »persecutio« wird in der Zukunft der Antichrist erwartet: auch hier in der Beschreibung der Antichristverfolgung knüpft Perez merklich an die augustinische Tradition an, insofern als diese Verfolgung als die Zusammenfassung aller früheren Verfolgungen angesehen wird.[33]

Der entscheidende Unterschied im Vergleich zu Augustin – und im Vergleich zu Bernhard – ist in der schwachen Bemühung des Perez um eine Zuspitzung und Aktualisierung der Argumentation auf die Not der gegenwärtigen Kirche zu sehen. Sowohl bei Augustin wie bei Bernhard lag hier ganz eindeutig das argumentative Ziel des Schemas; bei Perez hingegen lässt sich eine entsprechende Hervorhebung kaum erkennen. Vielmehr bleibt bei ihm ganz undeutlich, worin er die »persecutio« der Kirche in seiner eigenen Zeit überhaupt sieht. In der Auslegung von Ps.9 beschreibt er sie als die »...persecutionem hereticorum et prauorum hominum in qua nunc sumus«. Er betont aber, dass Christus versprochen

---

[31] Fol. XL[r], zu Ps.9,1-5.

[32] Beispiele einer Erwähnung der Juden vor den Tyrannen: Fol. XL[r] (zu Ps.9,1-5); Fol. CCLXIII[r] (zu Ps.118,24); Fol. CCLXVIII[v] (zu Ps.118,126). Direkt mit den Tyrannen wird die Aufzählung z. B. Fol. XL[v] (zu Ps.9,12ff.); Fol. CLXX[v] (zu Ps.73,22f.); Fol. CCXXXVI[r] (zu Ps.106,39-43); angefangen.

[33] Fol. CLXX[v] (zu Ps.73,22f.); Fol. CCLXVIII[r] («...antichristum qui erit iudeus et tyrannus et hypocrita et hereticus...«) (zu Ps.118,129f.).

hat, die Kirche von sämtlichen Verfolgern zu befreien und die jeweiligen Verfolger zu bestrafen. Und dies gelte auch für die gegenwärtige Verfolgung: »In tercio puniuit hereticos et uidemus quotidie prauos et malos puniri post longam prosperitatem.«[34] Es ist also nichts zu fürchten.

An anderer Stelle – in der Auslegung von Ps.73 – werden dagegen die Ketzer als die zweiten, und schon zur Vergangenheit gehörenden, »persecutores« behandelt, und als die dritte und letzte Verfolgung vor dem Kommen des Antichrist wird hier von der »persecutio sarracenorum« gesprochen. An dieser Verfolgung sind verschiedene Völker beteiligt: sowohl die Araber wie die Türken und die Tartaren. Perez legt Gewicht darauf, auch diese Verfolger an Hand der Ketzereien, die sie vertreten, zu charakterisieren.[35] Ihr Ziel ist es gewesen, die ganze Christenheit zu zerstören. So haben sie Land für Land unter sich gelegt, bis schliesslich nur Europa übriggeblieben ist.[36] Jedoch wird auch diese Zerstörung bei Perez vor allem als geschichtliche Vergangenheit dargestellt, und nicht so sehr als eine gegenwärtige Bedrohung, vor der man sich zu fürchten hätte.

Diesem Verzicht auf einer eindeutigen inhaltlichen Zuspitzung des Schemas auf eine gegenwärtige Gefahr, entspricht eine zweite Beobachtung: Die sowohl für Augustin wie für Bernhard konstitutive Unterscheidung zwischen einer früheren offenen, bzw. gewaltsamen, und einer späteren verborgenen, schleichenden »persecutio« spielt bei Perez kaum eine Rolle. Überhaupt ist die Vorstellung einer Steigerung der Gefährlichkeit von Verfolgung zu Verfolgung für ihn unwichtig. Die gegenwärtige »persecutio«, sei es die immer noch aufkommenden Ketzer und »praui homines« oder »persecutio Mahometi«, ist, wie die früheren Verfolgungen, offen und somit leicht erkennbar, und mindestens die Ketzer

---

[34] Fol. XL^{v} (zu Ps.9,1-5).

[35] Fol. CLXX^{v} (zu Ps.73,22f.). Vgl. die folgende Passage: »...fuit conficta ex multis et diuersis heresibus, que tunc laborabant in arabia, puta ex heresi virili quae dicebat christum esse purum hominem, sed in eo habitare diuinitatem patris. Et concedebat ipsum esse genitum ex spiritusancto ipsius patris. Et etiam ex heresi iacobitarum qui seruant circumcisionem. Et ex heresi manicheorum qui dicebant christum non vere mortuum et passum realiter sed in apparentia. Et ex heresi montanorum qui dicebant christum post antichristum et resurrectionem generalem regnaturum mille annis in libertate et felicitate carnali cum suis. Unde dicunt sarraceni quod deus ad hoc creauit et genuit christum ex spiritu suo ut debellet et interficiat antichristum in fine dierum. Et iudicet mundum. Et regnet in hoc mundo per mille annos postea cum suis etc.«

[36] Ebd.: »Ita tertia bestia conata est destruere totam ecclesiam, intantum quod sub suo dominio subiugauit totam scyttiam, et maiorem partem indiorum, et totam parthiam et artam et persiam, et syriam et caldeam, et mediam, et omnes armenias et minorem asyam, et greciam, et syriam (sic), et arabiam, et egyptum, et quasi totam ethiopiam, et aphricam. Et reduxit ecclesiam christi ad unum angelum mundi in parte ipsius europe.« Vgl. auch oben, S.77.

können auch durch die Kirche ohne weiteres zurechtgewiesen werden.[37] Lediglich bei der Beschreibung des Antichrist werden die Charakteristika des »Scheins« und der Falschheit zur Geltung gebracht; eine nähere Antichristdarstellung ohne diese Züge wäre ja kaum denkbar.[38] Jedoch steht die Verfolgung durch den Antichrist nach Perez' Ansicht nicht als eine unmittelbar drohende Gefahr bevor; insofern kann also auch nicht hier von einer aktuellen Zuspitzung des Schemas gesprochen werden.

Zu einer weiteren Einordnung des Schemas in das theologische Denken des Perez wird durch die umfassende Auslegung von Ps.118 geholfen. Wie es schon im ersten Teil dargestellt wurde,[39] deutete Perez Ps.118 als prophetische Rede von der »peregrinatio legis dei« durch die verschiedenen Zeiten; eine Perspektive, die im Verlauf der Auslegung an Hand eines differenzierten Begriffsapparats zur Einteilung der Geschichte entfaltet wird. Grundlegend ist dabei die Aufteilung in vier »status siue aetates«, die die Kirche von Adam bis zum Antichrist durchläuft: Zuerst kommt die »adulescentia«, die von Adam bis Christus dauert; danach folgt die »iuventus et renovatio« mit dem Kommen Christi: dieses Zeitalter dauert »... a predicatione Christi usque ad predicationem Apostolorum«. Drittens kommt die »virilitas«, die von den Aposteln bis zu Konstantin reicht, und viertens und letztens die »senectus«. Jedem Zeitalter entspricht ein bestimmter »status« des kirchlichen Daseins: das erste Zeitalter ist der »status peccatorum«, das zweite mit dem Kommen Christi und seinem Gesetz ist der »status conuersorum penitentium«, das dritte der »status perficientium« und das vierte der »status perfectorum«.[40]

Die »persecutiones ecclesiae« gehören nun – mit Ausnahme des Antichrist – im Rahmen dieser Geschichtsaufteilung zum dritten Zeitalter, der Zeit der »virilitas«, und dem »status perficientium«. Vor allem hier musste die Kirche ihre Stärke gegen den Widerstand des Teufels und seine Glieder entfalten und unter Beweis stellen. Hier haben sich auch die Apostel, die Märtyrer und die »doctores« gegen die Angriffe durchge-

---

[37] Vgl. dazu zu der Auslegung von Ps.9B, oben S.26.
[38] Vgl. Fol. XLI^{r-v} (zu Ps.9,20ff.); Fol. CLXX^{v} (zu Ps.73,22f.).
[39] Vgl. oben S.120f.
[40] Vgl. Perez, Fol. CCLXX^{v}. Alle vier »status« sind nach Perez in jeder »aetas« vertreten; in der geschichtlichen Einordnung geht es darum, welcher »status« im jeweiligen Zeitalter der bestimmende ist. – Die Vorstellung von den »aetates« der Geschichte wurde von den kirchlichen Schriftstellern des Mittelalters meistens – nach dem Vorbild der sechs Schöpfungstage – als eine Sechsteilung entfaltet, wobei das sechste Zeitalter (die »senectus«) die Zeit von der Geburt Christi bis zum jüngsten Gericht war. Vgl. Emmerson (1981), S.16-19, mit Quellenhinweisen. – Eine zusätzliche Siebenstufenordnung für die verschiedenen »status« der Zeit der Kirche wurde seit dem hohen Mittelalter im Rahmen der Apk.-Exegese entwickelt. Vgl. dazu Kamlah (1935), S.64ff. und Selge (1982), S.32-34. – Perez scheint von diesen beiden Einteilungstraditionen beeinflusst zu sein.

setzt, und eine befestigte Kirche in das ruhigere Zeitalter der »senectus« hinübergerettet, in der Perez selbst zu leben meint.[41]

Obwohl also bei Perez ganz deutlich eine Rezeption des augustinisch-bernhardinischen Schemas festzustellen ist – was vor allem aus der Einzelbeschreibungen und der näheren Reihenfolge der »persecutiones« ersichtlich ist – so ist das Anliegen, das sowohl für Augustin als für Bernhard das entscheidende war: die Zuspitzung der Argumentation auf die kirchliche Not der Gegenwart, radikal zu kurz gekommen. Perez erscheint in seiner Rezeption dieses Schemas mehr als ein Theologe der »ecclesia triumphans«, der die wirklichen Bedrohungen schon hinter sich zu haben glaubt.

---

[41] Fol. CCLXVI[r]. (Zusammenfassung vom dritten Teil des Psalms (V.81ff.)). Das »perficere« hat sich nach Perez hier in einer vierfachen Weise vollzogen: a) »in fortitudine et patientia contra tyrannos« (V.81-96), b) »in scientia et doctrina euangelica« (V.97-104), c) »in sanctitate uite« (V.105-112) und d) »contra hereticos« (V.113-128). Vgl. dazu auch Fol. CLXX[v] (zu Ps.73,22f.), wo eine ähnliche Aufrechnung zu finden ist. Dort ist allerdings die Zeit der »constructio« nicht nur bis zum Konstantin, sondern »... usque ad annum quasi septingentesimum« angesetzt, und wird mit Hinweis auf nähere geschichtliche Ereignisse beschrieben. – Siehe ferner Fol. CCLXVIII[v] (zu Ps.118,129f.) und Fol. CCXXXVI[r] (zu Ps.106,39-43).

LUTHERS REZEPTION DES »PERSECUTIONES«-SCHEMAS

a) *Die Scholienauslegung von Psalm 68*

Einen radikalen Gegenpol zu Perez findet man in Luthers bekanntester Rezeption des »persecutiones«-Schemas, so wie sie in der Scholienauslegung zu Ps.68 vorliegt. Bei Luther ist das Schema, ganz im Sinne Bernhards, auf die Lauheit, die »pax et securitas« der gegenwärtigen Kirche ausgerichtet. Und die eigene Betroffenheit durch diese Zuspitzung steht dabei noch stärker als bei Bernhard im Vordergrund: War bei ihm die Reaktion auf die Bedrohung der dritten »persecutio« ein eher resigniertes Warten auf das Ende der Geschichte, so ruft Luther – im Sinne einer radikalen monastischen »humilitas« der »ecclesia crucis« – zur konsequenten Gegenwehr auf: »Cum igitur nostro tempore reales passiones et tribulationes non habemus, summe necessarium est, ut saltem affectuales istas nobis inferamus, ut sic apti simus, quibus deus misereatur et quos salvet. Ac sic nostri ipsorum simus Tyranni, Tortores, Heretici, excitantes tales affectus, qui nos persequantur et ad meliora cogant, ne per pacem et securitatem dissolvamur: quia pax et securitas hiis affectibus omnino repugnat, et voluptas valde impedit, gula etc.«[1]

Die Reihenfolge der drei ersten »persecutiones« wird dabei von Bernhard unverändert übernommen: Zuerst kam die Verfolgung zur Zeit der Tyrannen, dann das Leiden unter den Ketzern zur Zeit der »doctores« und zuletzt die schon beschriebene »invalescentia tepidorum«.[2] Mit Bernhard wird auch die ständige Zunahme an Gefährlichkeit betont,[3] ebenso wie der Kontrast zwischen den offenen Verfolgungen in der Vergangenheit und der verborgenen Verfolgung der Gegenwart in diesem Zusammenhang als ein zentrales Mittel zur Steigerung der Argumentation übernommen wird: »Et tota instantia Diaboli est contra nos, ut sic semichristianos faciat. Putamus quidem abesse eum: sed fortisse adest. Non quidem adversitate aut Heresi nos impugnat, quia ibi sese

---

[1] WA 3,432,26-33. Vgl. 417,19-22: »Igitur Qui non sibipsi iam efficitur tyrannus et persecutor sibi ipsique hereticus, ut contra seipsum bellum suscitet, ut se reputet tanquam anime sue persecutorem et Hereticum et a sese semper fugiat sollicitus ad dominum, credo quod non possit stare.«

[2] WA 3,416,9ff.

[3] Gerade an diesem Punkt wird explizit auf Bernhard hingewiesen: »Ut Bernardus ait: que fuit amara sub tyrannis, amarior sub hereticis, amarissima sub pacificis et securis«, ebd. 417,7-8. Vgl. auch 420,14-19 und bei Bernhard S. Bernardi Opera vol. I,244,20f.

victum cernit...«[4] – Luther ergänzt auch Bernhard mit einer ausführlichen eigenständigen Argumentation, die durch Hinweise auf die eigene persönliche Erfahrung, auf das Alte Testament, auf antike Verfasser und auf die »Vitae Patrum« den Schluss bestätigen soll: Es gibt für die Kirche, wie im allgemeinen politischen Leben, keine Situation, die gefährlicher ist als diejenige, wenn der Feind und der Widerstand nicht mehr erkennbar sind.[5]

Endlich folgt er auch den Spuren Bernhards mit der Zuspitzung der Gegenwartskritik auf die Pfarrer und die Leiter der Kirche: Sie vor allem trifft heute das, was im Text gesagt wird: »Maxime pro principibus et sacerdotibus Ecclesie: ubi maxime viget hoc malum.«[6]

Diese Kritik an der gegenwärtigen Kirche – und vornehmlich an der Priesterschaft – wird in den Scholien zu Ps.68 breiter als irgendwo sonst in den »Dictata« entfaltet. Immer wieder betont Luther dabei die herrschende »securitas« des gegenwärtigen Zustands.[7] In dieser Lage wirkt der Heilige Geist nicht mehr. Zwei entscheidende Gaben des Geistes sind den Christen (bzw. der Priesterschaft) hier entzogen: der »affectus« (bzw. der »zelus«)[8] und der »timor« (bzw. die »vigilantia«).[9] Diese beiden Gaben gehören aber zum Dasein der Kirche notwendig dazu.[10]

Die Priesterschaft der Gegenwart gehört zum »mundus«.[11] Ihre primäre Aufgabe: das Wort zu verkündigen und Gottesdienst zu feiern, nehmen sie nicht wahr. Das Evangelium wird nur »ex necessitate ... et non

---

[4] WA 3,417,1-3.

[5] Ebd. 420,16-31.

[6] Ebd. 418,2f.

[7] Zum Teil geschieht dies in direkter Übernahme der Formel »pax et securitas«; zum Teil aber auch mit anderen Wendungen. Vgl. z. B. 417,8.10-12.18.28; 423,40; 424,13; 428,37; 430,36; 433,12.17.19.23.

[8] »Quia accidia iam regnat adeo, ut ubique sit multus cultus Dei, scilicet literaliter tantum, sine affectu et sine spiritu, et paucissimi ferventes«, 416,18f. Vgl. 416,36; 423,12f. und 427,1ff., bes. 19-22: »Et talis Zelus hodie refriguit sicut et Charitas. Et videtur etiam dominus abstulisse suum zelum ab Ecclesia, sicut per Ezech.16 (V.42) minatur dicens: 'Auferetur a te Zelus meus et amplius non irascar tibi.' Que est horribilior ira eius.« Siehe ferner 431,7ff.; 433,24ff.; 434,1-3.

[9] Vgl. 423,35-40 (zu V.4[b]: »Defecerunt oculi mei, dum spero in deum meum«): »Quia qui non undique omnia timet, non circumspicit. Qui autem timet, nihil negligit, quia sedule vigilat et omnia timet.... Ideoque timore opus est, qui hunc teporem excitet et excutiat somnum, scilicet ut cogitemus et estimemus, quia securitas omni adversitate peior et terribilior est.« Vgl. 431,1; 433,36f.; 436,4-12.

[10] Luther bewegt sich bei dieser Bewertung in traditionellen Spuren der monastischen Theologie. Vgl. S. Bernhardi Opera vol. III,13,17 (»Liber de gradibus humilitatis et superbiae«) über den »timor Dei« als die grundlegende Stufe der christlichen »humilitas«. Zur zentralen Rolle des »affectus« in der monastischen Theologie, vgl. Köpf (1980), S.135ff.; bes. S.141f. – Eine besondere Beziehung der dritten »persecutio« auf diese monastischen Tugenden als Gegenwehr findet man bei Bernhard nicht.

[11] WA 3,419,10; 420,2ff.; 421,1ff.; 423,1ff.; 424,26-28; 432,11f.

ex voluntate« verkündigt,[12] und der Gottesdienst verläuft »languente spiritu et uno pede (id est corpore tantum), scilicet sinistro, ut si homini fieret talis cultus«.[13] Die Priester sind deshalb nichts anderes mehr als »semichristiani«.[14]

An der Stelle des wahren Gottesdienstes breitet sich das weltliche Geschäft aus. Im Anschluss an V.2f. des Psalmentextes wird die »Entwicklungsdynamik« der Weltlichkeit der Priesterschaft näher beschrieben: »Et vide ordinem, quomodo divitie pariunt luxuriam: quia prius aque intrant (V.2). Divitie foris per cupiditatem intrant, deinde sequitur ocium et gula et delicie in usu divitiarum. Unde et mox limus profundi (V.3ᵃ) ... Respice pontifices et sacerdotes, et si non ita est, quod infixi sunt in limo profundi, quia aquas prius intrare passi sunt, immo continue intrare ad se faciunt: mendacii me argue! Et recte limus non supernus, sed profundus...« – Als das gegenwärtig erreichte Ziel dieser Entwicklung kommt ein drittes und letzts Moment hinzu, wo Luther am konkretesten wird: »Iam tercio superbiam vite consydera: *Veni* inquit *in altitudinem maris* (V.3ᵇ), id est in medias pompas et glorias mundi. Nunquid est hodie aliquid superbius, arrogantius, pomposius, gloriosius principibus et sacerdotibus Ecclesiae? Qui etiam luxu et splendido apparatu dignitatem et gloriam regum et principum longe superant. Siquidem potestate seculari, imperio terreno et dominatu urbium, regnorum, provintiarum ita nituntur, ita rapiuntur, ita cupiunt et ampliant, ubi possunt, ut sine fronte palam nihil pudeant hec omnia patrimonium Christi[15] appellare et pro gloria dei et incremento Ecclesie talia augere.«[16]

So weit ist der Eindruck vorwiegend bestätigt worden, dass Luther in der Rezeption des »persecutiones«-Schemas Bernhard folgt. Auch die Kritik an der Kirche der Gegenwart erfolgt in ihrer Ausführlichkeit und ihrer Schärfe hauptsächlich in den Spuren Bernhards; insoweit fällt sie durchaus nicht aus dem Rahmen des Traditionellen. Auffallend sind in diesem Zusammenhang auch nicht die neuen Elemente, die in der aktuellen Kirchenkritik bei Luther hinzukommen: die Ablasskritik,[17] oder die Kritik an der Zuwendung der Theologen zu der aristotelischen Philosophie und zu den »iura et traditiones hominum«.[18]

---

[12] Ebd. 425,3f.

[13] 416,36f.

[14] 417,35; vgl. 416,31.

[15] Einen ausdrücklichen Beleg für die Anwendung dieser – im Kontext der Lehre von der weltlichen »plenitudo potestatis« des Papstes beheimateten – Bezeichnung habe ich nicht finden können. Zum allgemeinen Hintergrund vgl. Ullmann (1948), S.151ff.

[16] WA 3,421,3-22. Vgl. dazu S. Bernhardi Opera vol.VI,2,210,13-21, wo im Zusammenhang mit der dritten »tentatio« auch eine scharfe Priesterkritik geübt wird.

[17] 424,17-425,6. Vgl. dazu Oberman (1981), S.77f.

[18] WA 3,423,2f.

Es gibt aber auch bemerkenswerte Unterschiede zwischen Luther und Bernhard, wo Luther in seiner Rezeption des Schemas in eine andere Richtung weist. Auf eine Differenz ist schon hingewiesen worden: auf die Hervorhebung der gegenwärtigen Bedrängnisse durch den selbsterzeugten »affectus«. Auch weitere Besonderheiten lassen sich mit dieser ersten Beobachtung gut in Beziehung bringen:

Zunächst ist nämlich festzustellen, dass Bernhards vierte »persecutio«: die Angriffe durch den Antichrist, bei Luther nicht übernommen wird. Das ist insofern auffallend, als das Schema im übrigen treu rezipiert wird. Dies heisst aber nicht, dass Luther den Antichrist-Topos überhaupt weglässt. Vielmehr werden auch die Motive der Antichristverfolgung in Dienst genommen, um die Darstellung der gegenwärtigen Verfolgung durch »pax et securitas« noch zu verschärfen. In diesem Sinn kommentiert Luther die falsche Sicherheit der gegenwärtig herrschenden »persecutio«: »Nam et de antichristo scribitur Daniel. 8 (V.25), quod non in penuria, sed in copia rerum omnium occidet plurimos.«[19] Und zweimal greift er zu der Aussage über den »Tag des Herrn« in 1.Thess.5,3: »Cum enim dixerint pax et securitas, tunc repentinus eis superveniet interitus«; ebenfalls um den Ernst der gegenwärtigen Verfolgung hervorzuheben.[20]

Diese Beobachtungen zum besonderen Akzent Luthers bei der Rezeption des Schemas können noch einen Schritt weiter geführt werden: Denn obwohl bei Luther im Vergleich zu Bernhard von einer *Verschärfung* der Darstellung der gegenwärtigen Not die Rede sein kann, so geschieht dies eigentlich nicht durch eine Zuspitzung der *geschichtstheologischen* Diagnose der Gegenwart. Eher könnte man sagen, dass die Verschärfung in der Darstellung der gegenwärtigen Not auf Kosten der Beschreibung der besonderen Eigenart dieser Not als einer geschichtstheologisch abgrenzbaren, eigenartigen »persecutio« geht.

Am deutlichsten kommt dies in Luthers »conclusio« am Ende seines ausführlichsten Argumentationsgangs zum Thema »persecutiones ecclesiae« zum Ausdruck: Unmittelbar nachdem 1.Thess.5,3 hier zum zweiten Mal als Textbeleg zur Hervorhebung der »persecutio« der Gegenwart angeführt worden ist, und zugleich der abwesende »affectus« an Hand von Lk.3,15f. (der Vorwurf der »tepiditas« gegen die Gemeinde in Lao-

---

[19] Ebd. 417,30f.
[20] Ebd. 424,9-13: » 'Cum enim dixerint pax et securitas etc.' Nihil salvum ubi omnia salva, Nihil ita egrum quam per omnia sanum, Nulla tentatio omnis tentatio, Nulla persecutio tota persecutio. Sic enim diabolus nunc Ecclesiam impugnat maxima persecutione: quia scilicet nulla persecutione, sed securitate et ocio.« Vgl. auch 425,7-11, wo auf Mt.24,15 (»Cum videritis abominationem...«) Bezug genommen wird, und ferner 423,6f. und 433,19ff.

dicea) nochmals genannt worden ist, fasst Luther zusammen: »Quando-
cunque non es sic affectus, sicut iam in inferno ardens et damnatus, vel
ut iam moriens, non poteris digne tales orationes dicere, nec presumas
quod perfectus sis. Quia quanto expressius et intensius hunc affectum inducere potes, tanto magis proficis (V.4). ... Sic in vitis patrum dicitur,
quod nullum diem aliquis potest explere, nisi eum novissimum reputet.[21]
Ita nos addemus: Nec ullam horam vel momentum digne explebit, nisi
affectuose eam velut novissimam estimet. Talis enim humiliabitur et
timebit.«[22]

An dieser Stelle ist die dritte »persecutio« kaum mehr als eine eigene
Stufe innerhalb einer geschichtlichen Reihe von Verfolgungen erkennbar. Vielmehr wird sie – mit ihrer »apokalyptischen« Zuspitzung – als ein
allgemeiner Warnruf im Sinne des monastischen »humilitas«-Ethos zusammengefasst, und somit in die Richtung der Tropologie gedreht.[23]

Zu einer Zurückstellung des geschichtstheologischen Rahmens des
»persecutiones«-Schemas trägt in demselben Argumentationszusammen-
hang auch Luthers Hinweis auf die Sodomiten und die Juden bei: Die
gegenwärtige »ultima persecutionum Ecclesie«, von »pax et securitas« gekennzeichnet, ist eine Wiederholung dieser zurückliegenden Verfolgungen: »Sicut Zodomitis et in Diluvio. Sicut denique Iudeis in destructione
sua.«[24]

Um den Stellenwert des »persecutiones«-Schemas in Luthers Argumentation richtig beurteilen zu können, ist es wichtig, auf die hermeneutische Einordnung des Schemas näher zu achten. Dabei ist die Kategorie
der »litera spiritualis« wieder ein geeigneter Leitfaden, der den argumentativen Status des Schemas schärfer zu sehen verhilft.

Dann ist zuerst zu betonen, dass die verschiedenen Stufen des Schemas in Luthers Auslegung von Ps.68 *nicht* an den Buchstaben des Psalmentextes festgemacht werden. Sowohl bei Augustin als bei Bernhard –
und auch bei Perez – war der hermeneutische Ausgangspunkt für die
Entfaltung des Schemas Differenzierungen in der »litera« des Textes, die
– buchstäblich oder allegorisch – auf die verschiedenen »persecutores«
bezogen wurden.[25] Bei Luther hingegen, wird das Schema ohne einen
engeren Textbezug dieser Art eingeführt. Im Bibeltext selbst steht nicht

---

[21] Vgl. MPL 73,934.
[22] WA 3,433,24-34.
[23] Vgl. dazu auch die ausführliche Argumentation im Anschluss an V.17,
429,16-433,23, wo das »persecutiones«-Schema entschieden in die Richtung der Tropologie zugespitzt wird; und 417,10-22, wo die dritte »persecutio« – wiederum im Kontext
einer allegorisch-ekklesiologischen Exegese – explizit »tropologice« näher entfaltet wird.
Siehe auch 440,25-33.
[24] Ebd. 433,20f. Vgl. dazu auch 418,6-12.
[25] Vgl. oben z. B. S.105-107 (zu Ps.90).

zu lesen, dass zuerst eine gewaltsame Verfolgung durch die Tyrannen, danach eine schlimmere durch die Ketzer, und zuletzt die gefährlichste durch die »pax et securitas« erfolgen werden. Ganz im Gegenteil: In Luthers Sicht ist die Beschreibung der Verfolgung der Glaubenden in den ersten Versen von Ps.68 besonders offen, und kann auf jedes Leiden der Kirche bezogen werden. So sagt er gleich am Anfang der Scholienauslegung, nachdem er festgestellt hat, dass der Text dem Buchstaben nach von der Passion Christi redet: »Sed simul omnes passiones et infirmitates Ecclesie ibidem narrantur.«[26] Dieses Anliegen wird danach noch mehrmals wiederholt: Das »Salvum me fac« (V.2), sagt Luther, »...generale exprimit omnem miseriam: ideoque ex omnibus liberari petit.«[27] Dasselbe gilt für die »aque« (V.2): hier ist die allgemeine Redeweise auf Grund der Pluralform besonders deutlich.[28] Demgemäss stehen die »aque« für alle Verfolgungen: »Aque erant passiones Christo irrogate a Iudeis. Aque erant persecutores martyrum a Demonibus Ecclesie immissi. Aque erant Heretici et sunt, ab eisdem immissi. Aque sunt multitudo tepidorum et literalium Christianorum usque hodie ab eisdem immissa Ecclesie.«[29]

Die jeweilige Zuspitzung des Bibelwortes auf die verschiedenen aktuellen Nöte der Kirche wird hier zu einer Frage der »applicatio« des Textes: »Quare sicut Apostoli psalmos pro tempore applicuerunt contra Iudeos suos hostes, Martyres suo tempore contra persecutores, Doctores suo tempore contra Hereticos (ut b. Augustinus fere ubique facit), ita et nos modo contra semichristianos et carnaliter in litera tantum servientes Domino orare et aptare debemus.«[30] Und das »persecutiones«-Schema wird im Sinne einer Zusammenfassung der wichtigsten dieser »applicationes« eingeführt: Die »passiones et infirmitates Ecclesiae« können auf drei verschiedene »species« bezogen werden: auf die Verfolgung durch die Tyrannen, auf die Ketzer und auf die »invalescentia tepidorum et malorum« der Gegenwart.[31]

---

[26] WA 3,416,7f.

[27] Ebd. 418,19f.

[28] Ebd. Z.38f.: »Quod autem dicit 'Aque' pluraliter, pluralitatem significat penarum suarum et peccatorum nostrorum.«

[29] Ebd. 416,27-30.

[30] Ebd. 417,32-418,1. Luther korrigiert mit dieser Auffassung eine Aussage Augustins, wo angenommen wird, dass der Psalm vorwiegend auf die Zeit der Märtyrer zielt: CChSL XXXIX,901,Z.14-16. Auch Augustin lässt aber nicht ohne weiteres diese eingeschränkte Interpretation stehen.

[31] WA 3,416,7ff. Durch die verschiedenen Gestalten der Verfolgung kommt das Leben der Kirche unter dem Kreuz in seinen verschiedenen Aspekten zum Ausdruck. In der ersten Verfolgung zeigt sich die Kirche als »infirma« gegen die Gewalt; in der zweiten als »stulta« gegen die »sapientia«, und in der dritten als »ea que non sunt«, gegen diejenigen, die sich selbst für etwas halten. – Diese kreuzestheologische Einteilung bezieht sich auf den Wortlaut von 1. Kor.1,27.

In dieser Weise führt die Aufreihung des Schemas auch zu Luthers eigener »applicatio« des Textes auf seine Situation hin: »Psalmus autem isto nostro tempore maxime currit.«[32] Insbesondere scheint ihm dies für die Formulierungen in V.4 der Fall zu sein: »laboravi clamans raucae factae sunt fauces meae, defecerunt oculi mei...« Diesem Vers gilt Luthers Erläuterung: »Quare breviter in isto versu laboriosa, arida et indevota oratio Ecclesie nostro tempore, vel futuro in proximo, describitur.«[33] Und seine Berufung auf die eigene Erfahrung von der grossen Not der Gegenwart bezieht sich auch auf den Wortlaut dieses Verses: Er – und viele andere mit ihm – erfahren jetzt das, was hier ausgesprochen wird.

An diesem Punkt ist Luther nahe dabei, seine Auslegung nicht mehr bloss als eine weitere mögliche »applicatio« des Psalmentextes vorzustellen, sondern sie als die prophetisch-buchstäbliche Deutung des betreffenden Verses zu behaupten: »Credo autem multos nunc (et potissimum ex me et aliquibus experior) experiri hanc prophetiam«.[34] Doch ist diese »prophetia« für Luther – im Gegensatz zu den entsprechenden prophetischen Auslegungen bei Perez,[35] – ausdrücklich *nicht* gleichzeitig die »litera« des Textes; denn *diese* bezieht sich auf die Zeit der Passion Christi und nicht auf Luthers eigene Zeit. Deutlich kommt dies in dem am Ende der Scholienauslegung hinzugefügten »Ad principium psalmi« zum Ausdruck, wo Luther die vierfachen Auslegungsmöglichkeiten (»quadrupliciter«)[36] der ersten Verse des Psalms systematisch zusammenfasst: Diese Verse können zunächst nach der »litera« verstanden werden, die neben der primären Beziehung auf die Passion Christi hier auch die Beziehung auf die Märtyrer umfasst;[37] dann haben sie einen tropologischen Sinn, der auf die Sündenerkenntnis der Christen angesichts der »securitas« abzielt, und zuletzt einen prophetischen Sinn, der auf die Gegenwart gerichtet ist (und der gerade in der Einsicht besteht, dass die in der tropolo-

---

[32] WA 3,420,14.
[33] Ebd. 422,21f.
[34] 423,21f. Vgl. auch 422,4f. – Eine entsprechende – vorsichtige – Annäherung an eine prophetisch- buchstäbliche Beziehung des Bibelwortes auf die kirchlichen Missstände der Gegenwart ist auch S.425,7-9 zu finden: »De tali tribulatione Ecclesie intelligo Euangelium Matthe.24 (V.15f.) 'Cum videritis abominationem'. Quia mira proprietate verba in eam consonant, licet sic a Domino principaliter esse intenta non audeam asserere...« Erst wenn dieser letzte Vorbehalt weggeräumt wäre, wäre hier von einer echten prophetisch-buchstäblichen Auslegung die Rede.
[35] Zum Begriff des Prophetischen bei Perez, vgl. oben S.77.
[36] WA 3,439,27; 440,3.
[37] »Quia rauce facte sunt fauces et defecti oculi (V.4) Christo et martyribus corporaliter.« 440,4f.

gischen Deutung beschriebene Sünde in der Gegenwart am Werke ist).[38]
– »Litera« und »prophetia« klaffen hier auseinander: Trotz der engagier-
ten Zuspitzung der Auslegung auf die Situation der Gegenwart bleibt die
Exegese Luthers hermeneutisch disparat.

Wie im Teil I bereits ausgeführt wurde, sind die Kategorien des »persecutiones«-Schemas, und die zu diesem Schema gehörende Aktualisierung
der Exegese auf die kirchliche Situation der Gegenwart, nicht für die
ganze Scholienauslegung von Ps.68 massgeblich. In dem Kommentar zu
V.22 (»Dederunt in escam meam fel...«)[39] kann ein hermeneutischer
Neuansatz in der Auslegung beobachtet werden.[40] Dieser Vers ist nicht
mehr – so wie die Verse 1-4 – »offen« im Blick auf die gemeinten Feinde.
Hier wird konkreter geredet, und zwar von den Juden als den Feinden
Christi, – zunächst bei der Kreuzigung, und dann auch nach der Auferstehung. Bei der Vergegenwärtigung dieser Verse greift Luther zu dem
»imitatio«-Modell, und stellt in der Auslegung von V.22-29 das »persecutiones«-Schema deutlich in den Hintergrund.[41]

Zusammenfassend kann hier festgestellt werden: Die Scholienauslegung
von Ps.68 nimmt – mit ihrer ausführlichen und zugespitzten Beziehung
des Bibeltextes auf die kirchliche Situation der Gegenwart – eine Sonderstellung im Rahmen der »Dictata« ein. Diese Gegenwartsbezogenheit der
Exegese wird sowohl in inhaltlicher als in hermeneutischer Hinsicht an
Hand des »persecutiones«-Schemas vermittelt. Doch handelt es sich dabei in hermeneutischer Hinsicht um eine Vermittlung, die, an Luthers
eigenen hermeneutischen Grundsätzen gemessen, »unverbindlich«
bleibt, weil sich die Kategorien des Schemas nur indirekt auf die »litera«
des Psalmentextes beziehen. Der Anknüpfungspunkt für den Einsatz des
Schemas ist die Feststellung der »Offenheit«, bzw. der generellen Form
des auszulegenden Bibelwortes, die mehrere Anwendungen zulässt. Und
an dem für den Gegenwartsbezug wirklich strategischen Punkt seiner
Exegese: in der Auslegung von V.4, wo Luther erst recht eine präzise Be-

---

[38] »Tropologice autem: agnoverant, quod eorum oratio et oculus coram deo nihil sit.
Et quarto quod in temporibus nostris vere per peccatum sic contingit.« 440,5-7. Vgl.
439,30ff. – Es ist bemerkenswert, dass in dieser Zusammenfassung der Auslegungsmöglichkeiten das »persecutiones«-Schema als solches nur sehr gebrochen mitklingt: zunächst
in der Verfolgung der Märtyrer im Sinn der »litera« des Textes, und dann in der Verfolgung der gegenwärtigen »securitas«.

[39] Ebd., ab 434,7.

[40] Diese Änderung der Auslegungsperspektive hat natürlich damit zu tun, dass der
Wortlaut von V.22 direkt im Passionsbericht der Evangelien aufgenommen ist. – Text-
kritisch scheint an dieser Stelle von Luthers Auslegung kein Bruch festgestellt werden zu
können. Vgl. dazu Schwarz (1971), S.84f.

[41] Zu einer näheren Analyse dieses letzten Teils der Scholienauslegung, vgl. oben S.58ff.

schreibung der gegenwärtigen Not der Kirche zu erkennen glaubt,[42] –
spielt der Kontext des »persecutiones«-Schemas für die Exegese kaum
mehr eine Rolle. Hier bemüht er sich um eine direkte prophetische Exegese. Es bleibt aber eine prophetische Exegese, der die Kraft der exegetischen Eindeutigkeit fehlt, weil die »litera« und die »prophetia« des Textes
zu deutlich in verschiedene Richtungen weisen.

b) *Die Rezeption des »persecutiones«-Schemas in anderen »Dictata«-Texten.*

Psalm 69

In der direkt anschliessenden Fortsetzung der Exegese von Ps.68 kommt
Luther auch in seiner Auslegung von Ps.69,3f. auf die »persecutiones
ecclesiae« zu sprechen. Die beiden Verse lauten (iuxta LXX):
»Confundantur et revereantur, qui quaerunt animam meam. Avertantur retrorsum et erubescant, qui volunt mihi mala. Avertantur statim eru-
bescentes, qui dicunt mihi: Euge, euge!«.
Um den hermeneutischen Stellenwert von Luthers Beziehung dieser
Verse auf die »persecutiones ecclesiae« klar herauszustellen, muss zunächst auf die Glossenauslegung des Psalms zurückgegriffen werden. Im
Summarium bezeichnet Luther den Text als eine »Imprecatio Christi
contra adversarios suos, et oratio pro se suisque fidelibus«, und er fügt
in einer Randglosse zum »titulus« hinzu, wie dies näher zu verstehen ist:
»Iste psalmus supra in fine psalmi 39 ad literam expositus est de Christo,
et quia utrobique eadem est intelligentia, dimissa illa de allegorica sententia pro Ecclesia nunc consyderamus eum. Et secundum tres versus,
scil. 2.3.4. potest applicari tribus persecutionibus Ecclesie, scilicet tyrannorum, hereticorum, Schandalosorum, ...«[43]
Luther verweist hier zurück auf seine Auslegung von Ps. 39,15f.; der
Wortlaut dieser Verse ist fast identisch mit Ps.69,3f. Es ist nur die Glossenauslegung dieser Verse von Ps.39 überliefert worden; die ist aber in
diesem Fall deutlich genug: Die Verse werden gegen die Juden auf
Grund ihres Widerstands gegen Christus gewendet, – und zwar mit der
schon oben in den Analysen von Teil I beobachteten Kraft und Schärfe
der »litera spiritualis«-Exegese. Grundsätzlich sagt Luther in einer
Randglosse zu V.15f.: »Prophetice et pronunciative dicit (i.e. Christus),

---

[42] Durch die Auslegung gerade dieses Verses will Luther die Skeptiker seiner bisherin-
gen – am »persecutiones«-Schema orientierten – Deutung von V.1-3 von der Berechti-
gung einer Zuspitzung der Auslegung auch auf die Gegenwart überzeugen. Vgl. WA
3,422,5ff.
[43] WA 3,441,12f. 31-35.

quia Hebrei optativum non habent, sed tantum futurum Indicativi.«[44]
Demgemäss deutet er die Aussage, mit allen drei Gliedern, als einen
Fluch Christi gegen die Juden, die sie für alle Zeit und sowohl auf Leib
wie auf Seele treffen sollte. In einer weiteren Randglosse zu V.15 kommt
dies klar zum Ausdruck: »Sic habetur maledictio (dem »optativus« der
prophetischen Rede entsprechend): *Got schend dich an leib unnd sehel*. Et hoc
quidem Iudeis hodie impletur.«[45]

Diese buchstäbliche Deutung ist also auch für die Auslegung von Ps.
69f.3f. als Grundlage vorauszusetzen. Wenn die Verse zusätzlich auch
noch in allegorischer Hinsicht ausgewertet werden sollen, geschieht dies
– das macht Luther in der Scholienauslegung deutlich – als eine von zwei
Alternativen einer solchen zusätzlichen Exegese: Die weitere Entfaltung
des Textsinns kann entweder »ex affectu ... et imprecative« – was »tropologice« gleichkommt – geschehen; oder »...tantum intellectu et prophetice dicuntur, non ut sic fiat, sed quia sic fiet, secundum b. Augustinum
psalmo precedenti.«[46] Dabei ist es natürlich die zweite Möglichkeit, die
den »modus loquendi« für die Beziehung der Verse auf die Verfolgungen
der Kirche bezeichnet.

Es ist bemerkenswert – auch wenn nicht allzu weitgehende Schlüsse
daraus zu ziehen sind – dass die rhetorischen Merkmale der
buchstäblich-prophetischen Exegese der entsprechenden Passage in
Ps.39 (wo nach Luther zugleich »prophetisch« *und* »optativ« – was ja offenbar den »affektiven« Redemodus einschliessen sollte – geredet wurde)
hier in der Sekundärdeutung der Verse – in der Version von Ps.69 – aus-
einanderklaffen und auf zwei Deutungsalternativen verteilt werden: *entweder* »affektiv« – und tropologisch -, *oder* aber prophetisch – dann aber
»tantum intelligentia«. Vielleicht liegt es Luther hier näher als in der
Auslegung von Ps.39,15f., eine doppelte Deutung dieser Art vorzuschla-
gen, weil es hier – unverbindlicher – um sekundäre Auslegungsmöglichkeiten des Textes gehen soll. Und um diese von einander zu
unterscheiden, greift man eben zu Distinktionen. Anders verhält es sich
aber in der grundlegenden prophetischen Deutung: Da steht die Kraft
der Eindeutigkeit an erster Stelle.

---

[44] Ebd. 226,38f. Zu Luthers Bemühung um die Erklärung des hebräischen Hinter-
grunds des Verses, vgl. Raeder (1961), S.49.
[45] Ebd. 226,39f. Vgl. auch Luthers Zeilenglosse zu den zwei Versen, 226,23-27 und
227,1-4. – Hugo Cardinalis hatte Ps.69,3f. allegorisch auf den Widerstand der Juden gegen Christus bezogen. Anders als Luther im Kommentar zu Ps.39,15f. hatte er aber dabei auch die Aussicht auf eine Bekehrung der Juden betont; vgl. Hugo zu Ps.69,3f.,
unter »5, Allegorice«. Augustin hatte die Verse auf das Leiden der Märtyrer unter den
Tyrannen bezogen. Vgl. CChSL XXXIX,932-935.
[46] WA 3,442,25f.; 443,23-25. Zum Verweis auf Augustin für diese Präzisierung der
prophetischen Redeweise, vgl. CChSL XXXIX,923,Z.21f.

Damit ist der hermeneutische Hintergrund für Luthers Entfaltung des »persecutiones«-Schemas in der Scholienauslegung von Ps.69,3f. deutlicher geworden: es geht zwar – wie in der Auslegung von Ps.68,2ff. – um prophetische Rede, aber nicht um prophetisch-buchstäbliche Rede. Darum ist auch nicht entscheidend, dass Luther hier – anders als in der Auslegung des Vorhergehenden Psalms – die einzelnen Verfolgungen je für sich an einem Glied des Dreier-Parallelismus in V.3f. verifiziert, und dass dann im Anschluss an diese Verifikation auch Unterschiede zwischen den verschiedenen »persecutiones« zur Sprache kommen.[47] Denn eigentlich sind sämtliche Verfolgungen nur Nachklänge der ursprünglichen Verfolgung Christi durch die Juden. Dementsprechend hebt Luther in seiner Auslegung besonders den *gemeinsamen* Inhalt aller Verfolgungen hervor: »Quare licet hi tertii (i.e. persecutores) idem quod primi et secundi faciant et illi idem quod isti, omnes enim tales querunt animam Ecclesie et volunt ei mala et irrident eam ...«[48] Die parallelistische Form der Verse, worauf Luther in seiner Auslegung auch besonders achtet,[49] bestätigt dieses inhaltliche Anliegen: es geht um eine Wiederholung, mit kleineren Variationen.

Psalm 101

Nach der Auslegung von Ps.68 findet sich der deutlichste und ausführlichste »Dictata«-Beleg für eine Rezeption des »persecutiones«-Schemas in der Auslegung von Ps.101,7f. Es heisst in diesen Versen (iuxta LXX): »Similis factus sum pelicano solitudinis; Factus sum sicut nycticorax in dimicilio. Vigilavi, et factus sum sicut passer solitarius in tecto.«

Diese Aufreihung kann nach Luther als eine Beschreibung der »triplex persecutio Ecclesie« gedeutet werden:[50] »... scilicet tyrannorum, hereti-

---

[47] Es werden im Verlauf von Luthers Deutung mehrere Unterscheidungsmerkmale erwähnt: die offene Verfolgung der Tyrannen unterscheidet sich von der »indirekten« Verfolgung durch die Ketzer (»qui volunt mihi mala«, V.4); und diese beiden unterscheiden sich wieder – durch ihre Identifizierbarkeit – von der inneren dritten Verfolgung durch »pax et securitas«, wo die wahre Kirche mit den Worten »euge, euge«, bzw. »vah, vah« (iuxta hebr.) ausgelacht wird. – Als ein besonderes Merkmal der dritten »persecutio« nennt Luther hier, dass der Gehorsam der wahren »humilitas« verloren geht: »...nec monasteria nec collegia nec ecclesie Cathedrales ullam velint recipere disciplinam« (WA 3,444,19f.; zum Ganzen 443,32-445,34). – Quantitativ dominiert hier die Besprechung der *zweiten* Verfolgung durch die Ketzer (444,1-10 und 445,8-34); über die dritte, gegenwärtige Verfolgung wird weniger ausführlich gesprochen (444,11-33).

[48] Ebd. 444,33-35; vgl. auch Z.4.

[49] Vgl. Luthers Überlegung zu diesem Punkt ebd. 443,29-32.

[50] Luthers Rückgriff auf das »persecutiones«-Schema scheint hier nicht durch einen Hinweis auf die Auslegungstradition erklärt werden zu können. Die für das Mittelalter massgebliche Auslegung der Verse war bei Augustin (vgl. CChSL XL,1431f.,8,Z.1-60) festgelegt worden, und die drei Vögel wurden hier auf drei verschiedene Stufen von Christi Leidensweg bezogen. Im Anschluss daran wurde die Stelle im Mittelalter vorwiegend tropologisch ausgewertet.

corum, falsorum fratrum seu Hypocritarum«. Die nähere Charakteristik
der Verfolgungen wird an dieser Stelle mit einer ganz besonderen Konzentration und Präzision vorgetragen: »Prima fuit in martyribus, secunda in doctoribus, tercia generaliter in omnibus statibus. Et prima per
potentiam, secunda per sapientiam, tercia per bonitatem mundi. Prima
contra potentiam, secunda contra sapientiam, tercia contra bonitatem
seu sanctitatem dei. Prima Ecclesie infirmitatem, secunda ignorantiam,
tercia corruptionem et prophanitatem obiecit. Ideo recte pro prima se pe-
licanum solitudinis nuncupat, quia sola et infirma illis visa. Et pro secunda nocturnam, quia stulta et ignorans iudicata est ab hereticis. Et pro
tercia passer solitarius, quia negligens et non sancta ab iis iudicatur, qui
in superbia proprie sanctitatis gloriantur. Sic ergo gemit sese talem haberi, cum illi potius tales sint.«[51]

Hier findet man das »persecutiones«-Schema treu wiedergeben; es
scheint, als ob Luther eine gewisse Freude daran gehabt hat, die Kategorien und Dimensionen des Schemas möglichst geschlossen und systematisch aufzustellen. Der enge Anschluss an Bernhards Darstellung der drei
ersten »persecutiones« ist auch hier, wie in der Auslegung von Ps.68,
deutlich. Nur in der Charakteristik der dritten »tentatio« wird die dort
beschriebene Gefahr vorerst nicht, wie bei Bernhard, als »pax et securitas«, sondern als »bonitas« zusammengefasst; eine beachtenswerte Verschiebung, auf die im folgenden zurückgekehrt werden soll.[52] Hier soll
nur festgestellt werden, dass durch diese Akzentverschiebung der für das
Schema in seiner »klassischen« Gestalt typische Gegensatz zwischen den
vergangenen offenen Verfolgungen, und derjenigen der Gegenwart, die
verborgen ist, nahezu aufgehoben wird. Zugleich ist von einer besonderen Zuspitzung der dritten »persecutio« auf die Situation der Gegenwart
bei Luther hier nicht die Rede.

Bemerkenswert ist ferner, dass auch hier, anders als in der Auslegung
von Ps.68,2f., die Kategorien des Schemas in differenzierter Weise auf
den Buchstaben der Bibeltextes bezogen werden: Jede Stufe des Schemas
wird am jeweils eigenen Glied der Textaussage verifiziert.[53] Jedoch ist
diese Verifikation auch hier nicht die Entfaltung *des*, prophetisch gemeinten, Sinns der »litera« des Textes. Das zeigt sich, wenn noch einmal der
weitere Kontext der Exegese Luthers herangezogen wird.

Zunächst muss dabei auf die Einleitung zu der eben zitierten Zusammenfassung sämtlicher »persecutiones« geachtet werden, wo Luther sagt:
»Item potest per istas tres aves intelligi triplex persecutio Ecclesie et cui-

---

[51] WA 4,156,32-157,3.
[52] Vgl. unten S.204f.
[53] Vgl. dazu auch oben S.195ff. (zu Ps.69,3f.) und unten S.201f. (zu Ps.92,3f.).

uslibet anime ...«[54] Das »item« ist hier auf die vorhergehenden Passagen in Luthers Kommentar zu beziehen,[55] wo V.7f. zuerst in verschiedene andere Richtungen ausgelegt worden sind, ehe die Rede auf die »persecutiones Ecclesie« kommt als die letzte Deutungsmöglichkeit: Die Verse können vom »populus Christi« und seinen drei Tugenden: »humilitas, paupertas, castitas«, »...contra tria vitia in mundo ... contra superbiam vite, concupiscentiam carnis et oculorum« verstanden werden, – wobei jeder der drei in Psalm genannten Vögel für eine theologische Tugend steht. Oder (wie Luther sagt: »Vel aliter«) – immer noch bei der Deutung der drei Vögel als der drei »virtutes theologice« bleibend – man kann die Aussage auf den Kampf gegen »Diabolum, mundum, carnem« beziehen. Oder aber (»Item aliter«): Jeder der Vögel kann allein für den Gegensatz zu allen drei Mächten des Bösen stehen. Luther stuft alle diese Deutungsmöglichkeiten – und die Beziehung der Verse auf die »persecutiones Ecclesie« müsste wohl, durch noch ein zusätzliches »item« den anderen Auslegungen beigeordnet, als eine Hinzufügung zu derselben Aufreihung verstanden werden – als »mysteria« ein, und bemerkt dazu: »Sed hec satis de mysteriis. Sensus autem est litere, quod ab iis, qui in mundo florent, iudicetur (i.e. »ecclesia«, bzw. »pius«), cum tamen non sit.«[56] Dem buchstäblichen Sinn nach hat man es also auch hier grundsätzlich mit einer allgemeinen Aussage zu tun, die dann erst in zweiter Hinsicht in verschiedene Richtungen gedeutet werden kann, – u.a. auch mit Hilfe des »persecutiones«-Schemas.

Psalm 92

Ein dritter wichtiger Text, wo das »persecutiones«-Schema nicht nur formelhaft, sondern ausführlicher rezipiert wird, ist die Scholienauslegung zu Ps.92,3f.: »(3[a]) Elevaverunt flumina, Domine, (3[b]) Elevaverunt flumina vocem suam, (3[c]) Elevaverunt flumina fluctus suos, (4[a]) A vocibus aquarum multarum. (4[b]) Mirabiles elationes maris, (4[c]) Mirabilis in altis Dominus.«

Luther weist zu Beginn seines Kommentars zu diesen Versen – und es ist in der Scholienauslegung zu Ps.92 nur der Kommentar zu diesen Versen überliefert worden – auf die verschiedenen Auslegungsrichtungen der Tradition hin: »... aliqui etiam in bonum, aliqui in malum, alii

---

[54] WA 4,156,30-32.
[55] Ebd. 154,23-156,29.
[56] Ebd. 156,3-5; 155,20-156,3. Zu Luthers Auslegung der Verse, vgl. auch Lohse (1963), S.229f. Lohse hebt dabei vor allem die ambivalente Stellung zum Mönchsideal hervor, die in Luthers Auslegung dieser Stelle zum Ausdruck kommt.
[57] WA 4,86,9f.

mixtim in bonum et malum exponunt.«[57] Die Exegese »in bonum« versteht unter den »flumina« und ihren »voces« und ihren »fluctus« die Apostel und ihre geisterfüllte Evangeliumsverkündigung, die sie in der Alten Kirche unter einem zunehmenden Widerstand durchgesetzt hatten. Luther erwähnt in seiner kurzen »expositio« der Deutungsmöglichkeiten der Verse keine Exegeten bei Namen; jedoch kann diese »positive« Auslegung aller Wahrscheinlichkeit nach auf Augustin zurückgeführt werden.[58] Auch die Glossa Ordinaria z. St. ist von dieser augustinischen Exegese der Verse bestimmt.

Für die Auslegung »in malum« kann aus der Tradition Lyra als ein Zentraler Vertreter gennant werden. Er hat Ps. 92 nach dem Buchstaben auf die Zeit Christi bezogen und sieht ihn als einen Text, der vom Reich Christi handelt; von dessen »inchoatio«, »impugnatio« und »confirmatio«, – wobei in V. 3 die »impugnatio« und ab V. 4[b] die »confirmatio« dieses Reiches beschrieben werden.[59] Hier sind die »flumina« in V. 3 nicht mehr die Apostel, sondern die Verfolger der Kirche: Die »principes sacerdotum volentes impugnare christi resurrectionem et ascensionem et christi regni predicationem.[60] Die »vox« (V. 3[b]) bezieht sich auf die öffentlichen Verbote gegen das Christentum, und die »fluctus fluminarum« (V 3[c]) auf die Durchsetzung der Verfolgungspolitik in der Alten Kirche. Demgegenüber ist in V. 4 von dem Anwachsen der Christengemeinde die Rede, die trotz der Verfolgungen geschah.

In zwei »Additiones« zur Auslegung Lyras beschäftigt sich auch Petrus von Burgos mit der Deutung der Verse 3f. In der ersten – zu V. 3 – tritt Burgensis für eine kleine Korrektur an Lyras Exegese ein: Die »vox« in V. 3[b] gehört nach ihm nicht den Tyrannen, sondern den späteren Ketzern. Die »fluctus« von V. 3[c] deutet er aber wie Lyra als die Tyrannen der Christenverfolgung.

In der anderen »Additio« kommentiert er dann V. 4: Auf Grund einer syntaktischen Umstellung des Verses[61] sieht er hier, anders als Lyra, eine direkte Weiterführung von der Beschreibung der »persecutiones« in V. 3. Es ist somit immer noch von denselben Verfolgungen die Rede, die dann schliesslich von Christus überwunden werden.

Als ein Beispiel für eine Auslegung »mixtim in bonum et malum« kann die Deutung der Verse bei Hugo Cardinalis herangezogen werden: Er konzentriert sich zunächst auf eine Deutung der »flumina« als »persecu-

---

[58] CChSL XXXIX,1297-1299,7,Z.1ff.
[59] Vgl. Lyra zu Ps.92, in der Einleitung.
[60] Lyra zu V.3[a]. Als Beleg weist Lyra hier auf Act.4 hin.
[61] Burgensis z. St., Additio III. Es heisst hier: »Littera hebraica in hoc loco sic sonat: 'Plus quam voces aquarum multarum, Et quam mirabiles elationes maris mirabilis in altis dominus'.«

tiones Ecclesiae«, die nach ihm in V.3-4ª nicht nur in zwei, sondern in einer Reihe von vier Gliedern beschrieben werden: »Et nominat hic ter flumina, & quarto aquas multas, quae possunt distingui secundum quatuor tempora Ecclesie, in quibus quadruplex ei persecutio adaptatur, videlicet: Tempus martyrum, in quo persecutionem passa est a tyrannis. Tempus confessorum, in quo ab hereticis. Tempus modernum in quo patitur a amicis, id est domesticis amicis. Tempus ultimum, in quo patietur ab antichristo.« Dem entspricht aber genau eine andere Entwicklung »in bonum«: »Primum tempus habuit flumina, & voces doctrinarum per Apostolos & Martyres. Secundum tempus etiam habuit flumina, & voces doctrinarum per Augustinum, Hieronymum & alios Doctores Ecclesiae. Hoc autem tertium tempus diu non habuit voces, sed fluctus et vento, & impetu suscitantur, & confusim sonant.... Porro quartum tempus iam instat, quia audiuntur voces aquarum multarum, id est copia est praedicatorum. Sed sicut septem annos fertilitatis secuti sunt anni famis, Gen.41. Ita veniet cito fames ...« Hugo fährt dann fort mit einer Auslegung der letzten Teile von V.4 in Bezug auf das Kommen des Antichrist.[62] [63]

Luther kann sich also auf eine gefestigte Auslegungstradition berufen, wenn auch er V.3f. auf die »persecutiones Ecclesiae« hin deutet. Er schlägt in seiner Exegese einen Zwischenweg ein zwischen Lyra und Hugo, insofern als er weder von zwei noch von vier Verfolgungen redet, sondern V.3ᵃ⁻ᶜ auf »tres generales persecutiones« bezieht: »Prima contra Tyrannos. Et hic nec vox nec fluctus memoratur, quia fidem nondum adeo explicatam predicaverunt. Secunda contra hereticos. Et hic 'vocem suam' addit, quia multa per hereticorum occasionem sunt in lucem deducta clarius, que sub martyribus relicta fuerant occulta. Tercia contra Christianos malos vel antichristum. Hic fluctus et gurgites inundantes cum copia et plenitudine exaltabuntur in tempore illo.«[64]

Die »persecutiones« sind hier dieselben wie bei Hugo – und bei Bernhard – ; nur sind die beiden letzten – wie in der Auslegung von Ps.68 – zu einer zusammengefasst. – Von einer »expositio mixta«, so wie sie von Hugo am deutlichsten vertreten wurde, findet sich bei Luther keine

---

[62] Hugo Card. z. St., Fol.246ʳ⁻ᵛ.
[63] Auch die Auslegung von Perez könnte als Beispiel einer »gemischten« Deutung eingestuft werden; wobei das Hauptgewicht auf die Deutung der »flumina« »in bonum« liegt. Die »flumina« sind primär – der Reihe nach – die Geschenke der Evangeliumsverkündigung, der Sakramente, der Wunderzeichen gegen die Verfolger und das «...testimoni(um) doctrine et legis euangelice«. Nur in Bezug auf das dritte Glied, die »miracula«, werden die »persecutores« der Kirche (die »tyranni« und die »infideles«) erwäht. Perez z. St., Fol.(CCIXᵛ).
[64] WA 4,86,23-87,5.

Spur. Der gesamte Wortlaut von V.3: sowohl die »flumina« wie ihre »vox« und ihre »fluctus«, werden auf die »persecutores« bezogen.

Bei der Auslegung von V.4 verweist Luther ausdrücklich auf Burgensis und seine Korrektur des Textwortes, die er als autoritativ übernimmt. Der Beziehung der »voces aquarum« auf die Ketzer und der »elationes maris« auf die Tyrannen bei Burgensis, möchte er jedoch eine andere Deutung entgegenstellen. Die »voces aquarum« könnten für die Christenverfolgung durch die Juden stehen, so wie sie in der Apostelgeschichte dargestellt ist, und die »elationes maris« dann für die »persecutio gentium per totum mundum, qui est mare.«[65]

Rückblickend muss hier zunächst festgestellt werden, dass der theologische Stellenwert des »persecutiones«-Schemas weder durch eine bloss »indirekte« Beziehung des Schemas auf die »litera« des Psalmentextes[66] noch durch eine besondere Betonung der »Offenheit« auch für andere Auslegungsmöglichkeiten des Textes relativiert wird.[67]

Gleichzeitig handelt es sich in der Deutung von Ps.92,3f. bei Luther offensichtlich in erster Linie um eine Rezeption der Tradition; und zwar von einer Art, wo eine vermittelnde Auswahl der überlieferten Auslegungsvorschläge ziemlich direkt übernommen wird, ohne die besondere Intensität eigener thematischer oder hermeneutischer Hervorhebungen, die in seiner Exegese sonst manchmal zu spüren ist.

Psalm 90

Oben wurde gezeigt, wie Ps.90,5f., Bernhards wichtigster Text für die Entfaltung des »persecutiones«-Schemas, bei Luther zunächst auf die Juden und ihre zunehmende Bosheit bezogen wurde, und dann – »per modum imitationis« – auf die Ketzer, und schliesslich, immer noch an Hand des »imitatio«-Denkens, auch auf die gegenwärtigen, sich gegenseitig bekämpfenden, »religiones«.[68] Von einer Rezeption des »persecutiones«-Schemas konnte dabei keine Rede sein. Eine Verfolgung durch die Tyrannen zur Zeit der Alten Kirche wurde nicht eigens erwähnt, und vor allem fehlte die für das »persecutiones«-Schema charakteristische Steigerung der Argumentation hin auf die gegenwärtige Verfolgung als die schlimmste aller Zeiten, die durch den Gegensatz zwischen den früheren offenen Verfolgungen und der gegenwärtigen verborgenen als solche

---

[65] Ebd. 87,6ff.

[66] Vgl. dazu oben Anm.53.

[67] Zwar wird Luthers Deutung der »persecutiones« in V.4 vorsichtig durch ein »potest« eingeführt; grundsätzlich betont er aber zu der »persecutiones«-Auslegung der beiden Verse: »Puto autem hunc esse veriorem intellectum horum versuum...« (ebd. 87,6).

[68] Vgl. oben S.110ff. und 166-169.

hervorgehoben wurde. Das Argumentationsgefälle war in Luthers Auslegung dieser Verse umgekehrt: Die grösste Aufmerksamkeit galt den ersten Feinden, den Juden. Ausführlich wurde danach auch ihre »imitatio«
durch ihre ersten Nachfolger, die Ketzer, erörtert; während auf die »religiosi« der Gegenwart nur ganz kurz eingegangen wurde, – eben weil sie
an sich nichts Neues und Gefährlicheres, sondern nur eine Wiederholung
der durch die Juden und die Ketzer schon vertrauten Angriffe vertreten.[69]

Deutlichere Spuren eines »persecutiones«-Schemas sind jedoch in der
Auslegung des folgenden Verses, V.7ᵃ, zu erkennen. Der Vers lautet (in
Luthers Wiedergabe): »Casus a latere milium et decem milia a dextris
Ecclesie.«[70] – Auch hier hält Luther an seinem Grundsatz für die Auslegung des Psalms fest: Die Worte des Verses zielen eigentlich auf die Juden in ihrem Gegensatz zu Christus. Zugleich aber kann der Vers als
eine grundsäzliche Aussage über den Abfall von der Kirche auf Grund
des Anstosses an ihrer Gestalt verstanden werden. Dieses doppelte Anliegen bringt Luther durch die folgende Argumentation zum Ausdruck:
Die Juden haben zuerst – und in grundlegender Weise – an Christus als
Menschen, und damit an ihn als »*imfirmum* et *insapientem* et tandem *malig-
num*«, Anstoss genommen. Diese Form des Anstossnehmens wiederholt
sich später im Verhältnis der verschiedenen »persecutores« zur Kirche:
»Primum sub martyribus *informa* fuit visa persecutoribus, ... Secundo *in-
sipiens* ab hereticis iudicata est diu nimis. ... Tertio restat, ut cum iniquis
deputetur et cum sceleratis reputetur sicut et Christus caput eius. Hoc
ab illis futurum, qui concedent ipsam Ecclesiam esse invictam virtute et
sapere rectissimam fidem, sed tamen non habere bonitatem et opera fidei. Et ita ea opera que in Ecclesia fiunt, tanquam mala reprobabunt.
Et hanc persecutionem, nisi fallor, Bohemi nostri auspicantur, qui omnem Ecclesiam Romanam condemnaverunt et quicquid in eius obedientia fit ab ullis, peccatum arbitrentur. Nec minus illud et Maometus
facit.«[71]

Näher an einer Rezeption des »persecutiones«-Schemas liegt diese Argumentation zunächst deshalb, weil hier die Reihenfolge der drei wichtigsten »persecutores« – die von Luther hier auch so genannt werden –
beibehalten ist: die »persecutores gentiles«, die »heretici« und die gegen-

---

[69] Vgl. dazu WA 4, 76,23-30: »Ad exemplum istorum (i.e. iudeorum et hereticorum)
ceteros iudica. Et hinc disce, quam sit utile sub prelatis manere et odedire illorum precep-
tis et instrui doctrinis... Quare nunc in Ecclesia omnia sunt miserabilia. Quia religio contra religionem, laborant istis quattuor malis...«
[70] Luther geht in seiner Scholienauslegung zweimal auf V.7 ein; zur ersteren Auslegung, vgl. oben S.114f.
[71] Ebd. 77,1-31.

wärtigen Scheinheiligen. Dazu kommt, dass zwischen den verschiedenen Verfolgern der Kirche in einer anderen Weise differenziert wird: Sie stehen je für *ihre* Verfolgung, ahmen einander also nicht nur nach. – Und endlich ist die »persecutio«, die sich in der Gegenwart abzeichnet, hier konkreter und intensiver beschrieben als die vorhergehende Verfolgung durch die Ketzer.

Dabei wird wieder nicht die »pax et securitas« – die nach Bernhard auf Grund der zunehmenden weltlichen Einstellung in der Kirche ihre geistliche Wachsamkeit zerstörten und die Grenzen zwischen Feind und Freund verschwimmen liessen – an erster Stelle als Kennzeichen der dritten »persecutio« hervorgehoben. Im Zentrum steht auch hier die »malignitas« der Kirche im Gegensatz zur weltlichen »bonitas« ihrer Verfolger, die die Kirche für nichts achten.

Eine entsprechende Akzentuierung konnte schon im Kommentar zu Ps.68, am Anfang der Scholienauslegung dieses Textes gespürt werden,[72] und kam sehr deutlich auch in der Auslegung von Ps.101,7f. zur Sprache.[73]

Die exegetische Basis dieser Verschiebung wurde vor allem aus der Scholienauslegung von Ps.68 klar: Es handelt sich um eine Anpassung der traditionellen Kategorien des »persecutiones«-Schemas an die Kategorien des »kreuzestheologischen« Schlüsseltextes 1.Kor.1,27f. Um diese Anpassung zu vollziehen, musste die Beschreibung der dritten Verfolgung etwas korrigiert bzw. modifiziert werden.

Die Auswirkungen dieser Verschiebung für die weitere Beschreibung der dritten Verfolgung sind aber in der Auslegung von Ps.101,7f. und hier in der Auslegung von Ps.90,7 deutlicher zu sehen: Die dritte »persecutio« kommt nicht so sehr in der allgemeinen Verweltlichung der Kirche – und besonders ihrer Hierarchie – zum Ausdruck. Das typische Beispiel dieser dritten Verfolgung ist vielmehr in der Kirchenkritik der Böhmen zu finden, die sich für »besser« als die allgemeine Kirche halten.

Diese Diagnose setzt – anders als die Diagnose Bernhards, und anders auch als die Diagnose Luthers im weiteren Verlauf der Scholienauslegung von Ps.68 – wieder deutlichere Unterscheidungen zwischen Feind und Freund voraus.[74] Zugleich reduziert sie – solange ihre Spitze nach aussen, gegen die anderen, gerichtet ist – das Potential der direkten Betroffenheit der Argumentation, das ja in dem »persecutiones«-Schema in seiner »klassischen« Gestalt gerade durch die grundlegende Kontrastierung zwischen den früheren offenen »persecutiones« und der gegenwärtigen verborgenen in entscheidender Weise konstituiert war.[75] Diese Argumentationsdynamik findet man in der Auslegung von Ps.90,7 nicht mehr vor. Vielmehr ist das Argumentationsgefälle – durch die ausdrückliche Verknüpfung des »persecutiones«-Schemas an die Hervorhebung der Juden als der ursprünglichen Feinde der Kirche, die hier vorgenommen wird – gerade ins

---

[72] Vgl. oben S.192, Anm. 31.

[73] Vgl. oben S.197f.

[74] Vgl. Bernhards »Omnes amici, omnes inimici« (oben S.181) gegenüber Luthers »Et hii sunt inimici…«, WA 4,157,9.

[75] Luther selbst scheint keinen Gegensatz zwischen einer Betonung von »pax et securitas« und einer Betonung von »bonitas« als entscheidendem Merkmal der dritten »persecutio« zu sehen. Vgl. WA 3,416,9ff. und WA 4,157,1-26.

Gegenteil gekehrt. Das Gewicht der Argumentation liegt vorne, am ersten Glied, das für die weitere Entfaltung des Schemas die Basis und Norm bildet. Im Anstoss der Juden an Christus sind alle späteren Anstösse an der Kirche einbegriffen: Gegenüber diesem ersten Angriff der Juden gibt es in der weiteren Kirchengeschichte keine Progression der Verfolgung; nur eine – wenn in diesem Fall auch differenzierte - Wiederholung. Insofern ist hier eine Affinität zur »imitatio«-Argumentation zu sehen. Mit diesem Denken aber verträgt sich der konstitutive Gegensatz des »persecutiones«-Schemas nur schlecht.

Zu dieser wichtigen »Verkürzung« im Blick auf das theologische Ziel bei der Rezeption des Schemas kommt auch hier – wie in der Auslegung von Ps.68 und z.T auch von Ps.101,7f. – die hermeneutische »Unverbindlichkeit«, mit der das »persecutiones«-Schemas in die Argumentation eingeführt wird. Die Verifikation des Bibeltextes geschieht an den Juden und an ihrem Anstoss an Christus; nur mittelbar, durch den Bezug auf die Juden, werden die Kategorien des Schemas zum Text relativiert.

Psalm 118

Der hermeneutisch unverbindliche Status des Schemas wird ebenfalls deutlich, wenn man seiner Verwendung in der Auslegung von Ps.118 nachgeht. Wie schon oben gezeigt,[76] geht Luther in seiner Auslegung einen eigenen Weg zwischen der weit verbreiteten »Tropologisierung« dieses Textes auf der einen Seite, und einer distanziert geschichtstheologischen Exegese wie sie bei Perez vorzufinden war auf der anderen Seite, wo eine »entkräftete« Variante des »persecutiones«-Schemas als Dispositionshilfe eine wichtige Rolle spielte. Für Luther ist der Text grundsätzlich auf die Situation des Judentums um die Zeit Christi zu beziehen. Der Psalm hat aber auch, als Konsequenz dieses Inhalts, sowohl eine ekklesiologische als eine tropologische Signifikanz für spätere Zeiten, bis in die Gegenwart: Er ist generell gegen die Heuchler, die »literales iusti et sancti« zu allen Zeiten gerichtet.[77]

Zur Verdeutlichung dieser Signifikanz des Psalms auch für spätere Zeiten bedient sich Luther hauptsächlich – wie schon gezeigt – des »imitatio«-Denkens. Nicht nur die bereits analysierten ausführlicheren Texte bezeugen dies, sondern auch eine grosse Zahl meist formelhafter Zusammenfassungen, die das »imitatio«-Denken in Kurzform durch die Zusammenstellung: »iudei – heretici – (scioli) superbi« zum Ausdruck bringen.[78]

---

[76] Vgl. oben S.117ff.
[77] WA 4,316,9ff.
[78] Vgl. die folgenden deutlichen Belege: WA 4,316,15-18; 317,9-11; 318,7; 319,19-26; 322,5f.; 328,32; 344,31-35; 360,35-361,2; 383,31f.; 386,19f.

Daneben brechen aber auch an einigen Stellen unverkennbar Merkmale des »persecutiones«-Schemas durch. Das ist im Laufe der Scholienauslegung besonders an zwei Stellen der Fall.[79]

Die erste Stelle ist in Luthers Kommentar zum dritten Oktonarius, wo er am Anfang der Auslegung einige grundsätzliche Überlegungen zu den vielen Anwendungsmöglichkeiten dieses eigentümlichen »assiduus Psalmus« anstellt. Der Psalm ist für jede Zeit und für jede Situation relevant, denn »... unusquisque potest esse maculatus vel immaculatus in suo statu ...« (Vgl. V.1: »Beati immaculati in via ...«).[80]

Zur Illustration dieser Anwendungsmöglichkeiten geht er nun auf die Stufen des »persecutiones«-Schemas ein.[81] Dabei nennt er zuerst die Apostel, die durch die Juden angefeindet wurden. Anders als im augustinischen »persecutiones«-Denken, haben die Juden aber hier nicht auf Grund ihrer Verfolgung durch Gewalt – von der in der Apostelgeschichte berichtet wird[82] – ihren Platz, und dementsprechend sind sie auch nicht nur ein erstes Glied innerhalb der ersten grossen Verfolgung durch Gewalt. Sie sind Feinde der Apostel in einer viel grundsätzlicheren Weise, nämlich auf Grund ihres Gesetzes. Und diese Anfeindung wurde von den Aposteln dank der Gnade und dem Geist ausgestanden.

Danach kommen als die weiteren Verfolgungen, wie bei Bernhard, die Angriffe der »gentes« gegen die Märtyrer, die der Ketzer gegen die »confessores«, und zuletzt – »nostris temporibus« – »pugna cum hipocritis et falsis fratribus.«

Auch an dieser Stelle ist von einer Steigerung an Gefährlichkeit von der ersten bis zur letzten, gegenwärtigen »persecutio« keine Rede, und auch nicht von einer besonderen Hervorhebung des verborgenen Charakters der letzten Verfolgung. Vielmehr sind alle vier Verfolger eigentlich Ausdruck von ein und derselben Anfeindung, – wie sie ja auch alle zur Illustrationen von ein und demselben Punkt im Bibeltext angeführt werden: »Et hii quattuor omnes volunt esse in lege domini et sub specie bona sunt maculatissimi, volentes tamen videri purissimi.«[83]

---

[79] An einer dritten Stelle: 316,9-24, kann das Denken des »persecutiones«-Schemas – vor allem in der deutlichen zeitlichen Einordnung der drei Anfeindungen (die Zeit Jesu/der Apostel, die Zeit der Ketzer und »unsere Zeit«, durch die Heuchler gekennzeichnet) – wohl auch mitklingen. Es fehlen aber so viele wesentliche Merkmale (die Tyrannen als Glied der Verfolgerreihe, die Charakteristik der verschiedenen Verfolgungsweisen, die Steigerung der Verfolgungen bis in die Gegenwart), dass eine Einordnung der Stelle als eines Beispiels des »persecutiones«-Denkens problematisch ist. Eher könnte auch hier (vgl. die vorhergehende Passage 315,19ff.) von einem weiteren Beispiel des »imitatio«-Denkens gesprochen werden.

[80] Ebd. 311,16.26f.

[81] Ebd. 312,3-25.

[82] Vgl. Apg.4, und dazu auch oben Anm.60.

[83] WA 4,312,23-25.

Hermeneutisch offen und unverbindlich ist diese Entfaltung des »persecutiones«-Schemas in dem Sinn, dass dieses theologische Anliegen des
Psalmentextes ebensogut auch durch andere Beispiele hätte illustriert
werden können. Das sieht man in Luthers Weiterführung seiner Argumentation an derselben Stelle, wo dieselben vier Anfeindungen in einer
längeren – durch drei zusätzliche Beispiele erweiterten – Aufreihung angeführt werden.[84]

Die zweite Stelle, wo man offenbar mit den Kategorien des überlieferten »persecutiones«-Schemas zu tun hat, ist im elften Oktonarius, in der
Auslegung von V.87: »Paulominus consummaverunt me in terra: ego
autem non dereliqui mandata tua.« Die »consummatio« steht hier für die
»persecutio Ecclesie«, wo die »persecutores« versuchen, die Kirche von
den »mandata dei« wegzutreiben. Zu diesem Vers sagt Luther: »Primo
tamen de fideli Synagoga intelligitur, que et dupliciter ut dixi consum-
mabatur, et potestate persequentium et fraude seducentium. Licet
utrunque quoque in Ecclesia tempore martyrum fieret. Nam idolorum
cultum suadebant et non suscipientes persequebantur. Et hereticorum
tempore simul quoque fiebat, quod heresis docebatur et discere nolentes
patiebantur. Semper ergo utrunque malum suo modo currit, scilicet dolus et furor, draco et leo, blanditie et mine &c.«[85]

Vorausgegangen ist hier, vor allem in der Exegese von V.78 und 84,
eine nähere Beschreibung der »Feinde« (bzw. »superbi«) im buchstäblichen Sinn des Textes – also derjenigen Juden, die zur Zeit Christi nicht
zum »Fidelis populus« gehörten – als sowohl verführerisch wie gewaltig
dem »fidelis populus« gegenüber: »...primo seducendo et suis doctrinis
iniquis pervertendo, secundo eos qui nolunt, persequendo et odiendo,
detrahendo &c.[86]

Man wird sich erinnern: Der Gegensatz zwischen dem »leo« und dem
»draco«, der gewaltsamen und der listigen Verfolgung, war schon seit
Augustin bei der Beschreibung der »persecutiones« ein »entweder-oder«,
und zugleich das entscheidende Kriterium zur Differenzierung zwischen
den Verfolgern der Vergangenheit und den – gefährlicheren – Verfolgern der Gegenwart. Zusammen sollten die beiden Gestalten des Verfol-
gers erst bei der endzeitlichen »persecutio« durch den Antichrist
auftreten.[87]

---

[84] Ebd. 313,1-11. Vgl. auch Z.12ff.

[85] Ebd. 349,37-350,4.

[86] Ebd. 344,32f. (zu V.78); vgl. 348,3f. (zu V.84): »... et populus ab impiis tyrannis
oppressus, insuper ab impuris magistris, scribis seductus: que omnia prophetata prius
fuerant.«

[87] Vgl. oben S.177ff.

Luther hat dagegen hier die beiden Gestalten schon bei der Beschreibung der ersten »persecutores« der Reihe: der Juden kurz vor dem Kommen Christi, zusammengebracht, und er bringt dieselbe doppelte Gestalt zur Geltung auch bei der Charakterisierung der beiden nächstfolgenden »persecutores«: der Tyrannen und der Ketzer.[88] Den letzten Schritt zu einer Erwähnung einer gegenwärtigen (evtl. auch zukünftigen) »persecutio« macht er hier nicht; stattdessen fasst er ganz *allgemein* zusammen: von dieser doppelten Gestalt *sind* die Verfolgungen der Kirche grundsätzlich bestimmt.

Obwohl hier also wieder wesentliche Merkmale des »persecutiones«-Schemas rezipiert worden sind,[89] ist doch die charakteristische Argumentationsrichtung, die dem Schema eigen ist, völlig verdrängt worden. Inhaltlich lässt sich die Stelle somit besser von der Perspektive des »imitatio«-Modells her interpretieren.[90]

Mit den so vorgestellten Texten sind die wichtigsten der ausführlicheren Belege, in denen eine Rezeption der Denkkategorien des »persecutiones«-Schemas in den »Dictata« nachgewiesen werden kann, analysiert worden. Die Analysen sind einigermassen breit durchgeführt worden; und zwar auf Grund der Annahme, dass man die Hauptzüge und die Tendenz der Rezeption Luthers am deutlichsten durch eine Untersuchung dieser weiter explizierten Stellen entdecken kann.

Über die diskutierten Stellen hinaus gibt es durch das ganze Kolleg verstreut noch eine Anzahl rein formelhafter Aneinanderreihungen, wo die wichtigsten »persecutores« einfach nur der Reihe nach aufgezählt werden.[91] In den meisten Fällen sind hier keine oder nur wenige weitere

---

[88] Vgl. dazu auch die entsprechende Zusammenstellung von »leo« und »draco« in seiner Auslegung von Ps.90,6, WA 4,69,23f.

[89] Erstens ist die Bezeichnung »persecutores« zu nennen, zweitens die richtige Reihenfolge der zwei ersten, grundlegenden, Verfolger (»gentes«, »haeretici«), und drittens die charakteristische »leo«-»draco«-Terminologie.

[90] Demgemäss lautet auch die Fortsetzung des Zitats von S.344,32f. (vgl. oben Anm.86), wo die doppelte Gestalt der jüdischen Anfeindung beschrieben wurde: »... Hos imitantur omnes heretici et superbi spiritualiter, id est de sapientia et sanctitate super ceteros presumentes.«

[91] Um in einer solchen formelhaften Aufreihung der »inimici« Spuren des »persecutiones«-Schemas festellen zu können, müssten die zwei vom Anfang an grundlegenden »persecutores«: die »tyranni«/»gentes« und die »haeretici« in der Reihe vertreten sein. In den – viel häufigeren (vgl. nur zu der Auslegung von Ps.118, oben Anm.78) – Fällen, wo die Aufreihung nur aus der Trias Juden – Heiden – »superbi« (o.Ä.) erstellt wird, besteht meiner Ansicht nach normalerweise kein Anlass, vom Einfluss des »persecutiones«-Schemas zu reden. Ausnahmen könnten die wenigen Fälle sein, wo solche Reihungen chronologisch in »tempora« differenziert sind, wie z. B. WA 5,II,1,156,7ff. (zu Ps.27,4f.); WA 3,564,28ff. (zu Ps. 77); WA 4,267,11-13 (zu Ps.115,10). – Ob der Hinweis auf das »persecutiones«-Schema als Traditionshintergrund für Luthers Glossenauslegung von Ps.9,4 (vgl. WA 55,I,1,67,20-29) berechtigt ist, muss aber bezweifelt werden.

Kennzeichen der jeweiligen »persecutores« angegeben, und die argumentative Funktion der Aufreihungen ist überwiegend die, verschiedene
Anwendungsmöglichkeiten einer theologischen Wahrheit des Psalmentextes zu illustrieren, wobei es Luther – über eine elementare chronologische Unterscheidung hinaus – wiederum nicht auf die Markierung der
Unterschiede zwischen den einzelnen Verfolgern und auf die Darstellung
einer Steigerung bis zum letzten und härtesten Angriff ankommt, sondern auf die durchgehende Gemeinsamkeit der Bedrohung in all den verschiedenen Anfeindungen. Eben diese grundsätzliche Gemeinsamkeit
der feindlichen Angriffe wird durch die formelhaften Aufreihungen besonders deutlich zum Ausdruck gebracht.[92]

---

[92] Ohne Anspruch auf Vollständigkeit sollen hier einige der markantesten dieser Stellen angeführt werden: WA 3,340,13-17 (»Ideo omnis tentatio est signum amantis dei.
Ideo maxime spem operatur Ro.5 (V.4)... Eodem modo de gentibus, tyrannis, Hereticis,
malis Christianis: omnes ad hoc valent, ut Galaaditis sint purgatorium...« (zu Ps.59,9);
3,447,2-6: »...tu me audiva, ut Tyranni, Heretici, Schandalosi me non opprimant... Sa-
ne nec hodie desunt tyranni et persecutores, qui pauperes opprimunt, causas viduarum
et pupillorum non iudicant.« (zu Ps.69,3-5); 3,448,17f: »Igitur nec tyranni nec Heretici
magnificant dominum, sed seipsos potius. Ita nec superbi et securi...« (zu Ps.69,5);
3,467,8-11: »Sicut autem hoc malum in totum genus humanum agit diabolus: ita Iudai-
cus populus in Christum, Tyranni in martyres, Heretici in Catholicos, et usque in finem
seculi detractores et superbi bonis et simplicibus.« (zu Ps.71,4); 3,601,36-38: »Allegorice
Idem est pro tota Ecclesia, quando multi avertuntur a fide et cruce Christi et sequuntur
seculum istud in divitiis, gloria et voluptatibus, ut tempore persecutorum, Hereticorum
et nunc Schandalosorum multo maxime« (hier gibt es also eine Spur der Steigerung der
»persecutiones«) (zu Ps.78,1); WA 4,446,21-24: «... Igitur duorum populorum, scil. Esau
et Iacob in isto David et Goliath significatur bellum, inter Ecclesiam et synagogam, inter
Ecclesiam gentium et tyrannos, inter Ecclesiam et hereticos, inter spiritum et carnem,
inter fideles et mundum, inter Christum et diabolum.« (zu. Ps.143,1).

V

ZWEI VERGEGENWÄRTIGUNGSMODELLE

Das geschichtstheologische Schema der »persecutiones Ecclesiae« und das hermeneutisch-monastische Argumentationsmodell des »imitatio«-Denkens sind von zwei ganz verschiedenen, weithin sogar konträr gegensätzlichen Logiken geprägt. Diese unterschiedlichen Argumentationsgrundsätze der beiden Modelle sind in den vorangegangenen Textanalysen von Teil II unterwegs mehrmals berührt worden. Hier soll nun versucht werden, den Gegensatz möglichst scharf und zusammenfassend an Hand eines direkten Vergleichs der beiden Modelle zu formulieren.

Das »imitatio«-Modell hatte ganz eindeutig seinen Schwerpunkt im ersten Glied: in der prophetisch-buchstäblichen Erschliessung des Textes in Bezug auf die Geschichte Christi und auf den Gegensatz zwischen den Juden und der Wahrheit Christi. In der Hervorhebung dieser »litera spiritualis« des Textes lag die theologische Kraft dieses Argumentationsmodells konzentriert: Diese Basis wurde im Rahmen des »imitatio«-Denkens sowohl quantitativ am ausführlichsten wie theologisch am eindringlichsten zum Ausdruck gebracht. Die »imitatores« der ursprünglichen Feinde: der Juden, wurden in den ausführlicheren Texten meistens in einer Reihe von zwei weiteren Gliedern dargestellt: Zunächst kamen die Ketzer, danach die »superbi« oder die »praesumptuosi« (der Gegenwart). Diese Dreier-Reihe wird auch in den meisten formelhaften Zusammenfassungen des »imitatio«-Modells bestätigt.[1]

Dabei zeichnete sich in den ausführlicheren Darstellungen des »imitatio«-Modells ein deutliches Gefälle innerhalb dieses Argumentationsmodells ab: Nach den Juden wurden am eindeutigsten und am eingehendsten die Ketzer behandelt; und an dritter Stelle, mit oft nur sehr vagen Konturen, die »superbi«.[2] Diese »abnehmende«, fallende Bewegung hinsichtlich der Intensität wie auch des Umfangs der Beschreibung der weiteren Feinde, ergibt sich folgerichtig aus dem

---

[1] Vgl. oben S.205, Anm. 78 und ferner – nur als einige Beispiele – WA 3,172,33f. (zu Ps.31,2); WA 4,133,39-134,1 (zu Ps.100,1); 4,136,29f. (zu Ps.100,3); 4,248,33f. (zu Ps.111,5); 4,252,37 (zu Ps.111,6); 4,267,11-13 (zu Ps.115,10); 4,417,24 (zu Ps.128,3). Vgl. auch oben S.169, Anm. 32.

[2] Drei charakteristische Beispiele für dieses Gefälle sind: WA 3,437,33-438,16 (zu Ps.68,27); 4,75,32-76,39 (zu Ps.90,5-8); 4,345,4-346,11 (zu Ps.118,79).

Grundgedanken des »imitatio«-Schemas. Wenn die Vermittlung der
Feindschaft durch die »imitatio« erst einmal an Hand der Ketzer be-
schrieben ist, erübrigt es sich, nochmals ausführlich auch auf die nächste
Vermittlungsstufe einzugehen: Es handelt sich ja nur um eine weitere
Wiederholung.

Gerade in dieser Hinsicht ist der Gegensatz zum »persecutiones«-
Schema offenbar, und dazu – auf präzise Terminologie gebracht – konträr. Die Spitze und der Schwerpunkt dieses Schemas – so wie es sich von
Augustin bis zu seinem profiliertesten und einflussreichsten Vertreter,
Bernhard von Clairvaux, entwickelt hatte – lag ja eindeutig in der Auf-
deckung der gefährdeten Situation der gegenwärtigen Kirche. Die Darstellung der früheren »persecutiones« der Kirche fungierte dabei weithin
als Folie, um die Situation der Gegenwart möglichst scharf, und ausführlich, hervorheben zu können. Ein zentraler argumentativer Griff war in
diesem Zusammenhang die grundlegende Unterscheidung zwischen der
Offenheit und Deutlichkeit der früheren Verfolgungen im Gegensatz zur
verborgenen Verfolgung der Gegenwart.

Luther hat ganz offensichtlich Kategorien des »persecutiones«-
Schemas – zuweilen auch weitere damit verknüpfte Argumentationszu-
sammenhänge – in seine Psalmenexegese aufgenommen und verwendet.
Daran liegt an sich nichts Überraschendes: Die Hauptpunkte dieses
Schemas gehören mehr oder weniger zum Gemeingut der ekklesiologischen Begrifflichkeit im Spätmittelalter, und lagen deshalb bei der Erörterung des Themas der »inimici ecclesiae« nahe zur Hand. Die
entscheidende Frage ist, in welchem weiteren argumentativen Zusammenhang und zu welchem theologischen Zweck die Rezeption der Kategorien des Schemas erfolgte.

Es konnte in der Psalmenexegese des Jacob Perez von Valencia eine
Rezeption des »persecutiones«-Schemas im Rahmen einer weiter ge-
spannten Geschichtstheologie aufgezeigt werden, wo die meisten Einzel-
komponenten zwar übernommen worden waren; wo aber zugleich die
theologische Dynamik des »persecutiones«-Denkens fast völlig verloren
gegangen war.

Für Luther muss das Ergebnis anders formuliert werden. Es hat sich
bei der Analyse von Texten mit einer ausführlicheren Aufnahme der Elemente des »persecutiones«-Denkens gezeigt, dass bei ihm die Entfaltung
der eigentümlichen theologischen Dynamik des Schemas in entscheidender Weise von dem umfassenderen – und theologisch-hermeneutisch tiefer begründeten – Rahmen des »imitatio«-Denkens beeinflusst – und
beeinträchtigt – wurde. Besonders deutlich kam dies in jenen Fällen zum
Ausdruck, wo das »persecutiones«-Schema explizit an die Darstellung
der Juden als der grundlegenden Feinde Christi und der Kirche geknüpft

wurde: Dies war in der Auslegung von Ps.69, Ps.90 und Ps.118 der Fall.[3] In all diesen Texten wurde zum einen die nähere Charakterisierung der unterschiedlichen »persecutores« an einander – bzw. an die grundlegende vorausgehende Beschreibung der Juden (Ps.90) – angenähert, so dass die für das »persecutiones«-Schema kennzeichnenden Unterscheidungsmerkmale weithin weggefallen waren.[4] Und zum anderen wurde in sämtlichen Fällen die für das »persecutiones«-Schema typische Ausrichtung der Argumentation auf die letzte bzw. die jetzt gegenwärtige Stufe der Verfolgungen zugunsten einer Konzentration vorwiegend auf die früheren »persecutores« aufgegeben: Es wurde ausführlicher und eindringlicher auf die Verfolger in der Vergangenheit als auf die gegenwärtigen »persecutores« eingegangen.

Aber auch in Texten, wo das Schema nicht so ausdrücklich im Anschluss an eine Darstellung der Juden entfaltet wurde, zeigten sich dieselben Tendenzen: Die »persecutiones« wurden einander angeglichen, und/oder eine Zuspitzung der Argumentation auf die Situation der Gegenwart konnte nicht festgestellt werden.[5]

Die wichtigste Ausnahme bildete hier die Scholienauslegung von Ps.68,1ff., wo die Zuspitzung auf die »persecutio« der eigenen Gegenwart im Zentrum stand, und viel breiter als die früheren »persecutiones« behandelt wurde. Diese Zuspitzung war durch das »persecutiones«-Schema vermittelt, wies jedoch in ihrer näheren theologischen Begründung bei Luther zugleich in eine andere Richtung als die typische Theologie der »persecutiones Ecclesiae«.[6]

Zu dieser Zurückstellung der argumentativen Eigendynamik des Schemas mit der Anpassung an die theologisch tiefer verwurzelte Dynamik des »imitatio«-Denkens, kamen die Beobachtungen zum hermeneutischen Stellenwert der »persecutiones«-Argumentation hinzu. Während sich das »imitatio«-Denken organisch eng an die klar erfasste »litera spiritualis« des Bibeltextes anschloss, und sich beinahe – ob terminologisch nun als »Allegorie« eingeordnet oder nicht – als ein integrierter Aspekt dieser »litera« selbst entfaltete,[7] konnte zwischen der »litera« des Textes

---

[3] Vgl. oben S.195ff.,202ff.,205ff.

[4] Besonders auffallend war dies in der Auslegung von Ps.118.

[5] Vgl. oben S.197ff. (zur Auslegung von Ps.101,7f.) und S.199ff. (zur Auslegung von Ps.92,3f.).

[6] Vgl. dazu oben S.187ff.

[7] Zum Vergleich könnte hier das Urteil Ebelings (1970), S.60, über die Beziehung zwischen dem »sensus literalis propheticus« und dem vierfachen Schriftsinn in den »Dictata« angeführt werden: »...damit, dass die Psalmen ad literam auf Christus gehen, ist noch gar nicht zum Ausdruck gebracht, was das besagt. Nicht, dass dadurch die Bedeutung der christologischen Psalmenauslegung relativiert wäre! Im Gegenteil: Jetzt ist in dem Labyrinth der Psalmen der principalis sensus klargestellt, auf den die gesamte Auslegung auszurichten ist und von dem her sich der Text in seiner Bedeutung erschliesst.

und der Entfaltung des »persecutiones«-Schemas eine »unverbindlichere« Beziehung festgestellt werden. Entweder wurde das »persecutiones«-Schema eben in solchen Fällen als Argumentationsmodell herangezogen, wo die »litera« des Psalmentextes offen und allgemein formuliert war.[8] Die verschiedenen Situationen des »persecutiones«-Schemas zeigten hier verschiedene Anwendungsmöglichkeiten *eines* theologischen Anliegens an. Oder das Schema wurde ausgesprochen als »Extradimension« der »litera« entfaltet, die unverbindlich neben anderen Deutungsmöglichkeiten gestellt wurde, nachdem die Auslegung der »litera« für sich sichergestellt worden war.[9] Am engsten wurde das Schema an eine klare »litera«-Deutung des Bibeltextes eben dort angeknüpft, wo es an seiner eigenen theologischen Argumentationsdynamik am deutlichsten eingebüsst hatte.

Nach dieser Zusammenfassung soll zu der am Eingang des zweiten Teils gestellte Frage zurückgekehrt werden: Welche Bedeutung hat das Schema der »persecutiones Ecclesiae« für die ekklesiologische Argumentation der »Dictata«? Inwiefern geht es hier bei der Bemühung um eine Vergegenwärtigung des biblischen Feinddenkens um eine eigenständige und für Luther charakteristische Synthese, in der sowohl das Hauptanliegen des geschichtstheologisch orientierten »persecutiones«-Schemas wie das Anliegen eines mehr hermeneutisch orientierten Vergegenwärtigungsdenkens zum Ausdruck kommen?[10]

Die differenzierteste und auch für eine weitere Diskussion fruchtbarste Formulierung einer solchen »synthetischen« Interpretation ist bei Heiko A. Oberman zu finden, und vor dem Hintergrund der jetzt durchgeführten Analysen soll nun vor allem zu seiner Argumentation näher Stellung genommen werden.

Obermans Argumentation zu den hier behandelten Fragen wird ganz parallel sowohl in seinem Buch »Wurzeln des Antisemitismus« wie in seinem Beitrag zu »Leben und Werk Martin Luthers von 1526 bis 1546« dargestellt; jedoch wird in dem Beitrag zur grossen Lutherfestschrift von 1983 mehr ins Detail gegangen, und vor allem werden hier auch ausführ-

---

Ja, man könnte sagen: Nicht mehr die Psalmen, sondern Christus ist jetzt der Text. Damit ist eine wichtige Erkenntnis gewonnen: *Der vierfache Schriftsinn* erschliesst nicht etwa direkt die verschiedenen Bedeutungsmöglichkeiten des Psalmentextes, sondern er dient nur der Erfaltung des christologischen Sinnes der Psalmen. Er ist also für Luther, strenggenommen, nur *ein Schema zur Interpretation der Christologie.* Seine Anwendung ist nur dann berechtigt, wenn Christus als der sensus literalis zugrunde liegt.«

[8] Vgl. oben S.191ff. (zur Scholienauslegung von Ps.68,1ff.) und S.206ff. (zur Auslegung von Ps.118).

[9] Vgl. oben S.195ff. (zur Auslegung von Ps.69,3f.) und S.198f. (zur Auslegung von Ps.101,7f.).

[10] Vgl. oben S.174f.

[11] Vgl. Oberman (1981), S.139-142; (1983), S.521-523 mit Anmerkungen S.897-899.

lichere Quellenbelege gegeben. Vorwiegend auf diesen letztgenannten
Beitrag soll deshalb hier Bezug genommen werden.[11]

Die Reihung der Feinde der Kirche, die bei Oberman als das typische
»Ineinander« von den zwei Denkmodellen hervorgehoben wird, besteht
aus drei Gliedern: Zuerst kommen – als zwei feststehende Glieder – die
Juden und die Ketzer; und dann ein sehr variables drittes Glied, wo jeweils mit Quellenangaben 16 verschiedene Möglichkeiten angeführt werden.[12] Oberman erläutert seine Zusammenstellung näher durch den
folgenden Satz: »Die ersten zwei Glieder, Juden und Häretiker, fungieren als die statischen Messdaten; die volle Aufmerksamkeit des Exegeten
gilt der Applikation auf die eigene Zeit, gewandelt je nach dem Kontext
des zu deutenden Psalmverses.«[13]

Wenn die letzte Behauptung zutrifft, könnte man in der Tat die von
Oberman hervorgehobene Reihung als ein eigenartiges Ineinandergreifen der zwei Modelle charakterisieren. Denn obwohl inhaltlich nur
ein oder zwei (»heretici« (»falsi fratres«)) der typischen Glieder des »persecutiones«-Schemas übernommen sind, so wäre jedenfalls von einer
Aufzählung der Feinde der Kirche die Rede, die das typische Argumentationsgefälle des »persecutiones«-Schemas aufwiese.

So weit ich sehen kann, entspricht die Behauptung aber nicht der
Haupttendenz der »Dictata«-Texte. Die Belegtexte, auf die Oberman
verweist, sind zum grössten Teil nur kurze, formelhafte Sentenzen, wo
drei Glieder zusammengestellt sind. Aus solchen Stellen lässt sich ein besonderes Argumentationsgefälle und Argumentationsinteresse nur
schwer erkennen. Um einem solchen Gefälle auf die Spur zu kommen,
müsste man ein grösseres Gewicht auf die Analyse der entsprechenden
Zusammenstellungen, die ausführlicher expliziert sind, legen. Auf solche
Zusammenstellungen wurde oben das Hauptgewicht gelegt, und dort ergab sich eben das umgekehrte Gefälle: sowohl an Quantität wie an Intensität konzentrierte sich die Argumentation primär auf das erste, und danach erst auf das zweite Glied: zuerst auf die Juden und dann erst auf
die Ketzer. Das dritte Glied wurde meist nur kurz und allgemein charakterisiert.[14]

---

[12] Diese sind: »dissensionum filii; caro, Demon, mundus; Antichristus; antichristiani;
superstitiosi in singularitate; falsi (pestilentes) doctores; mali; Maomet; transgressores,
sc. sui iustificatores; rebelles, inobedientes sub specie boni; increduli et rebelles; scioli superbi; Bohemi et sectae scholasticae; coacti et qui non sponte in ipsa (lege) sunt; schisma-
tici et singularitatis amatores; superbi« (Oberman (1983), S.522f.).
[13] Ebd. S.522. Vgl. auch den folgenden Satz: «...entscheidend sind allein die Juden
als prototypischer »Messkanon«, um die Einbruchsstellen des Teufels in die zeitgenössi-
sche Kirche zu sondieren« (ebd.). Die »Messergebnisse« des dritten Glieds können nach
Oberman als eine Diagnose der Not der gegenwärtigen Kirche gelesen werden, wobei
der Begriff »superbia« alle anderen Einzeldiagnosen zusammenfasst (ebd. S.523).
[14] Vgl. oben S.161ff.

Aber auch wenn man den weiteren Kontext der Formeln nachgeht, auf die Oberman hingewiesen hat, wird dieses umgekehrte Argumentationsgefälle bestätigt. An einigen ausgewählten Beispielen soll das gezeigt werden.

In seinem zweiten Hinweis zitiert Oberman aus der Scholienauslegung zu Ps.9A,4 die Zusammenstellung »Iudei, heretici, caro, Demon, mundus.«[15] Ist hier das letzte Glied, »caro, Demon, mundus«, als Ausdruck einer Gegenwartsdiagnose zu werten, in der Luthers vorherrschendes Interesse an der Deutung der eigenen kirchlichen Situation zum Ausdruck kommt?

Es gibt in der Auslegung von Ps.9 zunächst auch andere formelhafte Zusammenstellungen der im Psalmentext gemeinten Feinde der Kirche, die als Parallelen herangezogen werden können. In der Glossenauslegung desselben Verses (V.4) fasst Luther die »inimici« durch eine andere Dreierreihung zusammen: »Iudeum, hereticum, tyrannum«.[16] Wie auch immer der traditionsgeschichtliche Hintergrund dieser Zusammenstellung zu erläutern sein mag;[17] eine besondere Zuspitzung auf die Gegenwart kommt dabei nicht zur Sprache. Ähnliches ist von Luthers Zeilenglosse zu »Inimicus« in V.7 zu sagen, wo die Zusammenstellung »Iudei et tyranni« anzutreffen ist.[18] Drittens gibt es auch in der Glossenauslegung zu V.16 zusammenfassende Bemerkungen zu den im Text gemeinten »inimici«: Hier werden sie, sowohl in der Zeilen- wie in der Randglosse, zuerst als die »(gentes), tyranni« (V.16[a]) , dann als die »heretici« (V.16[b]) bezeichnet, und als solche auch historisch näher beschrieben. Weiter, auf die eigene Gegenwart hin, wird diese Argumentation nur durch eine kurze, allgemein gehaltene Hinzufügung bezogen.[19]

Verschiebt man die Perspektive von den bloss formelhaften zu den etwas weiter ausgeführten Beschreibungen der Feinde in der Auslegung von Ps.9, sieht das Bild nicht sehr verschieden aus. An den Stellen, wo Luther ekklesiologisch konkret wird, geht es um die Beschreibung von Feinden der Vergangenheit.[20] Und in der Auslegung von Ps.9B, wo – wie in Teil I gezeigt[21] – in der Tradition eine Steigerung und Zuspitzung

---

[15] WA 55,II,1,107,4.
[16] WA 55,I,1,66,8.
[17] Vgl. oben Anm.91, S.208.
[18] Ebd. 68,10. Vgl. dazu auch das Summarium (64,7-9), wo von den »persecutores et tyranni« als den Feinden gesprochen wird.
[19] Ebd. 74,1-4.16-28. Erheblich deutlicher als in der Glossenauslegung von V.4 (vgl. oben Anm.133) klingt an dieser Stelle die Tradition des (augustinischen) »persecutiones«-Denken mit; auch die Unterscheidung zwischen Gewalt und List als Verfolgungsmittel ist bei Luther hier aufgenommen.
[20] Vgl. WA 55,I,1,74,16-26.
[21] Vgl. oben S.25ff.

der Auslegung hin auf die Gegenwart oder die nahe Zukunft stattgefunden hatte, wurde bei Luther dieser Schritt nicht mitvollzogen. Statt hier, nach der Beziehung des Psalmenwortes auf die Tyrannen und die Ketzer (V.16), mit den Vorgängern weiter zu einer Exposition der nächsten Verfolgung fortzuschreiten, blickt Luther zurück und bezieht den Text historisch-buchstäblich auf die Juden zur Zeit Christi.

Zuletzt kann auch hinzugefügt werden, dass die Formel »caro, Demon, mundus«, die an der von Oberman angeführten Stelle als das dritte Glied der Reihung genannt wird, in der mittelalterlichen Tradition vor allem als eine Zusammenfassung der Anfeindungen der *individuellen* (monastischen) Frömmigkeit benutzt wurde,[22] und deshalb auch an sich eher als eine Umbeugung der Argumentation in eine tropologische Richtung denn als eine ekklesiologisch orientierte Zeitdiagnose gelesen werden sollte.

Zwei Belegtexte sind bei Oberman aus der Glossenauslegung zu Ps. 24 genommen: Es kommen hier die Reihungen »Iudeos, hereticos, Antichristum« und »Iudeos, hereticos, antichristianos« vor.[23] Zu Ps.24 ist nur die Glossenauslegung überliefert worden, aus deren knappe Form ein bestimmtes Argumentationsgefälle schwer herauszulesen ist. Deutlich ist jedoch nach dem Summarium des Psalms, dass Luther den Text zunächst als eine Rede Christi versteht, die aber danach ebensogut als eine Rede der Kirche gelesen werden kann: »Potest etiam psalmus in persona Ecclesie per totum intelligi, sed nihil refert. Idem enim loquuntur et eadem vox est sponsi et sponse, quia una caro et unus spiritus. Ideo utrunque volumus deducere.«[24] Es geht also um einen allgemeinen, in vieler

---

[22] Ein prägnantes Beispiel für die Anwendung dieser Formel in der monastischen Tradition ist im pseudo-bernhardinischen Traktat »Meditatio de humana conditione«, cap. XII »De tribus inimicis hominis, carne, mundo et diabolo« zu finden. Hier wird nur anthropologisch, und nicht geschichtlich-ekklesiologisch geredet (MPL,184,503). Ein anderes Beispiel für die Einordnung des Formels in einen entsprechenden, auf die individuelle Frömmigkeit orientierten, monastischen Zusammenhang, ist in Perez' Auslegung von Ps.118 zu finden: »...Et ideo ecclesia spiritussancto illustrata et directa benemerito ordinauit, ut quottidie per occtonarios recitetur (i.e. Ps.118) in horis canonicis diurnis, eo quod cum hoc psalmo continue pugnamus contra diabolum et mundum, et carnem...« (Fol. CCLXI^r, zu V.6- 8). Zu Perez siehe auch ebd. Fol. CCLVIII^v (zu V.1f.): »...tres latrones, scilicet caro, mundus et diabolus, semper et iugiter conantur ipsum retrahere a via et a rectitudine legis...«; und oben S.30, Anm.1 (zu Ps.31). – Vgl. auch die folgende Stelle bei Luther: »Vel aliter: propter tres inimicos diabolum, mundum, carnem. Per humilitatem vincit diabolum, per paupertatem autem mundum, per continentiam carnem. Et ita est pelicanus diabolo, nycticorax mundo, passer autem carni. Quod etiam faciunt tres virtutes theologice, ut patet.« (WA 4,155,30-33, zu Ps.101,7; vgl. dazu auch oben S.198f.). Auch WA 4,446,21-24 (zu Ps.143,1) kann hier als Vergleichstext herangezogen werden.
[23] WA 3,143,20 (zu V.4) und 145,13 (zu V.19).
[24] Ebd. 142,26-28 (Randglosse zum Summarium).

Weise verwendbaren Text. Als Ausdruck der breiten Verwendbarkeit der Psalmenverse auch in ekklesiologischer Hinsicht sind auch die angeführten Reihungen am ehesten zu verstehen, an deren Seite auch eine andere steht: »Iudei, tyranni, heretici, mali (i.e.) antichristiani«.[25] Ein besonderes Interesse und Engagement Luthers hinsichtlich des letzten Gliedes dieser Reihungen ist nicht auszumachen. Wenn er in den Randglossen ausführlicher wird, kommt vielmehr vorwiegend ein Bemühen um eine Vertiefung der Beziehung des Textes auf die Person Christi, und auf dessen Feinde, die Juden, zum Ausdruck.[26]

Auch auf Beschreibungen der Feinde in den oben schon eingehend analysierten Auslegungen von Ps. 77 und Ps. 90 wird bei Oberman hingewiesen. In der Auslegung von Ps. 77 geht es ausnahmsweise nicht um eine nur formelhafte Zusammenfassung, sondern um eine weiter ausholende Argumentation.[27] Diese Argumentation beginnt mit den Worten: »Sed satis de Iudeis. Nunc quomodo Heretici et alii similiter dominum tentant in ista figura?« Und sie schliesst sich an einen grösseren Textteil an, wo Luther die Verse 17-25 einseitig auf die Juden – die hier primär gemeint sind – bezogen hat.[28] In den von Oberman hervorgehobenen Abschnitten geht Luther von dieser primären Beziehung auf die Juden zu einer sekundären Anwendung des Textes zunächst auf die Ketzer über. Auch das »increduli et rebelles«, das Oberman hier als Charakteristik des dritten Gliedes – die sich auf die Gegenwart bezieht – hervorhebt, hat in diesem auf die Ketzer konzentrierten Argumentationsgang seinen Platz, und muss demnach grundsätzlich als eine nähere Ketzercharakteristik eingeordnet werden.[29] – Die Darstellung des dritten Glieds setzt *nach* dieser Argumentation ein, und zwar mit einer Beschreibung der »religiosi«. Erst hier wird die in der Ketzerbeschreibung weiter entfaltete Charakteristik – noch einmal in einer sehr viel knapperen Fassung[30] – direkt auf die Situation der Gegenwart bezogen.[31]

---

[25] Ebd. 142,20.23 (zu V.3).

[26] Vgl. z.B. ebd. 143,21-29, in der direkten Fortsetzung einer der Belegstellen Obermans.

[27] Oberman weist hier auf WA 3,577,38-578,20 hin.

[28] Ebd. 575,10-577,37.

[29] Dasselbe gilt für die weiteren Parallelbegriffe »superbi et diffidentes«, die in demselben Abschnitt (578,14) dem Begriff »heretici« nebengestellt werden. – Die Feindbeschreibung der Juden wird hier nicht nur bis 578,20, sondern bis 579,7 sorgfältig auf die weitere »tentatio« durch die Ketzer übertragen.

[30] Ebd. 579,9-28.

[31] Ohne Luthers ausführliche Auslegung von Ps. 77 noch einmal unter dem hier angelegten Gesichtspunkt zu analysieren, soll nur auf ein paar weitere signifikante Stellen hingewiesen werden, wo sich das oben charakterisierte grundlegende Argumentationsgefälle Luthers bewährt: 566,3-22 (zu V.8); 573,17-33 (zu V.18; nur zwei Glieder); 595,38-596,5 (zu V.56; auch hier nur mit zwei Gliedern der Verfolgerreihung). – Zwar kommt auch in der Auslegung von Ps. 77 eine scharfe Kritik an den kirchlichen Missstän-

Aus der Auslegung von Ps.90 weist Oberman auf die Reihung in der
Auslegung von V.6 hin: »...hereticorum, Iudeorum pestilentiumque
doctorum machine«.[32] Auch diese Formulierung ist aber – in ihrem weiteren Kontext gesehen – ein fraglicher Beleg für seine Argumentation.
Die Reihung gibt an dieser Stelle Beispiele für Anwendungsmöglichkeiten der Verse 5f. an; und Luthers Anliegen dabei ist zunächst zu zeigen,
dass alle vier Glieder in V.5^b-6 auf dieselben Verfolger bezogen werden
müssen, – und dass diese Verfolger grundsätzlich die Juden zur Zeit
Christi sind. Nach einer eingehenden Argumentation zu diesem Punkt[33]
kommt eine sehr viel kürzere Erwähnung der ersten »imitatores«, der
Ketzer,[34] und zuletzt folgt nur noch eine Zeile über die dritten Verfolger:
die »superbi et obstinati«.[35] Ähnlich ist das Argumentationsgefälle wenn
die Verse 5-8 kurz danach wieder auf die »imitatores« der Juden bezogen
werden sollen: Auf die Ketzer wird – nicht nur im Sinne von »statische
Messdaten«, sondern historisch relativ konkret und flexibel – breit eingegangen.[36] Danach werden zunächst, knapper, Lehren für die Gegenwart
von den Erfahrungen der Ketzerverfolgungen gezogen, und am Ende,
nur ganz kurz, noch ein drittes Glied der Verfolgerreihe sehr allgemein
dargestellt.[37]

Als letztes Beispiel soll die Auslegung von Ps.100 genannt werden, von
der Oberman zwei Belege nimmt; und zwar für die Merkmale »mali«
und »Maomet« als Beispiele der Zuspitzung des letzten Glieds der Reihung auf die Gegenwart.[38] Hierzu soll nun keine weitere Argumenta-
tionsanalyse des Textes, sondern nur ein Hinweis auf Luthers
grundsätzliche Äusserung zur Auslegung des Psalms am Anfang der
Scholienauslegung angeführt werden: Der Psalm redet, sagt Luther, gegen die »superbia«; und vor allem gegen die »superbia spiritualis«. Deren
erste Gestalt wird folgendermassen charakterisiert: »...aliqui sibi videntur habere et non habent, ut in Iudeis et hereticis, quos primo et capitali-
ter iste psalmus percutit et dominus maxime odit.«[39]

---

den der Gegenwart ab und zu zum Wort (vgl. 569,9-570,27 (mit einem direkten Vergleich zwischen den alttestamentlichen Juden und »uns«) und vor allem 573,34-574,7
und 574,22-575,9); dann aber nicht als der Höhepunkt einer Dreierreihung, so wie sie
Oberman hervorgehoben hat.
[32] WA 4,69,12f.
[33] Ebd. 68,37-72,14. Vgl. auch oben S.110ff.
[34] Ebd. 72,15-22.
[35] Z.22f.
[36] Ebd. 75,32-76,23.
[37] Ebd. 76,23-35.36-38.
[38] WA 4,133,39-134,1 (zu V.1) und 136,29f. (zu V.3).
[39] Ebd. 130,9-11.

Somit scheint auch nach dieser Überprüfung die oben[40] formulierte Konklusion festgehalten werden zu können: Es geht um zwei verschiedene Denkmodelle, deren Logik weithin gegensätzlich ist, so dass sie auch schwerlich eine tiefergreifende Synthese eingehen können. Dementsprechend scheint bei Luther ein tieferes Ineinandergreifen der zwei Modelle nicht erfolgt zu sein. Bei den meisten von Oberman angeführten Belegen scheint eher die oben beschriebene Logik des »imitatio«-Denkens dominierend zu sein, die nicht so sehr auf eine spezifische Zuspitzung des Feinddenkens auf die Situation der Gegenwart hindrängt. Vielmehr liegt das Hauptgewicht auf eine exegetisch-meditative Vertiefung in das christologische Paradigma aller späteren Feinde. So endet die Dreierreihung, die mit der Hervorhebung der Juden und der Ketzer anfängt, manchmal gar nicht – im Sinne einer geschichtstheologischen Reihung – mit einem Hinweis auf die eigene Zeit, sondern vielmehr mit einer allgemeinen Zusammenfassung, die für *jede* Zeit Geltung haben soll, und dementsprechend den *tropologischen* Aspekt auf Kosten der ekklesiologischen Konkretisierung auf die Gegenwart in den Vordergrund schiebt.[41]

Auf der anderen Seite, das könnte man hier noch als Gegenprobe hinzufügen, wurde in der Auslegung von Ps.68, in denjenigen Passagen, wo Luther am nächsten an eine Aufnahme des »persecutiones«-Schemas in seiner auf die Gegenwart ausgerichteten Eigendynamik kam, *nicht* mit der Hervorhebung der Juden als der Basis der Argumentation begonnen.[42]

---

[40] Vgl. oben S.210ff.

[41] Vgl. oben S.190f. (zu Ps.678); S.206f. (zu Ps.118); S.216 (zu Ps.9), und ferner z.B. WA 4,133,39-134,1 (»Quare primo de Iudeis, deinde de hereticis, generaliter autem de omnibus malis ad literam Christianis, tropologice autem de spiritu et carne intelligitur.«) (zu Ps.100,1); 4,136,29f. (zu Ps.100,3); 4,365,32f. (zu Ps.118,126); 4,446,22ff. (zu Ps.143,1). Für entsprechende tendenzen einer »persecutiones ecclesiae« in der mittelalterlichen Tradition der Apk.-Auslegung, vgl. Kamlah 61935), S.62 und 101f.

[42] Vgl. oben S.187.

AUSBLICK AUF DIE WEITERE ENTWICKLUNG

Die Diskussion dieser spezialisierten Interpretationsprobleme ist nicht
nur für das richtige Verständnis der »Dictata super Psalterium« von Be-
lang. Gerade Heiko A. Oberman hat die tiefe Kontinuität zwischen den
»Dictata« und der reformatorischen Theologie seit ca.1518 – vor allem
im Blick auf die Ekklesiologie – hervorgehoben, und im einzelnen mehrere zentrale Aspekte des Zusammenhangs zwischen dem Luther von
1513-15 und dem Luther von 1519-21 in neuer Weise zur Geltung gebracht.[1] Und mit einer dieser Kontinuitätslinien hat in entscheidender
Weise auch die Diskussion über das Verhältnis zwischen dem »imitatio«-
Modell und dem »persecutiones«-Modell im Feinddenken der »Dictata«
zu tun. Nicht um die Frage nach »Kontinuität oder Nicht-Kontinuität«
an sich dreht es sich dabei, sondern um die *Art* der Kontinuität: Welche
ekklesiologischen Ansätze der »Dictata« waren es, die in der Papstkritik
um 1519-21 zu neuer theologischer und kirchenpolitischer Geltung gebracht wurden?

In seinem auch für die wissenschaftliche Lutherforschung sehr wert-
vollen Lutherbuch fasst Oberman die hier in Frage stehende Kontinuitätslinie in folgender Weise zusammen: »Wenn man die
Voraussetzungen von Luthers Reformationsschau überprüft, dann erscheint es nahezu unglaublich, dass er seine Zeit derartig in Spannung
versetzen und in Bewegung bringen konnte. Die allegorische Methode
der Schriftauslegung war im 16. Jahrhundert bereits überholt; die Epo-
cheneinteilung der Kirchengeschichte – die Zeit der Verfolger, Zeit der
Ketzer, Zeit der Zerstörer – ist augustinisch und muss in Humanistenoh-
ren befremdlich klingen, wenn nicht gar kurios. Das aber waren die Mittel, mit deren Hilfe Luther eine Sicht auf die Kirche freigelegt hatte, die
von zahllosen Zeitgenossen als echt und wirklichkeitsnah erfahren
wurde.«[2]

Nach dieser Auffassung kann also die Kontinuitätslinie von der Feindargumentation der »Dictata« zur Kirchenkritik der Jahre 1519-21 ziemlich direkt und ohne wesentliche Brüche oder argumentative
Umgestaltungen gezogen werden. Das grundlegende Feindbild, das zunächst in Bezug auf die Juden entfaltet wird, wird in den »Dictata« auf
der hermeneutischen Basis der Allegorie auch für die späteren Feinde der

---

[1] Vgl. vor allem Oberman (1982), S.75-81; 143-158; 260-285; ferner (1983), S.523f.
und (1984) 24ff.
[2] Oberman (1982), S.284.

Kirche zur Geltung gebracht, und dabei an Hand des »persecutiones«-Schemas auf die Deutung der gegenwärtigen Kirche und ihres Verfalls zugespitzt: Das Urbild der Anfeindung durch die Juden gilt auf Grund der hermeneutischen Vermittlung durch das »persecutiones«-Schema in besonderem Mass für die Gegenwart.[3]

In dieses Bild lässt sich nach Oberman auch die weitgehende Auslassung einer besonderen anagogischen Auslegung der Psalmentexte in den »Dictata«, die zuvor besonders von G. Ebeling herausgestellt worden ist, gut hineinpassen: »Die Zukunft hat bereits begonnen und das Ende seinen Anfang genommen. Ein auf den fernen Jüngsten Tag gerichteter 'Endsinn' erübrigt sich.«[4]

Diese ekklesiologische Sicht ist es nach Oberman, die sich auch weiter durchhält, und ab 1517[5] – aber besonders nach den kirchlichen Erfahrungen ab 1518[6] – in einer weiter geschärften und konkretisierten Form gegen die römische Kirche gerichtet wird.

Die Textanalysen in Teil I und II haben eine Grundlage geschaffen, die einige Änderungsvorschläge zu dieser Kontinuitätskonzeption möglich machen. Wenn die Analysen im zweiten Teil der Arbeit die Haupttendenz in der Argumentation Luthers richtig identifiziert haben, kann vor allem nicht Obermans Ansicht von der strategischen Rolle der allegorischen Methode und des »persecutiones«-Schemas für die Darstellung der Kontinuität zwischen der frühen und der späteren Feindargumentation weiter beibehalten werden. Weder die allegorische Auslegungsmet-

---

[3] Vgl. oben bei Anm.13, S.214.

[4] Vgl. Oberman (1982), S.267 und ferner (1983), S.524. Nach Ebeling (Vgl. Ebeling (1971), S.62 und unten Anm.28), wird die Anagogie vor allem deshalb weithin ausgelassen, weil sie durch die Hervorhebung der tropologischen Perspektive verdrängt wird und nicht mehr so wichtig ist. Nach Oberman dagegen wird sie deswegen als eine selbständige Auslegungsperspektive an den Rand gedrängt, weil ihr geschichtstheologisches Anliegen schon im Rahmen der allegorischen Exegese wahrgenommen ist. Mit dieser Argumentation kann die apokalyptische Grundperspektive von Luthers Theologie, die Oberman besonders in seinem Lutherbuch (1982), so verdienstvoll hervorgehoben hat, schon für die theologischen Anfänge Luthers zur Geltung gebracht werden.

[5] Oberman hebt die Verwendung der Formel »pax, pax, et non est pax« (Jer.6,14) einerseits in der Beschreibung der dritten »tentatio« sowohl bei Bernhard als bei Luther in den »Dictata«, und andererseits auch in der 92. Ablassthese, als ein signifikantes Indizium dieser Kontinuität hervor. Vgl. Oberman (1973), S.24f. und (1982), S.278f. Vielleicht geht er aber etwas zu weit, wenn er zur Verwendung der Formel in der Ablassthese behauptet: »For all his contemporaries the allusion to the three epochs of history (d.h. zum bernhardinischen »persecutiones«-Schema) was clear«, (1973), S.24f. – Luther selbst scheint jedenfalls dieses bekannte Bibelzitat auch anwenden zu können, ohne den geschichtstheologischen Rahmen der dritten »persecutio ecclesiae« mitklingen zu lassen: Vgl. WA 3,177,26, wo das Zitat (von Jer.6,14) als eine Beschreibung der Juden, der grundlegenden Feinde Christi und der Kirche, verstanden wird.

[6] Vgl. Oberman (1983), S.523. Oberman nennt hier speziell die Konfrontation dieses Jahres mit Kardinal Cajetan.

hode noch das Modell der »persecutiones ecclesiae« scheinen in der ekklesiologischen Argumentation der »Dictata« die von Oberman angenommene Rolle zu spielen; und für das Verständnis der kirchenkritischen Zuspitzung in den entscheidenden Reformationsjahren um 1520 scheint ihr theologischer Stellenwert noch geringer zu sein. Die Bedeutung der Allegorie nimmt ab, und vom Schema der »persecutiones ecclesiae« können nur noch selten Spuren entdeckt werden.[7]

Dagegen kann auf Grund der vorhergehenden Analysen der Entwurf einer anderen Sicht skizziert werden, der ebenfalls – wie Obermans Konzeption – die tiefe Kontinuität in Luthers Feinddenken herausstellt; der aber die Vermittlung zwischen der früheren und der späteren Phase nicht so ungebrochen sieht.

Während Oberman den strategischen Punkt im Feinddenken der »Dictata« in der Zuspitzung der Kritik auf die Gegenwart im Sinne des »persecutiones«-Schemas sieht[8] und von diesem Punkt her die direkte Linie zur Zuspitzung der Papstkritik ab 1518 zieht, ist in den vorausgegangenen Analysen als der strategische Punkt des Feindbildes in den »Dictata« stärker die primäre geistlich-buchstäbliche Ausrichtung der Exegese auf die Juden zur Zeit Christi hervorgehoben worden. Hier kommt, scheint es mir, in Bezug auf die Feinde der Kirche, am konsequentesten und deutlichsten die geistliche Kraft der Theologie Luthers zum Ausdruck. Dementsprechend muss auch *dies* der entscheidende Bezugspunkt sein für die Darstellung der theologischen Kontinuität zwischen dem Feinddenken der »Dictata« und der reformatorischen Papstkritik um 1519-21.

Und so wie der Schlüssel zum Verständnis der Zuspitzung von Luthers frühem Feinddenken in der Hermeneutik, in der Kategorie der »litera spiritualis«, gefunden wurde, so scheint in dieser Kategorie auch ein Schlüssel zum Verständnis *sowohl* der Kontinuität *als* auch der Verschiebungen in Luthers Argumentation zu liegen.

Zusammengefasst kann die Änderung in folgender Weise skizziert werden: Auf Grund entscheidender neuer kirchlicher Erfahrungen der Jahre 1517-20 verschiebt sich bei Luther der Bezugsrahmen der prophetisch-buchstäblichen Verifikation der Bibeltexte. Wichtiger als zuvor wird jetzt eine Auslegung prophetischer Texte mit direktem Be-

---

[7] Zur Bedeutung der Allegorie in den strategischen Jahren 1520/21, vgl. unten. – Die expliziten Spuren des »persecutiones«-Schemas zu derselben Zeit sind auch sehr spärlich. Vgl. unten Anm. 23.

[8] Oberman steht mit diesem Urteil nicht allein. Vor ihm hat z. B. W. Maurer (1958), S. 93-96 in entsprechender Weise die dritte Verfolgung im Sinne des bernhardinischen Schemas als die Spitze des Feinddenkens der »Dictata« hervorgehoben; dabei tat er dies fast ausschliesslich mit Belegstellen aus der Scholienauslegung von Ps. 68.

zug auf die gegenwärtigen kirchlichen Verhältnisse. Durch diesen direkten prophetisch-buchstäblichen Anspruch gewinnt die gegenwartsbezogene Feindpolemik eine neue theologische Kraft, die sie bei der hermeneutischen Vermittlung an Hand eines »imitatio«- oder »persecutiones«-Schemas so nicht gehabt hatte; und die sie in neuer Weise zum reformatorischen Kampfmittel geeignet macht. Diese neue Bemühung um eine gegenwartsbezogene Verifikation der biblischen »litera spiritualis« erfolgt zum Teil durch Umdeutung derselben Texte, die früher primär auf die Juden zur Zeit Christi bezogen worden waren; zum Teil aber auch durch ein neues Interesse an einem prophetischen Verständnis der klassischen apokalyptischen Texte der biblischen Überlieferung. – Konstant bleibt jedoch – trotz dieser markanten Verschiebung der Auslegungsperspektive – eine grundlegende theologische Schau des »inimicus«, die in der »litera spiritualis«-Exegese der »Dictata« in Bezug auf die Juden entwickelt worden war: Dies wird an den inhaltlichen Parallelen zwischen der Beschreibung der Juden in den »Dictata« und des Papsttums in den Schriften von 1520/21 deutlich. Die Feindschaft ist weithin dieselbe, obwohl sich die grundlegende Identifikation des Feindes verschoben hat.

Diese Zusammenfassung soll nun – am Ende der Arbeit – etwas näher expliziert und durch einige weitere Texthinweise erhärtet werden.

Eine in der Lutherforschung unumstritten zentrale Perspektive für das Verständnis der reformatorischen Entwicklung Luthers ist die sogenannte »Gewissheitsfrage«: Wie gelangt man im Rahmen der Vermittlung durch die Kircheninstitution, zur Gewissheit seines Glaubens? Luther hat diese Frage radikaler und eindringlicher als viele seiner Zeitgenossen gestellt, und beantwortet. Seine Radikalität und Intensität in dieser Hinsicht kommt z. B. sehr deutlich in dem Verhör vor Cajetan im Jahre 1518 zum Ausdruck, wo Cajetan – mit gutem Grund – als einen der zwei Punkte, die er gegen Luther vorbrachte, eben Luthers Forderung der Glaubensgewissheit beim Sakramentsempfang hervorhob. In dieser Frage aber war Luther zu keinen Zugeständnissen bereit.[9]

Auf diesen Punkt der individuellen Heilsgewissheit – beim Hören des Evangeliums und beim Empfang der Sakramente – hat sich die Erörterung der reformatorischen Gewissheitsfrage in der neueren Lutherforschung weithin konzentriert.[10] Dies ist aber keineswegs der einzige Aspekt dieses Problem, der in Bezug auf Luthers reformatorische Entwicklung wichtig wäre. Als ein Aspekt einer entsprechenden Bemühung um theologische *Gewissheit* kann man schon das Drängen Luthers hin auf eine Auslegung der Bibeltexte im Sinne ihrer »litera spiritualis« in den »Dictata« sehen:

---

[9] Vgl. dazu Brecht (1981), S.244, und Hendrix (1981), S.59f.
[10] Zur grundsätzlichen kirchengeschichtlichen Einordnung der »Gewissheitsfrage« im Blick auf Luthers reformatorische Entwicklung, vgl. Selge (1978).

Das »Programm« der spätmittelalterlichen »litera spiritualis«-Exegese war an sich am Ideal der Verbindlichkeit der Schriftauslegung ausgerichtet, – als Korrektiv zu dem unverbindlichen Charakter, den die Quadrigaexegese mit ihrer vielschichtigen Deutung der Texte manchmal annehmen konnte.

Luther praktizierte dieses Programm radikaler als z. B. ein Zeitgenosse wie Faber Stapulensis, insofern als er sich viel stärker auch um die *buchstäbliche* Verifikation der »litera spiritualis«-Auslegung bemühte. Eine prophetisch relevante Auslegung war – wie es Faber zeigte – sehr gut auch ohne diese intensive Beschäftigung mit der näheren Verifikation der »litera« möglich; dies ging aber eben (so kann man es sehen) auf Kosten der *Gewissheit* der Auslegung, die gerade in einer solchen buchstäblichen Verifikation verwurzelt sein musste.

Diese feste – und im einzelnen nachweisbare – biblische Verankerung der »litera spiritualis«-Exegese war für Luther vom Anfang an ein entscheidendes Anliegen. Die historische »litera« der Psalmen war in erster Linie prophetisch an der »litera« des Neuen Testaments zu verifizieren, wo sie an der konkreten Geschichte Jesu – und seiner Feinde, der Juden – festgemacht wurde. Darüber hinaus – als weitere Entfaltung der »spiritualitas« der Exegese – wurde die geistliche Transparenz dieser Geschichte sowohl im Blick auf das glaubende Individuum als im Blick auf die Gemeinschaft der glaubenden zur Geltung gebracht. Diese Entfaltung ergab sich zumeist unmittelbar aus der prophetischen »litera« heraus und konnte am ehesten als ein zusätzlicher Aspekt der »litera« selbst angesehen werden, – obwohl er manchmal formal im Rahmen der Tropologie oder der Allegorie zum Ausdruck gebracht wurde.

Die hermeneutische Voraussetzung dieser weiteren Entfaltung war der enge Zusammenhang zwischen Christus und den Glaubenden, seinem Leib. Die Situation des einzelnen Glaubenden, wie auch – was weniger selbstverständlich war – die Situation der Kirche wurde zu jedem Zeitpunkt der nachfolgenden Geschichte als grundsätzlich dieselbe vorausgesetzt, um so die Verifikation der prophetischen Rede an der Geschichte Christi auch möglichst direkt an der späteren Kirchengeschichte bis hin zur Gegenwart zur Geltung bringen zu können. Zur Hervorhebung dieser fundamentalen Gleichheit aller späteren Zeiten mit der Zeit des Neuen Testaments diente nun, auf die Feindbeschreibung bezogen, das »imitatio«-Schema, das das auf Situationsdifferenzierung stärker ausgerichtete »persecutiones«-Schema ersetzte oder in Richtung der Situationsgleichheit korrigierte. Und auch für den einzelnen Christen galt es, sich im Rahmen dieser grundlegenden Gleichförmigkeit zu bewähren.[11]

---

[11] Vgl. allgemein zu diesen Aspekten der Christologie in den »Dictata«, Lienhard (1973), S.53-56.

Mit der reformatorischen Entdeckung – so könnte man es, ohne auf dieses Thema näher einzugehen, von der oben formulierten Perspektive her ausdrücken – gewinnt der geistliche Buchstabe der Schrift für Luther einen neuen, unmittelbaren Stellenwert in Bezug auf die individuelle religiöse Erfahrung. Eine neue Gotteserfahrung eröffnet sich an Hand der »litera« des Bibeltextes, und der Wortlaut der Bibel bewährt sich dadurch in neuer Weise direkt *für ihn*. Luthers reformatorische Entdeckung ist deshalb nicht ohne weiteres schon dort belegt, wo von der »geschenkten Gerechtigkeit« oder vom Glauben an Gottes »promissio« die Rede ist. Das entscheidende ist vielmehr die Beziehung zwischen diesen Gedanken und der »litera« des Bibeltextes. Um es mit den Worten Obermans zu sagen: »Denn die reformatorische Entdeckung wird erst dann zur beglückenden reformatorischen Erfahrung, eben der vielberedeten Wende, als es Luther gelang, seinen 'assensus' an der 'grammatica' festzumachen. Allgemein gefasst: Das 'sola fide' wird erst dann zum reformatorischen Durchbruch, wenn es sich an der Schrift allein hat ausweisen können.«[12]

Diese neue Verifikation des Bibelwortes bedeutet eine Aneignung durch den einzelnen Glaubenden, und bezieht sich nur sekundär – also wiederum nur indirekt – auf die Kirche. Ein vergleichbarer Durchbruch in der Ekklesiologie erfolgt – glaube ich – erst später; und zwar im Zuge der kirchlichen Erfahrungen von 1518 bis 1521. War es im Zusammenhang der Soteriologie die »beglückende reformatorische Erfahrung« Luthers, den »barmherzigen Richter«, bzw. die Einsicht »Iustitia te damnat, immo salvat«.[13] an der »litera« und »grammatica« des Bibeltextes festmachen zu können, so erfolgte eine zweite – erschütternde – reformatorische Entdeckung im Rahmen der Ekklesiologie, als Luther nach 1518, und besonders in den Jahren 1520-21, Schritt für Schritt und bis in die Einzelheiten hinein, den Papst als den Antichrist an der prophetischen »litera« der Schrift festmachen konnte. Die ekklesiologische Identifikation einer ganz neuen – reformatorischen – Situation war erst dann geleistet, als diese Verifikation vollzogen war.

So gilt auch hier: Eine reformatorische Kirchenkritik kann nicht schon dort festgestellt werden, wo radikale kirchenkritische Motive oder Vorstellungen im Luthers frühen Denken nachweisbar sind. Die entscheidende Wende, die zu reformatorischer Gewissheit auch in der

---

[12] Oberman (1980), S.502. Es geht Oberman an dieser Stelle u. A. darum, den nominalistischen Hintergrund von Luthers Auffassung des Schriftwortes hervorzuheben. Der Buchstabe der Schrift ist, dem nominalistischen Denken gemäss, die primäre Erkenntnisquelle der Theologie, die von der Erfahrung als sekundärer, im nachhinein hinzukommender Instanz, unterschieden werden muss.

[13] Vgl. Oberman (1984), S.38.

Identifikation der kirchlichen Situation führt, tritt erst dann ein, als diese Kirchenkritik direkt an der prophetischen »litera« der Schrift verifiziert wird: als sie als *die* buchstäblich sichergestellte Auslegung des Textes vorgebracht wird, und nicht nur – wie zumeist in den »Dictata« der Fall ist – als eine *mögliche*, hermeneutisch sekundäre, Entfaltung dieser »litera« zum Ausdruck kommt.

Dieser weitergehende Schritt erfolgte nicht von selbst aus der ersten reformatorischen Entdeckung, und darf nicht bloss als eine Konsequenz dieser ersten Entdeckung dargestellt werden. Dazwischen steht vielmehr – kurz gesagt – eine theologische Neuentdeckung der biblischen Prophetie, die durch neue tiefgreifende kirchliche Erfahrungen vermittelt wurde.[14]

Die Erfahrung, die hier ausschlaggebend war, war ihrerseits wiederum durch die neuen Einsichten des reformatorischen Evangeliums vermittelt: Im Zuge des Ablasskampfes wird Luther allmählich klar, dass die Autoritätsstruktur der kirchlichen Institution *nicht* die Wahrheit vertritt. Es handelt sich durchgehend – von unten bis zur Spitze – um Scheinautoritäten, die der neuentdeckte evangelischen Wahrheit nicht standhalten können.

Es lohnt sich, hier kurz einzuhalten, um sich die Fatalität dieser Entdeckung für einen vom ekklesiologischen Universum der »Dictata« herkommenden Luther ganz deutlich zu machen: In den »Dictata« hat Luther seine Kreuzesekklesiologie,[15] ob allgemein entfaltet oder konkret auf die Gegenwart bezogen, wiederholt auf den Punkt der »oboedientia« gegenüber der kirchlichen Hierarchie konzentriert. Diese Hierarchie ist von Gott als Schutz gegen den Teufel und die Verführer der Kirche eingesetzt; sie ist das »umbraculum dei«, mit dem er die Glaubenden vor Irrlehre und Versuchung bewahrt, und mit dem er sie zugleich vor der

---

[14] Auf diese weitere Stufe in der reformatorischen Entwicklung Luthers hat vorher am deutlichsten K.-V. Selge hingewiesen: »Man kann auf die Frage, was Luther den Mut zur Revolution gegeben hat, keine ganz kurze und formelhafte Antwort geben. Sicher war es sein »Evangelium«. Das zu bezweifeln erlauben die Quellen ja nicht.... Auf die Frage aber, woher die Legitimation rührte, dies neue Evangeliumsverständnis samt allen Folgerungen für die kirchliche und sittliche Praxis nun exklusiv gegen das Papsttum als den Garanten der alten und so mächtig herrschenden Ordnung zu setzen, genügt die Antwort noch nicht. Oder besser: Man muss sehen, dass Luthers reformatorisches Evangelium die Möglichkeit einer Revolte in einer traditionellen und aktuellen Denkform in sich enthielt, die für uns nur in einer mehrhundertjährigen Rezeptionsgeschichte der Reformation sozusagen »entmythologisiert« worden ist. Ich meine die Weise, wie Luther im Konflikt biblische Endzeitsweissagungen auf die eigene Zeit und auf seinen Gegner, das Papsttum, anwendet.« (Selge (1976), S.608). – Durch die Betonung des hermeneutischen Aspekts dieser Entwicklung kann man – wie ich meine – das *Neue* dieses weiteren Schrittes noch schärfer identifizieren als es Selge hier gemacht hat.

[15] Vgl. die Zusammenfassung von Luthers Ekklesiologie unter dieser Perspektive bei Oberman (1984), S.28.

Konfrontation mit dem »nudus deus« schützt. Diese Hervorhebung von Gottes eigener Gegenwart in der Hierarchie der Kirche ist besonders deutlich in der Auslegung von Ps.90:[16] Das kirchliche Amt hat hier für Luther offenbar den Stellenwert einer (ockhamistischen) »ordinatio Dei«, – neben Schriftwort, Sakrament und weltlicher Obrigkeit.[17] – Durch diese Argumentation erhält die monastische Tugend der »oboedientia« gegenüber den kirchlichen Vorgesetzten – die die zentrale Tugend der monastischen »humilitas« ausmachte[18] – eine besondere theologische Akzentuierung.

Vor diesem Hintergrund müssen die neuen ekklesiologischen Einsichten Luthers aus den Jahren 1518-21 gesehen werden. Die kirchliche Hierarchie, die den Christen gegenüber Gott selbst vertrat, enthüllte sich als blosser Schein. Bei der Enttäuschung und Empörung über die ersten Gegner, die von Seiten der römischen Kirche gegen ihn ins Feld zogen, versuchte Luther möglichst lange die Auffassung zu bewahren, dass es sich nur um schlecht informierte und unrepräsentative Vertreter der Kurie handele.[19] Aber vor allem seit dem Verhör vor Cajetan in Augsburg am 8. und 9. Oktober 1518, wurde es für ihn schwierig, diese Ansicht weiter beizubehalten;[20] obwohl Luther noch bis ins Jahr 1520 hinein zumindest die Person des Papstes Leo X. zu entschuldigen versuchte.[21] Gerade vor dem Hintergrund der tiefen theologischen Verwurzelung seiner kirchlichen »oboedientia« lässt sich diese Beharrlichkeit gut verstehen. Zugleich leuchtet die Radikalität der sich durchsetzenden neuen Überzeugung unter dieser Perspektive besonders gut ein.

---

[16] Vgl. WA 4,64,19ff. und 68,20ff. Zu beachten ist besonders die Zusammenstellung von 65,1-4: »Nolite velle immediate in deo habitare. Nolite abiicere protectionem eius. Quoniam hec vita non facie ad faciem est. Non in deo habitare potestis, sed in protectione eius, in umbraculo eius erit vobis mansio« und 68,25-32: «... Ecclesia gallina est sicut et Christus, cuius scapule sunt prelati et directores et protectores pullorum a demonibus ne devorentur. ... Et ita sub prelatis in obedientia permanentes in vera doctrina spem habebunt. Et iste versus (V.4) pulchre describit brevissimis verbis vitam et Ierarchiam totius Ecclesie. Quia 'sub pennis', id est nullus suus esse debet magister, pennas Christi non contemnat et in spe vivat.« Der Ungehorsam, der diesen Schutz der Autorität nicht akzeptieren wollte, wurde auf die Juden zurückgeführt. Vgl.64,11.27ff. – Vgl. ferner WA 3,578,14ff. (zu Ps.77,23ff.). – Der theologische Stellenwert der »oboedientia« in den »Dictata« ist in der folgenden Charakteristik Obermans gut zum Ausdruck gebracht: »In der reformatorischen Entdeckung ist der Ordensgehorsam zum Glauben an Christus geworden.« (1982), S.153.

[17] Die drei letztgenannten werden von Oberman (1980), S.494ff. unter dem Gesichtspunkt der »potentia dei ordinata« behandelt.

[18] Vgl. dazu z. B. Köpf (1980), S.92-94.

[19] Die neueste grössere Gesamtdarstellung dieser frühen Auseinandersetzungen ist bei Hendrix (1981), S.32ff. zu finden. Vgl. auch Bäumer (1970), S.27ff.

[20] Am eingehendsten und erhellendsten ist das Verhör vor Cajetan und seine unmittelbare Nachgeschichte des Herbstes 1518 bei Selge (1968), S.87ff. behandelt. Siehe hier auch besonders die abschliessenden Überlegungen S.177ff. und 188f.

[21] Vgl. Hendrix (1981), S.112-116.

Um diese Wende im internen Autoritätengefüge herbeiführen zu können, genügten nicht bloss weitere theologische Schlussfolgerungen von der Basis der neuentdeckten Glaubensgerechtigkeit her im Lichte der neuen kirchlichen Erfahrungen. Erforderlich war in dieser Lage vielmehr die Gewissheit, die nur durch einen neuen Rückgriff auf die prophetische »litera« des Bibeltextes zustande kommen konnte. Nicht durch allegorische Schriftauslegung im Rahmen eines ekklesiologischen Vermittlungsschemas – sei es des »persecutiones«-, sei es des »imitatio«-Schemas – sondern direkt an der prophetischen »litera« der Texte musste sich die neue schreckliche ekklesiologische Perspektive bewähren können. Die Propheten mussten *dies* und nichts anderes mit ihren Worten gemeint haben!

Und eben diese Überzeugung setzte sich bei Luther tatsächlich, vor allem im Laufe der Jahre 1520-21, auch durch. Eine reformatorische Neuentdeckung der biblischen Prophetie führte in diesen Jahren über die primär auf das einzelne Individuum ausgerichtete Entdeckung der Glaubensgewissheit hinaus zu einer neuen – gesicherten – Identifikation der aktuellen *kirchlichen* Situation, in der sich die Glaubenden befanden.

Spuren wenigstens dieser direkten Anwendung der biblischen Prophetie auf die kirchliche Situation der eigenen Gegenwart zeigten sich schon in den »Dictata«. Das wichtigste Beispiel aus den oben durchgeführten Analysen war dabei in der Auslegung von Ps.68 zu finden, wo eine auf die Gegenwart ausgerichtete prophetische Exegese breit entfaltet wurde. Zwischen dieser Auslegung und der geistlich-*buchstäblichen* Auslegung des Textes von den Juden bestand allerdings eine merkliche Spannung, und so fehlte dieser prophetischen Auslegung auch etwas von der Kraft der exegetischen Eindeutigkeit, die für die Schriftauslegung als Mittel theologischer Vergewisserung in kritischen Situationen geboten ist.

In anderen Fällen, wo in den »Dictata« Spuren einer gegenwartsbezogenen prophetischen Exegese entdeckt werden können, wird dieses Defizit an Eindeutigkeit und Definitivität noch deutlicher: Es handelt sich nicht um *die* massgebliche buchstäbliche Auslegung des Textes.[22]

Im Lichte der kirchlichen Erfahrungen und der theologischen Auseinandersetzungen vornehmlich der Jahre 1519-21 gewinnt diese auf die Gegenwart ausgerichtete Exegese eine neue und eindeutige Verwurzelung in der »litera« von Bibeltexten. Die Kritik der kirchlichen Gegen-

---

[22] Vgl. als Beispiel dafür: WA 3,577,20f. (zu Ps.77,21) (auf das »nunc« zugespitzt, jedoch eindeutig im Rahmen einer Auslegung des Textes von den Juden); 3,492,15f. (zu Ps.73) (wo die primäre prophetische Beziehung des Textsinns auf die Juden zur Zeit Christi auch für die nachfolgende Zeit prophetisch zur Geltung gebracht wird: »Et hanc previdens propheta in sancto isto populo venturam et diu duraturam fecit hunc psalmum...); 3,642,33ff. (zu Ps. 83).

wart wird nun mit der »litera« bestimmter prophetischer Texte deckungsgleich. Und die Texte, die in dieser Situation den Schlüssel zur Identifikation des wahren Zustands der Kirche liefern, sind jetzt vor allem die im Laufe der Auslegungsgeschichte klassisch gewordenen Stellen vom Antichrist, dem letzten Feind der Kirche: In erster Linie an diesen drastischen Texten fand Luther die fatale Situation der Kirche seiner eigenen Zeit buchstäblich und konkret verifiziert.

Nicht so sehr also die traditionelle Allegorie und das »persecutiones«-Schema, sondern eher die buchstäbliche Neuerschliessung dieser Texte war es , die – wie ich meine – Luther zur Freilegung einer neuen Sicht auf die Kirche verhalf, eine Sicht, die daraufhin auch im Volk Feuer fing und der Reformationsbewegung die radikale kirchenpolitische Stosskraft gab.[23] [24]

Diese endzeitliche Perspektive einer nahe bevorstehenden oder sich schon aufdrängenden Zeit des Antichrist hatte in den »Dictata« eine untergeordnete Rolle gespielt. Nur am Rande der Argumentation tauchte hier der Antichrist-Topos auf. Traditionelle Antichristtexte wurden von Luther sogar uminterpretiert und auf die Urfeinde der Kirche, die Juden, bezogen.[25] Und die traditionelle bernhardinische Ausrichtung des »persecutiones«-Schemas auf eine vierte und letzte Verfolgung durch den Antichrist wurde bei Luther – besonders deutlich in der Auslegung von Ps.68 – so gebogen, dass sie sich schon auf die Gegenwart bezog; dort

---

[23] Vgl. dazu das Zitat von Oberman, oben S.220. – Auf das »persecutiones«-Schema wird in der gegen das Papsttum sich zuspitzenden Kritik der Jahre 1519-21 nur selten deutlich und ausführlich angespielt. Was man hier und da finden kann, ist die Aufnahme von Motiven aus der Beschreibung der dritten »tentatio«, die dann aber weniger als Kategorie eines geschichtstheologischen Schemas übernommen werden, denn als Beschreibungen der schlimmsten Art der »persecutio« der Kirche zu jeder Zeit. Besonders aufschlussreich ist hier die Erwähnung der »omnium ... nocentissima persecutio« in der Auslegung von Ps.5,1 in den »Operationes in Psalmos« (AWA 2,II,219,10), die sehr grundsätzlich von den »falsos prophetas, hypocritas, haereticos, superstitiosos et omne illud hominum genus« (219,17-220,1) expliziert wird, die die Kirche zu jeder Zeit verfolgen, – *auch* in der Gegenwart. Vgl. ferner z. B. ebd. 222,4ff.; 233,13ff.; 243,17ff.; 250,15f. – Deutlichere Anspielungen auf das Schema sind z. B. ebd. 56,13ff.; 610,15ff. und WA 5,484,27ff. zu finden. Jedoch spielt auch an diesen Stellen die Geschichtstheologie des Schemas keine zentrale Rolle in Luthers Argumentation. In der für unser Thema wichtigen Schrift gegen Ambrosius Catharinus von 1521 (vgl. unten) scheint mir nicht einmal die Terminologie des »persecutiones«-Schemas eine Rolle zu spielen.

[24] Vgl. dazu auch Selge (1976), S.608f., wobei dieser theologische Hinweis im Blick auf eine erschöpfende historische Erklärung dieses kirchlich-politischen Erfolgs der Reformationsbewegung natürlich nicht als *ein* – notwendiger aber keineswegs hinreichender – Faktor eingeordnet werden kann. Vgl. Selge, ebd. S.614ff. und (1978), S.155f.

[25] Vgl. oben S.26ff. (zu Ps.9B) und S.84f. (zu Ps.73). Nur am Rande wird in Luthers Auslegung dieser beiden Psalmen der in der Auslegungstradition der Texte bedeutende Antichristtopos in Bezug auf die eigene Gegenwart erwähnt: vgl. WA 55,I,1,76,18; ebd. 82,13 (zu Ps.9B); WA 3, 505,23-26. – Weitere Belegstellen für die Rede vom Antichrist in den »Dictata« sind bei Preus (1906), S. 91-93 angeführt.

aber weniger geschichtstheologisch auf die besondere Situation der Gegenwart, als allgemein tropologisch auf den kirchlichen Verfall zugespitzt wurde.[26] Dem entsprach auch die häufige Ausrichtung der »persecutiones«-Reihung bei Luther auf eine dritte *allgemeine*, eher tropologisch als ekklesiologisch orientierte Verfolgung.[27]

So ist im Blick auf den Stellenwert der »Eschatologie« und der Rede vom Antichrist in den »Dictata« durch die vorhergehenden Analysen eher die Auffassung Ebelings bestätigt worden, wonach die Tendenz zu einer »Tropologisierung« der Eschatologie die vorherrschende sei,[28] – als die These Obermans, wonach der häufige Verzicht auf eine besondere anagogische Auslegung der Texte[29] damit zu tun habe, dass Luther den Einbruch der Endzeit schon in der gegenwärtigen Lage der Kirche erlebe, und deshalb einer eigenen zur Allegorie hinzugefügten Anagogie nicht bedürfe.[30]

Die neue Bemühung um eine prophetisch-buchstäbliche Identifikation der gegenwärtigen kirchlichen Lage als der Zeit des Antichrist setzte sich – gemäss den schweren Anfechtungen, die Luther auf dem Wege zu dieser Erkenntnis selbst durchzuleben hatte – nur mühsam und beschwerlich durch. In den »Operationes in Psalmos«, der zweiten grossen Psalmenvorlesung Luthers, die seine exegetische Arbeit an den ersten 22 Psalmen während der Jahre von 1518 bis Frühjahr 1521 spiegelt, scheint das Bild in dieser Hinsicht noch ungeklärt, zumindest in den früheren Teilen des Kollegs. Jedoch zeichnen sich hier einige Tendenzen ab, die bemerkenswert sind:

Luther bemüht sich in den »Operationes« offenbar in einer ganz anderen Weise als in den »Dictata« um eine einheitliche buchstäbliche Auslegung des Bibeltextes. Von der theologischen Vielfalt der Quadriga-Exegese nimmt er entschieden Abstand: dies ist ein schädliches Hilfsmittel, das seit der Zeit von Thomas von Aquin und Lyra überall in der Schriftauslegung Eingang gefunden hat, und dazu geführt hat,

---

[26] Vgl. oben S.190ff.

[27] Vgl. oben Anm.41, S.219.

[28] Vgl. Ebeling (1971), S.62. Nach Ebeling »...kommt der eigentliche Skopus des sensus anagogicus nur im sensus tropologicus zur Geltung«; es wird sich in den »Dictata«, wenn man sie näher analysiert, »...eine auffallende Tendenz zur Aktualisierung der Eschatologie im hic et nunc des Wortes herausstellen.« (Die existenzialistische Redeweise Ebelings an diesem Punkt würde ich dabei nicht ohne weiteres übernehmen.)

[29] Die Tendenz zum Weglassen einer besonderen anagogischen Deutung der Texte wird zunächst bei Ebeling (ebd.) und dann auch bei Oberman im Horizont der Auslegungstradition als auffallend beurteilt. Doch scheint mir auch in der Auslegungstradition die Anagogie eine deutlich weniger entfaltete Auslegungsdimension der Quadriga zu sein als die Tropologie und die Allegorie.

[30] Vgl. oben Anm.4.

dass die Wahrheit Christi zerteilt worden ist, und die »litera« als unnütze »historia« hinterlassen worden ist.[31]

Jedoch benutzt er auch selbst immer wieder die Angabe »allegorice«, um seine eigene Deutung eines Textes zu charakterisieren; er stellt aber schon im ersten Teil des Kollegs fest, dass dies nicht im Sinne des überlieferten Wortgebrauchs gemeint ist: »Non autem allegoricum dico more recentiorum, quasi alius sensus historialis sub eo sit quaerendus, quam qui dictus est, sed quod verum et proprium sensum figurata locutione expresserit.«[32] Die Allegorie ist also hier das bei figürlicher Rede eigentlich Gemeinte einer Textaussage, und deshalb nicht weit entfernt von dem, was bisher in dieser Arbeit als »litera spiritualis« bezeichnet worden ist.

Nach diesem – figürlich vermittelten oder direkt ausgedrückten – eigentlichen Buchstaben reden auch in den »Operationes« einige Psalmen in erster Linie von Christus und seinen Feinden: den Juden.[33]

Öfter aber lässt sich beobachten, wie Luther Texte, die er in den »Dictata« auf Christus und seine Feinde, die Juden, bezogen hatte, nun allgemeiner zu fassen sucht: Der Sinn des Psalms zielt nicht nur auf die Person Christi und seine Gegenwart; er muss vielmehr vom Anfang an in fundmentalen, für jede Zeit der Kirche geltenden Formulierungen, gefasst werden. In dieser Weise wird das »imitatio«-Schema als Vermittlungsinstanz weithin überflüssig gemacht. Die Texte gelten schon, ihrem prophetischen Sinn nach, auch für die Gegenwart.[34]

---

[31] Vgl. dazu besonders ausführlich WA 5,644,24ff. (zu Ps.22,19), und ferner z. B. AWA 2,II,119,9-11: »Ad allegorias non facilis sum, praesertim quando legitimum et proprium illum germanumque sensum quaero, qui in contentione pugnet et fidei eruditionem stabiliat.«

[32] AWA 2,II,74,17-75,2 (zu Ps.2,3). Zum Traditionshintergrund dieser Bestimmung des Wortes, vgl. ebd. Anm.14. Vgl. auch ebd. 97,12 (zu V.9).

[33] Vgl. z. B. AWA 2,II,56,13-57,17 (zu Ps.1,4^b): In diesem wahrscheinlich schon 1518 verfassten Kommentar wird die Schriftaussage – ähnlich wie in der »imitatio«-Argumentation der »Dictata« – zuerst auf die Juden, und dann auf die Ketzer und die spätere Kirche bezogen. Siehe auch ebd. 62,1-5 (zu Ps.1,6) und S.66ff. (zu Ps.2). Aber auch der letzte Psalm, der in den »Operationes« ausgelegt wird: Ps.21, wird von Luther – wohl primär auf Grund der Formulierungen des Psalms (V.2.,8f.,19), die im Passionsbericht der Evangelien direkt übernommen sind – von der Person Christi gedeutet, wobei den Juden die Hauptrolle als Feinde Christi zukommt; vgl. WA 5,600,25ff.; 610,4ff.; 617,14-16; 620,4ff. u.ö. – Bemerkenswert ist die Aussage WA 5,429,28-30 (zu Ps.14,1) über Ps.13, wo festgestellt wird, dass in Ps.13 «...exemplar impiorum, quale Iudei tempore Christi, etiam adhuc« dargestellt wird. Auf eine nähere Verifikation des Bibeltextes an den Juden wird allerdings in der Auslegung von Ps.13 kein grosses Gewicht gelegt.

[34] Eine deutliche Verschiebung der Verifikationsgrundlage des Psalmentextes von der Person Christi und seiner Zeit zur grundsätzlichen Situation des Volkes Gottes in der Welt lässt sich in der Auslegung der folgenden Texte beobachten: Ps.5,5^b-7 (AWA 2,II,219,1ff.; 233 ff.; vgl. dazu WA 55,II,1,92,16ff.) Ps.9B (vgl. unten S.232f. und oben S.25ff.); Ps.10 (AWA 2,II,621,5-11; vgl. dazu WA 55,I,1,84,15.25f.); 86,9f.13ff.); Ps. 16 (WA 5,466,7-12; vgl. dazu WA 3,108,33f.)
Eine neue Betonung der allgemeinen Verifikationsgrundlage des Textes kann auch

Während die Juden als Feinde der Kirche bei dieser Verschiebung weniger zentral werden, und nur noch selten ausführlicher – wie in den
»Dictata« – behandelt werden,[35] kann eine zunehmende Beschäftigung
mit dem Elend der gegenwärtigen Kirche festgestellt werden: Die prophetische Deutung auf die Grundsituation der Kirche zu jeder Zeit wird
immer wieder als Basis für eine nähere Anwendung dieser Einsicht auf
die Gegenwart ausgewertet.[36]

War in der »imitatio«-Argumentation der »Dictata« der typische letzte
Schritt zu einer gegenwärtigen Aktualisierung der zunächst auf Christus
und die Juden explizierten »litera spiritualis« des Textes ein pauschales
»Dies alles trifft zuletzt auch auf uns zu«, so scheint man die typische Argumentationsstruktur in den »Operationes« eher in der folgenden Weise
charakterisieren zu können: »Der in seinem prophetischen Sinn grundsätzlich gemeinte und auf die allgemeine Situation der Kirche zielende
Text trifft für die gegenwärtige Situation der Kirche besonders gut zu.«

In Luthers Auslegung von Ps.9B in den »Operationes« ist diese Argumentationsstruktur deutlich zu sehen. Dieser Text, der 6 Jahre zuvor auf
die Juden zur Zeit Christi bezogen worden war, wird nun als ein »...ei-
cos, typos, forma, idea impii et impietatis« verstanden, worin ausdrücklich auch der Antichrist eingeschlossen ist.[37] Und der »eicos«, der im
Text gezeichnet wird, ist – im Kontext von Luthers eigener Zeit gedeutet
– ein ausgezeichneter Spiegel des Zustands der Kirche der Gegenwart
und der jüngsten Vergangenheit: »Huius versus sensum iam a multis annis ecclesiastica tyrannis implevit implebitque posteris temporibus
amplius.«[38]

Im Rahmen dieser Exegese greift Luther jetzt auch zu den Versen
2.Thess.2,3ff. (auf die er an der entsprechenden Stelle in den »Dictata«
anders als seine Vorgänger, nicht hingewiesen hatte), um die Beziehung
des Typus des Psalmtextes zur gegenwärtigen Kirche noch näher expli-

---

sonst in den »Operationes« festgestellt werden: vgl. z.B. zu Ps.7, (AWA 2,II,398,6ff. gegen WA 55,I,1.46,1ff.; siehe besonders zu V.13f.: AWA 2,II,426,6-429,18 gegen WA
55,II,1,98,1ff.); Ps.8 (AWA 2,II,445,5ff. gegen WA 55,I,1,58,10f.; siehe besonders zu
V.3[b]: AWA 2,II,464,19ff. gegen WA 55,I,1,60,5f.).

[35] Vgl. z.B. unten Anm.44.

[36] Vgl. z.B. AWA 2,II,406,8ff. (zu Ps.7,6); 415,1ff. (zu Ps.7,8); 467,1-5 und 468,4ff.
(zu Ps.8,3[b]); 497,9ff. (zu Ps.8,7); WA 5,485,5ff. (zu Ps.16,13).

[37] AWA 2,II,567,8.14f. Dem folgenden Urteil Obermans ((1982[a]), S.100, Anm.29)
über das Verhältnis von Luthers Auslegung von Ps. 9B in den »Dictata« und in den
»Operationes« kann ich dabei nicht zustimmen: »Im Zuge der mittelalterlichen Zusam-
menschau von Juden, Häretikern, Türken und »Antichristiani« ist dies (d.h. die Zuspitzung der Argumentation auf den Antichrist in den »Operationes«) keineswegs eine
Frontverlagerung, sondern die vorausgesagte und erwartete Zuspitzung der Endzeit.«
Meiner Ansicht nach wird hier zu einseitig die Kontinuität in Luthers Feindbild betont.

[38] AWA 2,II,576,7f.; vgl. 574,1.

zieren zu können.[39] Gerade an jenen Stellen der Auslegung, wo am direktesten die Bedrohung der zeitgenössischen Kirche angesprochen wird, scheint die blosse Spiegelung dieser Situation im allgemeinen und grundlegenden »eikon« des Psalmtextes nicht ganz auszureichen. Hier wird daher zu geschichtlich spezifischeren »Antichrist-Texten« des Neuen Testaments gegriffen. – Jedoch ist an diesem Punkt immer noch in Luthers Exegese Unsicherheit zu spüren. Von einer *eindeutigen* Verifikation dieser apokalyptischen Texte am Papsttum der Gegenwart kann man nicht reden.[40] Und immer wieder kehrt er relativ rasch zur Sprache der grundsätzlichen – weniger spezifischen und konkreten – Auslegung des Psalmtextes zurück.

Deutlich entschlossener ist die Bemühung um eine direkte Verifikation der eigenen kirchlichen Gegenwart an den biblischen Prophetien ganz am Schluss der »Operationes«, in der Auslegung von Ps. 21. Im Rahmen der Exegese von V. 19 dieses Psalms, einem Vers, der seinem Buchstaben nach auf die Leidensgeschichte Christi zu beziehen ist,[41] kommt Luther auch auf die Verfolgungen der Kirche zu sprechen, die alle im Leiden Christi figürlich antizipiert sind.[42] An dieser Stelle aber interessiert ihn nur *eine* dieser Verfolgungen, nämlich »illa novissima persecutio Antichristi.«[43] Um diese Verfolgung näher darstellen zu können, verlässt er die laufende Exegese von Ps. 22, und greift zu Ps. 88,39ff., wo die Antichristverfolgung »…citra allegoriam aperta prophetia…« behandelt wird. Dieser Text zielt seinem prophetischen Buchstaben nach auf die Leiden der Kirche in Luthers eigener Gegenwart; an diesem Text – der auch in den »Dictata« noch auf die Juden als die Verfolger Christi bezogen worden war[44] – kann die ekklesiologische Identifikation der eigenen Zeit als der endzeitlichen Verfolgung durch den Antichrist verifiziert werden.

---

[39] Ebd. 576,12ff.; 577,13ff.

[40] Vgl. die folgende etwas zögernde Ausdrucksweise: »…Quod ego non aliter intelligo quam verbum hominis impii praeferendum esse aliquando verbo dei et hominem in loco dei sedentem supra deum timeri et coli. Ad quod ii conari videntur, qui Romanum pontificem dubitant esse purum hominem…« (ebd. 577,20-23; zu 2. Thess. 2,4, in der Auslegung von Ps. 9B,3).

[41] Der Vers lautet: »Diviserunt sibi vestimenta mea. Et super vestem meam miserunt sortem.« Dieser Vers wird natürlich – im Sinne der Verwendung des Wortes im Passionsbericht der Evangelien – nach seinem Buchstaben auf die Leidensgeschichte Christi bezogen.

[42] WA 5,639,33ff.

[43] Ebd. 639,38f. Die früheren »persecutiones« werden hier nicht an Hand der bernhardinischen Terminologie, sondern von Luthers »spiritualitas«-Perspektive her nur ganz allgemein zusammenfassend angesprochen: »Non enim Ecclesia vastatur temporalibus persecutionibus, quantum pestilentibus hominum doctrinis…« (Z. 36-38).

[44] Vgl. WA 4,41,36ff.; 42,1ff. Wie vor ihm Augustin (41,37), bezieht Luther diese Verse dem Buchstaben nach auf die Juden (42,33); und nur sekundär, metaphorisch, auf

In einem ausführlichen Exkurs geht Luther dann auf dieses Thema ein[45] und beschränkt sich dabei nicht auf die Auslegung dieses einen prophetischen Textes, sondern greift im Verlauf der Argumentation auch zu verschiedenen anderen sowohl alttestamentlichen wie neutestamentlichen Texten, in denen die gegenwärtige Not prophetisch angekündigt worden ist. Im Zentrum stehen dabei klassische apokalyptische Texte, die auf Grund der neuen Erfahrungen seit 1517 eine neue exegetische Prägnanz und Bedeutung gewonnen hatten.[46] [47]

Vor allem in der Deutung der gegenwärtigen Lage im Lichte dieser Texte kommt jetzt – anders als in den »Dictata« – die prophetische Kraft der Exegese Luthers zum Tragen. Hier wird ihm in neuer Weise der prophetisch-buchstäbliche Sinn der apokalyptischen Texte der Schrift, und gleichzeitig die endzeitliche Not der Gegenwart klar.

Trotz dieser hermeneutischen und geschichtstheologischen Verschiebungen in der Auslegungsperspektive im Vergleich zu den »Dictata«, kann aber zugleich eine beachtenswerte Kontinuität zur ekklesiologischen Feindpolemik der »Dictata« festgestellt werden; und zwar vor allem in der inhaltlichen Charakteristik des »inimicus«. Sowohl 1521 wie 1513-15 stehen Unglauben, Scheinheiligkeit und die Zerstörung der Schrift durch geistlose Hinzufügungen und Umdeutungen im Zentrum der Kritik, und auch die Terminologie der Kritik zeigt interessante Parallelen.[48]

---

die späteren Verfolger der Kirche (42,34ff.). Vgl. auch die Scholienauslegung, ebd. 45,35-49,40, die auf die Verse 39ff. beschränkt ist. Verschiedene Auslegungsmöglichkeiten werden hier anfangs erwähnt (45,36-46,4), die weitere Exegese ist aber auf den Gegensatz zwischen den Juden und Christus konzentriert.

[45] WA 5,640,2-654,3.

[46] Aus dem Alten Testament wird am deutlichsten Dan.12,11 (653,5f.) prophetisch direkt auf die gegenwärtige Situation bezogen. Aus dem Neuen Testament wird in einem entsprechenden Sinn mehrmals auf 2.Thess.2 (643,8f.; 649,15; 650,12; 653,10f.), 1. Tim.4,1 (640,15f.; 653,6f.) und Apk.9,1ff. (647,17-19; 650,16-22) hingewiesen, – um nur die wichtigsten Stellen zu nennen. (Die Einschränkung der prophetisch-ekklesiologischen Auslegungsperspektive, die ab 648,3f. gemacht wird, ist offenbar spätestens ab 650,9ff. wieder aufgehoben.)

[47] Neben dem Bezug auf klassische apokalyptische Texte ist Luthers Hinweis auf Lk.18,32f. von besonderem Interesse. Es heisst in diesen Versen aus der Passionsgeschichte: »...tradetur enim gentibus, et illudetur, et flagellabitur, et conspuetur, et postquam flagellaverint, occident eum...« Auch diese Aussage wird bei Luther jetzt prophetisch auf die Endzeit der Kirche bezogen; und zwar deshalb, weil es von »gentibus«, und nicht von »iudeis«: dem historischen Volk, das Christus ans Kreuz schlagen liess, gesprochen wird: »Hoc est vaticinum illud horrendum Christi, quod non Iudeis, sed gentibus tradendus esset ad flagellandum, illudendum et crucifigendum. Nam in gentium Ecclesia implentur haec omnia sub duce Romano Antichristo...« (653,7-10).

[48] Vgl. z.B. WA 5,640,13-27 und 643,24ff. mit den Analysen oben S.45f. und 84f.

Die Perspektiven, die in diesem Exkurs zu Ps.21,19 entfaltet werden, werden dann – ungefähr zur selben Zeit – in einem eigenen Traktat noch eingehender ausgeführt: nämlich in der in der Forschung zu wenig beachteten Streitschrift gegen Ambrosius Catharinus, geschrieben in März 1521.[49]

Diese Schrift markiert sozusagen die Endstation in der grundlegenden reformatorischen Auseinandersetzung Luthers mit dem Papsttum. Es wird hier, in einer bei Luther bisher unerreichten Ausführlichkeit, die »Anatomie« des »regnum antichristi« beschrieben. Gründlicher und differenzierter als zuvor wird gezeigt, wie das Papsttum, so wie es sich entwickelt hat, nicht nur prinzipiell theologisch an Hand des Kriteriums der Glaubensgerechtigkeit unakzeptabel ist. Es lässt sich auch als Institution bis in die Einzelheiten hinein an den Endzeitsprophetien der Schrift verifizieren: »Ego tamen non nego Papisticam Ecclesiam neque potentiam eius, cum in scripturis novi praesertim testamenti de nulla re (excepto Christo) tantum habemus testimonium, nec parum in veteri.«[50]

Hervorgehoben wird dabei auch hier, wie schon in den »Operationes«,[51] die Wichtigkeit einer buchstäblichen, eindeutigen Exegese als Voraussetung dieser Verifikation. Und diese Erkenntnis wird hier in theologisch zugespitzter Form zum Ausdruck gebracht, im Sinne der kirchlich- politisch zugespitzten Situation im Frühjahr 1521: Die mehrstimmige Schriftauslegung der Quadriga gehört zu den Waffen des Antichrist, und dagegen kann nur mit der Eindeutigkeit der »litera« gekämpft werden: »Scis enim, quod solo literali sensu pugnandum est, qui et unicus est per totam scripturam. Nihil Origenes, Nihil Hieronymus, Nihil omnes, qui plures sensus dederunt: docent quidem, sed non pugnant.«[52] Diese verschärfte Hervorhebung der buchstäblichen Eindeutigkeit der Schrift wird im folgenden explizit auch für die prophetische Identifikation der Gegenwart an Hand der apokalyptischen Texte zur Geltung gebracht: »Nos ergo, qui sub Romana Babylone sumus, ea ver-

---

[49] WA 7,705-778. Zur kirchengeschichtlichen Einordnung der Schrift, vgl. Rasmussen (1980), S.40f.

[50] Ebd. 722,20-22.

[51] Vgl. in dem Exkurs zu Ps.22,19, WA 5,644,1- 645,28, wo sich Luther ausführlich und scharf gegen die Quadriga-Exegese der Tradition wendet.

[52] WA 7,711,7-9. Der Absatz, der mit dieser Formulierung abgeschlossen wird, lautet von seinem Anfang: »Et ut dicam, quod res est, Non tibi permitto, ut scripturae plures quam unum sensum tribuas. Nihil apud me valet, quod toties tentas, 'Potest etiam sic dici, potest etiam sic intelligi, potest etiam sic responderi, potest literaliter sic dici, potest mystice sic dici'. Tolle hoc 'potest', mi Catharine, haec omnia sunt argumenta falsitatis et mera effugia et plane robora meae sententiae: hinc enim super aristas incedere argueris et omnia in dubia vertere. Sed sic dicito 'hoc sic et non aliter intelligi debet', ut afferas unum constantem simplicemque sensum scripturae, sicut ego facio et feci: hoc est enim Theologi, sicut illud sophistae. Scis enim...« (710,38-711,7).

ba tangunt: in nobis impleri oportet quae Daniel, Christus, Petrus, Paulus, Iudas, Ioannes in Apocalypsi predixerunt.«[53] Erst mit der gesicherten geistlich-buchstäblichen Interpretation der hier erwähnten Texte wird die reformatorische Entdeckung Luthers in ihren ekklesiologisch-geschichtstheologischen Dimensionen vollzogen.

Luthers Erschliessung des »regnum antichristi« in »Ad librum ... Ambrosii Catharini« ist in den Grundzügen als eine fortlaufende Exegese von Dan.8,23-25 aufgebaut,[54] – die in ihrer Ausführung durch zahlreiche Hinweise auf apokalyptisch gedeutete Paralleltexte erhärtet und ausgebaut wird. Als ergänzende prophetische Texte werden vor allem 2.Thess.2 und 2.Pet.2 herangezogen. Eine wichtige Rolle spielen aber auch Matt.24; Eph.4; Kol.2; 1.Tim.4 und Apk.9,1-11.[55] Weithin sind dies dieselben Texte, die im Exkurs zu Ps.22,19 in den »Operationes« die Hauptrolle gespielt hatten[56] : Der Sinn eben dieser Texte hatte sich ihm auf Grund der kirchlichen Erfahrungen der jüngsten Vergangenheit neu eröffnet.

Und wie die Texthinweise, laufen auch die inhaltlichen Hervorhebungen weitgehend parallel zu den Ausführungen in den »Operationes« zu Ps.22,19. Der Unglaube, die Abwesenheit des Geistes in der kirchlichen Hierarchie, kommt in der falschen Schriftauslegung, im Streit zwischen den verschiedenen »sectae«, im kirchlichen Zeremonialwesen und im Streben nach weltlichen Gütern in der römischen Kirche zum Ausdruck. – Mit besonderer Schärfe und Konsequenz konzentriert sich jetzt die Kritik auf die Charakteristik der ganzen Institution der römischen Kirche als eines *Schein*gebildes. Die Schriftauslegung, die Zeremonien und die Sucht nach weltlicher Macht: Das alles erfolgt ohne jeden geistlichen Inhalt, und geschieht trotzdem die ganze Zeit unter dem Schein des Christlichen und der höchsten Wahrheit.[57]

Der Vorwurf der geistlichen Falschheit, des blossen Scheins der Wahrheit, hatte seit der Zeit des Neuen Testaments eine wichtige Rolle für das Feindbild der christlichen Gemeinde gespielt, und hatte im Laufe der Kirchengeschichte ganz unterschiedliche Funktionen gehabt. Im hohen und späteren Mittelalter galt der Schein der Frömmigkeit von seiten der

---

[53] Ebd. 725,16-18.
[54] Ebd. 722,20-777,8.
[55] Auf 2.Thess.2,3ff. wird ausdrücklich 21 mal hingewiesen; auf 2.Pet.2 27 mal; auf Mt.24 13 mal; auf Eph.4 5 mal; auf Kol.2 7 mal; auf 1.Tim.4 7 mal; und auf Apk.9 13 mal. – Zum Verständnis der neuen prophetisch-geschichtstheologischen Gewissheit, die Luthers Argumentation in dieser Schrift prägt, vgl. auch die folgende Aussage: »Breviter Epistola Iudae, mihi quondam inutilis visa, nunc agnita est e Petri Epistola sumpta, propter solum Papam esse scripta.« (755,4-6).
[56] Vgl. oben Anm.46.
[57] Vgl. dazu näher Rasmussen (1976), S.134-139.

Kircheninstitution als das Hauptkennzeichen des Ketzers;[58] wurde aber zugleich von den Kirchenkritikern als Vorwurf gegen das Papsttum erhoben.[59] Auch in Luthers Feinddenken in den »Dictata« hatte dieses Motiv einen bedeutenden Platz vor allem in der Charakteristik der Juden als der grundlegenden Feinde Christi und der Kirche.[60]

Eben diese Charakteristik des »inimicus« aber hatte sich im Zuge der Erfahrungen der Jahre 1518-21 in ganz besonderer und neuer Weise bewährt. Die geistliche Instanz, auf die sich Luther zuvor völlig verlassen hatte, hatte sich als radikale Täuschung enthüllt.[61] Hier ist ein Schlüsselpunkt zum Verständnis von Luthers neuem Zugang zum Antichristtopos, und zugleich zum Verständnis seiner neuen prophetischen Exegese biblischer Texte: Der Papst wurde in seinem wahren Wesen *identifiziert* wie auch *verifiziert* an Hand der klassischen Antichriststellen der Schrift. Und ein besonders aufschlussreiches Schriftwort war für Luther hier 2. Thess. 2,4: »Qui adversatur et extollitur supra omne quod dicitur deus aut quod colitur, ita ut in templo dei sedeat ostendens se quasi sit deus.«

Dabei muss wiederum betont werden: Nicht nur in den inhaltlichen Grundzügen, sondern auch in der Argumentationsstruktur der Feindbeschreibung[62] kann eine tiefe Kontinuität zur Argumentation in den »Dictata« festgestellt werden. Die hermeneutische und geschichtstheologische Ausrichtung der Feindpolemik hat sich jedoch ebenso tiefgreifend verschoben.

---

[58] Vgl. Grundmann (1927), 93f. 96ff., der dies als das Hauptmerkmal des »Idealtypus« des mittelalterlichen Ketzers hervorhebt: Dieser Vorwurf war das wichtigste Argument der Kircheninstitution vor allem gegen die Waldenser, die nach aussen in ihrer Lebensführung oft einen sehr sympatischen Eindruck hinterliessen.

[59] Vgl. dazu z. B. Kamlah (1951), S. 153f., und Dempf (1929), S. 313.

[60] Vgl. Anm. 62, S. 151.

[61] Vgl. oben S. 226f.

[62] Hier soll nur auf einen Punkt hingewiesen werden: Die dramatisch-steigernde Darstellung der Dynamik der jüdischen Feindschaft, die oben S. 112f. näher beschrieben wurde, hat ein argumentativ interessantes Seitenstück in einer entsprechenden – inhaltlich schärfer auf die Scheingestalt des Feindes ausgerichteten – Charakteristik des Papsttums in WA 7,746,37-747,9: »Et pulchrum ordinem vide: priores sunt facies, deinde חידות seu leges, utraeque fictae et alienae a veritate, tandem et efficacia sua non sua sed aliena efficacia roboratur. Neque enim mendacium suis viribus subsistit. Sic enim profecit regnum Antichristi Romani, quod statim Apostolorum etiam tempore ceptum est operibus niti, deinde quibusdam ceremoniis ornata est Ecclesia (sicuti vocant), tandem eas omnes Romanus pontifex consarcinavit et opressa libertate eas convertit eas convertit in rigidissimas leges, ut iam incomparabiliter maius crimen sit, in cerimonias et suas leges peccasse quam in dei praecepta. Ita ex faciebus ortae sunt חידות, ex חידות robur, e robore vastitas, ut sequetur. Quia sicut mores legem, ita lex robur moribus, robur vastitatem gignit.«

LITERATURVERZEICHNIS

I. Quellen

Alexander von Hales: *Summa Theologica*, Ed. Florentiae (Quaracchi), Tom. III (Secunda pars secundi libri), 1930.

Augustin: *De Civitate Dei*, Ed. CChSL, Turnholti, Vol. XLVIII (Lib. XI-XXII), 1955.

Augustin: *Enarrationes in Psalmos*, Ed. CChSL, Turnholti, Vol. XXXVIII-XL, 1956.

Augustin: *De Doctrina Christiana*, Ed. CChSL, Turnholti, Vol. XXXII, 1962.

Augustin: *aus den Opera Omnia*, Ed. MPL, Parisiis, Vol. 33-34, 1864-65.

Bernhard von Clairvaux: *Sermones super Cantica Canticorum*, Ed. S. Bernardi Opera, Romae, Vol. I (Sermo 1-35), 1957.

Bernhard von Clairvaux: *Liber de Gradibus Humilitatis et Superbiae*, Ed. S. Bernardi Opera, Romae, Vol. III, S.13-59, 1963.

Bernhard von Clairvaux: *Sermones in Psalmum »Qui habitat«*, Ed. S. Bernardi Opera, Romae, Vol. IV, S.383ff., 1966.

Bernhard von Clairvaux: *Sententiae*, Ed. S. Bernardi Opera, Romae, Vol. IV/2, 1972.

(Bernhard von Clairvaux zugeschrieben): Meditatio de humana conditione, Ed. MPL, Parisiis, Vol. 184, 485-508, 1854.

Bonaventura: *Comment. in libros Sententiarum*, Ed. Florentiae (Quaracchi), Tom. II (In Lib. II Sententiarum), 1938.

Cassiodor: *Expositio Psalmorum*, Ed. CChSL, Turnholti, Vol. XCVII-XCVIII, 1958.

Dionysius Carthusii: *In IV libros sententiarum*, Ed. Tornaci, Vol.22 (Liber II, Dist. 12-44), 1903.

Glossa Ordinaria: aus der *Biblia cum Glosa Ordinaria...*, Basel 1498-1502.

Hugo Cardinalis: *Postilla*, Ed. Coloniae Agrippinae, Tom. II, 1621.

Luther, Martin: *D. Martin Luthers Werke*. Kritische Gesamtausgabe, Weimar 1883ff. (WA)

Luther, Martin: *Operationes in Psalmos 1519-1521*, Teil II, Psalm 1 bis 10 (Vulgata). Ed.: Archiv zur WA (AWA), Bd.2/II, Köln-Wien 1981.

Nikolaus von Lyra: *Postilla super totam Bibliam*. Ed. Strassburg 1492. Unveränderter Nachdruck Frankfurt/M. 1971.

Paulus von Burgos: *Additiones ad postillam magistri Nicolai de Lyra*. Vgl. Lyra, Postilla.

Perez von Valencia, Jacob: *Centum ac quinquaginta psalmi...* Ed. Paris 1509.

Petrus Lombardus: *Sententiae in IV libris distinctae*, Ed. Grottaferrata (Romae), Tom. I, Pars II (Liber I et II), 1971.

Reuchlin, Johannes: *De rudimentis Hebraicis libri III*, Pforzheim 1505. Nachdruck Hildesheim-New York 1974.

Stapulensis, Iacobus Faber: *Quincuplex Psalterium*, Ed. Paris 1512. Nachdruck Genève 1980.

Vitae Patrum, sive Historiae Eremiticae libri decem. Ed. MPL, Parisiis Vol.73-74, 1879.

II. Sekundärliteratur

Bäumer, Remigius: *Martin Luther und der Papst*. 2. Aufl. Münster 1970.

Bedouelle, Guy: *Le Quincuplex Psalterium de Lefèvre d'Etaples. Un guide de lecture*. Genève 1979.

Bloch, Marc: *Apologie der Geschichte oder Der Beruf des Historikers*. Dt. München 1985 (Fr. 1949)

Blumenkranz, Bernhard: *Die Judenpredigt Augustins. Ein Beitrag zur Geschichte der jüdisch-christlichen Beziehungen in den ersten Jahrhunderten*. Basel 1946.

Blumenkranz, Bernhard: *Patristik und Frühmittelalter. A. Die Entwicklung im Westen zwischen 200 und 1200.* In: *Kirche und Synagoge, Hg.: K. H. Rengstorf und S.v. Kortzfleisch, Bd. I, S.84-135.* Stuttgart 1968.

Biener, Walther: *Martin Luther und die Juden.* Frankfurt/M. 1982.

Brecht, Martin: *Martin Luther. Sein Weg zur Reformation 1483-1521.* Stuttgart 1981.

Brosseder, Johannes: *Luthers Stellung zu den Juden im Spiegel seiner Interpreten. Interpretation und Rezeption von Luthers Schriften und Äusserungen zum Judentum im 19. und 20. Jahrhundert vor allem im deutschsprachigen Raum.* München 1972.

Cohen, Jeremy: *The Friars and the Jews. The Evolution of Medieval Anti-Judaism.* Ithaca and London, 1982.

Cohen, Jeremy: *The Jews as the Killers of Christ in the Latin Tradition, From Augustine to the Friars.* Traditio 40 (1983), S.1-32.

Congar, Yves M.-J.: *»Arriana Haeresis« comme désignation du Néomanicheisme au XIIe siècle. Contribution a l'histoire d'une typification de l'hérésie du Moyen Age.* Révue des Sciences philosophiques et theologiques, 43 (1959), S.449-461.

Dempf, Alois: *Sacrum Imperium. Geschichts- und Staatsphilososphie des Mittelalters und der politischen Renaissance.* 4. Aufl., Darmstadt 1973.

Ebeling, Gerhard: *Evangelische Evangelienauslegung.* (Forschungen zur Geschichte und Lehre des Protestantismus X, Bd. 1) München 1942.

Ebeling, Gerhard: *Lutherstudien,* Bd. I. Tübingen 1971.

Daraus:

Die Anfänge von Luthers Hermeneutik (1951), S.1-68.

Luthers Psalterdruck vom Jahre 1513 (1953), S.69-131.

Luthers Auslegung des 14. (15.) Psalms in der ersten Psalmenauslegung im Vergleich mit der exegetischen Tradition (1953), S.132-195.

Luthers Auslegung des 44. (45.) Psalms (1956), S.196-220.

Ebeling, Gerhard: *Lutherstudien,* Bd. II,2: Disputatio de homine, 2. Teil. Tübingen 1982.

Edwards, Mark U. Jr.: *Luther and the False Brethren.* Stanford 1975.

Edwards, Mark U. Jr.: *Luther's Last Battles. Politics and Polemics 1531-1546.* Leiden 1983.

Emmerson, Richard Kenneth: *Antichrist in the Middle Ages. A Study of Medieval Apocalypticism, Art, and Literature.* Manchester 1981.

Funkenstein, Amos: *Basic Types of Christian Anti-Jewish Polemics in the Later Middle Ages.* Viator 2 (1971), S.373-382.

Gager, John G.: *The Origins of Anti-Semitism. Attitudes Toward Judaism in the Pagan and Christian Antiquity.* New York, Oxford 1983.

Grane, Leif: *Modus Loquendi Theologicus. Luthers Kampf um die Erneuerung der Theologie (1515-1518).* (Acta Theologica Danica, Vol. XII) Leiden 1975.

Grane, Leif: *Evangeliet for folket. Drøm og virkelighet i Martin Luthers liv.* Köbenhavn 1983.

Grundmann, Herbert: *Der Typus des Ketzers in mittelalterlicher Anschauung.* In: *Kultur- und Universalgeschichte.* FS Walter Goetz. Leipzig, Berlin 1927, S.91-107.

Hageneder, Othmar: *Der Häresiebegriff bei den Juristen des 12. und 13. Jahrhunderts.* In: *The Concept of Heresy in the Middle Ages.* Medievalia Lovaniensia Ser. I, Studia IV, S.42-103. Hague 1976.

Hendrix, Scott H.: *Ecclesia in via. Ecclesiological Developments in Medieval Psalm Exegesis and in the »Dictata super Psalterium« (1513-1515) of Martin Luther.* (Studies in Medieval and Reformation Thought, Vol. VIII) Leiden 1974.

Hendrix, Scott H.: *Luther and the Papacy. Stages in a Reformation Conflict.* Philadelphia 1981.

Holl, Karl: *Die Entstehung von Luthers Kirchenbegriff (1915),* in: ders.: *Gesammelte Aufsätze zur Kirchengeschichte,* Bd. I: Luther. 6. Aufl., Tübingen 1932, S.288-325.

Kamlah, Wilhelm: *Apokapypse und Geschichtstheologie. Die mittelalterliche Auslegung der Apokalypse vor Joachim von Fiore.* (Historische Studien, Heft 285) Berlin 1935.

Kamlah, Wilhelm: *Christentum und Geschichtlichkeit. Untersuchungen zur Entstehung des Christentums und zu Augustins »Bürgerschaft Gottes«.* 2. Aufl., Stuttgart und Köln 1951.

Köpf, Ulrich: *Religiöse Erfahrung in der Theologie Bernhards von Clairvaux.* (Beiträge zur Historischen Theologie, Bd. 61) Tübingen 1980.

Kötting, Bernhard: *Patristik und Frühmittelalter. B. Die Entwicklung im Osten bis Justinian.* In:

Kirche und Synagoge. Hg.: K. H. Rengstorf und S. v. Kortzfleisch, Bd. I, S.136-175. Stuttgart 1968.

Leclercq, Jean: *L'exégèse médiévale de l'Ancien Testament*. In: Rencontres 36: *L'Ancien Testament et les Chrétiens*. Paris 1951.

Leclercq, Jean: *L'Amour des Lettres et le Désir de Dieu. Initiation aux Auteurs Monastiques du Moyen Age*. Paris 1957.

Leclercq, Jean: *L'Hérésie d'après les écrits de S. Bernard de Clairvaux*. In: *Medievalia Lovaniensia* I, IV (vgl. oben bei Hageneder), 1976, S.12-41.

Leclercq, Jean: *Bernhard von Clairvaux*. TRE Bd.5, S.644-651. Berlin, New York 1980.

Levin, Reinhold: *Luthers Stellung zu den Juden. Ein Beitrag zur Geschichte der Juden in Deutschland während des Reformationszeitalters*. (Neue Studien zur Geschichte der Theologie und der Kirche, zehntes Stück) Berlin 1911.

Lienhard, Marc: *Luther témoin de Jésus Christ. Les étapes et les thèmes de la Christologie du Réformateur*. Paris 1973.

Linder, Amnon: *Christlich-Jüdische Konfrontation im kirchlichen Frühmittelalter*. In: *Kirchengeschichte als Missionsgeschichte*, Bd. II/1: Die Kirche des frühen Mittelalters. Hg.: K. Schäferdiek. München 1978, S.397-441.

Lohse, Bernhard: *Mönchtum und Reformation. Luthers Auseinandersetzung mit dem Mönchsideal des Mittelalters*. (Forschungen zur Kirchen- und Dogmengeschichte Bd. 12) Göttingen 1963.

Mau, Rudolf: *Luthers Stellung zu den Türken*. In: *Leben und Werk Martin Luthers von 1526 bis 1546*. Hg.: H. Junghans, Göttingen 1983, Bd. I, S.647-662 (Text) und Bd. II, S.956-966 (Anmerkungen).

Maurer, Wilhelm: *Kirche und Geschichte nach Luthers Dictata super Psalterium*. In: *Lutherforschung heute*. Hg.: V. Vajta. Berlin 1958, S.85-101.

Mauser, Ulrich: *Der junge Luther und die Häresie*. (SVRG Nr.184, Jahrg. 73 und 74) Gütersloh 1968.

Miethke, Jürgen: *Geschichtsprozess und zeitgenössisches Bewusstsein. Die Theorie des monarchischen Papats im hohen und späteren Mittelalter*. Historische Zeitschrift CCXXVI (1978), S.564-599.

Muldoon, James: *Popes, Lawyers, and Infidels: The Church and the Non-Christian World, 1250-1550*. Philadelphia 1979.

Nicol, Martin: *Meditation bei Luther*. (Forschungen zur Kirchen- und Dogmengeschichte Bd. 34) Göttingen 1984.

Oberman, Heiko A.: *The Shape of Late Medieval Thought: The Birthpangs of the Modern Era*. Archiv für Reformationsgeschichte 64 (1973), S.13-33.

Oberman, Heiko A.: *Werden und Wertung der Reformation. Thesen und Tatsachen*. In: *Reformatio Ecclesiae. FS Erwin Iserloh*, Paderborn 1980, S.487-503.

Oberman, Heiko A.: *Wurzeln des Antisemitismus. Christenangst und Judenplage im Zeitalter von Humanismus und Reformation*. Berlin 1981.

Oberman, Heiko A.: *Luther. Mensch zwischen Gott und Teufel*. Berlin 1982.

Oberman, Heiko A.: *Martin Luther. Vorläufer der Reformation*. In: *Verifikationen*. FS Gerhard Ebeling. Tübingen 1982, S.91-119 (1982a).

Oberman, Heiko A.: *Luthers Beziehung zu den Juden: Ahnen und Geahndete*. In: *Leben und Werk Martin Luthers von 1526 bis 1546*. Hg.: H. Junghans, Göttingen 1983, Bd. I: S.519-530 (Text) und Bd. II: S.894-904 (Anmerkungen).

Oberman, Heiko A.: »IMMO«. *Luthers reformatorische Entdeckung im Spiegel der Rethorik*. In: *Archiv der WA Bd.5*, Köln, Wien 1984, S.17-38.

Preus, James S.: *From Shadow to Promise: Old Testament Interpretation from Augustine to Young Luther*. Cambridge (Mass.) 1969.

Preuss, Hans: *Die Vorstellungen vom Antichrist im späteren Mittelalter, bei Luther und in der konfessionellen Polemik*. Leipzig 1906.

Raeder, Siegfried: *Das Hebräische bei Luther untersucht bis zum Ende der ersten Psalmenvorlesung*. (Beiträge zur Historischen Theologie Bd. 31) Tübingen 1961.

Rasmussen, Tarald: »*Ad librum... Ambrosii Catharini*«. Übersetzung ins Norwegische, Einleitung, Anmerkungen. In: *Martin Luther. Verker i utvalg*, Bd. III, Oslo 1980, S.40-146.

Rasmussen, Tarald: *Antisemittisme og kristendom i middelalderen.* Kirke og Kultur 86 (1981), S.603-615.

Rasmussen, Tarald: *Kan teologien trenge en historismedebatt?* Norsk Teologisk Tidsskrift 83 (1982), S.255-276.

Rogge, Joachim: *Luthers Stellung zu den Juden.* Luther 40 (1969), S.13-24.

Ruether, Rosemary R.: *Faith and Fratricide. The Theological Roots of Anti-Semitism.* New York 1979.

Schulze, Manfred: *Von der 'Via Gregorii' zur 'Via Reformationis'. Der Streit um Augustin im späten Mittelalter.* Diss theol. Tübingen 1981.

Schwarz, Reinhard: *Vorgeschichte der reformatorischen Busstheologie.* (Arbeiten zur Kirchengeschichte Bd. 41) Berlin 1968.

Schwarz, Reinhard: *Beschreibung der Dresdener Scholien-Handschrift von Luthers 1. Psalmen-Vorlesung.* Zeitschrift für Kirchengeschichte 82 (1971), S.65-93.

Selge, Kurt-Victor: *Normen der Christenheit im Streit um Ablass und Kirchenautorität 1518 bis 1521. Erster Teil: Das Jahr 1518.* Habil. theol. Heidelberg 1968.

Selge, Kurt-Victor: *Das Autoritätengefüge der westlichen Christenheit im Lutherkonflikt 1517 bis 1521.* Historische Zeitschrift 223 (1976), S.591-617.

Selge, Kurt-Victor: *Die Wirkung mittelalterlicher Traditionen in der Herausbildung der reformatorischen Gewissheitsfrage.* In: *Der Übergang zur Neuzeit und die Wirkung von Traditionen.* Göttingen 1978, S.141-164.

Selge, Kurt-Victor: *Einführung in das Studium der Kirchengeschichte.* Darmstadt 1982.

Smalley, Beryl: *The Study of the Bible in the Middle Ages.* Ausgabe: Notre Dame, Indiana 1964.

Steck, Karl Gerhard: *Luther und die Schwärmer.* Theologische Studien H.44, Zürich 1955.

Stöhr, Martin: *Martin Luther und die Juden.* In: *Christen und Juden. Ihr Gegenüber vom Apostelkonzil bis heute.* Hgg. von W.-D. Marsch und K. Thieme, Mainz, Göttingen 1961, S.115-140.

Strauss, Gerhard: *Schriftgebrauch, Schriftauslegung und Schriftbeweis bei Augustin.* (Beiträge zur Geschichte der Biblischen Exegese Bd. 1) Tübingen 1959.

Sucher, C. Bernd: *Luthers Stellung zu den Juden. Eine Interpretation aus germanistischer Sicht.* Nieuwkoop 1977.

Trachtenberg, Joshua: *The Devil and the Jews. The Medieval Conception of the Jew and its Relation to Modern Antisemitism.* New Haven 1943.

Tyrell, Hartmann: *Soziologische Anmerkungen zur Historischen Familienforschung.* Geschichte und Gesellschaft 12 (1986), S.254-273.

Ullmann, Walter: *Medieval Papalism. The Political Theories of the Medieval Canonists.* London 1948.

Ullmann, Walter: *Einleitung zur Neuausgabe von H. C. Lea: The Inquisition of the Middle Ages: Its Organisation and Procedure.* Ed: Walter Ullmann, London 1963.

Vercruysse, Joseph: *Fidelis Populus.* (Veröff. des Instituts für europäische Geschichte, Bd. 48) Wiesbaden 1968.

Vogelsang, Erich: *Die Anfänge von Luthers Christologie in ihren exegetischen und systematischen Zusammenhängen mit Augustin und der Scholastik dargestellt.* (Arbeiten zur Kirchengeschichte Bd. 15) Berlin und Leipzig 1929.

Wallmann, Johannes: *Luthers Stellung zu Judentum und Islam.* Luther 57 (1986), S.49-60.

Weber, Max: *Die »Objektivität« sozialwissenschaftlicher und sozialpolitischer Erkenntnis* (1904), in: Ders. *Gesammelte Aufsätze zur Wissenschaftslehre,* 4. Aufl., Tübingen 1973, S.146-214.

Wehler, Hans-Ulrich: *Geschichte und Soziologie.* In: Ders: *Geschichte als historische Sozialwissenschaft,* Frankfurt/M. 1973, S.9-44.

Werbeck, Wilfried: *Jacobus Perez von Valencia. Untersuchungen zu seinem Psalmenkommentar.* (Beiträge zur Historischen Theologie Bd. 28) Tübingen 1959.

Wohlfeil, Rainer: *Einführung in die Geschichte der deutschen Reformation.* München 1982.

Zeeden, Ernst Walter: *Hegemonialkriege und Glaubenskämpfe, 1556-1648.* Propyläen Geschichte Europas Bd.2, Frankfurt/M., Berlin, Wien 1977.

Zingerle, Arnold: *Kontextverfremdung als methodischer Kunstgriff.* Kölner Zeitschrift für Soziologie und Sozialpsychologie 31 (1979), S.587-610.

REGISTER

Personen und Themen in Auswahl

DATE DUE